BASTEI
LÜBBE

BASTEI-LÜBBE-TASCHENBUCH
Band 12954

Titel der japanischen Originalausgabe
EDOKKO GEISHA ICHIDAI KI

Erste Auflage: Juni 1999
Umschlaggestaltung: Wustmann und Ziegenfeuter, Dortmund
Satz: hanseatenSatz-bremen, Bremen
Druck und Verarbeitung: Elsnerdruck, Berlin
ISBN 3-404-12954-7

NIHARU NAKAMURA

KIHARU-
MEMOIREN EINER GEISHA

Aus dem Japanischen von
Kimino Nakayama und Ursula Gräfe

BASTEI LÜBBE

Inhalt

Warum ich dieses Buch geschrieben habe

NEW YORK, IN den Sommerferien 1982. Wie in jedem Jahr besuchten mich Ende Juli immer viele junge Japaner, die Söhne, Töchter, Nichten und Neffen meiner Freunde. Unter ihnen waren einige, die drei Jahre lang nur mit einem Rucksack bei mir ankamen.

Meine Zweizimmerwohnung verwandelte sich in eine Art Sommerlager, und alle schliefen nebeneinander auf den *Tatami*.

»Ihr seht aus wie Thunfische auf dem Markt«, lachte ich. Aber da sich alle prächtig amüsierten, war ich es auch zufrieden.

Unter den jungen Leuten war Yumiko, ein besonders hübsches Mädchen. Sie kam jedes Jahr. Ihr zweijähriges Kurzstudium hatte sie beendet und war nun berufstätig.

»Mein Freund kommt nach New York«, erklärte mir meine liebe Yumiko. »Er ist Illustrator. Und weil ich ihm gesagt habe, daß ich nach New York reise, und er nach Europa geht, kommt er auf dem Heimweg für fünf Tage her.«

Also kam Yumikos Freund nach New York. Er war zwar Illustrator, aber noch sehr jung und hatte infolgedessen fast kein Geld. Er war wirklich ein sehr netter junger Mann. Er hatte noch kein Hotel, und ich nahm ihn mit zu mir, ließ ihn ein Bad nehmen, gab ihm zu essen und wollte dann ein Hotel mit ihm suchen, aber alles war belegt.

»Das hat ja keinen Zweck. Du kannst bei mir übernachten«, bot ich ihm deshalb an. Yumiko und ich schliefen im vorderen Zimmer und ihr Freund, Hiroshi, im hinteren, das eigentlich mein Schlafzimmer war.

Nach fünf Tagen kam Hiroshis älterer Bruder in New York an. Dieser ältere Bruder war im Lektorat eines Verlages tätig.

Im Gegensatz zu Hiroshi hatte er ein von seiner Firma reserviertes Hotelzimmer. Wahrscheinlich hatte sie es gewählt, weil es so billig war, aber es lag in einer ziemlich schlechten Gegend. Es war sehr unheimlich. Darauf wollten wir ein anderes Zimmer suchen, konnten aber nichts finden.

Als typische »Kummerkastentante« dachte ich, es mache keinen Unterschied, ob zwei oder drei bei mir übernachteten, und ließ den älteren Bruder von Hiroshi auch im hinteren Zimmer schlafen.

Hiroshis Bruder, Herr Uemura, war im Auftrag seines Verlags dienstlich in New York. Er sollte Gespräche mit Schriftstellern führen und war deshalb vom frühen Morgen an immer unterwegs. Wenn Hiroshi, sein Bruder und Yumiko abends zurückkamen, hatten sie viel zu erzählen. Aber Herr Uemura zeigte ein berufliches Interesse an dem, was ich zu berichten hatte.

»Sie erzählen sehr spannend. Wollen Sie nicht einmal etwas schreiben? Wie wär's? Ich könnte mir das sehr interessant vorstellen«, sagte er begeistert.

»Nein, nein«, wehrte ich ab, »am Rücken und am Kopf kann ich mich kratzen, aber mit der Feder zu kratzen liegt mir gar nicht.«

»Tun Sie doch mal, als würden Sie einen zwei- oder dreiseitigen Brief schreiben. Sie können doch Briefe schreiben?«

»Ja, Briefe kann ich schon schreiben, aber ich bin keine besonders gute Schreiberin, an so etwas habe ich noch nie gedacht«, entgegnete ich.

»Schreiben Sie mir doch mal einen Brief, wenn Sie Lust haben.«

Yumiko und Hiroshi gingen vor Herrn Uemura nach Tôkyô zurück, der noch seine Arbeit beendete.

Den Brief vergaß ich völlig, da ich ständig etwas zu tun hatte.

Eines Abends kam ich etwa gegen halb sieben von der Arbeit nach Hause, als ich einen Anruf von Freunden erhielt. Herr Shindô, der Maler, schien sehr aufgeregt. Ich müsse mir den nächsten Samstag unbedingt freihalten. Ich war ein wenig erstaunt. Gewöhnlich wird man gefragt, ob man eventuell Zeit hat, aber er hatte fast befehlend geklungen. Dann kam seine Frau ans Telefon und bedrängte mich auch.

Sie erklärte mir ausführlich, daß sie seit langem einen engen Freund hätten, der Leiter einer bekannten New Yorker Druckerei sei. Dieser Freund und dessen Frau seien Japankenner. Sie hatten eine wertvolle Sammlung japanischer Bilder, Keramiken und Lackarbeiten, die ich später auch zu sehen bekam. Dieses Ehepaar hatte sich vor kurzem in einem New Yorker Vorort ein japanisches Haus bauen lassen. Für die *Tatami,* die Schiebetüren und die Schnitzereien hatten sie Schreiner und andere Handwerker eigens aus Japan kommen lassen.

Zur Fertigstellung des Hauses wollten sie eine Art japanische Einweihungsfeier veranstalten. Mac, der Sekretär des Hausherrn, hatte bereits mit einem bekannten japanischen Restaurant verhandelt. Die Bedienungen sollten im Kimono auftreten. Die Hausfrau wünschte aber neben dem Essen auch japanische Unterhaltung.

Mac kannte eine Japanerin, die *Koto* spielte und die er engagieren wollte.

»Ah, dieses lange Instrument mit den vielen Saiten. Ich habe es schon im Film und auf Bildern gesehen und seinen wunderbaren Klang schon gehört, aber ich habe noch nie

Shamisen gehört und japanischen Tanz gesehen. Vielleicht gibt es jemanden, der *Shamisen* spielen, tanzen und nach Möglichkeit alles auf englisch erläutern kann«, meinte die Hausfrau.

»Ich habe eine Freundin, die echte Shimbashi-Geisha war. Sie kann auch englische Erläuterungen abgeben und eventuelle Fragen der Gäste auf englisch beantworten. Sie erscheint mir die geeignetste«, hatte ihr der Maler Shindô vorgeschlagen.

Am Nachmittag des nächsten Tages stellte der Sekretär Mac dem Ehepaar die *Koto*-Spielerin vor. Sie forderte eine ziemlich hohe Gage und wollte während des Abends zweimal spielen. Als alles beschlossen war, fragte sie (auf japanisch), ob noch jemand außer ihr auftreten würde.

»Ja, wir haben vor, unsere Freundin Kiharu aus Shimbashi, die eine echte Geisha war, hinzuzubitten«, antwortete Herr Shindô.

»Neben einer Prostituierten zu sitzen wäre mir aber unangenehm. Bitte laden Sie sie wieder aus«, verlangte die *Koto*-Spielerin.

»Anscheinend haben Sie keine Ahnung, was eine Shimbashi-Geisha ist. Wo kommen Sie denn her? Ich lasse nicht zu, daß sie unsere beste Freundin beleidigen, Sie Provinzlerin ...«, schimpfte Herr Shindô wütend.

»Für mich hat eine Japanerin, die andere Japaner so verachtet, einen fragwürdigen Charakter«, sagte der Hausherr, als man ihm den Streit erklärte. So wurde die *Koto*-Spielerin wieder ausgeladen. Aus diesem Grund war mein Auftritt dringend erforderlich und Herr Shindô so aufgeregt.

An dem Abend brachte ich mein *Shamisen* mit. Dieses Instrument stammt ursprünglich aus Ägypten, gelangte dann über Indien nach China, von dort nach Okinawa als Schlangenhaut-*Shamisen* und dann, vor etwa dreihundert Jahren, nach Japan. In Amerika hört man das nicht gerne, da die Leute Katzen als Haustiere schätzen, aber das spätere *Shamisen* wurde mit Katzenhaut bespannt. Ich spielte die instrumentalen Zwischenstücke »Takinagashi« und »Chikumagawa« aus dem *Spendenbuch* und den »Tanz zur Blumenschau«. Auf Wunsch spielte ich noch etwas aus dem ersten Akt der *Madame Butterfly*. Das Publikum war begeistert. Nach dem Dinner zog ich mich um und tanzte den Fächertanz »Freuden und Leiden des Frühlings«, bei dem Herr Shindô den Part des Erzählers übernahm. Da ich die verschiedenen Fragen der Gäste beantworten konnte, waren sie zufrieden, und auch ich amüsierte mich gut.

Dann wurde ich nachdenklich. Ich konnte doch die Bemerkung dieser *Koto*-Spielerin, daß sie nicht neben einer Prostituierten sitzen wolle, nicht einfach übergehen. Wären wir uns zumindest einmal begegnet, hätte ich oder mein Benehmen ihr unsympathisch sein können, aber wir hatten uns nie gesehen. Dennoch hatte sie mich eine Prostituierte genannt, weil ich Geisha gewesen war. Es ging um die Ehre der Shimbashi-Geishas. Sie war zwar eine Landpomeranze, aber es gibt viele Japaner und Amerikaner, die den Beruf der Geisha mißverstehen.

Ich beschloß, auf jeden Fall zu schreiben und dem Publikum zu erklären, was eine Shimbashi-Geisha ist, damit wir von der Nachwelt nicht verachtet werden. Für meine älteren Kolleginnen und auch die jungen Geishas, die nach uns kommen, wollte ich einmal ganz genau schildern, was Geishas in Wirklichkeit sind. Ich begann, Herrn Uemura zwei- bis dreiseitige Briefe zu schreiben. Die sammelte er, und aus ihnen entstand das Buch *Memoiren einer Geisha,* das in Japan sehr gut ankam. Darauf verfaßte ich den zweiten Teil über die Nachkriegszeit.

Erfreulicherweise machte NHK im letzten Jahr daraus einen Fernsehfilm, und die Hauptdarstellerin Oginome Keiko erhielt einen Preis. Sie spielte die Kiharu zwischen ihrem sechzehnten und einundzwanzigsten Lebensjahr ausgezeichnet.

Aber es kam noch besser. Am 5. Juni letzten Jahres wurde meine Geschichte am Shimbashi-Theater uraufgeführt. Auch hier spielte Oginome Keiko die Kiharu wieder mit Leib und Seele. Zusammen mit Mizutani Yoshie und Namino Kuriko rührte sie das Publikum wirklich zu Tränen.

Meine älteren Kolleginnen aus Shimbashi waren vollzählig erschienen. »Sie ist der jungen Kiharu zum Verwechseln ähnlich« oder »In ihrer Unerschrockenheit und Unschuld ähnelt sie Kiharu sehr«, fanden sie. In den Zeitschriften und Zeitungen wurden wir beide nebeneinander abgebildet.

Obwohl ich bis jetzt mit dem Schreiben nichts am Hut gehabt hatte, hatte ich dank der *Koto*-Spielerin zum erstenmal in meinem Leben Lust dazu bekommen. Man weiß nie, wozu etwas gut ist.

Doch warum betrachten die bürgerlichen Ehefrauen Geishas als ihre Erzfeindinnen? Ich finde es seltsam, daß ich von Japanern sowohl in Japan als auch in Amerika so oft schlecht behandelt wurde, nur weil ich einmal Geisha war.

»Wenn man erfährt, daß meine Mutter Geisha war, schadet das meiner Zukunft. Die Umgebung wird keine Ruhe geben«, sagt mein Sohn auch jetzt noch. Um eine hohe Stellung im Staatsdienst zu bekommen, muß man offenbar die eigene Mutter verleugnen. Wenn ich als ehemalige Geisha seine Karriere behindere, ist das auch für meine Schwiegertochter belastend, und ich fühle mich schlecht. Angesichts der amerikanischen Unvoreingenommenheit (wie anders ich dort doch von meiner Umgebung aufgenommen wurde!) ist mir die Überbewertung der Schulausbildung wie auch die alte Verachtung früherer Geishas in Japan vollends unverständlich geworden.

In Amerika wird eine Frau aufgrund ihrer Leistungen als Person anerkannt, auch wenn sie früher Geisha war. Wie lange wollen die Japaner noch ihre sonderbaren Vorurteile mit sich herumschleppen? Die jungen Leute in Japan zeigen bereits weit größeres Verständnis. Ich wäre glücklich, wenn jemand aufgrund meines Buches seine Vorurteile über Geishas über Bord werfen würde.

ERSTER TEIL

Ein Morgen im Lizenzviertel

JEDEN MORGEN GOSS der Hausvater des Geishahauses Hanamasuya in seinem gestreiften, wattierten Morgenrock die Topfpflanzen vor dem Eingang.

Für gewöhnlich sind die »Väter« der Geishahäuser Langschläfer. Doch ihn sah ich bereits morgens gegen halb acht, wenn ich auf dem Schulweg war. Im Sommer trug er einen kurzen Kimono und eine Leinenhose oder auch nur ein Lendentuch, und ein feuchtes Handtuch hing über seinen Schultern. In der kalten Jahreszeit hüllte er sich in den besagten wattierten Morgenmantel oder in einen Nachtkimono mit einer langen Weste darüber.

Ab und zu besprengte er sogar eigenhändig mit einem Reisigbesen die Straße, obwohl er bestimmt über mehrere Hausmädchen und *Uchibako* verfügte. *Uchibako* nennt man die Zofen, die den Geishas beim Ankleiden zur Hand gehen.

Die *Bonsai* waren seine ganze Leidenschaft. Schien im Frühjahr morgens die Sonne, reihte er sie voller Stolz am Zaun auf und bestrich mit einem in einer Brühe aus ausgekochtem Tabak getränkten Pinsel jedes einzelne Blatt der Bäumchen, auch wenn es nicht größer als ein Reiskorn war.

Damals, zu Anfang der Shôwa-Zeit[1], gab es noch kein DDT. Die Tabaksbrühe diente als Mittel gegen den Schädlingsbefall bei den *Bonsai*.

Unser Viertel bezeichnete man als *Kyokachi* – Konzessions oder Lizenzviertel – was bedeutete, daß dort Geisha-

und Teehäuser ihre Geschäfte betreiben durften. Zu den Lizenzvierteln gehörten damals Yamashiro-chô, Hachikan-chô, Shigaraki-jinmichi und Komparu-shinmichi – Namen, die häufig in den Romanen von Izumi Kyôko oder Nagai Kafû erwähnt werden. In etwa entspricht das heute den Gegenden östlich und westlich der Ginza-Blocks 6, 7 und 8. Diese bildeten ein eigenständiges Viertel.

Entlang des Flusses Sanjikkenbori wimmelte es von schwimmenden Restaurants, die sich dort schon seit der Edo-Zeit (1600-1868) dicht aneinanderdrängten. Nicht weit davon, beim Shimbashi-Theater und in der Nähe des Hongan-Tempels von Tsukiji, gab es geräumige Restaurants, in denen große Gesellschaften mit über hundert Gästen stattfanden.

Mein Schulweg führte mich an ungezählten, dicht aneinandergereihten Geishahäusern vorbei, an Rikscha-Ständen, Badehäusern und einem Frisiersalon, der für seine japanischen Frisuren berühmt war. In den Gäßchen wimmelte es von Läden für Geisha-Bedarf wie Haarschmuck, weiße Schminke, Lippenstift und Geldtäschchen. Daneben gab es sogar Fachgeschäfte für *Geta* und die besonderen Sonnen- oder Regenschirme für Geishas. An der Ecke des 8. Blocks befand sich das Verwaltungsgebäude der Geishahaus-Betreiber – die Geisha-Vereinigung.

Um halb acht jedenfalls herrschte im Viertel noch nächtliche Ruhe. Nur das Klappern eines Milchwagens durchdrang gelegentlich die vollkommene Stille. Nach einem nächtlichen Regen standen vielleicht ein Paar schwarze hohe *Geta* zum Trocknen auf einem Zaun, oder *Tabi* und Kimono-Kragen flatterten noch unter dem Vordach.

Damals war ich siebzehn, trug Matrosenkleider und lange Zöpfe. Meist ging ich mit gesenktem Blick eilig meiner Wege. Aber wenn ich am Hanamasuya vorbeikam, sah ich manchmal den Hausvater.

Offensichtlich kam ich ihm irgendwie bekannt vor, doch er wandte sich stets wieder seiner Beschäftigung zu – dem Besprengen der Straße oder der liebevollen Pflege seiner *Bonsai*. Er dachte wohl nicht im Traum daran, daß das bezopfte junge Mädchen die Geisha Kiharu war, mit der er oft ungezwungen im Fahrstuhl des Geisha-Verwaltungsgebäudes plauderte.

Im 7. Block von Ginza West, etwa hinter dem heutigen Keikinzoku-Gebäude, hatte das Verlagshaus der *Volkszeitung* seinen Sitz. Direkt gegenüber lag das Badehaus Komparu-yu. Dort arbeitete ein *Sansuke*, der dem Schauspieler Takada Kôkichi ähnlich sah.

Soweit ich weiß, wuschen die *Sansuke* in anderen Vierteln den Kunden nur den Rücken, aber die im Geisha-Viertel gingen uns auch beim Haarewaschen und Ausrasieren des Nackens zur Hand. Viele jüngere Geishas besuchten seinetwegen dieses Badehaus. Meine Freundin Tomoka ließ sich jeden zweiten Tag von ihm die Haare waschen, so daß ihr die Kopfhaut schon brannte.

Links neben dem Bad hatte der *Sake*-Händler Nishimura sein Geschäft, in dem er außer *Sake* auch Holzkohle und Brennholz verkaufte. Frau Nishimura war selbst früher einmal *Uchibako* in dem großen Geishahaus Kawatatsunaka gewesen. In der unmittelbaren Nachbarschaft gab es noch weitere vier oder fünf Geishahäuser und etwas weiter auf der rechten Seite ein hübsches Restaurant, dessen Spezialität gebratene Sardinen waren. Da der Besitzer seinerzeit als Reporter für die große Tageszeitung *Asahi Shimbun* gearbeitet hatte, erfreute es sich großer Beliebtheit bei Journalisten, Schauspielern und Literaten.

Das Restaurant besteht noch heute, und meines Wissens führt es der Sohn Kigen weiter.

Wir wohnten genau gegenüber von Nishimuras *Sake*-Laden. Jeden Morgen ging ich von hier zu Fuß zum Bahnhof Shimbashi und fuhr mit der Bahn nach Ochanomizu. Von dort war es nicht mehr weit zur »Ersten Sprachschule« in Hongô Kinsuke. Immer wenn ich in Ochanomizu ausstieg, strömten mir die Pendler entgegen. Um diese Uhrzeit herrschte Berufsverkehr, und ich sah fast jeden Morgen die gleichen Gesichter. Mit der Zeit hatte ich mir angewöhnt, einige der Vorübereilenden zu grüßen, wenn ich ihnen auf dem Bahnsteig, an der Sperre oder vor dem Bahnhof begegnete.

Zu diesen gehörte auch Ota Saburô vom Außenministerium. Er hatte einen älteren Bruder, Ota Ichirô, der ebenfalls im Außenministerium, ich glaube im Asienreferat, tätig war.

Beide kamen häufig auf die Gesellschaften, die das Ministerium gab. Außerdem sah ich Saburô fast jeden Morgen. Aber ich hielt meinen Blick immer gesenkt und ging rasch vorbei, um einen eventuellen Augenkontakt zu vermeiden.

Gerade am Abend zuvor hatte ich ihn auf einer Party im Yamaguchi gesehen, auf der nur junge Leute gewesen waren. Wir alle – Gäste wie Geishas – hatten uns prächtig amüsiert.

Am Morgen danach stießen wir an der Sperre frontal zusammen, und er machte, wie der Hausvater vom Hanamasuya, ein Gesicht, als käme ich ihm irgendwie bekannt vor. Kein Wunder, denn wir hatten uns am Abend lange unterhalten, und er hatte mich geneckt.

»Kleine Kiharu, du bist noch so jung und verdienst schon so gut. Du bist ja auf jeder Party dabei. Sicher hast du gewaltige Ersparnisse.«

»Ja, genau, und ich werde noch mehr verdienen und mit dieser Mitgift heiraten.«

»Das ist ja wunderbar, heirate mich!«

»Wirklich? Wollen Sie mich zur Frau? Dann komme ich mit meiner ganzen Mitgift zu Ihnen.«

»Ich kann aber nur deine Mitgift annehmen. Dazu auch noch dich zu bekommen, hätte ich nicht verdient.«

Darüber ärgerte sich meine Freundin Kotoyo.

»Wie unverschämt! Wie kann man sich nur so herausreden!«

Wir lachten. Und am nächsten Morgen am Bahnhof hatte er sich einige Male verwirrt nach mir umgedreht.

An einem der folgenden Abende würde ich ihm gewiß wieder auf einer der Gesellschaften im Shinkiraku oder bei Yamaguchi begegnen. Am Morgen wiederum ...

Ich kicherte in mich hinein und setzte meinen Schulweg fort.

Bei unseren Engagements durften wir die Teehäuser nur mit einer festlichen *Shimada*-Frisur und einem förmlichen, wappenverzierten bodenlangen Kimono betreten. Wer in einem einfachen gemusterten oder kreppseidenen Kimono erschien, wurde auf der Stelle von der Chefin oder der Wirtschafterin zum Umziehen zurückgeschickt.

Solche Engagements dauerten von 18 bis 21 Uhr und waren schon Wochen im voraus gebucht. Um 21 Uhr kamen dann die *Hakoya,* die Hausdiener, um den Geishas ihre Kleidung zum Wechseln zu bringen. Nun waren kürzere gemusterte oder kreppseidene Kimonos erlaubt, und auch die *Obi* durften etwas salopper gebunden sein, das heißt, ab 21 Uhr war es den Geishas gestattet, in weniger förmlicher Aufmachung weitere Veranstaltungen zu besuchen.

Die ganz großen Gesellschaften jedoch fanden meist zwischen 18 und 21 Uhr statt. Im Laufe des Abends wurden verschiedene Unterhaltungseinlagen geboten: *Rakugo*-Erzähler[2], Komiker, Zauber- und Varietékünstler traten auf, und zum Abschluß führten die Geishas auf Wunsch der Gäste traditionelle Tänze vor.

Damals hatten gerade einige Schlagersänger sehr erfolgreiche Schallplatten herausgebracht, und ich konnte beinahe jeden Abend ihre schönen Stimmen genießen.

Besonders schwärmte ich für die schöne Ichimaru, an der mich alles, von ihrem Kimono-Geschmack bis zur Frisur begeisterte.

Der *Rakugo*-Erzähler Mimasuya Kokatsu war damals schon achtzig und trug meist nur noch kurze Episoden zur Einleitung vor. Er war ein schreckliches Schandmaul. In Gegenwart von Kobayashi Ichizô, dem das Takarazuka-Revuetheater gehörte, sagte er laut, ohne mit der Wimper zu zucken: »Dieser Kobayashi, oder wie er heißt, das ist vielleicht ein Gauner. Er stellt seine Mädchen in einer Reihe auf, läßt sie die Beine schwenken und nimmt auch noch Geld dafür. Unerhört!«

Auf einer Gesellschaft, die die große Zuckerfirma Taiwan veranstaltete, spottete er: »Aha, lauter Zuckerfabrikanten! Kein Wunder, daß man nur verliebte Zuckerschnäuzchen sieht.«

Zu den Gästen einer Party des japanischen Skisportverbandes bemerkte er abfällig: »Was für ein Unsinn! Erwachsene, die mit Riesenkleiderstangen an den Füßen über den Schnee rutschen! Die sind doch nicht ganz richtig im Kopf.«

Uns war das alles ziemlich peinlich, aber bei den Gästen kam er immer gut an. Er war jeden Abend ausgebucht.

Dieser grantige Greis mied die älteren Geishas um die sechzig, die er alle schon lange kannte. Er gesellte sich lieber zu uns jüngeren. »Für Omas hab' ich nichts übrig«, stichelte er dann.

Beschreiben möchte ich auch unseren *Hakobeya,* eine Art Garderobe, die gleichzeitig als großer Aufenthaltsraum diente. Er hatte eine Größe von etwa fünfzig *Tatami* und war den Geishas und Künstlern vorbehalten.

Darin befanden sich zehn oder mehr große *Hibachi* –

Kohlebecken – mit einem Durchmesser von ungefähr eineinhalb Metern. Darin glühte Kirschbaum-Holzkohle. Die Becken selbst waren meist aus Paulownienholz, entweder feingemasert und glatt poliert oder aber mit Lackornamenten verziert.

Naturgemäß versammelten sich meist die jeweils Gleichaltrigen um einen *Hibachi*. Allein im Bezirk Shimbashi gab es damals zwölfhundert Geishas, von zwölf- oder dreizehnjährigen Lehrlingen bis zu älteren Damen um die sechzig.

Zuweilen verspäteten sich die Gäste, und wir mußten im *Hakobeya* warten. Dann gesellten sich auch die männlichen Unterhaltungskünstler zu uns.

An einige von ihnen erinnere ich mich noch gut, etwa an die *Rakugo*-Erzähler Sanyûtei Kimba oder Yanagiya Mikimatsu. Kimbas Darbietungen klingen mir noch im Ohr, aber im *Hakobeya* kannte er nur ein Thema – das Angeln. Mikimatsu hingegen galt als berüchtigter Schürzenjäger, wobei er keine Ansprüche an das Alter seiner Auserwählten stellte. Auch im *Hakobeya* war er ständig auf der Pirsch.

Dann war da noch der Jongleur Maruichi Kosen. Er ließ Kreisel auf Schirmen tanzen oder auf seinem Kinn kreisen. Er konnte sie sogar auf der Schneide eines echten Schwertes bis zur Spitze wandern lassen.

Nicht vergessen darf ich den chinesischen Varietékünstler Risai. Auf der Bühne sprach er in gebrochenem Japanisch, aber im *Hakobeya* plauderte er fließend japanisch wie ein echter Tôkyôter.

Seine Frau war Japanerin, und ihr Sohn Klein-Risai schlug Purzelbäume mit einem vollen Wasserkrug im Arm, worauf aus dem nun rätselhafterweise leeren Krug plötzlich ein lebendiges Kaninchen sprang. Das entzückte uns Geishas fast noch mehr als die Gäste.

Meine Lieblinge waren jedoch die Bänkelsänger Oshima Hakkaku, Takarai Bakin und Teizan Ichiryûsai.

Onkel Hakkakus Frau und Tochter arbeiteten beide als Geishas in Shimbashi, und ich beneidete sie oft um ihre Einträchtigkeit als Künstlerfamilie, wenn sie zu dritt in dem von ihrem Manager Murakami gesteuerten Datsun vorfuhren.

Dann gab es noch die Kabarettisten Entatsu und Achako aus Kansai[3]. Bis dahin hatte man ihre etwas derbe Kunst als Mikawa-Kabarett bezeichnet. Die Darsteller trugen Kappen wie der Glücksgott Daikoku und schmiedeten deftige Verse zum Rhythmus der traditionellen Sanduhrtrommel. Die Truppe kam zu Neujahr aus Mikawa, ging von Tür zu Tür und wünschte den Leuten ein glückliches Neues Jahr.

Aber Entatsu und Achako hatten die alte Form dieses sogenannten *Manzai* völlig verändert, und sogar das Schriftzeichen dafür änderte sich. (Früher schrieb man *Manzai* in der Bedeutung von »Zehntausend Jahre«, nun schrieb man »Scherze«.) Sie eroberten in einem triumphalen Siegeszug alle Stadtteile Tôkyôs, von Asakusa bis Marunouchi, und traten sogar in Filmen auf.

Anders als das bisherige, eher steife Kabarett brachten diese beiden die Leute so zum Lachen, daß ihnen Tränen die Wangen hinunterliefen.

Tänzerinnen, Musikerinnen und eine hervorragende Interpretin von volkstümlichen Balladen rundeten das Programm ab.

So bot sich mir nahezu jeden Abend die Gelegenheit, die verschiedensten Darbietungen erstklassiger Künstler zu genießen.

Am Wochenende ging ich ins Theater oder ins Kino, und mein Gehirn saugte wie Löschpapier alles begierig auf.

Meine Musik- und Tanzlehrerin war erstaunt, wie schnell und gut ich alles begriff. Doch irgendwann hatte ich das Gefühl, vor einer Mauer zu stehen. Der Grund dafür waren die ausländischen Gäste, die zu der Zeit Shimbashi immer häufiger besuchten, weil sie zu den Gesellschaften des Außenministeriums, des Fremdenverkehrsamtes, der Zeitungen und zu den Gartenpartys großer Firmen geladen waren.

Meiner Erfahrung nach blieb diesen – obwohl ihnen »Fujiyama« und »Geisha« geläufige Begriffe waren – das wahre Wesen des Geisha-Berufs vollkommen fremd. Denn so etwas wie das Geisha-Gewerbe existiert außerhalb Japans nirgends auf der Welt.

Ein ausländischer Gast sollte verstehen lernen, was eine Shimbashi-Geisha überhaupt war, dachte ich. Auf diesen Partys konnten wir Geishas jedoch nur lächelnd dasitzen und ihnen einschenken. Auch versierte Geishas, bei denen kein japanischer Gast sich je langweilte, wußten nicht, wie man Gäste aus dem Ausland unterhalten konnte. Meistens begleitete ein Dolmetscher die Gäste. Die Beamten des Außenministeriums und vom Fremdenverkehrsamt konnten alle Englisch, und wir hatten mit ihnen keine Probleme. Aber die Dolmetscher waren oft große Wichtigtuer, die rücksichtslos auf englisch drauflosplapperten, so daß wir abgemeldet waren. Einmal entblödete sich ein äußerst unsympathisches Exemplar dieser Gattung nicht, uns kurz als *»Japanese dancers«* vorzustellen, und dann ganz unverfroren und in aller Ruhe, ohne uns weiter zu beachten, vor sich hinzusüffeln.

Als Marichiyô und Kokuni in ihren herrlichen Kimonos zu tanzen begannen, beobachtete ich ihn. Ich konnte mir nicht vorstellen, daß er auch nur den geringsten Schimmer von japanischen Balladen und Gesängen hatte.

Wie war so etwas möglich? Ob er wirklich imstande war, etwas von unserer Kunst zu vermitteln und zu übersetzen? Auch noch so perfekte Englischkenntnisse vermochten diese Unkenntnis nicht auszugleichen. Doch soweit ich es beurteilen konnte, verstand keiner der Dolmetscher etwas von den traditionellen japanischen Künsten.

Mich packte der Gedanke, Englisch zu lernen. Und wäre es auch nur gebrochen. Zumindest so viel, daß ich die Tänze meiner Kolleginnen erklären könnte.

Dieser Wunsch wurde immer drängender, und ich brannte vor Ungeduld und Nervosität. Wo konnte ich mir bloß Rat holen?

Wenn ich mit jemandem vom Außenministerium spräche? Das war eine Idee. Schließlich waren die Leute vom Ministerium und vom Fremdenverkehrsamt unsere Stammkunden. Genau. Ich würde mich an Herrn Den wenden.

Von allen Beamten im Fremdenverkehrsamt war Den Makoto der geeignetste Adressat für eine solche Bitte. Vielleicht konnte er mir helfen. Als ich ihm erklärte, daß ich unbedingt Englisch lernen wollte, empfahl er mir, Privatunterricht zu nehmen.

»Ich möchte auf eine Sprachschule gehen«, entgegnete ich.

»Was, auf die Schule? Hörst du als Geisha auf?«

»Nein, als Geisha arbeite ich abends. Meinen Gesangsunterricht könnte ich wahrscheinlich auch nachmittags nehmen. Der Unterricht an den Schulen ist doch immer vormittags, oder?«

»Was? Du willst morgens zur Schule, nachmittags zum Gesangsunterricht und abends Geld verdienen gehen? Meinst du, du schaffst das? Übernimm dich nicht ...«

»Kein Problem. Müdigkeit kenne ich nicht, mir reichen vier Stunden Schlaf. Man nennt mich auch den weiblichen Napoleon von Shimbashi.«

»Du bist ja ganz schön ehrgeizig. Mit drei Jahren Unterricht mußt du mindestens rechnen. Wenn du vorher aufgibst, kannst du es gleich bleibenlassen.«

»Das mache ich nicht, und wenn ich tot umfalle. Ich halte durch, ich schwöre es. Ich schwöre bei Christus, Kannon und Fudô.«

Nun mußte Herr Den doch lachen.

»Schon gut, schon gut. Ich empfehle dir eine Schule.«

Ich versprach, daß ich mich in Kleidung und Verhalten den anderen Mädchen anpassen würde, damit niemand mich als Geisha erkannte, und daß ich niemals meine Hausaufgaben vernachlässigen und niemals die Schule schwänzen würde, wie erschöpft ich auch sei.

Es machte mir tatsächlich nichts aus, wie Napoleon mit vier Stunden Schlaf auszukommen, und ich habe diese Gewohnheit bis heute beibehalten. Selbst in meinem jetzigen Alter kenne ich keine Müdigkeit. Ich kann jederzeit und überall vier oder fünf Stunden fest schlafen. Danach bin ich vollkommen ausgeruht.

Aber zurück zum Thema Schule. Nun stand ich jeden Morgen um halb sieben auf. Meine Großmutter und meine Mutter leisteten mir beim Frühstück Gesellschaft.

Wenn ich in der Schule ankam, büffelte ich konzentriert Englisch. Mit dem Alphabet fingen wir an und bekamen auch eine Menge Hausaufgaben. Es war nicht so einfach, wie ich es mir vorgestellt hatte. Wenn um halb eins die Schule zu Ende war, mußte ich mich beeilen, noch rechtzeitig nach Nihombashi zu Herrn Yoshizumis *Shamisen-* und Gesangsunterricht zu kommen.

Wäre ich nach der Schule in meinem Matrosenkleid zum Gesangsunterricht in die Geisha-Vereinigung gegangen, hätten alle sofort Bescheid gewußt, und mein ganzer schöner Plan wäre wie eine Seifenblase zerplatzt. Aus diesem Grund ging ich eigens zu Herrn Yoshizumi nach Nihombashi, wo mich niemand kannte. Mit Meister Yoshizumi und seiner Frau Hiroko war ich gut befreundet, sie hätten niemals ausgeplaudert, daß das Mädchen im Matrosenkleid die Geisha Kiharu aus Shimbashi war. Glücklicherweise stammte keine ihrer anderen Schülerinnen aus dem Geisha-Milieu. Da ich den Ehrgeiz hatte, eine wirklich gute Sängerin und *Shamisen*-Spielerin zu werden, vernachlässigte ich diesen Unterricht nie. Nach dem Unterricht eilte ich nach Hause, machte meine Hausaufgaben und nahm ein Bad. Danach schminkte ich mich und kleidete mich um halb sechs mit Hilfe unseres Hausdieners Han-*chan* um.

Mit meiner *Shimada*-Perücke, dem bodenlangen Kimono und meinem *Obi* verwandelte ich mich von der Schülerin in die Geisha. Der Rikschakuli kam, meine Großmutter schlug *Kiribi*[4] für mich, und ich fuhr zu meinem Engagement. Bis 18 Uhr mußten wir an unseren jeweiligen Veranstaltungsorten eingetroffen sein.

In den Teehäusern können drei kleinere Säle durch die Entfernung von Trennwänden in einen großen verwandelt werden. Die Gäste sitzen sich dann zu beiden Seiten des Saals sehr feierlich gegenüber.

Dann öffnet sich die Schiebetür, eine Geisha nach der anderen schreitet herein. Jede trägt ein lackiertes Eßtischchen vor sich her und plaziert es unter dem Geraschel ihrer Seidenkleider vor je einem der Gäste auf der Ehrentribüne.

Damals war es unüblich, daß alle Gäste zusammen an einem Tisch aßen. Das geschah nur bei kleineren, intimeren Gesellschaften, oder wenn man nach einem offiziellen Bankett noch in engerem Kreise weiterfeierte.

Als erste präsentierte stets die ranghöchste Geisha ihr Tischchen dem Ehrengast, dann folgten die anderen Geishas und lieferten feierlich ihre Tischchen ab. Der Anblick, wie sie die schwarzlackierten Tischchen, auf denen sich nur die *Sake*-Schälchen und Stäbchen befanden, in Gesichtshöhe vor sich her trugen und dabei in bodenlangen farbenprächtigen Kimonos über die frischen *Tatami* glitten, war atemberaubend und geradezu majestätisch.

Wenn alle Tischchen plaziert waren, hielten der Gastgeber und einer der Gäste kurze Ansprachen, und die Feier konnte beginnen. Jede Geisha war für die Betreuung eines Gastes zuständig und begann, ihm einzuschenken. Dieses beinahe zeremonielle Einschenken bezeichnet man als *Oshaku*. Da die Gastgeber meist Stammkunden der Geishas sind, setzen die Geishas sich eigentlich am liebsten zu ihnen. Aber ein guter Gastgeber möchte natürlich vor allem seine Gäste bewirtet sehen.

Daher ist es die wichtigste Aufgabe einer Geisha, sich sofort und direkt den Gästen zu widmen. Bei Gesellschaften, an denen Gäste aus Kyûshû, Hokkaidô oder der Mandschurei teilnahmen, die vielleicht sogar zum erstenmal eingeladen waren, mußten wir uns ziemlich anstrengen.

Da solche Gäste keine der Geishas kannten, fühlten sie sich anfangs oft ein wenig unsicher. Die Geishas von Shimbashi haben den Ruf, arrogant zu sein und nur hochgestellte Persönlichkeiten zu bedienen. Um dieses Vorurteil zu entkräften, behandelte ich Gäste aus der Provinz immer bevorzugt und beeilte mich, mit ihnen ins Gespräch zu kommen, ihnen das Gefühl zu geben, sie seien alte Stammkunden.

Bei späteren Gelegenheiten und zu anderen Anlässen ließen sie mich dann auch meist wieder rufen, da ich das Eis gebrochen hatte und sie mich als Gesprächspartnerin zu schätzen gelernt hatten.

Im Grunde machten mir diese Engagements einen Riesenspaß, und wenn ich mich einmal gesundheitlich nicht so auf der Höhe fühlte, war so eine Veranstaltung die beste Medizin für mich.

Partybegeistert wie ich war, verdiente ich abends beinahe mühelos mein Geld, und zu meiner Freude begann auch mein täglicher Schulbesuch allmählich Früchte zu tragen. Ich fing an, Englisch zu verstehen.

Am Anfang redete ich mit den Händen, nein, nicht nur

mit den Händen, sondern auch mit den Füßen, aber allmählich konnte ich mich tatsächlich, wenn auch gebrochen, mit unseren ausländischen Gästen unterhalten.

Meine Hausaufgaben bestanden immer aus zwei voll bedruckten Seiten, die ich im Ausschnitt meines Ausgehkimonos bei mir zu tragen pflegte, um sie auf einem Bankett von einem ausländischen Gast erledigen zu lassen. Das war beinahe so, als hätte der Lehrer die Hausaufgaben selbst gemacht, und ich bekam natürlich immer die besten Noten.

Zu der Zeit, als ich noch schlecht Englisch konnte, hatten wir schon ausländische Gäste, und einige von ihnen hinterließen einen starken Eindruck bei mir. Einmal, es war 1934, hatte ein Zeitungsverleger eine Gruppe stämmiger Amerikaner – ausschließlich Herren – eingeladen. Zu ihnen gehörte ein gedrungener, knollennasiger Mann, der aber, wenn er mit seinen weißen Zähnen lachte, äußerst sympathisch wirkte.

Es war der berühmte Baseballspieler Babe Ruth. Einem großen, dünnen Mann namens Fox, ebenfalls ein Baseballspieler, brachte ich das Stein-Schere-Papier-Spiel bei, und wir amüsierten uns dabei köstlich.

Ein anderes Mal hatten wir einen zierlichen, höflichen Gentleman mit weißem Haar und seine etwas streng wirkende, rothaarige Gattin zu Gast – den berühmten Charlie Chaplin und Paulette Goddard, die auf Hochzeitsreise waren. Jeden Abend luden das Außenministerium und die verschiedenen Zeitungen das prominente Paar ein. Sie war jung und machte einen kessen Eindruck, während Herr Chaplin sich äußerst kultiviert und ruhig verhielt. Da ich ihn nur aus dem Film *Goldrausch* kannte, in dem er bekanntermaßen seine zerrissenen Schuhe verspeist und anderen Schabernack treibt, war ich überrascht, wie sehr er sich von seiner Rolle auf der Leinwand unterschied, wie zart und vornehm er wirkte.

Eine weitere Persönlichkeit aus Hollywood beeindruckte mich sehr, eine schöne, hochgewachsene Amerikanerin, die mit ihrem Mann (einem italienischen Baron) gemeinsam kam. Obwohl sie strahlendblaue, große Augen hatte, war sie vollständig blind. Ich hätte vor Mitleid in Tränen ausbrechen können. Sie war die Schauspielerin Pearl White, die in einigen Filmen Hauptrollen innegehabt hatte. Ich fand es schön und rührend, wie sehr ihr Mann ihr bei jeder Kleinigkeit zu Hilfe kam.

Auch der amerikanische Verlegerkönig William Hearst und seine Frau besuchten uns mit Takaishi Shingorô, einem Journalisten von der Tôkyôter *Nichinichi*-Zeitung. Frau Hearst und ich tauschten die Kleider – ich zog ihren prächtigen Pelzmantel an und sie meinen festlichen Überkimono. So entstand ein komisches Foto. Ihre Enkelin Patricia Hearst stand vor mehreren Jahren im Mittelpunkt einer Entführungsaffäre.

Mein Englisch verbesserte sich zusehends. Das versetzte mich in Hochstimmung, und es bereitete mir ungeheueres Vergnügen, neue Wörter, die ich morgens in der Schule gelernt hatte, abends sogleich an meinen ausländischen Gästen auszuprobieren.

Die aus London stammende alte Lehrerin Mary Yanagawa hatte mich richtig liebgewonnen. Sie lobte meine Aussprache und sagte, sie sei die beste der ganzen Klasse.

Meine Klasse bestand aus achtundzwanzig Schülern, davon waren nur zwei Mädchen, die Chinesin Chô Pinshi und ich. Sie war wesentlich älter als ich, hatte eine Pagenfrisur und Sommersprossen. Außerdem trug sie immer enge Hosen, in denen sie aussah wie ein Rikschakuli.

Sie konnte fast kein Japanisch und auch kaum Englisch und hatte mich zu ihrer einzigen Ansprechpartnerin erkoren. Sie hatte sich zwar eigentlich zu dem Englischkurs angemeldet, lernte aber hauptsächlich Japanisch von mir.

Als ich eines Morgens in der Schule mein Pult öffnete,

lag darin ein in holprigem Englisch verfaßter Liebesbrief. Ich wußte sofort, daß er nur von dem pickligen Morita stammen konnte. Seinem Vater gehörte ein Elektrogeschäft in Shitaya, und der Junge war ziemlich aufdringlich.

Ein ähnliches Kaliber war der pummelige Adachi mit seiner dicken Brille. Er hatte eine mädchenhaft milchigweiße Haut und Grübchen an den Händen. Er hatte mir ein Bündel von sechs gespitzten Bleistiften mit einem rosa Bändchen darum verehrt.

Morita und Adachi rivalisierten um meine Gunst – wie in einem *Kabuki*-Stück.

Auf die Frage nach meiner Adresse antwortete ich immer, daß meine Eltern gestorben seien und ich aus diesem Grunde bei Verwandten lebte.

Weder diese beiden noch die anderen Schüler, noch meine Lehrerin hätten auch nur im Traum vermutet, daß ich eine Shimbashi-Geisha war. Andererseits wußten von meinen Kolleginnen nicht einmal meine besten Freundinnen Kotoyo, Manei und Koeiryô von meinem Schulbesuch.

Nur einem, dem Hausdiener Han-*chan*, hatte ich mich anvertraut. Doch er war so verschwiegen, daß er mich niemals auf einer Party oder in anderen Geishahäusern verpetzt hätte. Man konnte sich hundertprozentig auf ihn verlassen.

Jedes Geishahaus hatte seine festen Hausdiener oder *Hakoya*. Die Bezeichnung *Hakoya* – wörtlich der »Kastenmann« – stammt aus der Zeit, in der sie den Geishas noch längliche Kästen aus Paulownienholz nachtrugen, in denen die *Shamisen* aufbewahrt wurden.

Auf Utamaros Holzschnitten sind die Geishas oft von *Hakoya* begleitet. Weil die *Shamisen*-Kästen so groß und schwer waren, konnten die Geishas sie auf keinen Fall selbst zu ihren Engagements befördern.

Heutzutage läßt sich ein *Shamisen* in drei Teile zerlegen und in ein Köfferchen packen. Zum Üben oder zum *Azuma*-Tanz kann man sie leicht selbst transportieren, aber früher gab es keine andere Möglichkeit, als sie in voller Länge in den Kasten zu legen und sich diesen auf die Schultern zu laden.

Diese *Hakoya* bekamen nur ein sehr kleines Gehalt von der Geisha-Vereinigung, aber von den Trinkgeldern, die sie von den Geishahäusern und einzelnen Geishas bekamen, konnten sie einigermaßen leben.

Mir war es immer äußerst unangenehm, von meinem *Hakoya* in der Schule angerufen zu werden, aber im Falle eines während des Tages stattfindenden Engagements gab es keine andere Möglichkeit.

Tagesengagements, beispielsweise eine große Gartenparty oder eine Bootspartie, wurden ungefähr einen Monat vorher gebucht, wobei wir den Tag und die Uhrzeit angekündigt bekamen. Deshalb konnte ich mich normalerweise rechtzeitig von der Schule beurlauben lassen. War jedoch ein Gast ganz plötzlich angereist und blieb nur zwei oder drei Tage in Tôkyô, gab es keinen anderen Ausweg, als ihn noch am gleichen Tag zu treffen.

Dann hastete ich nach Hause, steckte meine Zöpfe mit einer Schleife hoch, zog einen hübschen, mädchenhaften Kimono an, manchmal auch einen mit Pfeilmuster. Es machte auch nichts, wenn man einen blau-weißen kreppseiden-Kimono mit einem schick bedruckten *Obi* wählte, solange man einen Wappen-*Haori* darüber trug. So etwas nannten die *Hakoya* immer »gehen, wie man ist«, was einfach bedeutete, daß keine formelle Kleidung vorgeschrieben war.

Im Falle eines solchen Tagesengagements rief unser *Hakoya* Han-*chan* zunächst beim Hausmeister an. Der Hausmeister Yoneda schlurfte dann in seinen Gummischlappen herbei, spähte von draußen durch das Klassenzimmerfenster und grinste, wenn er mich entdeckt hatte.

Er war ein sehr gutmütiger und freundlicher älterer Mann.

Herr Yoneda betrat also das Klassenzimmer und sagte leise etwas zu unserem englischen Lehrer. Darauf rief der Lehrer auf englisch: »Miss Nakamura, bei Ihnen ist plötzlich jemand krank geworden. Bitte gehen Sie gleich nach Hause.«

Ich hatte es geahnt! Sofort packte ich meine Tasche, tat einigermaßen erschrocken, stand auf, verbeugte mich vor dem Lehrer und verließ das Klassenzimmer.

Herr Yoneda zeigte sich besorgt.

»Geht es Ihrer Großmutter wieder schlechter?«

»Machen Sie sich bitte keine Sorgen«, wehrte ich ab, flitzte hinaus und in ein Taxi.

Jedesmal wenn ich ein Tagesengagement übernehmen mußte, dachten wir uns eine andere Ausrede aus – meine Großmutter sei krank geworden, ich hätte Bauchschmerzen oder einer meiner Verwandten sei gestorben.

Romanzen im Hakobeya

ES VERSTEHT SICH von selbst, daß sich zwischen den Geishas und Künstlern, die im *Hakobeya* um die Kohlebecken saßen und auf die Gäste warteten, Romanzen entspannen.

Die Ehrengäste verspäteten sich oft, und in dieser Zeit fanden die angeregtesten Gespräche zwischen den Kollegen statt, die um die Kohlebecken des Aufenthaltsraumes saßen.

Die älteren Geishas um die fünfzig unterhielten sich hauptsächlich darüber, wie vorlaut und naseweis die jungen Geishas seien oder daß irgendeine Debütantin schon drei Tage nach ihrer Ernennung zur vollwertigen Geisha einen ungeheuer reichen Gönner an Land gezogen hatte. Wir Jungen schwatzten aufgeregt über die Männer, für die wir schwärmten.

»Er studiert an der Keiô-Universität, das bedeutet, er wird sicherlich einmal Minister. Ich werde jetzt erstmal so viel wie möglich arbeiten, und wenn die Lehrzeit zu Ende ist, auf jeden Fall heiraten. Im Moment treffe ich ihn nur auf dem Rückweg vom Unterricht im Mon ami ...« oder:

»Ich liebe ihn so unsagbar, und er weiß nichts davon. Ich habe bei Hakkan-*sama* (der Hakkan-Schrein besteht noch und ist heute aus Beton) geschworen, auf Mandarinen und Eiskrem zu verzichten, damit er meine Gefühle erwidert«, seufzte eine andere.

»Er ist ein junger Star, und ich habe ihm deshalb ein Sitzkissen mit einem *Hiyoku*-Wappen geschenkt«, schwärmte eine junge Geisha.

Ein *Hiyoku*-Wappen ist ein neues Wappen, das aus dem eigenen und dem Wappen des Geliebten zusammengestellt wird. Das Wappen meiner Freundin Suzume bestand aus einer Blume mit karoförmigen Blütenblättern, während ihr Geliebter mehrere Fächer im Wappen führte. Im neuen Wappen ersetzte sie den mittleren Fächer durch eine karoförmige Blüte ...

Eine andere Bekannte hatte eine Orange und Orangenblätter als Wappen und ihr Geliebter ein Gittermuster. Enthusiastisch kombinierte sie die beiden, und heraus kam das Wappen des Gründers der Nichiren-Sekte[5]. Dieser Irrtum rief bei allen große Erheiterung hervor. Es war damals jedenfalls bei den jungen Geishas groß in Mode, die Wappen ihres Geliebten zu übernehmen. Waren die beiden noch keine Liebesbeziehung eingegangen und die Sache noch platonisch, konnte eine solche Wappenkombination als Liebeserklärung dienen. Auf diese Art verliehen auch die jüngsten Geishas ihren Schwärmereien Ausdruck.

Die zwölfjährigen Lehrlinge sprachen, wenn sie um das Kohlebecken saßen, über die süßen Bohnen von Wakamatsu und daß es dort größere Portionen als bei Tatsutano gab. In diesem Alter hat man mehr Interesse an Essen als an der Liebe.

Zur damaligen Zeit gab es ja noch keine Kinderschutzgesetze, deshalb konnte man schon ab zwölf eine Geisha-Ausbildung beginnen, und es gab viele ganz reizende kleine Lehrlinge.

Jedenfalls widmeten sich alle Gruppen verschiedenen Themen, und Gleichaltrige saßen immer zusammen.

Wenn sich das Gespräch der Geishas jedoch um Kinder drehte, preschte die Geschäftsführerin Omitsu heran.

»Hört auf, euch vor einem Engagement über Kinder zu

unterhalten. Eure Gesichter schauen schon ganz hausbacken drein«, schimpfte sie dann. Noch immer sind die Gemüter beherrscht von der Vorstellung des schönen, anmutigen Gesichts der Geisha, das keine Spur alltäglicher Sorgen kennt. In diesen Bereich gehört auch das Tabu, vor den Gästen zu essen. Wie groß der Hunger auch sein mag oder wie sehr sie auch zum Essen genötigt wird, eine Geisha darf aus Zurückhaltung nicht essen.

Aber wenn ein Gast einer Geisha etwas einschenkt, darf sie es annehmen. Selbst um einen Schluck zu bitten oder zu zeigen, daß man gerne etwas trinken würde, gilt als unfein und ist verboten.

Geishas, die den Spitznamen »Säuferschlange« führten, zechten mit trinkfesten Gästen um die Wette, aber sie waren eine absolute Ausnahme. Während meiner langen Laufbahn habe ich so etwas nur zwei- oder dreimal bei Feiern in einem sehr intimen Kreis erlebt.

Jahre später lud man mich manchmal in erstklassige Bars oder Nachtclubs auf der Ginza ein, und es überraschte mich, daß die Hostessen vor den Gästen Häppchen und Obst knabberten und Cocktails hinunterschütteten. Bei uns herrschten doch andere Sitten ... Doch je mehr die Hostessen essen und trinken, desto größer ist natürlich der Umsatz des Lokals, in dem sie arbeiten.

Ein weiteres Tabu für die Geishas sind Privatgespräche untereinander in Anwesenheit von Gästen.

Von der Sekunde an, in der die Geisha eine Party betritt, gehört ihre Zeit den Gästen. Es ist ihr streng verboten, während dieser Zeit mit Kolleginnen zu schwatzen. Später habe ich einmal in einem Nachtclub zufällig mitgehört, wie die Hostessen sich unterhielten.

»Was hast du denn gestern abend noch gemacht?«

»Ich war ins Kikuzushi zum *Sushi* eingeladen. Du hättest auch mitkommen sollen.«

»Ich hätte nicht erwartet, daß er so großzügig ist.«

Da empfand ich wieder einmal sehr stark, wie anders doch die Ausbildung der Hostessen als die der Shimbashi-Geishas ist.

Doch zurück ins *Hakobeya.*

Es kommt häufig vor, daß ein Künstler und eine junge Geisha sich sympathisch finden und sich dann natürlich allein treffen möchten. Allmählich gehen sie eine tiefere Beziehung ein und werden schließlich ein Paar.

Außerdem gab es auch Frauenhelden wie Yanagiya Mikimatsu, der sein Glück regelmäßig und unterschiedslos bei allen probierte.

»Was für schöne, zärtliche Augen du hast«, sagte Mikimatsu dann, während er die Hand einer jungen Geisha nahm. Da er das in Anwesenheit aller tat, konnte man es auch als Scherz interpretieren.

»Kiharu, wollen wir zusammen essen gehen? Ich will dir die Unschuld rauben«, sagte er ganz ungeniert.

Der Ausdruck »die Unschuld rauben« war zum geflügelten Wort geworden, und wenn meine Freundin Mitsuryû meine Hand nahm und schmachtete: »Ich will dir die Unschuld rauben, kleine Kiharu«, kicherten wir alle. Meister Mikimatsu verwendete diesen Satz auf der Bühne und auf allen Partys, nach seinen erotischen Wortspielen improvisierte er: »Ich will dir die Unschuld rauben!«, um dann mit hoher, verstellter Frauenstimme »Hau ab, du Dummkopf« zu quieken.

»Meister, heute abend wollen wir deine Unschuld rauben«, drehten wir den Spieß um. Aber seine »Unschuld rauben«Masche hatte Erfolg. Wie viele Geishas mit Mikimatsu essen gingen, weiß niemand ...

Damals nannten wir Künstler Sensei – Meister, aber Mikimatsu schimpfte: »Was für ein Quatsch, mich *Sensei zu* nennen.«

Nur die Bänkelsänger Teizan und Bakin redeten wir ernsthaft mit *Sensei* an, vielleicht aus Ehrfurcht vor ihren

Geschichten, die von so unglaublich tapferen Helden erzählten.

Später nannten wir auch den blinden Masseur, den Koch und überhaupt alle *Sensei.* Aber ganz früher war es häufig so, daß gewöhnliche Leute sich auf den Arm genommen fühlten, wenn man sie mit *Sensei* anredete.

Sensei hießen damals alle Lehrer an Universitäten, Schulen und Kindergärten. Außer ihnen sprach man höchstens noch Arzte und Anwälte mit *Sensei* an.

Die Geschäftsinhaberinnen wurden alle *Okami-San* – Chefin – genannt. Von einer Frau, die nicht aus der Oberstadt kam, sprach man nicht als »Herrin«.

Aber Frauen von Ärzten und Lehrern waren, auch wenn sie aus der Unterstadt kamen, Herrinnen, während Gemüse- und Fischhändlerinnen nicht als Herrinnen galten. Eine *Okami-San* blieb eine *Okami-San,* egal wie groß ihr Restaurant oder ihr *Ryokan* – ihre Pension – war.

Als wir einmal einen Gast, der ins Ausland ging, nach Yokohama brachten, begleitete uns eine der Dienerinnen vom Teehaus Yukimura (das bedeutet »Schneedorf«) in Shimbashi.

»Ich vertrete nur meine Herrin, die heute verhindert ist«, entschuldigte sie sich. Matsui Suisei war damals auch dabei.

»Aha, die *Okami-San* eines Etablissements in Tsukiji ist also zur Herrin avanciert. So weit ist es schon gekommen.«

Und er machte wirklich ein trauriges Gesicht.

In späteren Jahren nannte man alle »Herrin«, auch die Nudel- und die Tôfufrau, doch in meiner Jugend war die japanische Sprache noch wesentlich nuancenreicher als heute.

Übrigens ging dieser Matsui Suisei nach Hollywood. Er war ursprünglich Stummfilmkommentator. Immer wenn

Varietés wie die »Marcus-Show« aus Amerika kamen, moderierte er sie auf Japanisch und Englisch. Ich erinnere mich, daß er gemeinsam mit Danny Kaye, damals noch ganz am Anfang seiner Karriere, in der Marcus-Show auftrat.

Nun will ich ein bißchen von meiner besten Freundin Koeiryô erzählen. Sie stammte aus einem großen Geishahaus in Shimbashi und war für ihre Darstellung des Puppentanzes berühmt.

Wenn mich z.B. eine boshafte Geisha schikanierte, konnte ich mich hundertprozentig darauf verlassen, daß sie mir zu Hilfe kam, die andere Geisha anfauchte und mich beschützte. Als ich einmal zu einer Hochfrisur einen violetten Kimono mit Landschaftsmuster trug, sagte eine scharfzüngige Geisha mir ins Gesicht:

»Du siehst ja aus wie ein höheres Töchterchen auf dem Weg zum *Omiai,* kein bißchen wie eine Geisha. Haben wir uns aber feingemacht!«

Ein dezenter Kimono, hochgestecktes Haar, also möglichst wie eine höhere Tochter zu wirken entsprach dem Geschmack meiner Großmutter.

Wenn Koeiryô den Raum betrat, fiel mir immer ein Stein vom Herzen. Sie war die geborene Geisha und sehr schlagfertig. Wenn ich den Tränen nahe war und innerlich vor Zorn kochte, gab sie ruckzuck die Antworten, die ich gern gegeben hätte.

Und ausgerechnet sie, meine beste Freundin, mußte Meister Yanagiya Kingorôs Frau werden.

Es hatte am Kohlebecken im *Hakobeya* begonnen. Koeiryô hatte großes Talent zur Nachahmung und dabei ein ganz besonderes Geschick bei der Imitation von Meister Kingorô entwickelt. So entstand eine große Liebe, die sie veranlaßte, den Geisha-Beruf aufzugeben und Kingorô zu heiraten. Sie bekamen drei Kinder – zwei Töchter und einen Sohn, der Rockabilly-Sänger wurde. Kingorô, der zeit seines Lebens die Seitensprünge nicht lassen konnte, bereitete Koeiryô fast vierzig Jahre lang großen Kummer.

Eine weitere gute Freundin von mir war Ichisuzu, das »Glöckchen«. Sie war lange die Geliebte des berühmten Regisseurs Ozu Yasujirô, aber weil seine Mutter gegen die Verbindung war, konnten sie nicht heiraten.

Von Zeit zu Zeit kamen mir auch die Liebesaffären anderer Geishas zu Ohren. Besonders beeindruckte mich die Geschichte der Chiyoume, die viel älter war als ich und aus Liebe Selbstmord beging. Sie starb in ihrem prächtigen Tanz-Kimono gemeinsam mit dem genialen Pianisten Kondô Hakujirô, nachdem sie beim *Azuma*-Tanz auf der Bühne gestanden hatte. Die beiden Körper waren mit einem roten Kreppseidengürtel zusammengebunden, so als könnten sie sich nicht trennen, und sie wirkten so friedlich, als schliefen sie nur. Damals erschien mir der Liebestod als die Erfüllung aller Sehnsüchte, und ich erklärte ständig, am liebsten aus Liebe sterben zu wollen.

»Dieses Mädchen sagt ja schaurige Sachen«, lachten dann alle.

Manchmal, wenn ich an Chiyoume dachte, klopfte mein Herz vor Erregung über die Schönheit eines Selbstmords aus Liebe, und ich fragte mich ständig, ob es in meinem Leben jemals einen Menschen geben würde, den ich so sehr lieben könnte.

Junge Geishas pflegen sich häufig in Filmschauspieler, Schlagersänger, Baseballspieler, *Kabuki*-Schauspieler, Balladensänger oder Tanzmeister zu verlieben. Sie konnten ihren jeweiligen Schwärm auf dem Rückweg vom Unterricht in den Ginza-Cafés Sembikiya, Shiseidô und Mon ami treffen. Die jungen Verliebten hatten kaum je Geld, und wenn sie welches hatten, konnten sie wegen der Leute nicht in die bekannten Teehäuser gehen.

Die Geisha-Lehrlinge aßen also mit Keiô -Studenten bei

Wakamatsu süße Bohnen, saßen da und schwiegen sich gegenseitig an.

Wenn ich es mir recht überlege, waren viele junge Geishas aus der »Welt der Blumen und Weiden«[6] unglaublich naiv, da sie in einer treibhausartigen, weltfremden Atmosphäre aufwuchsen.

Eine Bootspartie

WENN DER MAI kam, machten wir uns allmählich daran, unsere Kimonos für die Bootspartien färben zu lassen.

Kimonos aus Kreppseide und Goldfasern gingen in der Salzluft ein und wurden am Meer klebrig, daher bevorzugten wir für solche Gelegenheiten luftig gewebte Organzastoffe.

Blumenmuster waren zu meiden, während Wellen- und Korbmuster oder Gitter und Meereswellen sowie feine Streifen als kühl wirkend galten. Farblich überwogen einfache Kombinationen wie schwarz-weiß, violett-weiß oder indigo-weiß.

Großer Beliebtheit erfreuten sich auch *Yukata,* in deren Kragen große Wappen eingefärbt waren, und schlichte Muster auf weißem Grund. Auf Unterkimonos verzichteten wir ganz. Nur der rosafarbene Kragen vom Unterhemd durfte hervorschauen. In Kombination mit einer Hochfrisur trugen die jüngeren Geishas Unterhemden mit roten Kragen.

Als Gürtel dienten ungefütterte Hakata- *Obi* und *Obi* aus Gaze oder Organza. Da sie keine verstärkende, steife Einlage brauchten, waren sie sehr leicht.

Abends gegen sechs fuhren die Boote vor den Uferrestaurants in Tsukiji ab und den ganzen Sumida-Fluß hinunter. Die Vordächer der Hausboote waren mit Lampions geschmückt, was sehr stimmungsvoll wirkte. Dann fuhren wir vom Bootshaus bei der Handelshochschule in Richtung Kototoi. Der Blick vom Boot auf den Sumida-Park während der Kirschblüte im Sommer und auch im Winter, wenn Schnee lag, war ganz bezaubernd.

Ich möchte eine unserer sommerlichen Bootspartien schildern, die wir von der kühlen Flußbrise umweht unternahmen.

Wir hatten ein bestimmtes Ziel in Kototoi, nämlich dic Kototoi-*Dango,* die berühmten süßen Reisbällchen.

Wir aßen diese *Dango* mit Begeisterung, und die älteren Geishas ließen sie in Spanschachteln als Mitbringsel für die daheimgebliebenen Zofen und Dienerinnen verpacken.

Die Konditorsfrau begleitete uns zum Abschied immer bis zum Boot. »Beehren Sie mich bald wieder.«

Die winkende Konditorsfrau entschwand in der einsetzenden Dämmerung unseren Blicken, und die Lichter gingen an. Wenn wir durch Yanagibashi fuhren, konnten wir oft vom Fluß aus die Festlichkeiten in den Restaurants Ryûkûtei und Kamesei beobachten. Einmal war es ein prächtiges Bankett in einem großen Saal im ersten Stock, bei dem man die tanzenden Geishas erkennen konnte, ein andermal vier oder fünf Gäste, die in einem kleinen Raum am Tisch saßen und fröhlich lachten. An ihrer Seite schwebten drei junge Geishas, die ihnen Bier einschenkten.

Danach ging es an gewöhnlichen Wohnhäusern vorbei. Eltern und Kinder saßen zusammen bei Tisch und aßen. Eine junge Hausfrau nahm auf der Dachterrasse die trokkenen Babywindeln ab. Damals hatten alle Häuser Dachterrassen, auf denen die Wäsche aufgehängt wurde. Wenn man das Shimbashi-Tanztheater passierte, spiegelten sich die blinkenden Neonlichter im Wasser. Dann ging es weiter flußabwärts nach Shinagawa. Da damals selbstverständlich mit der Hand gerudert wurde, entstand beim Rudern ein schönes, tiefes Geräusch. Früher trugen die Bootsleute Kimonojacken mit den Namen der Geishas von

Yanagibashi und Shimbashi und weiße Stirnbänder mit blauen Tupfen.

In der Nähe der Shinagawa-Festung machte das Boot halt, und die Gäste forderten die Bootsleute auf: »Trinkt einen Schluck mit uns!«

Diese entledigten sich dann ihrer Stirnbänder und akzeptierten gerne ein Glas. Zusätzlich boten wir ihnen auf kleinen Tellern einen Imbiß an. Es herrschte eine kühle Brise, der eine oder andere Gast gab mit Verve Volkslieder zum besten, und ein paar ältere Geishas saßen ganz eng aneinandergerückt mit altvertrauten Stammkunden zusammen.

Damals wuchsen in der Gegend um Omori *Nori,* eßbare Algen. Deshalb duftete es im Sommer nicht nur nach Meeresluft, sondern auch nach *Nori.* Der Mond schwebte langsam den Himmel hinan, und außer dem Geräusch der plätschernden Wellen am Bootsrand herrschte Stille. Nach und nach stellte sich das Gefühl ein, man befände sich in einer anderen Welt.

In einer solchen Atmosphäre hielten Unschuld und Reinheit Einzug in die Herzen der Anwesenden.

Wenn Meister Yoshida Seifû und Meister Fukuda Randô dabei waren, fühlten sie sich vom Licht des Mondes inspiriert und spielten ein Stück auf der *Shakuhachi.*

Diesem anrührend schönen Spiel der beiden Meister zu lauschen, während das herabfließende Mondlicht sich auf den Wellen brach – was hatte ich doch für ein Glück. Ich habe diesen Klang noch heute im Ohr. Die Gäste, die Geishas, die Bootsleute – alle hörten ergriffen zu und waren zu Tränen gerührt.

Wie gerne würde ich etwas von dieser Stimmung den jungen Leuten von heute vermitteln!

In Shimbashi arbeiteten viele Geishas mit den verschiedensten herausragenden Talenten.

Jikka war eine Meisterin auf der Utazawa-*Shamisen*, und hatte gleichzeitig als Dichterin mehrere Haiku-Gedichtbände herausgegeben. Kotoki war Balladensängerin und ebenfalls eine berühmte *Haiku*-Dichterin. Nicht vergessen werden darf die Meisterin des *Azuma*-Tanzes, Marichiyo. In ihrem schneidigen, maskulinen Stil glich sie dem *Kabuki*-Schauspieler Kikugorô VI. zum Verwechseln. Oder die beiden sinnlichen, wunderschönen und sehr femininen Geishas Kokuni und Somefuku. Als Meisterin im *Go*-Spiel durfte sich Koshime bezeichnen.

Es erfüllt mich mit Dankbarkeit, daß ich gerade in diesem aufnahmefähigen Alter täglich so viel Schönes geboten bekam.

Morgens ging ich zur Schule, und abends auf den Gesellschaften stieß ich immer wieder auf irgend etwas Neues. Beispielsweise hingen in den großen Teehäusern in den *Tokonoma,* den Schmucknischen, Rollbilder, wie man sie sonst kaum zu sehen bekam. Zu Neujahr hatte man in der Schmucknische des Restaurants Shinkiraku ein so herrliches orange-rot und goldenes Bild des Berges Fuji aufgehängt, daß ich, obgleich ich nichts von Malerei verstand, vor Entzücken fast aufgeschrien hätte. Die *Okamisan* erklärte mir, es sei ein Werk des Meisters Yokoyama Taikan. In einem anderen Teehaus sah ich in einem kleinen Raum ein speziell bei Teezeremonien verwendetes Rollbild von Chikuden, ein andermal ein elegantes Stilleben von Mushanokôji. Oder man hatte wie zufällig einen Wandschirm von Komuro Suiun aufgestellt.

Für die Bankette wurde ausschließlich mit erlesenstem Geschirr und mit Goldstaub verzierten Lackschalen gedeckt. Obgleich mich niemand in diesen Dingen unterrichtete, eignete ich mir durch Zusehen und Zuhören ganz automatisch detaillierte Kenntnisse über Geschirr und Keramiken an.

Später, als Erwachsene, wies ich meine Kunden oftmals

darauf hin, daß es für eine Tochter aus gutem Hause viel vorteilhafter wäre, drei Monate in Shimbashi als Geisha zu arbeiten, als eine sogenannte Brautschule zu besuchen.

Damals erschien als Sonderbeilage der Zeitschrift *Freund der Hausfrau* das »Neue Lesebuch für die Braut« von Kikuchi Kan. Kikuchi schrieb darin:

»Seit kurzem macht in Shimbashi eine junge Geisha namens Kiharu von sich reden. Bei Gesellschaften singt und tanzt sie nicht, doch ungeachtet ihrer Jugend verfügt sie über einen so ausgedehnten Gesprächsstoff, daß man sich mit ihr über alles unterhalten kann. Ich würde mir wünschen, daß alle Frauen heutzutage danach strebten, es diesem Mädchen gleichzutun.«

Unter den Literaten gab es einige, deren besonderer Liebling ich war. Damals bezeichnete man diese Leute nicht als Schriftsteller, sondern nannte sie Romanciers oder ganz allgemein Literaten.

Der bestaussehende von allen Literaten war Osaragi Jirô. In der sportlichen *Homespun-Jacke,* die er oft zu tragen pflegte, sah er ausgesprochen schick aus. Wie gerne wäre ich einmal mit ihm auf der Ginza spazieren gegangen und gesehen worden!

Manchmal kam er zusammen mit Iwata Sentarô, der sehr schöne, gefühlvolle Augen mit langen Wimpern hatte, und dem keine Frau widerstehen konnte. Meine Freundin Kotoyo hatte sich dermaßen in ihn verliebt, daß sie sich schon morgens vor seinem Tor postierte, was dann genügte, um sie den ganzen Tag glücklich zu machen. So naiv war sie. Jedenfalls würde ich die Herren Iwata und Osaragi jeden auf seine Art dem Typus des attraktiven Mannes zuordnen. Sie brachten auch Shimura Tatsumi mit, der damals noch ziemlich jung und daher etwas schüchtern, aber ein reizender Mensch war.

Kikuchi Kan war sehr wählerisch, und ich habe ihn niemals irgendwo anders als im Yonedaya in Kobikichô gesehen. Kein Wunder also, daß die dortige Okami-*san* immer von seinem sympathischen Charakter schwärmte. Miyoshi und ich waren seine Lieblingsgeishas. Es wurde geklatscht, daß Miyoshi seine Geliebte war, aber ich glaube das bis heute nicht.

Kikuchi hatte Spaß daran, sich von einem Mädchen, das er mochte, bedienen zu lassen und sich mit ihr zu unterhalten. Es gab Gerüchte über angebliche Liebschaften mit Servierinnen, aber bei uns in Shimbashi gehörte er eher zu den Kunden, die sich stets auf recht harmlose Weise amüsierten.

Er war stämmig, hatte ein niedliches Löwengesicht, und seine Augen hinter der dicken Brille blickten freundlich. Ganz im Widerspruch zu seinem Aussehen sprach er mit leiser, stockender Stimme.

Außerdem war er das, was man heute einen Kettenraucher nennen würde, denn kaum daß er eine Zigarette zu Ende geraucht hatte, steckte er sich schon die nächste an.

Außerdem verstreute er, wo er ging und stand, seine Asche. Ich konnte es gar nicht mit ansehen, so leid tat es mir um sein schickes *Oshima*-Ensemble (d.h. Kimono und *Haori* waren aus dem gleichen Stoff), das er ständig beschmutzte.

Schließlich konnte ich es nicht mehr aushalten und sagte:

»*Sensei*, ich binde Ihnen gleich eine Schüssel mir einer Schnur um den Hals.«

Später beklagte er sich deswegen in seiner nuscheligen Sprechweise bei den Herren Kume und Yoshikawa.

»Kiharu ist schrecklich. Sie wollte mir eine Schüssel um den Hals binden ... Sie ist ein ganz böses Mädchen.«

Darauf sagte Herr Kume: »Sie ist ein kleiner Teufel und verdient eins hinten drauf« und dergleichen, aber ich wußte genau, daß Kikuchi überhaupt nicht wütend war.

Wir teilten die Gäste in zwei Kategorien ein.

Die einen kamen, um weibliche Gesellschaft zu haben, die anderen wegen Sex.

Die ersteren hatten einfach großes Vergnügen daran, Mädchen um sich zu haben, ließen sich aber nie mit einer bestimmten ein. Das waren die ungefährlichen.

Die anderen hatten kein Interesse an einer Unterhaltung mit den Mädchen. Diese Kunden wollten sofort zur Sache kommen. Später gehörten viele sogenannte Schriftsteller zu dieser Gruppe ...

Wir bevorzugten natürlich die Gäste, die sich angeregt und freundlich mit uns unterhielten.

Kikuchi galt als warmherziger Kunde bei den jungen Geishas, die noch keinen Gönner hatten, da er sich immer erkundigte, ob sie vielleicht Hunger hätten oder mehr Taschengeld brauchten.

Eines Tages brachte Herr Kikuchi einen großen, ernst aussehenden Mann mit.

»Das ist Herr Ishikawa. Er hat in diesem Jahr den Akutagawa-Preis erhalten. Das ist die Belohnung, die die Leute bekommen, die die beste Erzählung in Japan geschrieben haben«, stellte er ihn vor.

Es war Ishikawa Tatzuô, der den Preis für seinen Roman *Das Volk* verliehen bekommen hatte. Auch wenn wir ihm einschenkten oder ihn ansprachen, blieb er wortkarg und unzugänglich.

Damals war auch ein Herr dabei, der ein blau-weiß gesprenkeltes Ensemble mit einer *Hakama,* einer japanischen Hose, trug.

»Ah, wie elegant«, tuschelten die jungen Geishas. Er verkörperte wirklich den Typ des perfekten, gutaussehenden Mannes. Es war Niwa Fumio, der berühmte Romancier. Damals lebte er mit einer Barbesitzerin zusammen. Man hörte sonst noch so allerlei über ihn, eine Zeitlang kam sogar ich ins Gerede. In Togaeri Hajimes *Weißbuch der Literatenkreise* stand zu lesen, daß Niwa Fumio und Kiharu aus Shimbashi eine Liebesbeziehung hätten. Das schmeichelte mir sehr, und ich erinnere mich mit großem Vergnügen daran.

Auf eine ganz andere Art attraktiv war Uno Kôji. Er liebte es, von seinen Seereisen in Südostasien zu erzählen. Ich mochte ihn auf Anhieb, weil er jede Wanze einzeln beschrieb, als ob sie ein Innenleben hätte, und zwar bis hin zu ihrem Gesichtsausdruck.

Satomi Ton lud häufig die Chefin vom Yonedaya zum Sushi-Essen ein. Obwohl er damals schon ziemlich alt war, trug er einen stahlblauen Seidenkimono mit einem braunen *Obi* aus Hakata-Seide, blaue *Tabi* an den Füßen und mit Rindsleder bezogene Sandalen. Wenn er seine japanische Pfeife aus dem wildledernen Tabaksbeutel zog, wirkte das höchst weltmännisch.

Auch Horiguchi Daigaku sah hervorragend im Kimono aus und war eine ausgesprochen elegante Erscheinung. Er und Saijô Yaso haben mich immer mit nach Yoshiwara genommen.

Ein Besuch in Yoshiwara ist nicht einem Besuch im Freudenhaus gleichzusetzen, wie die meisten Leute vermuten. In den dortigen Teehäusern zu feiern machte mir immer riesigen Spaß.

Wir bevorzugten das Kanôya, dessen Chefin eine zierliche, fürsorgliche Person war. Außerdem arbeitete dort noch die Geisha Eiko, die mich immer sehr liebenswürdig aufnahm, obgleich ich doch aus Shimbashi kam, was ja gewisse Rivalitäten einschloß.

Die Yoshiwara-Geishas mußten musisch ausgebildet sein, denn für den anderen Aufgabenbereich gab es eine Menge Anbieterinnen, die über ein Naturtalent verfügten ...

Nur jene Kunden, die die Teehäuser aufsuchten, interessierten sich wirklich für die Künste und genossen die spezifische Atmosphäre. Diese einzigartige Atmosphäre im alten Yoshiwara muß man einfach eingehender beschreiben.

Hatte man das große, schwarzlackierte Tor durchschritten und damit Yoshiwara betreten, sah man sich reihenweise Teehäusern gegenüber. In der Mitte der Straße wechselten sich Weiden und Kirschbäume ab, dazwischen standen große Steinlaternen, wie im Kasuga-Schrein.

Ich vermute, die Bezeichnung *Karyûkai,* die »Welt der Blumen und Weiden«, hat dort ihren Ursprung. Später kam ein Lied auf, in dem von der »Mutter des Blumenviertels« gesungen wurde, aber ich glaube, das ist neueres Japanisch. Wir verwendeten den Begriff »Viertel der Blumen und Weiden« zwar häufig, sprachen aber eigentlich nie nur vom »Blumenviertel«. Aber Begriffe wandeln sich.

Kamen wir nach Yoshiwara, stiegen wir beschwingt in den ersten Stock des Kanôya. Die Räumlichkeiten waren nicht so elegant wie in den erstklassigen Teehäusern von Shimbashi, sondern glichen eher ganz alltäglichen Wohnzimmern. Kaum war man drin, stand auch schon der *Sake* auf dem Tisch, und die Yoshiwara-Geishas begannen mit dem *Ozatsuki,* dem musikalischen Teil des Amüsements.

Beim *Ozatsuki* spielt man auf dem *Shamisen,* auf der großen und kleinen Trommel und auf der Flöte glückverheißende, heitere Weisen, und es herrscht eine gehobene, ein wenig tumultartige Stimmung.

Anschließend besuchten wir meist ein großes Freudenhaus wie das Kadoebi, das »Garneleneck«.

Diese großen Freudenhäuser existierten seit der Edo-Zeit. Die Kurtisanen tragen wie früher oder wie die Kurtisanendarsteller im Theater heute höchst kunstvoll aufgesteckte Frisuren und prunkvolle Kimonos. Dann leisteten die Kurtisanen beispielsweise den Herren Saijô und Horiguchi Gesellschaft, die später am Abend jedoch mit uns nach Shimbashi zurückkehrten. Ihr eigentliches Ziel waren nicht unbedingt die Kurtisanen, sondern sie suchten eher die sehr eigene, traditionelle Atmosphäre, wie sie im »Garneleneck« herrschte. Aus diesem Grunde gingen sie auch in unserer Begleitung dorthin.

Die Kurtisanen sitzen auf dicken, großen Kissen, während auch ranghöchste Geishas das niemals tun. Die Bedeutung liegt wohl darin, daß die Kurtisanen, und sei es auch nur für einen Abend, die Rolle der Ehefrau ihres Kunden einnehmen, was sich hingegen für eine Geisha nicht schickt.

Deshalb war ich auch sehr erstaunt, als ich eines Abends (im Mai 1983) im Fernsehen eine Geisha auf so einem Kissen sitzen sah. Außerdem hatte die Geisha lakkierte Nägel, trug Ringe an der Hand, mit der sie das *Shamisen* schlug, und eine Armbanduhr ... Das paßte alles nicht so ganz zusammen.

Früher wurden viele junge Mädchen aus verarmten Bauerndörfern in Nordostjapan nach Yoshiwara verkauft, und mancher Kunde erlebte eine Überraschung, wenn seine wunderschöne Kurtisane das Mündchen in ihrem Puppengesicht öffnete und breitester nordostjapanischer Dialekt ertönte. Im Gegensatz zur heutigen Zeit, in der Standard-Japanisch durch das Fernsehen im ganzen Land verbreitet wird, sprachen die Leute aus dem Nordosten noch im reinsten *Susu*-Dialekt, und Otsuji Shirô konnte uns Lachstürme entlocken, indem er ihn nachahmte. Je hübscher ein Mädchen ist, desto merkwürdiger wirkt es, wenn sie den schrecklichen Susu-Dialekt spricht.

Jede Kurtisane hatte ihren eigenen Raum, in dem es drei Kommoden aus Paulownienholz, eine Vitrine für das Teegeschirr, einen länglichen *Hibachi* und einen Spiegel gab – sehr gemütlich. Ich hatte einmal Gelegenheit, den Raum von Sanae, einem Liebling der Herren Saijô und Horiguchi, zu besichtigen.

Die Kurtisanen bekamen Trinkgelder, Leckerbissen

und amüsierten sich – es gab kaum Gäste, die keine eingehenderen Dienste von ihnen verlangten. Daher freuten sie sich über Besucher wie die Herren Saijô und Horiguchi.

Hatte ein Kunde einmal nach Sanae, Usugumo oder Miyuki verlangt, dann war diese bis auf weiteres für ihn zuständig. Beim nächsten Besuch eine andere rufen zu lassen verstieß gegen die Regeln des Freudenviertels. Da ich viele Male dort war, schloß ich mit einigen Kurtisanen Freundschaft, und wir tauschten Briefe und Fotos aus.

Doch zurück zum festlichen Treiben im Kadoebi. Am Ende überreichten wir den Geishas, die gesungen und getanzt hatten, ein Trinkgeld und kehrten nach Shimbashi zurück.

Beim Verlassen des Viertels passierte man die neben dem Großen Tor stehende sogenannte »Abschiedsweide«. Nachdem sich die Kunden verabschiedet haben, schauen sie an dieser Stelle unwillkürlich zurück auf ihre Damen.

Manchmal begleiteten die Kurtisanen ihre Gäste auch nach draußen und winkten ihnen vom Ausgang nach. Es kam auch vor, daß der Abschied schwer fiel. Beim endgültigen Verlassen von Yoshiwara blickten alle noch einmal zurück.

Eine weitere Besonderheit von Yoshiwara war der *Emon*-Hang, der nur sanft zum Fluß abfällt. Früher ließ man sich in einer Sänfte auf dem Uferdamm des Sumida entlang nach Yoshiwara bringen und richtete beim Verlassen der Sänfte seinen *Emon*. Als *Emon* bezeichnete man die Stelle, an der die beiden Seiten eines Kimono vorne übereinandergelegt werden. Die Geste gleicht der der Männer, wenn sie ihre Krawatte zurechtrücken.

Jedenfalls waren unsere Vergnügungen im Freudenviertel keineswegs so einseitig, wie es sich die Leute heute vielleicht vorstellen.

Damals war es zu bestimmten Festtagen im November – den Hahnentagen – allen, auch Frauen und Kindern, gestattet, abends durch das Große Tor das Freudenviertel zu betreten.

Die Hahnentage gibt es auch heute noch. Nach dem Besuch des Otori-Schreins kauft man, einem alten Brauch gehorchend, einen großen, geschmückten Rechen, um sich auch für die kommende Zeit geschäftlichen Erfolg zu sichern. Yoshiwara wimmelt dann von Leuten, die einen Rechen über der Schulter tragen.

Der Rechen ist mit einer pausbäckigen, glückbringenden *Okame*-Maske dekoriert. Da es alle zwölf Tage einen Hahnentag gibt, findet in manchen Jahren der Hahnenmarkt dreimal in einem Monat statt. Sie werden als erster, zweiter und dritter Hahnenmarkt bezeichnet. Die *Okame*-Masken werden nach dem Grad ihrer Schönheit verkauft, und deshalb nennt man sehr häßliche Frauen, die wie die weniger schönen Rechen übriggeblieben sind, die »Ladenhüter vom dritten Hahnenmarkt«.

Herr Tôgô und seine Frau hatten mich sehr ins Herz geschlossen, und ich besuchte sie oft in ihrem weißen Haus im Grünen in Kugayama. Seine zierliche, freundliche, sehr hübsche Frau war auch später in meinem Haus in West-Ginza bei mir zu Gast. Als Tochter eines Vizeadmirals war sie sehr behütet und streng erzogen worden, um so mehr gefiel ihr allem Anschein nach die Atmosphäre im Geisha-Viertel. Alles, was sie bei uns sah und hörte, erschien ihr erstaunlich. Meine Großmutter schätzte diese Dame sehr und pflegte zu sagen: »Es gibt in ganz Tôkyô keine Dame, die sich mit Frau Tôgô messen kann. Keine ist so schön, so vornehm und dabei so freundlich wie sie.«

Herrn Tôgôs beißender Humor hingegen machte mich oft zunächst ärgerlich, meistens mußte ich dann aber doch herausprusten.

Zu einer bestimmten Zeit kamen Samtmäntel sehr in Mode. Als ich zum ersten Mal in meinem neuen grünen

Samtmantel stolz auf der Ginza herumspazierte, begegnete ich zufällig Herrn Tôgô.

»Gerade habe ich mich gefragt, wer wohl die Person im Samtetui sein könnte, da hab' ich dich erkannt, Kiharu«, sagte er.

Einmal begleiteten wir einen Gast, der nach Osaka fahren wollte, zum Tôkyôter Bahnhof. Damals gab es noch keinen *Shinkansen* und keine Flugzeuge. Zwischen Tôkyô und Osaka verkehrte der Schnellzug »Schwalbe«, der um neun Uhr morgens abfuhr.

Ich trug bei dieser Gelegenheit eine Silberfuchsstola wie eine gutbürgerliche junge Ehefrau. Den Silberfuchs hatte ich gerade von einem Geliebten aus Vancouver mitgebracht bekommen, und er war für mich aus den verschiedensten Gründen von großer Bedeutung.

Herr Tôgô war auch auf dem Bahnsteig, um irgend jemanden zu verabschieden.

»Hallo Kiharu, was machst du denn hier?« sagte er und lächelte mich an. »Am frühen Morgen kleine Kinder zu schleppen ist eine Plage, was?«

Ich verstand kein Wort. Als ich auf dem Heimweg an einem großen Spiegel vorbeikam, sah ich, daß ich mit dem Kopf des Silberfuchses auf meiner Schulter aussah, als würde ich ein kleines Kind auf dem Arm herumtragen.

»Wie gemein«, dachte ich, fand die Beobachtung aber gleichzeitig sehr treffend.

Ein anderes Mal erschien meine Freundin Shigeno ganz stolz mit einer neuen Frisur, die man damals »Pompadour« nannte, auf einer Gesellschaft. Bei dieser Frisur waren die Haare vorne hochgekämmt und zu beiden Seiten hoch- und zurückgesteckt.

»Huch, einen Moment lang dachte ich, eine spanische Geisha kommt rein«, rief Herr Tôgô ...

Danach hieß Shigeno bei allen eine Weile »die spanische Geisha«.

Ich wollte ihn bei meinem nächsten Japanbesuch aufsuchen und hatte mich schon auf seine giftigen Bemerkungen gefreut, aber er ist einfach gestorben ... ein echter Schelm!

Die Entjungferung

KIHARU, DIE *OKAMI-San* hat etwas Diskretes mit dir zu besprechen«, rief Okatsu, die Hauswirtschafterin vom Tombo. Ich war gerade von einer Gesellschaft zurückgekommen und kleidete mich mit Hilfe unseres Hausdieners Han-*chan* um.

»Ich habe aber jetzt noch einen Termin.«

»Wo denn?«

»Im Shinkiraku«, antwortete ich.

»Ach, das ist ja nebenan, das trifft sich doch gut. Da kannst du ruhig ein bißchen später kommen. Du solltest auf jeden Fall mit der Chefin sprechen, denn sie erwartet dich.«

Anschließend hatte ich aber noch zwei Engagements und war dann im Tombo einem Bekannten begegnet, der mich auch zu seiner Gesellschaft hinzubat.

Nach etwa einer Stunde kam Okatsu, um mich zu rufen.

Als ich das Zimmer der *Okami-San* betrat, strömte mir ein köstlicher Duft von Räucherwerk entgegen.

»Jetzt wollen wir uns mal über deine Zukunft unterhalten, also sperr die Ohren auf«, empfing sie mich.

Auch für eine ausgebildete Geisha sei es von größter Bedeutung, welcher Mann sie zur Frau mache, erklärte sie vielsagend.

Wolle man eine berühmte Geisha werden, käme dafür nur ein Minister oder Großindustrieller in Frage, der dann mit etwas Glück mein Gönner würde. Somit hätte ich für alle Zukunft ausgesorgt. Und wenn nicht, so könne ich mich wenigstens damit brüsten, von Minister Soundso entjungfert worden zu sein.

Handele es sich aber um einen Niemand, käme rein gar nichts dabei heraus. So erklärte sie mir geduldig, wie wichtig es sei, sich beim ersten Mal einem Prominenten hinzugeben.

»Du bist zwar in einer anderen Position als die anderen Schülerinnen, da du keine Schulden hast und gegenüber einem Arbeitgeber dein Gesicht wahren kannst. Dennoch solltest du, wenn du eine gute Geisha werden willst, bei einem passenden Angebot zugreifen. Das wäre das Beste für dich.«

Während dieses Gesprächs wurde mir zum erstenmal bewußt, daß das Wort »Entjungferung«, das mir ja gar nicht neu war, auch mich direkt betraf.

Unsere Chefin berichtete nun, der Eisenbahnminister Mitsuchi Chûzô sei sehr von mir angetan und daher willens, mich zur Frau zu machen.

»Kiharu-*chan*, du hast doch noch keinen Gönner. Einer älteren Geisha aus dem Stammhaus ist es sogar schon aufgefallen, daß du dir offenbar gar keine Gedanken machst. Ich bin der Ansicht, daß du, zumindest was deine Entjungferung angeht, unbedingt eine prominente Persönlichkeit bevorzugen solltest.«

Damals herrschte die einhellige Überzeugung, ein Minister sei eine alles überragende Persönlichkeit.

Nicht jeder konnte Doktor oder Minister werden, wie es in dem populären Schlager »Am Ende Doktor oder Minister« hieß. Ich hatte an vielen Banketten teilgenommen, konnte mich aber an das Gesicht des Eisenbahnministers beim besten Willen nicht erinnern. Zu jener Zeit war ein Minister in den Vierzigern völlig undenkbar, alle Politiker hatten schon ein gewisses Alter erreicht. Ob sie nun der bürgerlichen oder der Volkspartei angehörten, sie waren ausnahmslos Großväter. So hatte auch keines der Ministergesichter einen bleibenden Eindruck bei mir hinterlassen.

»Du verstehst, was ich dir sagen will, nicht wahr?« fragte die Chefin nachdrücklich, und obwohl ich an dem Abend zustimmend nickte und ihr Zimmer mit folgsamer Miene verließ, war ich in Wahrheit gar nicht so überzeugt von der besonderen Bedeutung oder Notwendigkeit, die eine Entjungferung durch einen Minister oder so etwas Ähnlichem für eine Karriere als berühmte Geisha haben sollte.

Am nächsten Abend fand im Großen Saal des Tombo eine Gesellschaft mit vielen Gästen statt. Einer nach dem anderen defilierten sie am Minister vorbei, der vor der *Tokonoma* den Ehrenplatz eingenommen hatte, und prosteten ihm zu: »Auf Ihr Wohl, Herr Minister.«

Damals wurde mir zum erstenmal bewußt, wer dieser Eisenbahnminister Mitsuchi Chûzô überhaupt war. Meine Neugierde war geweckt. Ich bekam Lust, ihn aus der Nähe zu betrachten.

»Kiharu, setz dich her zu mir.« Freundlich bedeutete er mir, an seiner Seite Platz zu nehmen.

»Kommt gar nicht in Frage«, lag mir auf der Zunge. Er mochte ein hohes Tier sein, war aber so alt wie mein eigener Großvater. Außerdem hatte er ein ziemlich groteskes Gesicht; Stirn und Wangen waren von dunkelvioletten Flecken, wahrscheinlich Altersflecken, übersät.

»Das darf doch nicht wahr sein«, dachte ich.

Wohlwollend wandte der Minister sich an mich.

»Du trinkst wohl nicht? Schön, schön, du brauchst nichts zu trinken. Ich trinke für dich mit.«

Er verhielt sich ausgesprochen liebenswürdig, aber ich war völlig niedergeschmettert. Auch wenn er ein noch so hoher Minister war, meinen Körper einem so häßlichen alten Mann zu geben ... da hörte der Spaß auf. Das kam überhaupt nicht in Frage. Konnte es denn nicht ein etwas hübscherer Großvater sein?

Nein! Nein! Nein! Ich war innerlich sehr aufgewühlt.

Als die Party in vollem Gange war, erhob sich der Minister unauffällig und verschwand. Danach nahm die Ausgelassenheit zu, und die Leute vom Eisenbahnministerium gerieten in Hochstimmung. Keiner schien bemerkt zu haben, daß der Minister sich zurückgezogen hatte.

Unsere Wirtschafterin Okatsu rief nach mir.

»Kiharu, kommst du mal ...« Dann ging sie mir voran, und ich folgte ihr.

Da ich fast jeden Abend an einer Gesellschaft im Tombo teilnahm, hatte ich geglaubt, alle Zimmer dort seien mir bekannt. Aber das Zimmer, in das mich Okatsu jetzt führte, lag an einer Hintertreppe, die man über einen Gang erreichte, von dem ich bisher nichts geahnt hatte.

»Ach, ich wußte gar nicht, daß es hier hinten auch eine Treppe gibt«, dachte ich, während ich sie hinaufstieg. An ihrem Ende lag ein hübsches, kleines Zimmer.

»So, da sind wir.«

Okatsu öffnete die Schiebetür eines für dieses Haus ungewöhnlichen, bloß sechs *Tatami* großen Zimmers. Ich hatte gedacht, das Haus verfüge nur über große Gesellschaftsräume. Hier ein so kleines Zimmer vorzufinden verblüffte mich.

Mein Blick fiel auf eine Bildrolle, wie sie bei Teezeremonien üblich ist. Darunter stand friedlich ein kleiner Korb mit weißen Kamelien. Der gleiche Duft, den ich am Abend zuvor im Zimmer der Chefin wahrgenommen hatte, erfüllte auch diesen Raum, und an einem kleinen Tisch saß in einem wattierten Hauskimono der kurz zuvor entschwundene Minister.

Während sie mich ins Zimmer schob, sagte Okatsu:

»Also dann, viel Vergnügen«, schloß die Schiebetür und entfernte sich.

Ich hatte eigentlich keine Schwierigkeiten, auch mit mir unbekannten Gästen vertraulich zu plaudern, aber an diesem Abend verweigerte meine Zunge den Dienst, und ich brachte keinen Ton heraus.

»Du trinkst doch nicht?« Der Minister schenkte sich selbst ein. Ich zitterte und konnte meine Erregung kaum im Zaume halten.

Die Stimme der Chefin, die sagte »um eine berühmte Geisha zu werden, muß man von einer hochgestellten Persönlichkeit entjungfert werden« klang mir in den Ohren.

»Also gut, dann muß ich ihn eben beschwatzen«, beschloß ich.

Während ich schweigend dasaß, kehrte wieder völlige Ruhe in meinem Kopf ein.

Der Minister stand auf und öffnete die Schiebetür zum Raum nebenan. Mein Blick fiel auf eine vom dämmrigen Schein einer Papierlampe beleuchtete rote Decke mit Wabenmuster.

»Komm nur her zu mir.«

Der Minister hatte sich auf dem *Futon* niedergelassen.

»Ich muß Ihnen etwas sagen.« Meine Lippen zitterten so, daß ich gar nicht richtig sprechen konnte.

»Was denn? Was mußt du mir denn sagen?«

Ich kniete mit ordentlich nebeneinander gelegten Händen vor dem Minister.

»Ich bin kein Kind mehr und weiß deshalb, worum es heute abend hier geht«, begann ich ernst.

»Du mußt dir keine Gedanken machen. Sei ganz ruhig und zieh dich aus.« Ungerührt schickte er sich an, sich seines Hauskimonos zu entledigen.

»Warten Sie. Wenn Sie mir das heute abend antun, werde ich Sie mein ganzes Leben lang hassen. Denn ich kenne Sie ja überhaupt nicht.«

Tränen stürzten mir aus den Augen.

»Na, na, was bist du nur für ein Dummerchen. Es gibt doch auch arrangierte Ehen. Da bleiben ja auch ein Mann und eine Frau ein Leben lang zusammen, die sich vorher gar nicht kannten.«

Er war jedenfalls nicht ganz unbedarft. Äußerst behutsam nahm er meine Hand, und ich entzog sie ihm nicht.

»Wenn ich Sie länger kenne und überzeugt bin, daß Sie ein guter Mensch sind, werde ich Sie von ganz allein bitten, mich zur Frau zu machen. Aber im Moment geht das auf keinen Fall, nein ...« Dabei weinte ich bitterlich.

»Und wenn ich Sie mein ganzes Leben lang hasse, ist das auch für Sie nicht schön ... Ich denke anders als andere Geishas. Ich halte es nicht für eine besondere Ehre, von einem Minister entjungfert zu werden. Mein ganzes Leben lang werde ich Sie verabscheuen und diesen Abscheu nie vergessen«, erklärte ich schluchzend.

»So schlimm ist das also für dich?«

»Ja, wirklich. Für Sie wäre es doch auch schrecklich zu wissen, daß Sie lebenslang gehaßt werden. Stellen Sie sich vor: Sie werden Ihr ganzes Leben von einem Mädchen gehaßt! Das ist entsetzlich«, redete ich eifrig auf ihn ein.

Während er zuhörte, starrte er mir ins Gesicht und zog dann den schon halb abgestreiften Hauskimono wieder über.

»Schon gut, schon gut, ich geb's auf. Das stimmt ja alles. Es liegt nicht in meiner Absicht, lebenslänglich gehaßt zu werden. Der dumme Mitsuchi Chûzô hat zum erstenmal in seinem Leben vor der Entjungferung eines Mädchens einen Vortrag gehalten bekommen. Tut mir leid, tut mir leid. Entschuldige.«

Als ich die fleckige Stirn des Minister betrachtete, bemerkte ich seine plötzlich milde gewordenen Augen.

»Eigentlich ist er doch ein ganz netter Mensch«, dachte ich. Damals erkannte ich, daß die Menschen sich so verhalten, wie man ihnen entgegentritt – gut oder schlecht.

»So, und nun hör auf zu weinen. Wenn du jetzt gleich

runtergehst, wundern sich die Chefin und Okatsu. Deshalb unterhalte dich noch ein bißchen mit mir.«

Gerade noch hatte mir vor ihm gegraut, jetzt fand ich ihn gar nicht mehr so schlimm und fühlte mich glücklich und erleichtert. Ich trocknete meine Tränen und begann zu erzählen, was mir gerade in den Sinn kam. Ich berichtete ihm von meinem Leben: wie ich jeden Morgen an einer Schule Englischunterricht nahm und viele Hausaufgaben hatte, aber weil die ausländischen Gäste mir abends oft während eines Banketts dabei halfen, die Beste in der Klasse war; wie peinlich es mir erschien, wenn der Hausdiener in der Schule anrief, um mir mein Engagement für eine Lunchparty mitzuteilen, und ich mich immer mit einem Krankheits- oder Todesfall in der Familie herausredete.

Der Minister lauschte amüsiert. Da erzählte ich ihm auch, daß ich für eine englische Schreibmaschine sparte, weil ich nach dem dritten Semester bei einer japanischen Lehrerin, die in England geboren war, – Miss Mary Yanagawa – Schreibmaschinenunterricht nehmen wollte.

Der Minister hörte unter gelegentlichem Brummen und Nicken zu.

»Die Schule fängt morgen sicher früh an. Geh jetzt ruhig. Aber sag nichts, falls Okatsu dich an der Rezeption irgend etwas fragt. Ich werde alles regeln.« Er zog einen Hundert-Yen-Schein aus der Brieftasche. (Das wären heute etwa 200.000 Yen.) »So, steck das in deine Sparbüchse für die Schreibmaschine.« Er schob mir das Geld in den Kimonoausschnitt. Es hatte doch sein Gutes gehabt, daß ich ihm das alles erzählt hatte.

Als ich hinunterkam, flog mir Okatsu entgegen.

»Na, wie war's? War der Minister zufrieden?« bestürmte sie mich.

Mir schien, daß der Minister in einem anderen Sinne sehr zufrieden gewesen war, und mir fiel ein, daß er noch gesagt hatte: »Geh jetzt und halte Okatsu gegenüber den Mund.« Deshalb bejahte ich ihre Frage nur, rief eine Rikscha und fuhr schnell nach Hause.

In dieser Nacht tat ich kein Auge zu. Nach der Sache mit mir war der Minister vielleicht so enttäuscht, daß er nie mehr etwas unternehmen würde, das ihm den Abscheu eines Mädchens eintragen konnte. Immerhin sah er jetzt bestimmt selbst ein, daß es auch für ihn schrecklich gewesen wäre, bis an sein Lebensende von einem Mädchen gehaßt zu werden.

Am nächsten Tag suchten meine Großmutter und die ältere Geisha aus dem Stammhaus die *Okami-San* vom Tombo auf. Sie brachten ihr einen Kaufhausgutschein – sozusagen als Wiedergutmachung – und entschuldigten sich.

Wenn ich später dem Minister auf einer Party begegnete, rief er mich jedesmal zu sich: »Setz dich her zu mir.« Auch wenn ranghöhere Geishas dabei waren, saß immer ich direkt neben ihm, und er pflegte dann ganz unbefangen vor allen Leuten zu erklären: »Dieses junge Ding hat mich abblitzen lassen.«

Wäre ich damals willensschwach gewesen und hätte, wenn auch unter Tränen, nachgegeben, hätte ich mich wahrscheinlich auf ewig beschmutzt gefühlt ... Ich habe wirklich Glück gehabt. Natürlich verdankte ich dabei auch viel der ausgesprochenen Großzügigkeit und dem Verständnis des Ministers, und auch jetzt noch, nach so vielen Jahren, erinnere ich mich seiner stets mit Dankbarkeit.

Kindheitserinnerungen

Es ist nun an der Zeit, auch ein wenig von meiner Kindheit zu erzählen.

Mein Großvater leitete ein Krankenhaus in der koreanischen Stadt In'chon. Mein Vater war ihm dorthin gefolgt. Später nahm er junge Koreaner mit nach Japan und half ihnen voranzukommen.

Die damalige japanische Kolonialpolitik war sehr grausam, aber mein Großvater und mein Vater hielten nichts von den früher in Japan herrschenden Vorurteilen gegen Koreaner. Ich war noch kein Jahr alt, als der koreanische Student Chon bei uns einzog und gegen Kost und Logis im Hause half. Da ich die einzige Tochter meiner Eltern war, wagten sie nicht, mich der Obhut eines Hausmädchens oder einer Krankenschwester anzuvertrauen, aber es machte ihnen nichts aus, mich den ganzen Tag dem jungen Chon zu überlassen. So haben sie es mir oft erzählt.

Ich brüllte los, wenn ich Chon nur kurz aus den Augen verlor und folgte ihm, wohin er auch ging. Man weiß nicht warum, aber ich rief ihn immer »Chon-chama[7]«. »Chon, du wirst im ganzen Haus als einziger mit *Sama* angeredet«, beneideten ihn die anderen.

Chon war mein Babysitter und Hauslehrer zugleich und somit die wichtigste Person in meinem Leben. Ich erinnere mich nur vage an sein Gesicht, aber ich weiß noch, daß er hellhäutig war und schmale Augen hatte.

Chon heiratete bald eine japanische Schwesternschülerin aus unserem Krankenhaus und ging mit ihr nach In'chon. Ich glaube, es war in dem Jahr, als ich in den Kindergarten kam.

Weil ich immer ein großes Theater machte und schon heulte, wenn er sich nur kurz entfernte, ergriff er die Flucht, als ich gerade im Kindergarten war. Was wohl aus ihm geworden ist?

Ich war ein sehr zutrauliches und gastfreundliches Kind. Wenn wir Zimmerleute oder Maurer im Haus hatten, tapste ich sogleich mit dem Rauchservice und Streichhölzern herbei, und weil ich so gern bediente, pflegte mein Großvater zu sagen, ich sei die geborene Geisha.

Unser Hauseingang befand sich neben dem Tor zum Krankenhaus. Die Küchentür ging auf eine Gasse, und zur linken gab es einen schwarzen Holzzaun. Der Zaun hatte viele Astlöcher, und auf der anderen Seite wohnte ein Tanzlehrer. Dieser Meister der Nishikawa-Tanzschule unterrichtete die Leute aus der Nachbarschaft – er war sozusagen der Tanzlehrer des Viertels.

Es gab ein Astloch, daß genau richtig für meine Größe war und durch das ich im Stehen hinüberspähen konnte. Mit etwa dreieinhalb Jahren begann ich, den Tanzunterricht täglich durch mein Astloch zu beobachten. Wenn ich mir die Szenen jetzt ins Gedächtnis zurückrufe, fällt mir ein, daß die jungen Leute aus dem Viertel wahrscheinlich den »Fukagawa« einübten, der mit einem Tuch in der Hand getanzt wird, denn ich hatte mir eilig ein Küchenhandtuch geholt und damit den Tanz nachgeahmt.

Schließlich war ich nicht mehr mit dem täglichen Blick durch das Astloch zufrieden und bettelte bei meiner Großmutter darum, als Schülerin bei unserem Nachbarn angemeldet zu werden.

Aber der Meister war der Meinung, dreieinhalb sei noch

zu klein. In der Regel sei es am besten, den Unterricht mit sechs Jahren und am 6. Juni zu beginnen.

»Dreieinhalb ist zu früh. Meine Schule ist kein Kindergarten«, befand er.

Da er sich weiter in diesem Sinne äußerte, bekam ich einen Tobsuchtsanfall, warf mich auf den Boden und brüllte dermaßen, daß er gezwungen war, mich als Schülerin zu akzeptieren.

»Ich habe schon von Frauen gehört, die ihre Männer selbst wählten, aber sie ist, soweit ich weiß, die erste Schülerin, die ihren Lehrer gewählt hat«, sagte der Meister später oft zu den anderen Schülern.

Meine Großmutter war Tochter eines Arztes, und ihre Familie hatte meinen Großvater als Schwiegersohn adoptiert.[8]

Meine Mutter war ebenfalls ein Einzelkind, für das mein Vater als Ehemann adoptiert worden war.

Meine Großmutter hatte die übliche Ausbildung einer jungen Frau Anfang der Meiji-Zeit (1868-1912) genossen, das heißt, sie hatte Lesen, Schreiben, das Rechnen mit dem Abakus, Handarbeiten, Blumenstecken, Teezeremonie und Gesang gelernt. Meine Mutter hingegen hatte die Jissen-Mädchenschule der damals sehr bekannten Pädagogin Shimoda Utako und danach eine Hochschule besucht. Der Standard war zu der Zeit etwas höher als auf den heutigen Frauenuniversitäten.

Mutter war sehr fortschrittlich und schwärmte für Hiratsuka Raichô[9]. Als die Frau eines Augenarztes, eines Freundes meines Vaters (mein Vater war Chirurg), mit einem Tenor durchbrannte und eine Dichterin ihren Mann, einen Industriellen aus Kyûshû, verließ und mit einem jungen Mann zusammenzog, war sie ganz hingerissen. Normalerweise neigte sie überhaupt nicht dazu, ihre Gefühle zu zeigen, aber wenn es um diese Geschichten ging, wurde sie aufgeregt wie ein junges Mädchen.

Sie las oft Shakespeare im Original und gab sich als Intellektuelle.

Ich mochte meine Mutter überhaupt nicht. Mir war meine Großmutter sympathischer, denn sie hatte zwar keine großartige Schulbildung, war aber menschlich großzügig. Sie kümmerte sich oft um andere und half gern. Sie hatte ein so großes Herz, daß sie sogar aus freien Stücken der Mätresse meines Großvaters zum *Obon*-Fest Sommerkleidung und zu Neujahr Neujahrskleidung schenkte und sich bei ihr bedankte. Ich liebte diese Charakterzüge meiner Großmutter. Sie hat mich stark beeinflußt.

Viele Geishas, Gastwirtinnen, Teehausdienerinnen, *Hakoya* und Rikschafahrer waren Patienten meines Vaters. Und besonders, seit ich die Geishas kennengelernt hatte, mit denen mein Großvater befreundet war (bestimmt hatte er Affären mit ihnen), wurde meine Sehnsucht, Geisha zu werden, immer stärker. Seit frühster Jugend hatte ich immer verkündet, unbedingt Geisha werden zu wollen.

Als unser Bad einmal kaputt war, erlebte ich meine schönste Zeit. Denn wenn wir ins öffentliche Bad gingen, schminkten mich die Geishas weiß. Eine nach der anderen nahm mich auf den Arm und stieg mit mir ins Becken. Sie dufteten wunderbar, und ich fand es sehr schade, daß wir zu Hause ein Bad hatten.

Meine Mutter war absolut dagegen, daß ich Geisha wurde, aber mein Großvater ermutigte mich.

»Wenn du schon Geisha werden willst, dann werde wenigstens keine Piß-Geisha, sondern eine Meisterin deines Fachs.«

Eines Tages ging mein Wunsch doch in Erfüllung, und ich durfte in einem Geishahaus, das mein Großvater gut kannte, anfangen.

Ich besuchte die Sprachschule schon seit zweieinhalb Jahren, als sich an einem Morgen folgendes zutrug.

Ich hatte mich auf den Weg zur Schule gemacht. Vor dem Hanamasuya befand sich eine Baustelle. Einige Bauarbeiter rissen das Pflaster mit Spitzhacken auf, und auf einem Laster mit dem Emblem der Stadt Tôkyô beugten sich ein paar Männer über einen Plan. Mir blieb nichts anderes übrig, als mich ganz knapp am Eingang des Hanamasuya vorbeizudrücken.

Wie üblich war der Hausvater dabei, sich um seine *Bonsai*-Bäumchen zu kümmern. Ich hätte einen Umweg machen können, aber dazu fehlte mir die Zeit.

So in die Enge getrieben, mußte ich es wagen, möglichst rasch am Hanamasuya vorbeizuhuschen. Aber wie ich befürchtet hatte, drehte sich der Hausvater zu mir um. Jetzt gab es kein Entrinnen mehr. Ich verbeugte mich flugs und wünschte ihm einen guten Morgen. Der Hausvater starrte mich an und lächelte dann erfreut.

»Ach, du bist das, Kiharu! Das Schulmädchen kam mir schon die ganze Zeit so bekannt vor.«

Ich erklärte ihm kurz, daß ich in letzter Zeit viele ausländische Gäste hätte, jeden Morgen zur Schule ging, weil ich unbedingt Englisch lernen wolle, meine Kenntnisse abends an den Mann brächte, auf diese Weise große Fortschritte machte und immer von den Lehrern gelobt würde.

»Ach, das ist ja tapfer. Großartig und sehr ehrgeizig«, lobte er mich.

Ich ahnte, daß bald alle wichtigen Leute in der Verwaltung von meinem Doppelleben als Schülerin und Geisha erfahren würden.

Schon am nächsten Montag war es soweit.

Als ich die Schule betrat, herrschte eine ungewöhnliche Atmosphäre. Die Schüler (hauptsächlich Jungen) standen herum und glotzten. Einige von ihnen lächelten mich an, obwohl ich sie kaum kannte. Ich fragte mich, warum sie wohl im Flur herumlungerten und in unser Klassenzimmer spähten.

Als ich zur Toilette ging, bildeten sie ein Spalier und gafften mich an. Schließlich hielt einer mir sein Heft und einen Stift hin.

»Gib mir mal ein Autogramm!«

Ich begriff immer noch nicht. Endlich hastete mein Klassenkamerad Kubota heran und berichtete mir, daß in einer Zeitung ein ziemlich großer Artikel über mich stehe.

Gleich hielt mir ein anderer Junge die Zeitung hin. Es handelte sich um die *Tôkyô Nichinichi,* und es war ein Foto von mir im bodenlangen Festkimono mit halb geöffnetem Fächer abgebildet.

Auf dem Weg von der Ecke Owarichô in Richtung Miharabashi befand sich damals das Ansichtskartengeschäft Kamigataya. Dort hingen in bunter Mischung die Fotos von Geishas und Filmstars.

In der obersten Reihe hatten die Schauspielerinnen ihren Platz. Eine Stufe darunter wurden die Fotos von Geishas angeboten. Ich glaube, eins kostete zehn *Sen*. Im chinesisch-japanischen Krieg verkauften sie sich sehr gut, denn man legte sie gerne in die Frontpakete an die Soldaten. Das in der Zeitung abgebildete Foto war eins von diesen. Und es war riesig.

»Morgens Schülerin, abends Geisha« lautete die Überschrift. Der Artikel war ungefähr achtspaltig und recht ausführlich.

An diesem Tag spähten die anderen Schüler auch noch, als der Unterricht schon angefangen hatte, in unser Klassenzimmer, was mir ausgesprochen peinlich war.

Später habe ich erfahren, daß ein Verwandter des Hausvaters vom Hanamasuya bei der *Nichinichi* arbeitete und der Gute vor diesem anscheinend unheimlich mit meiner Geschichte geprahlt hatte. Auch die Gäste neckten mich:

»Donnerwetter! Schule und Engagements, ein Doppelleben führt sie.«

Im Jahre 1936 besuchte der deutsche Filmregisseur Arnold Fanck Japan.

Ich machte seine Bekanntschaft auf einem Bankett. Er sprach Englisch mit einem starken deutschen Akzent.

Einer meiner Stammgäste, Herr Ogasawara, von dem ich jetzt im Nachhinein vermute, daß er eine Art Produzent war, meinte zu mir:

»Kiharu, ich habe eine ausgezeichnete Idee: Ein Ausländer hält eine Rikscha an, in der eine Geisha mit einer japanischen Frisur sitzt. Die Geisha steigt aus und spricht fließend Englisch mit ihm. Das fände ich ausgezeichnet. Hättest du nicht Lust, diese Rolle zu spielen?« Ein Filmkritiker war auch dabei und riet mir zu.

Mir erschien die Idee ebenfalls verlockend. Aber ich würde vorher die Erlaubnis der Geisha-Vereinigung brauchen. Herr Ogasawara sprach mit unserem Leiter. Er war Hausvater eines großen Geisha-Betriebes und engagierte sich sehr. Shimbashi hat seinen Erfolg großenteils ihm zu verdanken.

Nicht lange danach wurde ich auf die Verwaltung bestellt.

»Eine Geisha, die Schauspielerin wird, muß aufhören. Wenn Sie hingegen Geisha bleiben möchten, können wir Ihnen nicht gestatten, im Film aufzutreten.«

Da ich lieber Geisha bleiben als Schauspielerin werden wollte, lehnte ich ab. Als ich später den Film *Die Tochter des Samurai* von Fanck mit Kosugi Isamu und Hara Setsuko in den Hauptrollen sah, interessierte ich mich natürlich besonders für die Szenen, in denen ich aufgetreten wäre.

Nach dem Krieg benutzte eine ehemalige Schauspielerin, die Shimbashi-Geisha geworden war, ganz ungeniert ihren Namen als Schauspielerin, um für sich zu werben, und ließ sich für Zeitungen und Zeitschriften ablichten. Mir fiel auf, daß das, was früher verpönt gewesen war, ihren Erfolg begründete. Die Vorstellungen haben sich doch sehr gewandelt.

Kiharu, die Geisha

BEI MEINEN ERSTEN Engagements handelte es sich hauptsächlich um Bankette, die vom Außenministerium in den Teehäusern Yamaguchi, Shinkiraku und Hôryû veranstaltet wurden, und ich lernte dabei so imposante Menschen kennen, daß ich manchmal richtig Herzklopfen bekam.

Mein erster Schwarm war nicht besonders groß, aber ein wirklich gutaussehender Mann, der sich zudem noch sehr gewandt sowohl auf Englisch als auch auf Japanisch auszudrücken vermochte. Obwohl ich ihn schon viermal gesehen hatte, durfte ich ihn, weil ich noch ein solches Küken war, nur aus der Ferne sehnsüchtig anstarren. Er war stets von älteren Geishas umringt und würde auf keinen Fall das Wort an mich richten. Während ich mich pausenlos mit den jungen Diplomatenanwärtern auf den schlechteren Plätzen unterhalten mußte, beobachtete ich verstohlen und mit klopfendem Herzen meinen Schwarm.

Schließlich wandte ich mich an Tsuchiya Jun, der später Generalkonsul in New York und dann Botschafter in Griechenland wurde. Jun-*chan* war ein Freund, mit dem ich alles offen bereden konnte.

»Ein wunderbarer Mann. Ich durfte zwar noch nie neben ihm sitzen, aber er gefällt mir sehr.«

»Das ist der Botschafter Saitô. Der Botschafter ist sehr beliebt bei den amerikanischen Journalisten, in Unternehmerkreisen und bei allen ausländischen Diplomaten«, erklärte er mir und führte mich zu dem Angebeteten.

»Das ist Kiharu, sie lernt im Moment sehr fleißig Englisch«, stellte er mich vor. Mir wurde heiß und kalt, und ich fühlte mich, als müßte ich gegen Windmühlen kämpfen.

»Aha«, entgegnete der Botschafter und wandte sich wieder den anderen Geishas zu. Ich verdächtigte die anderen Geishas, unbedingt verhindern zu wollen, daß Botschafter Saitô einem Grünschnabel wie mir seine Aufmerksamkeit schenkte.

Der Botschafter SaItô kehrte gleich nach dieser Begegnung nach Amerika zurück und starb 1939 in Washington.

Obwohl ich ihm nur viermal begegnet bin und er kein einziges Wort mit mir gesprochen hat, wäre es doch zu schön gewesen, wenn ... Doch er hatte nur Augen für die hochrangigen Geishas gehabt.

»Ich heiße Kiharu und bete Sie an. Sie sind der Mann meiner Träume«, hätte ich zu ihm sagen mögen.

Damals fanden viele Ehemaligentreffen von japanischen Princeton- und Cambridge-Absolventen statt. Es handelte sich um ehemalige Kommilitonen der englischen oder amerikanischen Universitäten, und etwa die Hälfte der Gäste bestand aus Ausländern: englische und amerikanische Botschaftsangehörige, Zeitungskorrespondenten und Geschäftsleute. Die Treffen begannen immer mit dem Absingen der jeweiligen Universitätshymne.

Zu dieser Zeit war es noch sehr ungewöhnlich, daß jemand nach Übersee ging, und die jungen Söhne aus gutem Hause, die sich oft mit Wehmut an ihr Leben im Ausland erinnerten, fühlten sich wieder als Studenten und amüsierten sich recht ausgelassen. Auch wir jungen Geishas entspannten uns, spielten Spiele mit ihnen und tanzten.

Damals existierten noch keine Go-go-Tänze und dergleichen. Getanzt wurden nur Standardtänze wie Walzer, Foxtrott, Tango usw. Alle großen Teehäuser verfügten über einen Tanzsaal mit einem guten Grammophon, auf dem man amerikanische Jazzmusik und französische Chansons spielte. Wegen meines leichten Körpergewichts wurde ich von allen als Tanzpartnerin gelobt und war sehr begehrt.

Zu unseren Gästen gehörte auch der einzige junge Mann, der damals in Japan ein Motorboot besaß, nämlich Dômyô Shimbei. Er war der junge Erbe einer traditionellen *Kumihimo*-Manufaktur, die heute noch in Shitaya existiert, und seit der Genroku-Zeit (1688-1704) die geflochtenen Schwertkordeln für die Samurai anfertigte. Außerdem war die Firma Hoflieferant des Kaiserhauses in Kyôto und stellte die Kordeln für den Kopfputz der Adligen her. Auch heute gibt es in diesem Geschäft, das als ein wertvolles Kulturgut gilt, keine *Obi*-Kordel, die unter zehntausend Yen kostet. Seine Produkte strahlen eine traditionsbewußte Gediegenheit aus.

Besagter Dômyô-*chan* und der junge Herr Tsutsumi Tokuzô, der Sohn eines Zuckergroßhändlers aus Shimbashi-Shibaguchi, hatten also als erste ein Motorboot. Wenn die beiden Herren nach Shimbashi kamen, engagierten sie immer uns jüngere Geishas. Wir spielten dann Spiele und unterhielten uns über Filme. Sie waren wirklich amüsante Gäste.

»Habt ihr Lust, mal Motorboot zu fahren?« fragten sie uns eines Tages.

»Meinen Sie die Boote auf dem Weiher im Inokashira-Park?«

Wir waren völlig ahnungslos.

»Nein, nein, man fährt mit einem Motor auf dem Wasser brumm, brumm ... Das macht Spaß.«

Wir waren schon mit dem Ruderboot auf dem Sumida zur Festung in Shinagawa gefahren, hatten jedoch keine Vorstellung davon, was es bedeutete, mit dem Motorboot auf dem Wasser herumzurasen.

»Auf keinen Fall, ich habe Angst. Wenn das Boot kentert, und ich kann nicht schwimmen ...« Alle zögerten.

Ich war die einzige, die rief: »Ich komme mit, ich komme mit.« Ich konnte ein bißchen schwimmen, nicht gut, aber ich war keine bleierne Ente ... Wie herrlich es sein mußte, brumm, brumm auf dem Wasser ...

Wir verabredeten uns also für den nächsten Sonntag. An diesem Tag ging ich in Rock und Pullover aus. Das herrliche Brumm-Brumm-Fahren mit dem Motorboot ängstigte mich keine Spur, sondern machte mir gewaltigen Spaß.

Danach aßen wir chinesisch in Yokohama, und später brachten sie mich nach Hause. Auf unseren Ausflügen nach Yokohama aßen wir häufig im eleganten Restaurant Hakuga im Stadtteil Isezaki. Mir gefiel Yokohama ausgezeichnet, denn es wirkte irgendwie westlich auf mich. Wenn ich vom New Grand Hotel im Yamashita-Park aus beobachtete, wie die blendend-weißen ausländischen Schiffe einliefen und die orangefarbenen Strahlen der untergehenden Sonne auf sie fielen, fand ich Yokohama wunderschön.

Herr Tamba, ein Stammgast von Koeiryô und mir, besuchte häufig das Teehaus Kôchiya in Kobikichô. Er war der Leiter des Büros der Zeitung *Asahi* in Yokohama.

In diesem Büro in Yokohama saß häufig der mürrische Herr Hosokawa Ryûgen. Außerdem arbeitete dort auch ein junger Journalist namens Fujii Heigo, der später der stellvertretende Vorsitzende der Firma Shinnittetsu wurde.

Papa Tamba (Koeiryô und ich nannten ihn Papa) war Stammkunde in einem Bordell in Honmoku, das auf Ausländer spezialisiert war. Hinter der gepflegten, weißlakkierten Tür befand sich eine Wendeltreppe. In der großen Halle standen auf beiden Seiten Couches, auf denen bildhübsche Europäerinnen in langen, duftigen Georgettekleidern und elegante Japanerinnen lagerten, die ihre rosa Kimonos von rechts über die linke Seite geschlossen hatten, wobei sie die Troddeln des Untergürtels vorne heraushängen ließen. Sie unterschieden sich sehr von den Kurtisanen in Yoshiwara und vermittelten einen modernen und frischen Eindruck. Wir fühlten uns dort sehr wohl, denn alle waren reizend, und Papa Tamba sorgte für gute Laune, weil er Ausländerinnen wie Japanerinnen gerne zum Essen einlud.

Gegen neun Uhr abends strömten scharenweise ausländische Seeleute herein.

»Es wäre unangenehm, wenn ihr beide für Prostituierte gehalten würdet, deshalb gehen wir lieber«, befand Papa Tamba dann, und wir zogen ins New Grand Hotel und tranken und tanzten dort weiter. Yokohama hatte gegenüber der Innenstadt von Tôkyô den Vorteil, daß es weit weg lag und man keine Bekannten traf. Der *Kabuki*-Schauspieler Minosuke, der später am Genuß eines schlecht zubereiteten *Fugu*-Fisches starb, wurde dort gesichtet, Kawaguchi Matsutarô tanzte mit Fräulein Hanayagi Kogiku, und viele andere Paare taten es ihnen gleich.

Fräulein Kawaguchi war Spionin und fand später ein tragisches Ende. Sie war dafür berühmt, daß sie immer in Männerkleidung agierte. Damals trug sie einen beigen Anzug, in dem sie zwar maskulin, gleichzeitig aber sehr erotisch wirkte.

»Guck, guck, Kawashima Yoshiko ist auch da«, entfuhr es mir.

»Versetz dich mal in die Lage der Leute, die denken, keiner erkennt sie hier. Es gehört sich nicht, sie so anzustarren«, mußte mich Papa Tamba ermahnen.

Ich beschloß, sollte ich einmal einen Geliebten haben, auch hierher ins New Grand Hotel mit ihm zu kommen. Als ich drei Jahre später tatsächlich einen hatte, bat ich als erstes darum, ins New Grand von Yokohama zu gehen.

»Warum?« fragte er.

»Ich möchte die Schiffe sehen und dann tanzen.«

Die Atmosphäre des Bordells in Honmoku war europäischmondän und hatte nichts von der Düsterkeit und Laszivität herkömmlicher Freudenhäuser. Die Damen waren alle hübsch und gewandt und tanzten mit den Gästen. Wenn sie vom Tanzen genug hatten, ging jede mit ihrem Partner die Treppe hinauf.

Ich durfte einmal das Zimmer von Cherry aus dem Hotel Kiyo (es kann sein, daß es zwei oder drei Hotels dieses Namens gab, aber ich erinnere mich nur an das eine) anschauen. Es war reizend – das Bett hatte lauter Rüschen und einen großen, weißen Toilettentisch mit drei Spiegeln.

Cherry war in diesem Etablissement die »Nummer eins« bei den ausländischen Kunden. In Yoshiwara hätte man sie »das beste Pferd im Stall« genannt. Auch wenn es der gleiche Beruf war und alle dasselbe taten, waren Honmoku und Yoshiwara angefangen bei den Gesichtern der Damen und ihrer Kleidung bis zur Atmosphäre in den Häusern völlig verschieden.

Im Zusammenhang mit dem Motorbootausflug muß ich an Flugzeuge denken. Damals war aus Deutschland ein Zeppelin gekommen, der eine Zeitlang in aller Munde war. Das ging soweit, daß ein bestimmtes fischförmiges Gebäck, das man an Straßenständen verkaufte, in »Zeppelin-Waffel« umbenannt wurde und reißenden Absatz fand.

Ich schwärmte wie alle jungen Leute damals für Flugzeuge und Luftschiffe und war von der Idee besessen, unbedingt Pilotin werden zu wollen. Ich begann, Flugstunden in Tokorozawa zu nehmen. Meine Lehrerin hieß Suzuki Shime (sie kam später bei einem Rundflug ums Leben), und weil ich das einzige Mädchen war, bevorzugte sie mich sehr.

Ich erinnere mich noch, daß die kleine Maschine zwar beängstigend klapprig war, ich es aber herrlich fand, hoch am Himmel zu fliegen. (Auch heute noch liebe ich es zu fliegen. Im Flugzeug, auch wenn es ein überfüllter Düsenjet ist, empfinde ich Wohlbehagen, esse mit großem Appetit und schlafe sehr gut.)

Der Propeller unserer Übungsmaschine in Tokorozawa mußte noch von einem Schüler mit der Hand in Gang gesetzt werden.

»Auf geht's!« rief dann unsere Lehrerin und ließ die Maschine an, die, da sie klein war, nur kurz Anlauf nahm und dann sofort abhob. Die Lehrerin saß vorne, ich hinten und wir hielten den Steuerknüppel. Es entzückte mich jedesmal aufs neue, wie federleicht wir über den Himmel glitten.

Nach etwa 38 Flugstunden konnte man die Prüfung machen und war nach dem Bestehen Pilot 3. Klasse. Das Fliegen begeisterte mich so sehr, daß ich mich immer mehr hineinsteigerte.

Natürlich hielt ich die ganze Sache vor meiner Mutter und meiner Großmutter geheim. Großmutter wäre wahrscheinlich in Ohnmacht gefallen, wenn sie gehört hätte, daß ich in einem Flugzeug am Himmel herumflog. Aber unglücklicherweise wurde ein Foto, das von mir auf dem Flugplatz gemacht worden war, von freundlichen Mitschülern bei uns abgegeben, als ich nicht zu Hause war ...

Meine Großmutter hatte die drei Herren von der Flugschule über alles mögliche ausgefragt, und als ich von einem Engagement nach Hause kam, weinte sie mir die ganze Nacht die Ohren voll, was für ein rücksichtsloses Wesen ich sei ...

Schluchzend erklärte sie, ich könne ja, wenn sie erst tot sei, so viel fliegen, wie ich wolle.

Drei Monate lang hatte ich heimlich Unterricht genommen, aber jetzt mußte ich darauf verzichten und auch meinen Traum, Pilotin zu werden, aufgeben.

Eine Zeitlang war der philippinische Präsident Quezon

mein Stammkunde und bestand darauf, mich für alle seine Gesellschaften zu engagieren.

Anfangs ängstigte mich das, aber nachdem ich mehrere Male mit ihm zusammengetroffen war, begriff ich, daß er ein ganz reizender Mensch war. Er soll später an einer schweren Krankheit gestorben sein.

Des weiteren erinnere ich mich an die junge philippinische Reporterin Myra, die auf Empfehlung von Ashida Hitoshi von der *Japan Times* zu mir kam, um zu recherchieren. Da wir etwa in einem Alter waren, wurden wir gute Freundinnen. Auch meine Großmutter mochte sie und machte, wenn Myra kam, die Gemüsepfannkuchen, die sie so gern aß.

Sie hatte ein hübsches rundes Gesicht, und wir machten eine Aufnahme von ihr in einem meiner Kimonos und auch eine von mir in dem philippinischen Nationalkostüm (ein langes Organzakleid mit Puffärmeln). Sie sagte, sie fände den Geisha-Beruf ganz wunderbar, weil ich zum Beispiel jeden Abend mit dem Präsidenten Quezon vertrauliche Gespräche führen könne. Ich konnte ihr nur beipflichten.

Eines Tages kam ein etwa vierzigjähriger zierlicher Europäer mit freundlichem Gesicht als Gast des Außenministeriums und des Fremdenverkehrsamtes zu uns. Er war dem *Tokiwazu-Lehrer* (*Shamisen*-Begleitung von Volksgesängen) Meister Shikisa wie aus dem Gesicht geschnitten – sozusagen eine europäische Version Meister Shikisas. Die Ähnlichkeit reichte bis zur Stimme und den Bewegungen. Es war der berühmte Geiger Jascha Heifetz.

Damals hatten wir noch einen weiteren Gast aus dem Ausland, der einen lebenslangen, tiefen Eindruck bei mir hinterließ: Jean Cocteau.

Jean Cocteau besuchte Japan 1936. Für die Dauer seines kurzen Aufenthaltes begegnete ich ihm jeden Abend, manchmal auch während des Tages auf Gesellschaften, die das Außenministerium und die Zeitungsverleger zu seinen Ehren gaben.

Monsieur Cocteau sprach nur gebrochen Englisch. Es drängte mich, mit ihm zu sprechen, doch ich wiederum konnte kein Französisch.

Also lernte ich jeden Tag rasch zwei, drei französische Worte, aber da das Reden mit Händen und Füßen, Cocteaus Englisch und mein Französisch zu nichts führten, fungierte Herr Horiguchi immer als unser Rettungsanker. Nach vier oder fünf Tagen konnte ich sagen: *»Je suis enchantée.«*

Cocteau war begeistert und nannte mich von nun an *»Happy Spring«* (die englische Übersetzung von »Kiharu«).

Am Tag vor seiner Rückkehr nach Paris schenkte er mir einen Lampion mit einem rätselhaften Bild, einem kurzen Gedicht und meinem Namen. Ich schenkte ihm dafür einen Handspiegel aus Lack mit eingestreutem Gold. Er hielt ihn lange Zeit in seiner Wohnung in Paris in Ehren, aber mein kostbarer Cocteau-Lampion ist bei einem Luftangriff verbrannt. Noch heute treibt mir der Gedanke daran die Tränen in die Augen, so sehr betrauere ich diesen Verlust.

Monsieur Cocteau war niemals erotisch von mir angezogen, aber vielleicht berührte ihn dieses wißbegierige junge Mädchen, das so hartnäckig Französisch lernen wollte. Später erfuhr ich, daß er Männer liebte und mit Jean Marais zusammenlebte ... Aber in Japan war man sehr angetan von dem Paar »Jean Cocteau und Kiharu aus Shimbashi«, und die Zeitschriften schrieben damals viel darüber.

Als Cocteau wieder in Paris war, schrieb er Gedichte über drei japanische Eigentümlichkeiten – *Sumô, Kabuki* und Geishas –, die in *Paris Soir* veröffentlicht wurden.

Das *Sumô*-Gedicht handelte von dem Ringer Tamanishiki, das *Kabuki*-Gedicht von Kikugorô VI. (im »Spiegellöwentanz«, den er übrigens später in dem Film *Die Schöne und das Tier* verarbeitete) und das Geisha-Gedicht von mir, Kiharu. Es erschien in einem von Herrn Horiguchi ins Japanische übersetzten Buch. Dieses Gedicht hatte im großen und ganzen folgenden Inhalt:

»Ich kam mit der Vorstellung von den Geishas auf Utamaros *Ukiyoe* nach Japan. In einer schönen Mondnacht am Fenster eines Restaurants sah ich viele Geishas mit weißgeschminkten Gesichtern wie Masken. *Happy Spring* jedoch hatte ihr Gesicht nicht weißgeschminkt. Irgendwann wurde ich zu einem Fischer.

Als ich mein Netz an den Strand zog, waren viele Fische darin. Nur ein Fischlein versuchte durch die Maschen zu schlüpfen. ›Monsieur Cocteau, Monsieur Cocteau‹, rief mich das Fischlein. Die anderen Fische zappelten nicht, nur jenes Fischlein rief traurig: ›Monsieur Cocteau, Monsieur Cocteau!‹ Das Fischlein hieß *Happy Spring* und wollte nicht im Netz bleiben.

›Monsieur Cocteau, Monsieur Cocteau!‹ Doch ich konnte nichts tun. Würde ich das Fischlein mit den Händen greifen, müßte es sterben.

›Monsieur Cocteau, Monsieur Cocteau!‹

Ich hörte die Stimme des Fischleins und konnte nichts tun. Da warf ich das Netz ins Meer zurück.

›Monsieur Cocteau, Monsieur Cocteau!‹

Die traurige Stimme von *Happy Spring* entfernte sich. Ich schloß die Augen und ging fort ...«

Zu jener Zeit hatten viele das Gedicht gelesen, und auf meinen Engagements wurde ich oft darauf angesprochen.

»Sind Sie die Kiharu von Cocteau?«

Das brachte mich fast zur Verzweiflung, und ich erklärte:

»Da war überhaupt nichts.«

Hayashi Ken beruhigte mich.

»Mach dir nichts draus. Wir wissen doch Bescheid. Cocteau macht sich überhaupt nichts aus Frauen ... Keine Sorge.«

Kaum hatte er das gesagt, machten die anderen alles schon wieder zunichte.

»Auch Miyamoto Musashi kämpfte mit zwei Schwertern.«

Mit zwei Schwertern kämpfen hieß Männer und Frauen lieben.

»Hört auf«, jammerte ich. Davon angefeuert neckten mich alle. Es war wirklich eine Plage. Aufgrund der Sensationsberichte, die damals in den Massenblättern wie *King* und *Modernes Japan* erschienen, glaubten bestimmt viele Leute, daß Cocteau und ich etwas miteinander gehabt hatten.

Während seines Besuchs in Tôkyô hatten wir uns fast jeden Tag im Kanetanaka, im Tombo und im Shinkiraku getroffen. Cocteau schien sich zu freuen, wenn ich mich eifrig in dem Französisch versuchte, das ich mir jeden Tag stückchenweise aneignete. Ich erinnere mich, daß Herr Horiguchi, der immer bei uns saß, sagte: »Wenn Kiharu so gebrochen auf Französisch lispelt, muß er lächeln.«

Viele Jahre später, als ich schon in Amerika lebte, erfuhr ich, daß man mit dem Flugzeug von New York nach Paris nur sechs Stunden braucht, und beabsichtigte, Cocteau zu besuchen. Da erreichte mich die Nachricht von seinem Tod.

Ich hatte ihm versprochen, daß wir uns bei unserer nächsten Begegnung richtig auf Französisch unterhalten würden, ohne Herrn Horiguchi bei jeder Kleinigkeit bemühen zu müssen. Schade, sehr schade.

Eine Gartenparty mit Folgen

DER SOMMER WAR die Zeit der Bootspartien und auch der Gartenpartys in den privaten Residenzen wohlhabender Kunden.

Wenn ein Gast eine Gartenparty in seinem eigenen Haus veranstaltete, so wurde diese Einladung als *Oyashikiyuki* – »Ausflug in eine Villa« – bezeichnet. Dann ließ der Gastgeber in seinem Garten eine Bühne errichten, auf der Tänze vorgeführt werden konnten. Auch Teezeremonien wurden im Freien abgehalten. Die Villen hatten poetische Namen wie »Kamelienberg« oder »Garten der großen Erleuchtung«. Im April blühten die Kirschbäume, im Juni standen Schwertlilien, Azaleen, Pfingstrosen und Glyzinien in den Gärten in voller Blüte. Der Oktober war die Zeit der Chrysanthemen, und der November färbte das Herbstlaub. Meist stellte schon allein das Ambiente der Gärten eine hervorragende Unterhaltung für die ausländischen Gäste dar.

Ich glaube, es war im Juni 1936. Ich war für eine Party in der Tekigais – »Schilfrohr-Villa« – des späteren Premierministers Konoe Fumimaro engagiert. Bei solchen Gelegenheiten war es nicht üblich, daß die Kunden die Geishas selbst engagierten, sondern die Teehäuser übernahmen die Vermittlung. So richtete beispielsweise das Etablissement Shinkiraku die gesamte Party aus, das heißt, es bestimmte die Anzahl der Geishas, den Koch, die Speisefolge und auch die Unterhaltung, z.B. Zauberkünstler und Tanz. Die Geishas trugen bei solchen Gartenpartys für gewöhnlich keine bodenlangen Kimonos, doch für formelle Anlässe gab es eine offizielle Kleidervorschrift, und man mußte einen Kimono mit weißem Kragen und Wappen tragen.

Damals in der Villa von Herrn Konoe war auch der russische Sänger Schaljapin zu Gast. Auf mich wirkte er wie ein typischer Russe – ein großer, schwerer Mann mit einem roten Gesicht. Während seines kurzen Aufenthalts in Tôkyô gab es jeden Tag einen Empfang zu seinen Ehren, für den er mich engagierte. Ob in Yanagibashi, in Akasaka, in Yoshi-Chô oder im Kôyôkan in Shiba, ich mußte ständig alles stehen und liegenlassen, weil er mich rufen ließ.

Als ich Ken und Herrn Yanagisawa davon erzählte, wußten sie sich vor Heiterkeitsausbrüchen kaum zu fassen.

»Der Alte hat in Japan seine Jugend wiederentdeckt.«

Sie neckten mich und fragten auch noch scheinheilig, ob er mich nicht vielleicht doch überwältigt habe.

Ich beteuerte leidenschaftlich meine Unschuld und schwor, daß er mich nicht angefaßt habe. Die Vorstellung, von diesem russischen Alterchen, das aussah wie Shuten Dôji, der japanische Räuberhauptmann, belästigt zu werden, stieß mich ab. Aber alle amüsierten sich auf meine Kosten und zogen mich mit ihm auf.

Es gab jedoch noch einen wichtigen Grund, aus dem ich derartigen Gerüchten vorbeugen wollte.

Am Abend der bewußten Gartenparty stiegen wir (ich und noch zwei oder drei Geishas) vor der Schilfrohr-Villa aus der gemieteten Limousine, und da der Veranstaltungsort für mich neu war, kannte ich mich überhaupt nicht aus. Als wir orientierungslos umherliefen, kam ein für japanische Verhältnisse sehr großer Mann von etwa 1,80 m mit einer schwarz geränderten Brille heraus und fragte, ob wir die Damen aus Shimbashi seien. Er öffnete die Tür und bat uns herein. Ich sah ihn direkt an, und er fragte mich: »Sind Sie Kiharu?«

Ich weiß nicht, wie ich es beschreiben soll, aber ich fühlte ein seltsames Prickeln am ganzen Körper, wie elektrisiert, nickte und errötete prompt.

Der Mann war Konoe Hidemaro, der jüngere Bruder des Gastgebers. Als ich den Raum betrat, zeigte sich Schaljapin sichtlich erfreut und schmetterte, als die Stimmung ihren Höhepunkt erreicht hatte, sein Lieblingsstück, die *Wolgaschiffer*.

Auch den bedeutendsten Gastgebern einer Party hatte Schaljapin, wie sehr sie ihn auch baten, dieses spezielle Lied immer vorenthalten und es niemals außerhalb der Bühne spontan vorgetragen.

»Er muß sehr glücklich gewesen sein«, bemerkte Hidemaro später einmal.

Da es eine Party für Schaljapin war, auf der ich *ihm* begegnete, werde ich auch Schaljapin mein ganzes Leben lang nicht vergessen.

Hidemaro war Dirigent. Damals galt die einhellige Meinung, daß die berufliche Ausübung westlicher Musik für einen japanischen Adligen höchst unpassend war. Überhaupt war es undenkbar, daß ein Mann Klavier spielte, ganz zu schweigen davon, daß er vor einem Orchester mit »einem Stock herumfuchtelte«. Ein Dirigent wurde »Taktstockschwenker« genannt und als Versager belächelt.

Außerdem war die Familie Konoe die bedeutendste der fünf vornehmsten des Landes und stand dem Kaiserhaus nahe. In der Gesellschaft galt Konoe Hidemaro deshalb als Sonderling.

Den ganzen Abend über blieb ich benommen.

Einen Mann wie ihn hatte ich unter den Gästen, denen ich Abend für Abend begegnete, nie kennengelernt. Er wirkte etwas wie ein ewiger Student, war sehr groß, breitschultrig und kräftig, dabei aber doch irgendwie kindlich ...

Jedenfalls war es Liebe auf den ersten Blick. Schaljapin trat völlig in den Hintergrund, und ich hatte den ganzen Abend nur Augen für Hidemaro.

Auch er kam ab und zu in meine Nähe und sprach dabei Schaljapin auf Englisch an. Ich spürte genau, daß er mich beobachtete.

Als ich nach einer Weile nach draußen ging, um mein Gesicht zu pudern, folgte er mir.

»Geben Sie mir Ihre Telefonnummer«, sagte er und holte Notizbuch und Bleistift heraus. Mit klopfendem Herzen und zitternden Fingern schrieb ich meine Telefonnummer auf. Am nächsten Tag rief er mich an, und wir verabredeten uns im Sembikiya auf der Ginza. Dann lebte ich nur noch in dem Gedanken an ihn.

Obwohl er damals schon fast vierzig war, wirkte er sehr jugendlich. Da er sich häufig im Ausland aufhielt, unterschied sich seine Denkweise von der gleichaltriger Japaner, und er erschien mir viel jünger als seine Jahre. Vom Altersunterschied her hätte er jedoch mein Vater sein können, und ich habe viel von ihm gelernt.

Heute würde man das einen Vaterkomplex nennen, aber es gefiel mir, von einem älteren Mann an die Hand genommen zu werden und Kenntnisse zu erwerben, die mir bis dahin verborgen gewesen waren. Wenn ich meine Freundinnen betrachtete, die gleichaltrige Geliebte hatten, erschien mir das fremd und unverständlich.

Hidemaro besuchte oft das Restaurant Kawaki in Tsukiji, aber nie allein. Er liebte es, mit seinen Musikerkollegen ausgelassen zu feiern. Mir machte es großen Spaß, Bootspartien zu unternehmen und Spukhäuser, die damals in Mode waren, zu besuchen.

Oft trafen sich alle bei ihm zu Hause. In dem großen Zimmer mit dem Flügel, das auf den Senzoku-Teich hinausging, spielten wir zusammen verschiedene Spiele.

Hidemaros niedlicher kleiner Sohn Hidetake, der damals drei Jahre alt war, spielte mit Eimerchen und Schaufel im Sand. Hidemaro hatte noch zwei Töchter, von denen die ältere als Schönheit galt. Später zeigte er mir einmal ein Foto von dieser Tochter. Sie hatte wirklich das Gesicht einer Prinzessin.

Seine Frau lebte mit den beiden Töchtern in einem anderen Haus. Daher hatte er eine Haushälterin in Senzoku, die sich um den Kleinen kümmerte. Für mich bedeutete es jedenfalls eine große Erleichterung, daß er alleine lebte.

In dieser Zeit wollte ich unbedingt jeden Tag mit ihm zusammensein. Da wir beide jedoch sehr in Anspruch genommen waren, ging das nicht. Außerdem hatte ich es sehr weit zu seinem Haus ... Aber ich war schon zufrieden, wenn ich wenigstens jeden Tag seine Stimme hören konnte. Die Partys bereiteten mir in meiner Verliebtheit jetzt noch größeres Vergnügen, und ich war ganz aufgekratzt. Während meiner Engagements am späteren Abend rief ich ihn verstohlen von der Rezeption aus an und war glücklich, auch wenn ich nur sagen konnte:

»Hallo, ich habe gerade viel zu tun. Adieu.«

Er rief mich jeden Morgen an.

Einmal, als ich gerade bei ihm in Senzoku zu Besuch war, begegnete ich einem seiner Schüler, einem etwa zwölfjährigen Jungen – das Wunderkind Hatoyama Hiroshi. Ich verstand damals überhaupt nichts von westlicher Musik, aber es beeindruckte mich tief, wie wunderbar der Junge Geige spielen konnte, gar nicht wie ein Kind.

An einem Tag hatten wir mit Bekannten bis zum Abend Karten gespielt. Die Sonne war schon untergegangen, als wir vom Senzoku-Teich einen Laut hörten, der wie das Muhen einer Kuh klang. Was das wohl war? Frösche, erfuhr ich.

»Wenn man das hört, vergeht einem die Lust auf französische Froschschenkel«, lachten die Herren.

Dann wurde Herr Otaguro damit aufgezogen, daß er,

auf jeder Seite eine hübsche junge Dame, wohlgelaunt auf der Ginza spazierengegangen sei. Als man ihn weiter drängte, kam zur Enttäuschung der Spötter heraus, daß die jungen Damen seine Zwillingstöchter waren.

Nach einiger Zeit begannen Hidemaro und ich, uns auch alleine zu treffen. Wie ich es mir erträumt hatte, fuhren wir nach Yokohama und betrachteten die weißen Schiffe. Da ich bei solchen Gelegenheiten immer westliche Kleidung trug, erkannte mich niemand.

Wir besuchten auch Nikkô und Atami. In Atami übernachteten wir im Ryokan Kinjôkan – die »Goldene Burg«. In Nikkô wohnten wir im sehr hochgelegenen Hotel Nanma, besichtigten eine Forellenzucht und ruderten auf dem Chôzenji-See herum.

Jeder Tag war für mich, als erblühten Blumen in meinem Herzen.

Einmal fuhren wir nach Hokkaidô. Die Seen Akan und Shikotsu waren beängstigend blau, und wenn man vom Boot aus ins Wasser schaute, fühlte man sich auf unheimliche Weise davon angezogen. Da der Name meines Begleiters allzu kompromittierend war, schrieb er auf der Fähre und ins Gästebuch der Hotels die Namen von Bekannten. Er genoß es jedesmal, Namen seiner Freunde anzugeben. Einmal aßen wir gerade in unserem Zimmer in Noboribetsu zu Abend, da platzten drei Polizisten herein. Grob fragten sie uns nach Namen, Beruf und Adresse. Doch als Hidemaro sich als Konoe und Mitglied des Oberhauses auswies, begannen sie zu meiner Verblüffung auf der Stelle zu buckeln und verbeugten sich wippend wie drei Heuschrecken.

Ein junges Paar aus Osaka hatte offenbar einen Abschiedsbrief hinterlassen, in dem es drohte, sich in Hokkaidô zu töten. Sie waren seit drei Tagen verschwunden, und man suchte alle Hotels in Hokkaidô ab, in denen junge Paare abgestiegen waren. Da Hidemaro jünger und ich älter aussah, paßte die Beschreibung anscheinend gerade auf uns. Später zogen uns alle mit dieser Geschichte auf und lachten sich fast kaputt, weil wir so gar nicht nach einem lebensmüden Liebespaar aussahen.

Eine Scheidung war für Hidemaro völlig ausgeschlossen, denn er gehörte ja der Familie Konoe an, die dem Kaiserhaus so nahe stand, und seine Frau war die jüngere Schwester der Gattin des Premierministers. Das Palastamt hätte niemals seine Zustimmung erteilt.

Nach dem Krieg heiratete der Kronprinz zwar die bürgerliche Michiko, aber das war mehr als zwanzig Jahre später. Ein so mutiges Beispiel wie das des Kronprinzen hätte damals vielen Menschen zu einem glücklicheren Leben verhelfen können, denn wir waren nicht die einzigen, die unter der allzu strengen Etikette unnötig zu leiden hatten.

Da Hidemaro aber von seiner Frau getrennt lebte, war er quasi Junggeselle, und wir konnten uns immerhin öffentlich zusammen zeigen.

Glücklicherweise waren alle seine Freunde Musiker und mir aufgrund ihrer liberalen Einstellung wohlgesonnen.

Eines Tages richtete Hidemaro eine besondere Bitte an mich.

Die Ehefrau und die vierjährige Tochter eines polnischen Amerikaners sollten nach Japan kommen, und ich erhielt die Aufgabe, ihnen als Dolmetscherin und Babysitter zur Seite zu stehen.

Es waren die Frau und die Tochter des weltberühmten Dirigenten Leopold Stokowski. Seine Frau war viel jünger als er und hatte zudem einen italienischen Freund.

Stokowski hing sehr an seiner kleinen Tochter und ließ sich auch nie von seiner jungen Frau scheiden. Sie hatte geplant, zuerst einmal allein nach Japan zu reisen, und der Italiener sollte dann nachkommen. Kurz gesagt, sie wollten zusammen durchbrennen.

Sie hatte beabsichtigt, sich eine Weile mit diesem Mann und ihrer Tochter in Japan zu verstecken, während ihr Anwalt in ihrer Heimat die Scheidungsverhandlungen vorantrieb.

Zufällig hatte ich vor etwa einem Monat den Film *One Hundred Men and a Girl* mit Deanna Durbin gesehen, in dem Stokowski die *Ungarische Rhapsodie* dirigiert. Ich erinnerte mich gut daran, wegen seines beeindruckenden Gesichts, dessen hohe Stirn das Genie verriet. Er hatte mir außerordentlich imponiert.

An dem Tag, an dem das Schiff in Yokohama eintraf, holten Hidemaro und ich Mutter und Tochter ab. Damals war an Fliegen gar nicht zu denken. Nach Amerika oder nach Europa fuhr man mit dem Schiff, und die Passagierschiffe legten immer in Yokohama an.

Die Mutter, die ein schönes, aber strenges Gesicht hatte, kam mit ihrem Töchterchen an der Hand an Land. Die Kleine hatte eine hohe Stirn und blonde Locken und war eine Miniaturausgabe des Stokowski, den ich im Film gesehen hatte. Ich fand es außergewöhnlich, daß Vater und Tochter sich dermaßen ähnelten.

Ich besuchte mit Frau Stokowski die Kurorte Karuizawa, Nikkô und Atami. Später lernte ich auch ihren italienischen Freund kennen, aber mir persönlich gefiel Stokowski viel besser. Der Italiener war nicht sehr groß, nicht besonders gutaussehend und hatte vor allem keinen Schliff. Im Vergleich zu Stokowski, der ein Musiker von Weltrang war und als Person untadelig, wirkte er wie ein armseliger italienischer Schlucker.

Da ich niemandem etwas gesagt hatte, wußten außer Hidemaro und mir nur noch zwei oder drei Leute von der Ankunft von Stokowskis Frau und Tochter. Heutzutage hätten wir bestimmt mehr Unannehmlichkeiten mit der Aufdringlichkeit der Presse gehabt.

Bald darauf ergab es sich, daß Hidemaro nach Europa reisen mußte. Allein schon die Überfahrt dauerte etwa einen Monat, und da er insgesamt über ein Jahr unterwegs sein würde, war mir das Herz sehr schwer.

Ich war die ganze Zeit unbekümmert und glücklich gewesen und hatte immer einen Walzer von meinem geliebten Johann Strauß auf den Lippen gehabt, aber jetzt, angesichts der bevorstehenden langen Trennung, fühlte ich mich zum erstenmal so richtig einsam und verlassen. Fieberhaft überlegte ich, was ich bloß tun sollte ... Als wir Hidemaro in Yokohama verabschiedeten, gaben sich unsere Freunde Matsui Suisei und Oida die größte Mühe, mich zum Lachen zu bringen, aber meine Tränen flossen unaufhaltsam, obwohl mir das selbst schon peinlich war.

Ein halbes Jahr, nachdem Hidemaro abgereist war, wurde aus Berlin eine Sendung im Radio übertragen, in der er mitwirkte.

Die Chefin vom Waketombo erlaubte Herrn Yanagisawa, Hayashi Ken, Kasuga no Tsubone, Suzuki Kyûman und mir, sie in ihrem Zimmer zu verfolgen. Sie spielten meine geliebten Wiener Walzer von Johann Strauß. Hidemaro und ich hatten seit langem eine geheime Absprache für den Fall, daß wir uns verabreden wollten, aber in der Gegenwart anderer Leute nicht offen reden konnten. Im Gegensatz zu den jungen Leuten heute durften wir uns damals vor anderen nicht deutlich äußern.

Statt dessen benutzten wir einen geheimen Code:

»Meine Schulter schmerzt« oder »Seit gestern tut mir die Hand schrecklich weh.«

Eigentlich tat das Herz weh, aber das konnte man ja nicht sagen, denn alle hätten sofort Bescheid gewußt. Deshalb nahm er bei solchen Gelegenheiten Zuflucht zu unserem Code. So schöpfte niemand Verdacht, da es ja sein Beruf war, beide Arme zu bewegen.

Nach der Übertragung der Wiener Walzer aus Berlin, sprach er einige Worte auf Deutsch, und voller Sehnsucht konnte ich zum erstenmal nach langer Zeit wieder seiner Stimme lauschen.

Dann begann er auf japanisch: »Liebe Landsleute«. Am Ende seiner japanischen Ansprache sagte er:

»Da ich jeden Tag sehr viel arbeite und das Klima ein anderes ist, schmerzen meine Arme und Schultern schrecklich ... Ich werde jetzt nach Amerika reisen ...« Dann kam nur noch ein Knacksen aus dem Radio.

Das war nur für mich bestimmt gewesen. Im Klartext hieß das, daß er große Sehnsucht nach mir hatte. Er hatte nur für mich gesprochen! Schließlich strömten mir doch die Tränen übers Gesicht.

Ich schrieb ihm jeden Tag. Diese Briefe schickte ich an die Botschaft in Berlin oder das Konsulat in New York. Später nannte er sie »Ameisenbriefe«, weil sie in zierlichen Zeichen, die wie Ameisen aussahen, geschrieben waren! Obwohl er mit seinen Konzerten sehr beschäftigt war, kündeten seine Karten und Briefe aus aller Welt doch von der unverändert starken Zuneigung, die er mir entgegenbrachte.

Ich kaufte mir eine riesige Weltkarte, hängte sie an die Wand neben meinen Toilettentisch und markierte die Orte, aus denen ich Nachricht erhielt. Manchmal waren mir die Namen der Orte auch völlig unbekannt. Seine Post war immer fast zwei Monate unterwegs, und meine Antworten brauchten wohl ebenso lange.

Als er über ein Jahr später nach Hause zurückkehrte, zeigte er mir lachend Telegramme, Postkarten und Briefe, die ihm seine Freunde aufs Schiff, nach Berlin und überallhin geschickt hatten:

»Kiharu hat die ganze Zeit geweint. Suisei«

»Komm schnell zurück. Kiharu reckt schon den Hals nach Dir. Kô«

»Nimm dich in acht vor Blondinen. Sonst weint Kiharu und ist wütend. Moto«

Einige Postkarten kamen sogar erst nach einem halben Jahr an. Die uralte Antwort auf einen uralten Brief ist wie ein abgestandenes Bier.

Es scheint wie ein Traum, wenn heute ein Brief aus Tôkyô per Luftpost nur vier oder fünf Tage braucht!

Leider konnte ich die Erleichterung und Freude über seine Rückkehr aus Europa nur kurz genießen.

Die glückliche Zeit mit seinen Musikerfreunden währte kaum ein halbes Jahr, da war schon wieder von einer Auslandsreise die Rede, die über zwei Jahre dauern sollte.

Mir war das eine Jahr schon ziemlich schwergefallen, und der Gedanke, eine noch längere Zeit nur Ameisenbriefe schreiben zu können, war mir unerträglich.

Da schlug Hidemaro vor, ich solle ihn diesmal begleiten. Er hatte einen guten Freund aus seiner Schulzeit namens Motono Seiichi, ein Adliger. Ich war ihm oft auf Gesellschaften des Außenministeriums begegnet, und er war von Anfang an in unsere Schwierigkeiten eingeweiht. Anders als beim letzten Mal würde Hidemaro erst nach etwa drei Jahren zurückkommen können. Er bat Herrn Motono um Rat.

Dieser sollte in Kürze als Konsul nach New York gehen. Er erklärte mir, daß Amerika ein tolerantes Land sei und daß sich, anders als in Japan, niemand darum kümmern würde, ob Hidemaro und ich offiziell verheiratet wären oder nicht.

Deshalb sollte ich, während Hidemaro in Europa war, für ein oder eineinhalb Jahre als Gouvernante seines Sohnes mit nach New York kommen und bei Frau Motono Englisch, Kochen und verschiedene hausfrauliche Fertigkeiten erlernen. Nachdem Hidemaro seine Aufgaben in Europa beendet hätte und nach Amerika käme, könnten wir ein kleines Apartment mieten und zusammenleben.

Das Leben in Amerika wäre für uns angenehmer als in Japan. Hidemaro sah seinerseits kein Problem darin, den Lebensunterhalt für zwei Personen zu verdienen.

Ich wäre schon zufrieden gewesen, einfach mit ihm zusammen zu leben, auch ohne offiziellen Trauschein, und jeden Tag sein geliebtes Gesicht zu sehen. Daher war ich Herrn Motono sehr dankbar für seine warmherzige Anteilnahme.

Die einzige Schwierigkeit waren Mutter und Großmutter.

Da ich noch nicht volljährig war, mußte ich sie in allem um Erlaubnis bitten. Die Mädchen, die in der Welt der Blumen und Weiden aufwachsen, leben behütet wie in einem Treibhaus und haben wenig Erfahrungen mit der Außenwelt.

Am nächsten Tag bemühte sich Herr Motono zu uns, um mit meiner Mutter und Großmutter zu sprechen. Sie hörten sich seine Vorschläge an und baten um Bedenkzeit.

Drei Tage später jedoch wurde ich zu Hidemaros Bruder, dem Premierminister Konoe, gerufen.

Zu meinem Erstaunen erfuhr ich, daß meine Großmutter und meine Mutter ihn in seiner Amtsvilla aufgesucht und sich beklagt hatten. Wenn ich wenigstens heiraten würde und sei es auch nur einen armen Zimmermann oder einen Straßenarbeiter! Aber warum ich als Mätresse nach Amerika gehen wollte, könnten sie nicht begreifen. Außerdem sei ich noch ein halbes Kind, das von der Welt keine Ahnung habe. Wieso habe Hidemaro, der ja alt genug sei, nicht genügend Verstand, das einzusehen? Sie hatten den Premierminister gebeten, seinen Einfluß als älterer Bruder geltend zu machen und dafür zu sorgen, daß Hidemaro die Beziehung zu mir abbrach und mich nicht mehr sah. Daraufhin hatte er versprochen, die Angelegenheit in die Hand zu nehmen und uns zu trennen.

Mutter und Großmutter fragten sich wohl, warum ich

ausgerechnet nach Amerika gehen wollte, wo ich beruflich doch gerade so erfolgreich war. Eine Reise nach Amerika bedeutete damals, daß man sich wahrscheinlich im ganzen Leben nie mehr wiedersehen würde. Das hatte die beiden dazu bewogen, sich an den Premierminister zu wenden.

Hidemaro reiste schon eine Woche später nach Europa ab.

Das war das Ende. Bald danach brach der Krieg aus, und damit zerbrach auch meine große Liebe.

Mein Geisha-Debüt

DIE WICHTIGSTEN VORAUSSETZUNGEN für ein Mädchen, das in Shimbashi Geisha werden wollte, waren herausragende Fähigkeiten im Tanz und *Shamisen*-Spiel. Mir sind insbesondere die Sitten von Shimbashi vor dem Krieg sehr vertraut, als die Welt der Blumen und Weiden eine Hochblüte erreichte.

Damals existierten in Tôkyô ungezählte Geisha-Vereinigungen, und da es Tausende von Geishas gab, hatten sich an den verschiedenen Orten ganz eigene Vorgehensweisen und Bräuche für die Geisha-Debüts, die sogenannten *Ohirome,* entwickelt. Einige Bezirke hielten gar keine Prüfungen ab, denn ihre Mädchen wurden frisch vom Land importiert und nach einem Schnellkurs innerhalb von zwei Monaten initiiert. Mein Anliegen ist es, die Eigentümlichkeiten von Shimbashi vor dem Krieg zu schildern.

Bei uns wurden äußerst strenge Prüfungen abgehalten. Die Tänze, die wir beherrschen mußten, folgten insbesondere der Fujima- und Hanayagi-Schule, später kamen noch die Choreographien des Meister Nishikawa hinzu. Der *Shamisen*-Unterricht konzentrierte sich im wesentlichen auf die Gattungen *Nagauta, Kiyomoto, Tokiwazu,* und *Utazawa*[11].

Auch die jungen zukünftigen Geishas waren ganz unterschiedlicher Herkunft. Einige stammten vom Land und waren recht unbedarft. Andere wieder waren neun- bis zehnjährige Adoptivtöchter aus Geishahäusern. Auch leibliche Töchter renommierter Teehaus- oder Geishahaus-Betreiber wurden häufig zu Geishas ausgebildet. Die Unterschiede zwischen diesen einzelnen Kategorien von Mädchen waren beträchtlich. Doch ausnahmslos jede, die Shimbashi-Geisha werden wollte, mußte die strenge Prüfung ablegen.

Früher erlernten die meisten Mädchen zumindest eine der traditionellen japanischen Künste, selbst wenn sie nicht das besondere Ziel hatten, Geisha zu werden. Die Kunst des Blumensteckens oder der Teezeremonie läßt sich auch noch erwerben, wenn ein Kind schon größer ist, mit dem Tanz- und *Shamisen*-Unterricht hingegen beginnt man am besten im möglichst zarten Alter. Ebenso wie die Eltern heutzutage ihre Töchter dazu zwingen, Klavier- oder Ballettunterricht zu nehmen, mußten die Mädchen sich damals als gebildete höhere Töchter mit japanischem Tanz und *Nagauta*-Begleitung auf dem *Shamisen* abquälen. Viele Mädchen, die wie ich nicht aus einem Geisha- oder Teehaus stammten, mußten früher von klein auf japanischen Tanz und *Shamisen* lernen, manchmal sogar wenn sie zwei linke Hände und zwei linke Füße hatten. An bestimmten Tagen im Monat fanden die Examen statt, bei denen jeweils *Nagauta, Kiyomoto* und die verschiedenen Stilrichtungen des japanischen Tanzes geprüft wurden, und auf die sich alle unermüdlich vorbereiteten.

In Shimbashi mußten die Geisha-Anwärterinnen in einer der Disziplinen besondere Leistungen vorweisen. Das konnte *Shamisen, Kiyomoto*-Gesang oder Tanz im Nishikawa-Stil sein.

An Nachmittagen vibrierte das ganze Viertel von den Mißtönen, die die eifrig Übenden ihren *Shamisen* entlockten. Dann ließ sich heraushören, wer beispielsweise das Stück »Fächertanz« zum Prüfungsthema hatte und sich damit besonders intensiv abmühte.

Bestand ein Mädchen die Prüfung nicht, konnte es sie

nach drei Monaten wiederholen. Fiel es jedoch in einem halben Jahr dreimal durch, galt es als unbegabt und mußte sich einen anderen Beruf suchen.

Doch auch bei bestandener Prüfung sah es für eine frischgebackene Geisha nicht allzu rosig aus, denn im Herbst und im Frühjahr wurden die traditionellen *Azuma*-Tänze aufgeführt, und im Juni fand außerdem noch eine *Azuma*-Revue statt, die endlose Proben erforderten.

Bei den *Azuma*-Tänzen im April und Oktober standen alle von den dreizehnjährigen Lehrlingen *(Hangyoku)* bis zu den ganz kleinen Schülerinnen (*Shitajikko)* auf der Bühne, bei der *Azuma*-Revue aber nicht. Bei der *Azuma*-Revue im Juni wurden zahlreiche professionelle Darbietungen geboten, und weil diese Darbietungen ein hohes Niveau hatten, mußten die Geishas für sie noch härter trainieren als für ihre Prüfungen.

Schon zwei Monate nachdem ich Geisha geworden war, begleitete ich mit der *Shamisen* den Löwentanz in der *Azuma*-Revue.

Wir saßen rechts und links auf der Musikertribüne, und gleich nach dem Löwentanz gaben wir ein neues Stück zum *Tanahata*-Fest – »Die Begegnung der Sterne«. Die erste *Shamisen*-Spielerin nennt man *Tate,* die zweite *Waki.* Diesen Part übernahm ich. Aber als ich später immer zum Englischunterricht ging, hatte ich leider keine Zeit mehr, Stücke für die *Azuma*-Tänze und die Revue einzustudieren.

An dieser Stelle möchte ich ein bißchen vom Shimbashi-Revuetheater erzählen. Es wurde 1925 eröffnet und war gegründet worden, um die künstlerischen Leistungen der Geishas der Öffentlichkeit zu präsentieren. Wollte eine Geisha sich selbständig machen (man nannte das »Geisha auf eigene Kosten«), mußte sie Aktien des Revuetheaters besitzen.

Die Geisha- und die Teehaus-Vereinigungen von Shimbashi verwalteten das Theater, und die alljährlichen *Azuma*-Tänze im April und im Oktober wurden jeweils einen Monat lang ausschließlich von Shimbashi-Geishas aufgeführt. Im Juni fand noch die *Azuma*-Revue statt.

Irgendwann später übernahm die Firma Shôchiku das Revuetheater. Die Umstände kenne ich nicht genau. 1983 fanden vom 28. bis zum 31. Mai dort wieder die *Azuma*-Tänze statt. Das stimmte mich ein bißchen wehmütig. Wird das Goldene Zeitalter der stolzen Shimbashi-Geishas je wiederkehren?

An meinem Prüfungstag stand ich also einer ganzen Reihe von Komiteemitgliedern gegenüber.

Ich mußte das *Nagauta* »Takasago« auf dem *Shamisen* spielen. Das war ein Wagnis, da ich vor einer geballten Ansammlung hervorragender *Nagauta*-Meisterinnen, berühmter Lehrer und schon im Ruhestand befindlicher Altmeister auftreten mußte. Auch gute Spielerinnen griffen in dieser Situation vor Aufregung daneben, und selbst Mädchen mit starken Nerven bekamen Lampenfieber. Auch die Tänzerinnen waren völlig durcheinander und ließen ständig ihre Fächer fallen.

Zu dem Komitee, das mich prüfte, gehörten außer den Geishas Miyogiku und Kikuyo noch einige sehr alte Damen, deren Namen ich nicht kannte. Sie nahmen ihre Plätze ein und starrten mich an. Als ich mein *Shamisen* aus der Hülle nahm und es langsam stimmte, hörte ich, wie Miyogiku laut sagte:

»Das Mädchen spielt sehr gut.« Das beruhigte mich sofort, und ich spielte eine Prélude. Als sie zu Ende war, sagte ein Komiteemitglied, daß es genug sei, und alle lächelten. Ich hatte bestanden. Man erkennt sofort den Unterschied zwischen einer Anfängerin und einer, die schon länger spielt, daran, wie sie das *Shamisen* stimmt und hält.

Hat man diese Prüfung bestanden, bereitet man sich auf sein Debüt, das *Ohirome,* vor.

Da ich keine Schulden hatte, konnte ich mir die Farbe des Kimonos für mein *Ohirome* selbst aussuchen. Ich war mir sicher gewesen, die Prüfung zu bestehen, und Erigiku[12] hatte mir schon zwei Kimonos für die Proben geliefert.

Etwa eine Woche oder zehn Tage vor dem *Ohirome* praktizierten wir das sogenannte *Minarai* (»Lernen durch Beobachtung«) besonders intensiv, da wir sonst keine Ahnung gehabt hätten, wie so eine *Ohirome*-Feier vonstatten ging.

Die Ausbildung einer Geisha basiert zu großen Teilen auf diesem »Lernen durch Beobachtung«, dem Zuschauen. Eine Teehaustochter hat das Glück, in die Gepflogenheiten bei Gesellschaften hineinzuwachsen, auch wenn sie noch nie direkt an einer teilgenommen hat. Aber in gewöhnlichen Haushalten aufgewachsene Mädchen wußten nicht, wie sie sich zu verhalten hatten.

Während dieser Zeit des *Minarai* mußten wir alles meistern. Wenn man beispielsweise in der Garderobe wartete und eine etwas ältere Geisha trat ein, gehörte es sich, sofort ihre Schuhe[13] ins Schuhregal zu stellen, ihr unverzüglich aus dem *Haori* zu helfen und diesen ordentlich zusammenzufalten. Dann mußte man ihre Handtasche, ihr Fächeretui oder was sie sonst noch bei sich trug, fein säuberlich im Regal verstauen.

Betrat eine ältere Geisha verspätet ein Bankett, schickte es sich, sie mit gesenktem Kopf zu begrüßen und ihr sogleich den Platz zu räumen. Heutzutage ist häufig in Vergessenheit geraten, welches die besseren und welches die weniger guten Plätze sind. Keiner achtet mehr darauf, was natürlich sehr viel einfacher und bequemer ist.

Doch wenn sich früher eine junge Geisha ganz ungeniert auf einem der besseren Plätze breitmachte, war sie gleich als »Frechdachs« verschrien.

Auch die bei den Gesellschaften einzuhaltende Etikette erlernten wir, indem wir die älteren beobachteten. Dazu gehörten das korrekte Betreten eines Raumes und das Einschenken, also wie man ein *Sake*-Kännchen hielt, wie man die Schale entgegennahm und wie man sie zurückreichte. Des weiteren mußten wir uns die Namen der Dienerinnen in den einzelnen Teehäusern und die der anderen Geishas merken. Zu begrüßen waren die Empfangschefs und die *Hakoya*, danach – angefangen vom Chefkoch bis zum Tellerwäscher – alle anderen Mitglieder des Hauses. Beim Zuschauen schnappte man alle die Kleinigkeiten auf, die am Rande der Bankette so wichtig sind.

Für ihr *Ohirome* ließ eine junge Geisha ihren Namen in den Kittel des Rikschafahrers und in die Uniform ihres *Hakoya* einfärben. Mein Rikschafahrer und mein *Hakoya* trugen auf dem Rücken ihrer Jacken das Schwalbenschwanz-Wappen meiner Familie und auf dem Kragen meinen Namen und den des Geishahauses. Außerdem ließ ich bestimmt 500 Schweißtüchlein mit einem passenden Kuvert anfertigen.

Am Tage meines *Ohirome* war der Himmel strahlend blau. Ich hatte mein Debüt auf meinen Geburtstag gelegt, nach dem buddhistischen Kalender ein Glückstag. Da man in der Welt der Blumen und Weiden abergläubisch war, wählte niemand einen Unglückstag für ein Debüt. Es war der 14. April 1932.

Ich trug einen leichten, gelbgrünen Kimono ohne Untergewand mit einem Tausend-Kraniche-Muster. Der *Obi* war aus goldfarbenem Stoff, den ein feines Gittermuster zierte.

Es ist nun an der Zeit, etwas zu unseren Kimonos zu sagen. Heute trägt jedermann (ich natürlich auch) sommers wie winters einen weißen, abnehmbaren Kimonokragen aus Synthetikmaterial. Damals bestanden verbindliche Vorschriften bezüglich Farbe und Material des

Kimonokragens. Zu Neujahr legte man einen Kragen aus dicker, glänzender Seide an, mit dem auch speziell das Neue Jahr assoziiert wurde. Im Februar, März und April verwendete man gröbere oder auch feinere Kreppseide, im Mai und Juni Knitterseide, im Juli und im August Seidengaze. Im September kehrte man zur Knitterseide zurück, Oktober, November und Dezember war wieder die Zeit der Kreppseide.

Wenn schon der Kragen, den man nur ganz wenig im Nacken hervorlugen sah, so eine große Rolle spielte, kann man sich vorstellen, daß beim Kimono selbst die Jahreszeiten noch weit genauer berücksichtigt wurden. Von November bis März waren Ärmelöffnungen und Saum mit einer flauschigen Wattefüllung ausgestopft, und man trug einen Unterkimono.

Im April und Mai sowie im Oktober waren die wattierten Kimonos nicht in Gebrauch. Man bediente sich einfach gefütterter Kimonos ohne Wattierung.

Ab dem 1. Juni ging man zu ungefütterter, nicht transparenter Garderobe aus Kreppseide über, auch wenn es noch kühl war. Bis zum 30. September war dann ohne Rücksicht auf die Witterung die Zeit dieser leichten Kimonos.

Im Juli und im August, also im Hochsommer, verwendete man Seiden- oder Glanzgaze. Die Kimonos, die wir zum Unterricht trugen, oder die Alltagskleidung waren aus rotbrauner dünner Seide, Leinen, leichter Akashi- oder Yotsuiri-Seide.

Heutzutage machen sich viele Leute nicht die Mühe, die feinen Heftfäden von ihrem Kimono zu entfernen, mit denen Kragen, Saum und manchmal die Ärmelöffnungen in Form gehalten werden.

Zu unserer Zeit war es ausgeschlossen, einen Kimono mit Heftfäden am Kragen oder am Saum zu tragen. Damit hätte man sich bei jedem Engagement blamiert.

Unsere Haare trugen wir auch im Hochsommer zur traditionellen *Shimada*-Frisur aufgesteckt, dazu einen bodenlangen Kimono mit breitem *Obi*. Daß wir dazu noch in nicht klimatisierten Räumen arbeiteten, würde heute bestimmt großes Aufsehen erregen und als Mißachtung der Menschenrechte angeprangert werden.

Auch heute noch trage ich im hochsommerlichen New York einen Kimono aus Seidengaze, der von einem Sommer-*Obi* gehalten wird, ohne schweißgebadet zu sein. Meine amerikanischen Freunde beneiden mich immer um mein »abscheulich« kühles Aussehen, was meiner Überzeugung nach nur auf meine frühere Ausbildung zurückzuführen ist.

Einer meiner Kimonos für die Debüt-Proben war hellblau mit einem Muster aus Kirschblüten, auf dem anderen waren zartviolette Schwertlilien.

Für mich gehört der monatliche Wechsel der Kimonos eigentlich zu den schönsten Seiten des Geisha-Berufs.

Im bürgerlichen Leben achtet man für gewöhnlich nicht so stark auf eine jahreszeitliche Garderobe, aber für uns Geishas bedeutete es sehr viel, exakt zur Jahreszeit passende Muster zu tragen. Keine hätte jemals im Frühling einen Kimono mit Herbstlaubmuster oder im Herbst einen Kirschblüten- oder Glyzinienstoff getragen. Anders als heute, wo das ganze Jahr hindurch die gleichen Blumen blühen und das jahreszeitliche Empfinden beinahe ausgestorben ist, war es damals äußerst wichtig, sich in einem der Jahreszeit entsprechenden Kimono zu präsentieren.

Als ich älter wurde, begann ich die Wappen von Personen, die ich besonders bewunderte, in meine Kimonos einfärben zu lassen.

Ich hatte gehört, daß Niwa Fumio, der berühmte Schriftsteller, eine Wappenkombination aus Bambusblättern und Enzian benutzte und ließ mir diese auf einen violetten Kimono färben. Später trug ich verschiedene Versionen der Pfingstrose (das Wappen der Konoe) auf meinen Kimonos und Untergewändern.

Ich ganz verdutzt, als mich eines Tages Yaozô (der spätere *Kabuki*-Schauspieler Ichikawa Chûsha) ansprach: »Kiharu, ich wußte ja gar nicht, daß du heimlich in mich verliebt bist ...«

»Nein, nein ...«, lachte sein Neffe Ichikawa Danshirô. »Mein Onkel zieht voreilige Schlüsse, denn sein Wappen ist die Pfingstrose.«

Während meines *Ohirome* besuchte ich jedes einzelne Geishahaus, das zu unserer Geisha-Vereinigung gehörte, und alle Veranstalter, also Teehäuser und Restaurants. Die, die in der Nähe von Kobikichô lagen, suchte ich zu Fuß auf, doch nach Tsukiji, das etwa einen halben Kilometer entfernt lag, fuhr ich mit der Rikscha.

Ein *Hakoya* begleitete mich und verkündete fröhlich: »Guten Tag, hier kommt die Debütantin.« Dann eilten die Chefin und die Angestellten mir entgegen, gratulierten und lobten meine Aufmachung. Sie gratulierten auch meiner »älteren Schwester«, das heißt der Geisha, die mich bei meiner Ausbildung unterstützt hatte und mich jetzt begleitete.

Alle Debütantinnen wurden von ihrer »älteren Schwester« begleitet. Wir fuhren in drei Rikschas, von denen die letzte mit Geschenken für die einzelnen Teehäuser und kleinen Handtüchern, die meinen Namen trugen, beladen war. Mein *Hakoya* nahm sie Stück für Stück herunter und legte sie als Geschenk im Eingang der jeweiligen Teehäuser ab.

Wenn die Geishas zu Engagements erscheinen, benutzen sie immer einen Nebeneingang, aber bei ihrem *Ohirome* dürfen sie durch den für die Gäste bestimmten Haupteingang schreiten.

Die Gäste, die man während der Vorbereitungen für das

Ohirome kennengelernt hat, gewährten der Debütantin zur Feier des Tages ein sogenanntes »Frei-Engagement«. Betraten wir beispielsweise das Teehaus Yukimura, erklärte uns die Chefin, Herr Itô habe mich zur Feier meines *Ohirome* für drei Tage engagiert. Dieser Kunde würde an meinem großen Tag wahrscheinlich gar nicht erscheinen und gewährte somit das besagte »Frei-Engagement«. Das bedeutete, daß der Kunde zwar nicht kam, aber dennoch die Gage für die drei Tage bezahlte.

Dieser Brauch war nicht nur anläßlich eines Debüts üblich, sondern wurde auch von vielen Gästen – vor allem den Stammkunden – in den drei Tagen um Neujahr herum praktiziert.

Zu Neujahr kleidete man sich besonders festlich.

Zu dem mit Wappen verzierten Festgewand gehörten ein weißer Kragen aus feiner schimmernder Seide und ein sogenannter »Weiden-*Obi*«. So bezeichnete man einen *Obi*, der hinten lose herunterhing und wie eine Weide hin und her schwankte, was besonders elegant wirkte. Diese *Obi* waren häufig aus prächtiger Nishijin-Seide gefertigt.

Die *Shimada*-Frisur wurde mit Haarpfeilen geschmückt. Die jüngeren Geishas waren von der Vorschrift, schwarze Kimonos zu tragen, ausgenommen und durften violette, aquamarinfarbene oder blaue Kimonos anlegen, über deren unteres Drittel sich bis zum Saum ein Muster ergoß. Für mein erstes Neujahr als Geisha hatte ich einen zartvioletten Kimono mit rosa-weißen Pflaumenblüten gewählt, im nächsten Jahr trug ich einen silbergrauen, auf dem Glücksgötter-Schiffchen schwammen.

Damals gab es für die Muster ganz feste Bezeichnungen, und wenn Erigiku, der Kimono-Färber, ein bestimmtes Dekor nannte, konnten wir es uns augenblicklich vorstellen. Die Muster trugen Namen wie »Pflaumenblüte von Kôrin« (Kôrin ist ein Maler), Warigôri – »Zackiges Eis«, Hiware – »Eisbrocken«, Mujina Giku – »Dachs-Chrysanthemen«, Narihira Gôshi – »Narihira-Gitter«. Heutzutage kennt kaum noch jemand diese Muster.

Zu den typischen Neujahrsaccessoires gehörte auch der Reisähren-Schmuck – die Sitte, sich in der Neujahrswoche Reisähren und eine Taube ins Haar zu stecken.

Der Ursprung dieses Brauchs ist das japanische Wort *Torikome* – »Vogelreis«, das ein Wortspiel mit *Okane o torikomu* – »Geld einnehmen« ergibt und deshalb als glückbringend gilt. Übrigens fehlen diesen Tauben die Augen. Jede Geisha malte ihrer Taube am Neujahrstag ein Auge auf, und wenn sie einen Liebhaber hatte, setzte dieser das zweite Auge ein. (Das erinnert an die japanische Sitte, einer *Daruma*-Figur das zweite Auge aufzumalen, nachdem ein bestimmter Wunsch in Erfüllung gegangen ist. Anscheinend haben Japaner eine besondere Vorliebe für dieses »Augenaufmalen«.)

So richteten die jungen Geishas natürlich ihre besondere Aufmerksamkeit auf den Haarschmuck ihrer Kolleginnen. Entdeckten sie dann, daß eine Taube plötzlich ihr zweites Auge hinzubekommen hatte, stießen sie Jubelrufe aus und klatschen dreimal rhythmisch in die Hände. Eine Taube mit zwei Augen war der Beweis, daß ihre Kollegin einen Liebhaber (oder einen Gönner) gefunden hatte ...

Dann mußte diese frischgedruckte Geldscheine an alle Anwesenden verteilen. (Die damaligen neuen Ein-Yen-Scheine würden heute in etwa einem Tausend-Yen-Schein entsprechen.) Auch die Gönner wurden gefeiert, wenn sie stolz und vor Zeugen das zweite Auge der Taube einsetzten.

Vor dem Neujahrsfest ging die Geisha zur Bank und ließ sich hundert oder zweihundert neue Ein-Yen-Scheine geben. Deshalb mußten die Banken, die ihren Sitz in der Nähe der Welt der Blumen und Weiden hatten, zum Jahresende einen ganzen Berg frischer Ein-Yen-Scheine bereithalten. In der Neujahrswoche steckten oft im Ausschnitt einer Geisha, die schon fünf oder sechs Häuser besucht hatte, um ein gutes Neues Jahr zu wünschen, mehrere Geldscheine.

Im Zusammenhang mit Neujahr muß ich das erste Sumô-Turnier des Jahres erwähnen. Die ersten Kämpfe im Jahr, die im *Sumô*-Ring im Stadtteil Ryôgoku abgehalten wurden, waren eine prachtvolle, bedeutende Attraktion.

Es gab nicht so viele Turniere wie heute, sondern nur ein Neujahrs- und ein Sommerturnier. Die Zuschauer wurden von engbehosten Angestellten der für die *Sumô*-Turniere zuständigen Teehäuser in ihre Logen geleitet.

Dort bekam man alle möglichen Speisen serviert, und zu Neujahr wurden fürsorglich kleine Handwärmer ausgegeben, denn die *Sumô*-Halle hatte damals keine Heizung, und so konnte man sich zumindest die Finger warmhalten. Die Teehausdiener brachten Lackkästen mit Speisen und *Sake*.

Beim Sommerturnier knabberte man junge, grüne Saubohnen und trank Bier dazu. Heute noch erinnern mich »Saubohnen und Bier« an diese Sommerturniere.

Zu Neujahr erschienen die Geishas in ihren Festgewändern zu den *Sumô*-Turnieren. Auch sie waren ein bedeutendes Requisit der Neujahrsturniere. Die Geishas, die zu viert oder zu fünft in ihren Festgewändern die Logen bevölkerten, boten den Schaulustigen einen Augenschmaus.

Es gab einen bekannten Radioreporter, der ein besonders guter *Sumô*-Kommentator war.

»Gerade eben halten die Schönen von Shimbashi ihren Einzug«, verkündete er einmal über Lautsprecher. »Ganz vorne geht die junge Kiharu im Festkimono mit schwingendem Weiden-*Obi*. Jetzt nimmt sie in der Loge neben dem Osteingang mit drei anderen Geishas Platz.« Darauf brachen die Zuschauer in Jubel aus.

Nicht wenige Geishas waren »*Sumô*-verrückt«. Eine

z.B. brachte dem Ringer Taikyôzan jeden Tag frisches Schnappschildkrötenblut (es sollte die Körperkräfte steigern). Eine schwärmte dermaßen für den großen Shachinosato, daß sie alle ihre Engagements absagte, um ihn sehen zu können.

Der Ringer Dewagatake, genannt Bun-*chan*, wurde nur von Grundschülern verehrt. Sehr bekannt war auch Nayoroiwa, der schlechte Verlierer, aber viele *Sumô*-Ringer waren auch gutmütige Riesen. Kagamiiwa beispielsweise half seinem Gegner immer wieder hoch, wenn er diesen aus dem Ring geworfen hatte und der Geschlagene wegen des enormen Körpergewichtes Schwierigkeiten hatte, sich zu erheben.

Ich ging zwar sehr häufig zum *Sumô*, hatte aber keinen Favoriten und blieb als Zuschauerin eher kühl und distanziert. Eine Merkwürdigkeit war die Durchsage von aktuellen Nachrichten, die ohne näheren Kommentar über Lautsprecher in der Halle bekanntgegeben wurden, etwa:

»Soeben hat Edward VIII. seine Abdankung erklärt.«

»Japan hat ein Bündnis mit Italien geschlossen.«

Oder: »Ihre Hoheiten Prinz Kaya und seine Gattin beehren uns mit ihrer erhabenen Anwesenheit.«

Der Prinz war am Abend zuvor mit mehreren jungen Offizieren im Teehaus Kachô erschienen. Gut gelaunt hatte er sie aufgefordert, mich und meine Kollegin Kinka hochzuwerfen, und die jungen Männer vom 26. Narashino-Regiment hatten gehorcht, was uns ausgesprochen barbarisch vorgekommen war. An diesem Abend jedoch wirkte der Prinz in seiner schneidigen Uniform in der königlichen Loge neben der Prinzessin wie ein echter Edelmann.

Früher kam ein Prinz gleich nach einem Gott, und es herrschte der Glaube, man würde bei seinem Anblick erblinden. Die Prinzen besuchten Shimbashi nicht selten, einige benahmen sich auch schlecht, wenn sie getrunken hatten und machten uns unsittliche Anträge ... Deshalb konnten wir die Meinung anderer Leute, die Prinzen seien etwas Besonderes, nicht teilen. Selbstverständlich habe ich auch gutaussehende und ritterliche Prinzen wie Seine Hoheit Prinz Takeda gekannt.

Aber ich bin vom *Sumô* abgeschweift. Futabayama war zwar mit seiner Serie von 69 Siegen eine Ausnahme, aber die *Yokozuna*, d.h. die Großmeister, verloren im allgemeinen selten. (Die heutigen Großmeister stecken häufiger Niederlagen ein.)

Ich hatte das Glück, von der zweiten Loge am Osteingang den historischen Moment zu erleben, in dem Futabayama von Akinoumi geschlagen wurde. (Das war 1939.) Alle Zuschauer sprangen wie wahnsinnig hoch, und Kissen und andere Gegenstände flogen durch die Luft.

Vor kurzem habe ich in einem Artikel gelesen, daß der *Sumô*-Ringer Wakanohana ein Kind mit einer Barbesitzerin hat und sich von seiner Ehefrau scheiden ließ. Zu meiner Zeit regten sich die Frauen der *Sumô*-Ringer nicht besonders auf, wenn ihre Männer noch zwei oder drei außereheliche Kinder hatten.

Die Geliebte eines verheirateten Mannes versuchte damals auch nicht um jeden Preis, die Ehefrau zu verdrängen und ihren Platz einzunehmen.

Andere Zeiten, andere Sitten ...

Nun möchte ich noch ein wenig auf die besonderen Sitten und Begriffe eingehen, die so bezeichnend für die Welt der Geishas waren, da sie den Menschen von heute wahrscheinlich sehr kurios erscheinen und daher von einem gewissen Interesse sind.

Beispielsweise bekamen wir die sogenannten *Aijô* – »Rendezvous-Notizen«.

Darauf waren die Teehäuser vermerkt, die eine Geisha zu besuchen hatte. Man nannte diese Zettel auch *Tembeni* – »Himmelspurpur« – weil sie oben einen roten Rand hatten.

In *Kabuki*-Stücken werden die Briefe, die aus dem Freudenviertel kommen sollen, immer mit einem roten Rand dargestellt. Dieser symbolisiert den roten Lippenabdruck einer Frau und ist Ausdruck ihres Verlangens.

Als ich Jahre später in Amerika Liebesbriefe von Amerikanern erhielt, überraschten mich die drei Kreuze (X X X), mit denen sie schlossen, und ich erfuhr, daß diese Küsse bedeuten. Frauen drücken manchmal ihre eigene Lippen auf das Papier. Dahinter steht die gleiche Idee wie beim japanischen *Tembeni.*

Am späteren Abend steckten immer mehrere dieser Notizen im Kimono-Ausschnitt einer Geisha. Sie waren natürlich auch Belege für ihren Beliebtheitsgrad.

Ein weiterer spezieller Begriff war *Gyokudai,* »Edelsteinpreis«, für die Gage einer Geisha, in Kansai als *Hanadai,* »Blumenpreis«, bekannt. Geishas wurden nach Stunden bezahlt und deshalb nannte man die Gage ganz früher *Osenkodai,* »Räucherstäbchenpreis«. Damals hatte man keine Uhren und maß deshalb die Zeit, die ein Rendezvous dauerte, indem man Räucherstäbchen abbrannte.

Die jungen Mädchen von dreizehn oder vierzehn hießen *Hangyoku,* »Halbedelstein«. Eine Geisha verdiente 5000 Yen pro Stunde, eine *Hangyoku* 2500, daher *Halb*edelstein.

Die *Hangyoku* wurden auch *Oshaku-San,* »Einschenkerin« genannt. Weil sie noch Kinder waren, hatten sie lediglich die unschuldige Aufgabe, den Gästen einzuschenken.

Damals galten alle Kinder, die bis zum 31. März geboren waren, als ein Jahrgang. Aus diesem Grunde waren einige bei der Einschulung erst sechs und beendeten die sechsjährige Schulpflicht schon mit zwölf Jahren. So gab es auch erst zwölfjährige *Hangyoku.*

Die »Halbedelsteine« trugen lange Kimonos mit weitschwingenden Ärmeln. Ihr *Obi* war nicht im üblichen, sogenannten Trommelstil gebunden, sondern in einer ausgefallenen Schleife. Ihre Haare waren zu einer Pfirsichfrisur (eine Art hochangesetzter Dutt) gebunden und mit viel Blumenschmuck dekoriert.

Mit sechzehn oder siebzehn wurden aus den Halbedelsteinen Edelsteine, sie wurden »alleinstehende Bäume«, d.h. fertige Geishas, und erhielten nun den vollen Stundenlohn.

Hangyoku trugen keine bodenlangen Kimonos. Erst nach ihrem Debüt wurden die Kimono-Ärmel gekürzt und der Saum herausgelassen. Den *Obi* trugen sie von nun an als Trommel, der Weiden-*Obi* war nur besonderen Festtagen vorbehalten.

Übrigens hatte die Kyôtoer *Maiko* eine andere Frisur, und ihr *Obi* war so gebunden, daß ein Stück davon wie eine kleine Schleppe heraushing. Mit vierzehn oder fünfzehn trugen sie schon bodenlange Kimonos. Heutzutage gibt es junge Leute, die so ahnungslos sind zu glauben, eine *Maiko* sei ein Geisha-Lehrling im allgemeinen, doch die echte *Maiko* gibt es nur in Kyôto.

Außerdem verwendet man in Kantô den Begriff *Geisha*, in Kansai hingegen sagt man *Geiko*. Ich weiß eigentlich nicht viel über das Geisha-Wesen in Kansai (mit meinen Kyôtoer Freundinnen Ronosuke und Botan-*chan* habe ich mich nie über die diversen Sitten und Gebräuche unterhalten), aber ich glaube, es gibt sehr viele Unterschiede.

Wir Geishas erleben zahlreiche interessante Abenteuer, wie sie sich gewöhnliche Ehefrauen gar nicht vorstellen können.

Ich hatte eine Kollegin, die ganz offiziell den Direktor einer Düngemittelfabrik heiratete. Diese Geisha (ich will sagen, diese Dame) war etwa fünfzehn Jahre älter als ich. Gelegentlich luden sie und ihr Mann ausländische Gäste ein. Sie war eine elegante Frau, die fließend Englisch sprach, in Öl malte und Lackschnitzarbeiten anfertigte.

Diese Dame erzählte oft lachend von ihrer Zeit als jungverheiratete Ehefrau.

Bis zu ihrer Hochzeit hatte sie ein eigenes Geishahaus geführt. Von ihrer Mutter hatte sie einen Beo bekommen, an dem sie sehr hing. Als die Mutter starb, gab sie das Geishahaus auf und heiratete; den Beo brachte sie mit in die Ehe.

Ich war oft für Gesellschaften im wunderschönen altenglischen Haus des Direktors engagiert, das einen Swimming Pool mit einer großen Bar daneben hatte. Auf der Rückseite gab es einen Privateingang mit einem überdachten japanischen Tor. Dort befand sich eine vergitterte Glastür.

Im Flur hing der Käfig mit dem Beo, der jedesmal, wenn jemand den Flur betrat, schrie: »Guten Tag! Hier kommt die Debütantin.« Damit wußte jeder sofort über die Herkunft der Hausherrin Bescheid, und ihre Schwiegermutter bat sie, den Vogel abzuschaffen. Also kehrte der Beo zu einer Freundin der Dame in das Geishahaus zurück, wo er nach Herzenslust »Hier kommt die Debütantin« rufen konnte.

Lustig ist auch ein Erlebnis, das meine ältere Kollegin Kiyoyô im Zug hatte.

Damals war der letzte Wagen des Tôkyô-Osaka-Express ein Panoramawagen nur für Fahrgäste der ersten Klasse. Durch sein Fenster konnte man sehr schön die Landschaft betrachten, die Sitze waren einzelne Fauteuils, und alles war ausgesprochen komfortabel. Dieser Wagen hatte am Ende eine Plattform mit Geländer. Berühmte Künstler aus dem Ausland sind oft auf dieser Plattform mit einem Blumenstrauß im Arm fotografiert worden. Zu jener Zeit fuhren nur sehr bedeutende Leute in diesem Panoramawagen.

Einmal fuhr auch Kiyoyô, gekleidet wie eine ganz normale Ehefrau, in diesem Panoramawagen. Sie hatte in Kyôto eine Verabredung mit ihrem Gönner.

Ihrer Erzählung nach war sie in ihrem Mantel mit Nerzkragen sehr dezent gekleidet gewesen und behauptete, man hätte sie gewiß für eine Adlige gehalten.

Obwohl sie im Panoramawagen gern geraucht hätte, beherrschte sie sich und tat sehr vornehm. Da setzte sich eine elegante, westlich gekleidete Dame, die wie eine echte Gräfin aussah, neben sie und erkundigte sich höflich nach ihrem Reiseziel. Kiyoyô war so aufgeregt, als würden Neujahr und Sommeranfang auf einen Tag fallen, und konnte gerade noch antworten. Die echte Gräfin hatte eine äußerst gewählte Ausdrucksweise. Unsere Geisha versuchte möglichst wenig und ebenfalls möglichst gewählt zu sprechen. Die andere fragte sie nach ihrer Adresse, und Kiyoyô blieb beinahe die Sprache weg, gab aber in ihrer Not die Adresse ihres Gönners an. Glücklicherweise wohnte die Dame in einem anderen Viertel ...

Die Dame, die sich wohl gerne unterhielt, fing jetzt an, über das Theater zu sprechen. Wir Geishas sprechen im Gegensatz zu verheirateten, bürgerlichen Damen sehr familiär über das Theater. Daher sind solche Situationen oft schwierig für uns.

Aber Kiyoyô paßte sich der Dame fleißig an, und endlich lief der Zug im Bahnhof von Kyôto ein. Die Dame fuhr weiter nach Osaka. Kiyoyô war äußerst erleichtert. Sie öffnete das Fenster, um einen Gepäckträger zu rufen, denn früher gab es die an jedem Bahnhof. *»Hakoya-San, Hakoya-San«*, schrie sie aus dem Fenster, und schon war sie entlarvt. Da wir immer, wenn wir etwas wollen, nach unseren *Hakoya*, den Pagen der Geishas, rufen, war ihr dieses Wort unwillkürlich herausgerutscht.

Zu einer Gräfin paßte der Ruf nach einem *»Hakoya«* jedenfalls nicht. Kiyoyô schlug sofort die Hand vor den Mund, aber es war bereits zu spät. Fluchtartig verließ sie den Zug und rannte, ohne sich auch nur einmal umzuschauen, zum Ausgang.

Meine Stammkunden

ÜBER MEINE STAMMKUNDEN gibt es auch einiges zu erzählen, und ich werde ganz wehmütig, wenn ich an sie denke.

Zu meinen Lieblingsgästen gehörte Herr Itô Michio, der mir ganz besonders zugetan war. Er kam häufig in Begleitung ausländischer Gäste, und wenn ich etwas nicht verstand, war immer Herr Itô zur Stelle und half mir aus der Zwickmühle.

Seine damalige Frau Tsuyako war auch sehr nett und schenkte mir einmal ein sehr gutes Wörterbuch für meine Englischstudien.

Jahre später begegnete ich Michio mit seiner amerikanischen Gattin, seinem jüngeren Bruder Yûji und seinem Sohn Dennis in New York wieder.

Mit Yûji unternahm ich oft Rundgänge in New York. Da seine Frau Teiko damals gerade in Mexiko war, übernachtete ihr kleiner Sohn Genji oft bei mir, und wir gingen zusammen in den Zoo.

Übrigens war der jüngere Bruder von Michio und Yûji der berühmte Bühnenbildner Itô Kisaku, der gleich nach Kriegsende eine Opernfassung des *Mittsommernachtstraums* im Teikoku-Theater in Tôkyô ausstattete. Nach dem Krieg drängte es die Menschen, Schönes zu sehen, um den allgegenwärtigen Anblick von Schmutz und Trümmern zu vergessen, und die Oper hatte für damalige Verhältnisse ein außerordentlich luxuriöses und aufwendiges Bühnenbild.

Kisaku war es gelungen, die kleine Bühne des Teikoku-Theaters in einen tiefen Wald zu verwandeln. Ich werde diese wundervolle Bühne, auf der Zwerge und Feen mit Laternen aus dem riesig erscheinenden Wald kamen, in meinem ganzen Leben nicht vergessen.

Würde ich nach einem japanischen Genie gefragt, würde ich ohne zu zögern Itô Kisaku nennen. Inzwischen sind sie alle schon gestorben. Bis auf Dennis, der noch so jung war ...

Der jüngste der Itô-Brüder hieß Senda Koreya. Michio lud mich häufig dazu ein, ihn mit ihm und seiner Lieblingsgeisha, der jungen Noriko, zu besuchen.

Koreya konnte ausgezeichnet *Nagauta* vortragen. Noriko und ich begleiteten ihn auf dem *Shamisen,* während er aus dem »Spendenbuch«, einer berühmte Geschichte um den Helden Yoshitsune, rezitierte. Bestimmt haben nur wenige Menschen die Gelegenheit gehabt, Senda Koreya bei seinen Rezitationen zu lauschen.

Michio erzählte mir viele ungewöhnliche Dinge über Amerika. Er berichtete, daß es Gasthäuser gab, die man »Motel« nannte, ein Begriff, der sich aus Automobil und Hotel zusammensetzt, in denen man mit seinem Auto übernachten konnte, oder daß fast alle Leute einen elektrischen Kühlschrank hatten und nicht jeden Tag Eis geliefert bekommen mußten. Fast jeder Haushalt besaß ein eigenes Auto, und auch die Frauen konnten fahren.

Ich freute mich immer sehr darauf, Michio zu sehen, denn durch ihn erfuhr ich unzählige Dinge, die mir völlig neu waren.

Michio führte zum erstenmal in der New Yorker Carnegie Hall einen originalen *Bugaku*-Tanz zur *Gagaku*-Musik des *»Etenraku«* auf. Konoe Hidemaro dirigierte. Als Michio zu Ende getanzt hatte, bereitete ihm das Publikum stehende Ovationen.

Außer Itô Michio gab es unter den Gästen, die im Restaurant Yukimura verkehrten, viele, die mir wichtig waren und die mich mochten. Da die Chefin des Yukimura sehr fortschrittliche Ansichten hatte, versammelten sich bei ihr auch viele Gäste, die ebenfalls eine moderne Einstellung hatten.

Sie war früher die bekannte Geisha Oyuki gewesen und als Frau des Komikers Soganoya Gorô aus Osaka mit ihm nach Europa gegangen. Von dort waren sie, als der Erste Weltkrieg ausbrach, nach Amerika geflohen. Sie war für die damalige Zeit eine sehr emanzipierte und welterfahrene Frau.

Jahre später suchte ich im Laufe meiner Beratertätigkeit für die Oper eine New Yorker Bibliothek auf, um irgend etwas über Puccini nachzuschauen. Dabei fand ich heraus, daß Puccinis *Madame Butterfly* mit Miura Tamaki 1904 (dirigiert von Campanini) in der Mailänder Scala uraufgeführt wurde. Beraterin für das Kostüm und die Frisur der Madame Butterfly war eine gewisse »Mrs. Yukie Hayashi«, sprich die Chefin des Yukimura gewesen.

Ich war überrascht und freute mich sehr, daß der Name dieser Dame so deutlich in der europäischen Operngeschichte festgehalten war.

Zu den Gästen des Yukimura gehörte auch Ogura Seitarô. Er war Arzt und berühmt dafür, daß er aus dem Urwald von Borneo einen Orang-Utan mitgebracht hatte. Er hatte in einem kleinen Boot einen Fluß im Dschungel überquert, in dem es Krokodile gab, und der Orang-Utan soll Hand in Hand wie ein Freund mit ihm gegangen sein.

Herr Ogura hatte von der Chefin des Yukimura gehört, daß ich Englisch lernte.

»Du bist doch sicher müde, wenn du morgens zur Schule gehst und abends arbeitest. Schläfst du in der Schule nicht manchmal ein?« fragte er mich.

»Sogar Napoleon war manchmal müde. In der dritten Stunde packt mich tatsächlich oft die Müdigkeit.«

»Morgen will ich dir etwas Schönes schenken«, versprach er.

Am nächsten Morgen brachte er persönlich zehn Tuben vorbei, die wie Zahnpasta aussahen. Es war Instantkaffee. Man preßte etwas davon in eine Tasse, goß heißes Wasser dazu, und ein wunderbarer Duft breitete sich aus.

»Wenn er alle ist, bringe ich dir wieder welchen«, sagte er. Ich war restlos begeistert.

Dieser Kaffee nannte sich arabischer Kaffee, und wenn ich vor der Schule eine Tasse davon trank, war ich überhaupt nicht mehr müde. Es gab also schon vor fünfzig Jahren Instantkaffee. Das vermuten die meisten jungen Leute heute wahrscheinlich nicht.

Noch einer Person schulde ich großen Dank. Nachdem der Herausgeber der *Japan Times*, Herr Ashida Hitoshi, von der *Okami-San* des Yukimura gehört hatte, daß ich Englisch lernte, stellte er mir kostenlos ein Abonnement seiner Zeitung für drei Jahre zur Verfügung. Da die *Japan Times* damals die einzige englischsprachige Zeitung war, war sie sehr teuer ... und ich bekam sie drei Jahre lang!

Am Anfang verstand ich überhaupt nichts. Aber ich markierte mir immer ein paar Stellen mit einem roten Stift oder schnitt sie aus und fragte Herrn Suga vom Imperial Hotel oder ausländische Gäste während meiner abendlichen Engagements. Nach etwa zwei Jahren verstand ich fast alles. Dafür bin ich Herrn Ashida heute noch sehr dankbar. Auch Herr Ashida und seine schöne Frau, denen ich manchmal begegnete, freuten sich, daß ich die englischsprachige Zeitung, die er mir schickte, allmählich immer besser lesen und verstehen konnte.

Zu meinen damaligen Lieblingsgästen gehörte auch der Direktor der japanischen Schiffahrtsgesellschaft, Otani Noboru. Er nannte mich immer »Tutenchamun«, weil er fand, ich sähe aus wie Tutenchamun mit *Shimada*-Frisur.

Damals wußte ich nicht einmal, wer oder was Tutenchamun war. Fünfundvierzig Jahre später sah ich den echten Tutenchamun und habe mich schmunzelnd gefragt, wie er wohl mit einer *Shimada*-Frisur ausgesehen hätte.

Direktor Kurokawa Shinjirô von der Internationalen Dampfschiffahrtsgesellschaft war auch einer meiner besten Kunden. Die Frau seines Sohnes war Musikerin, und er prahlte gern mit seiner Schwiegertochter.

Chiba Taneaki, ein Gelehrter des Hofamtes für Gedichtwettbewerbe, und Professor Tatsuno Yutaka von der Kaiserlichen Universität weihten mich in viel Wissenswertes ein.

Kubota Seiichi von der Kubota-Eisenhütte, Naganuma Kôki vom Finanzministerium, seinen Freund Tsukamoto Kempo, der später das staatliche Krebszentrum leitete, Koike Takeo von der japanischen Luftfahrtgesellschaft und Atarashi Jun vom Rechenmaschinen-Hersteller Tiger werde ich niemals vergessen. Auch die Leute vom Außenministerium, vom Fremdenverkehrsamt und von den Zeitungen sah ich häufig, und ich erinnere mich wehmütig an jeden einzelnen von ihnen. Ich war nicht gebildet und wußte fast nichts. Daß mein Leben sowohl in Japan als auch in Amerika so schön war, habe ich allen diesen Menschen zu verdanken.

Damals gaben wir jeden Monat etwa fünf Yen (was heute ungefähr zehntausend Yen entsprechen würde) für unsere regelmäßigen Zusammenkünfte im Mon Ami aus, die wir unser »Gehirntraining« nannten. Wir aßen, unterhielten uns über interessante Dinge und gaben einander Ratschläge.

Zu diesem Kreis gehörten Kobayashi Chiyoko, die Schlagersängerin; Tsuchiya Jun, ein junger Diplomat; Ichikawa Danshirô (der Vater des heutigen *Kabuki*-Schauspielers Ennosuke III.), Furukawa Roppa (obschon Sohn eines Barons, war er Komiker); Kishii Akira (ein sehr hochgewachsener Sänger und Komiker). Und natürlich ich, Kiharu.

Danshirô sprach am liebsten über die Zukunft des *Kabuki;* Chiyoko hoffte, daß die japanische Schlagerwelt zu einem ähnlichen Ruhm wie die französischen Chansons gelangen würde; Jun sorgte sich um die politische Weltlage; Roppa redete ausschließlich über die Zukunft der japanischen Komödie (und auch über Musicals); und ich machte mir ebenso wie Jun Sorgen um die Zukunft Japans. Bei diesen angeregten Gesprächen vergingen drei Stunden wie im Flug. Von unseren fünf Yen konnten wir im Mon Ami nicht viel nachbestellen. Wir tranken große Mengen Wasser und debattierten selbstbewußt über die politische Weltlage.

Auch wenn Roppa und Akira schon das Tagesmenü (Suppe, Salat und Steak oder Frikadellen) verspeist hatten, verlangten sie noch lautstark, daß wir zu mir gingen und *Ochazuke* aßen.

Jun und Danshiro hatten beratschlagt, was zu tun sei, wo doch das Tagesmenü im Mon Ami nie ausreichte. Daraufhin hatten sie ein russisches Restaurant in Shibuya ausfindig gemacht, in dem man für fünf Yen riesige Portionen bekam.

Zuerst einen deftigen russischen Eintopf. Danach einen großen Spieß mit Fleisch und Gemüse. Dazu ein Pilaw mit Rosinen und verschiedenen Zutaten.

»Keine Sorge, ich bezahle selbst«, sagte Akira, denn jeder nahm zwei Suppen, vier Spieße und zweimal Reis. Anschließend verließen sie zufrieden lächelnd das Restaurant, und Akira sagte:

»So, und jetzt wollen wir bei Kiharu *Ochazuke* essen.«

Alle lachten, weil es doch immer das Gleiche war. Roppa und Akira waren beinahe so dick wie der riesige hawaiianische *Sumô*-Ringer Takamiyama.

Es war herrlich, jung zu sein, und alle – ob Diplomaten,

Schauspieler, Sänger oder Geishas – hatten ihren Traum. Wenn ich es mir heute überlege, plapperte ich bestimmt sehr unausgegorene, naseweise Dinge daher, besonders da ich die jüngste war und von allen verhätschelt wurde.

Als im Mai 1936 der Skandal um Abe Sada, deren Geschichte der Regisseur Oshima in dem Film *Im Reich der Sinne* verarbeitet hat, losbrach, gab es in unserem Kreis einen kleinen Aufruhr ...

Die Chefin des Restaurants Kuwana in Kobikichô fuhr mit dem Taxi die Shôwa-Straße entlang. Just an diesem Abend hatte die Polizei, um Abe Sada festnehmen zu können, Straßensperren errichtet. Bei wichtigen Fahndungen stellte die Polizei große Laternen auf, und Passanten und Fahrzeuge wurden einzeln angehalten.

Die Chefin vom Kuwana war etwa im gleichen Alter wie Abe Sada und eine besondere Schönheit. Ihr Taxi wurde angehalten, und sie mußte ihren Namen nennen.

»Abe Sadako«, sagte sie ahnungslos und wurde sofort aufs Präsidium mitgenommen.

»Ich habe doch nur meinen Namen genannt«, beklagte sie sich später lachend.

Eine Zeitlang war auch Yintai Wang aus Beijing ein häufiger Gast bei uns. Er war ein sehr attraktiver Mann um die fünfzig. Anscheinend war er ein hohes Tier in der Politik. Er nahm nicht nur an Banketten teil, sondern lud auch die Geishas Yachiyoko und Momoko zum Mittagessen ins Imperial Hotel ein.

Er hatte an der Kaiserlichen Fakultät in Tôkyô deutsches Recht studiert und sprach fast so gut Japanisch wie ein Japaner. Einmal hielt er eine Rede auf Mandarin, ich glaube, es war in der Villa »Kamelienberg«, und der schöne Klang der Sprache ging mir sehr zu Herzen. Korrektes Mandarin ist wunderhübsch.

Nach seiner Rückkehr nach Beijing lud er mich mehrmals ein, ihn zu besuchen. Nicht umsonst nennt man China das »Reich der Zeichen«, denn seine Briefe waren in einer so schönen Handschrift verfaßt, daß jedes einzelne Zeichen eine Übungsvorlage hätte sein können. Immer wenn er nach Japan kam, brachte er mir irgend etwas Ungewöhnliches mit.

Er schenkte mir Achate und Jade, die ich zu Haarschmuck und *Obi*-Broschen verarbeiten ließ. Einen schweren chinesischen Brokatstoff, der auf karmesinrotem Grund mit Vögeln und Blumen bestickt war, verwendete ich als Material für einen *Obi*, der mir viele Komplimente eintrug.

»Beijing im Herbst ist das Schönste, was man sich vorstellen kann. Komm unbedingt«, schrieb er. Ich brannte auch wirklich darauf hinzufahren, aber meine Großmutter befand: »In China wird man nur umgebracht«, und verbot mir die Reise auf das Entschiedenste.

Er soll im Krieg unter unglückseligen Umständen ums Leben gekommen sein. Da er der einzige Chinese war, den ich damals kennenlernte, blieb bei mir der Eindruck bestehen, daß chinesische Intellektuelle ganz herausragende Persönlichkeiten sind.

Es gibt noch viele andere Menschen aus jener Zeit, die mir in Erinnerung geblieben sind.

Da war die Journalistin Gwen aus Detroit. Obwohl sie eine Frau war, war sie eine äußerst fähige Journalistin, die von ihren männlichen Kollegen sehr respektiert wurde. Wir wurden enge Freundinnen und unternahmen öfter etwas zusammen. Ich habe noch ein Foto, auf dem ich ihre westlichen Sachen anhabe und sie einen meiner Kimonos trägt.

Nach dem Krieg kehrte sie nach Japan zurück und hat mir viel geholfen. Kurz vor Kriegsbeginn hatte sie einen Autounfall, durch den eine Gesichtshälfte entstellt wurde. In einem Detroiter Krankenhaus ließ sie eine kosmetische

Operation durchführen, aber da ich ihr Gesicht noch vor dem Krieg gekannt hatte, tat es mir sehr weh, sie so verändert zu sehen.

1939/40 nahm die Zahl der ausländischen Besucher immer mehr ab. Kurz zuvor war H. Tiltmann, ein englischer Journalist, nach Japan gekommen und geblieben. Während des Krieges ging er zwar nach Hause zurück, kam später aber wieder nach Japan und blieb bis zu seinem Tode.

Ein Orden, den er später vom Tennô verliehen bekommen hatte, war sein ganzer Stolz. Fast bis zu seinem neunzigsten Lebensjahr lebte er im Imperial Hotel, und nach dem Krieg hat auch er mir sehr geholfen. Auf die Rückseite eines Fotos von ihm, das vor dem Imperial Hotel aufgenommen worden war, steht »Für Fräulein Kiharu, die mich nie anruft, 1937«. Ich hatte aber Hemmungen gehabt, ihn im Hotel anzurufen und mich allein mit ihm zu treffen. Jedenfalls hat er in seinem Buch sehr viele Fotos von mir veröffentlicht. Es erschien, glaube ich, 1938.

»Einmalig! Kiharu erscheint mit Seiner Majestät im selben Buch. Tiltmann ist bestimmt in dich verliebt«, spottete Matsui Suisei, aber von so etwas hatte ich nichts bemerkt.

Die Fotos zeigen mich zu Hause beim Schminken, beim Ankleiden und wie ich zu einem Engagement gehe. Damals war es für Japaner unvorstellbar, mit der Kaiserlichen Familie in demselben Werk abgebildet zu sein, aber es wurde wohl gestattet, weil der Autor Ausländer war.

Tiltmann und Fujiwara Yoshie waren die einzigen Gäste, die bis zu ihrem Tode im Imperial Hotel wohnten.

Ich erinnere mich auch noch sehr gut an Dr. E. vom Bostoner Museum. Er war ein sehr freundlicher Herr und besuchte Japan mehrere Male. Immer wenn er mich sah, umarmte er mich und nannte mich seine »japanische

Tochter«. Er kam immer mit Herrn Tomita, dessen Frau Amerikanerin war.

Herr Tomita war die rechte Hand des Doktors. Nach dem Krieg wurden in Chicago, New York, Washington und Boston viele kostbare japanische Kunstwerke gezeigt. Das Museum für Schöne Künste in New York hatte schon ziemlich viele japanische Kunstwerke gesammelt, als die japanische Kunst im Ausland noch kaum anerkannt war. Viel davon ist Dr. E. und Herrn Tomita zu verdanken.

Vorschußlorbeeren

FRÜHER STANDEN BEAMTE und Journalisten sehr gut miteinander. Die jungen Journalisten, die für das Außen- und Finanzministerium zuständig waren, und die Beamten veranstalteten gemeinsame Gelage.

Hinter dem Hongan-Tempel in Tsukiji lag das Teehaus Kawaki, in dem sich immer sehr viele junge Leute trafen.

Es ist vielleicht ein bißchen unhöflich, das zu sagen, aber keiner von ihnen war besonders reich. Die Engagements bei ihnen machten jedoch wirklich Spaß. Am frühen Abend hatte ich meine formellen Verpflichtungen und besuchte danach die Partys dieser Herren, die das reinste Vergnügen waren.

»Kiharu, ich habe schon *Katsudon*-Schnitzel für dich bestellt«, rief dann Herr Yanagisawa. Bei angeregter Unterhaltung aßen alle *Katsudon*-Schnitzel vom Restaurant Gomangoku oder *Mesokko-Domburi*-Aalinnereinen auf Reis – vom Miyakawa. Wir spielten Scharaden und vieles andere. Wir alle, Fukuwaka-*chan*, Koiku-*chan* und ich, waren jung, und da keine ehrfurchtgebietenden Geishas dabei waren, amüsierten wir uns um so mehr.

Wir besuchten zusammen das Geisterhaus im Blumenmond-Park in Tsurumi. Das Geisterhaus war nur im Sommer geöffnet und absolut grausig. Wenn man den stockdunklen Gang entlangkam, streifte einem plötzlich eine kalte glitschige Masse die Wange und aus einem Brunnen rief eine furchtbare Stimme: »Wartet!« und ein Gespenst erschien. Oder vor der Toilette stand ein Mann, und wenn er sich herumdrehte, war sein ganzes Gesicht blutüberströmt ... grauenhaft. Alle kreischten vor Schreck. Koiku-*chan* klammerte sich an mir fest.

»Schade, daß sich die Mädchen nur gegenseitig umklammern. Nächstes Mal, wenn ein Geist kommt, klammert euch gefälligst an mich«, beschwerte sich Herr Oida.

Damals haben wir viel »gelacht«. »Lachen« hieß bei uns »etwas heimlich mitgehen lassen« (aber ein Dieb bleibt ein Dieb, egal wie man ihn nennt).

Am nächsten Tag gaben wir natürlich alles zurück. Je mehr Salz- und Pfefferstreuer man aus dem Restaurant Shiseido mitgehen lassen konnte, desto ruhmreicher war man. Der geschickteste war stets Herr Oida. Im Winter schmuggelte er unter seinem Cape einmal sogar eine große Topfpflanze aus dem Sembikiya.

Alle wunderten sich, wie er das nur gemacht hatte. Überall stibitzte er ruckzuck Teller und Schüsseln. Natürlich gab auch er am nächsten Tag alles zurück, und der Geschäftsführer des Sembikiya war sehr verwundert, wie er den Blumentopf hatte mitnehmen können, und warf ihm einen respektvollen Blick zu. Herr Oida mit seinem Cape platzte fast vor Stolz. Besonders lustig wurde es, wenn sich Furukawa Roppa und Matsui Suisei zu uns gesellten.

Sie begleiteten mich dann nachts nach Hause. Wenn wir so zu fünft oder sechst munter dahinschritten, machten wir unterwegs viel Unsinn.

Wir nahmen das Schild einer Hebamme ab und hängten es vor einen Gemüseladen oder vertauschten das Schild eines Ladens für chinesische Medizin mit dem eines Süßwarengeschäfts, das eines Masseurs mit dem einer Reinigung. Das waren zwar wirklich dumme Streiche, aber wir amüsierten uns köstlich. Vor meinem Haus riefen alle fünf oder sechs dreimal: »Kiharu aus Shimbashi, *Banzai!*« Dann öffneten sich die Fensterläden in der Nachbarschaft, und die Leute schauten verwundert heraus. Die besonders Neugierigen kamen auf die Straße, und meine Großmutter schimpfte, daß sie wenigstens mit dem *Banzai*-Geschrei aufhören sollten. Es war eine wunderbare Zeit.

Die jungen Journalisten hatten alle gerade die Uni absolviert und wurden von ihren etwas älteren Kollegen in die Kunst der gehobenen Unterhaltung eingeführt.

Als ich fünfundvierzig Jahre später mit einigen der Herren Erinnerungen austauschte, wunderten wir uns, daß sie es sich damals hatten leisten können, in Tsukiji oder im Restaurant Kawaki in Shimbashi zu verkehren, obwohl damals keiner von ihnen mehr als sechzig Yen verdiente.

Die Chefin vom Kawaki hatte Vorschußlorbeeren verteilt, das bedeutet, sie kassierte die Rechnungen nicht.

»Bestimmt hat Yanaken manchmal für uns bezahlt.«

»Weil Kasuga no Tsubone Geld hatte, bezahlte er manchmal für uns.«

»Wenn Komparu sein Honorar bekam, hat er doch ab und zu bezahlt.« Solche Vermutungen wurden angestellt.

»Ich habe nie bezahlt«, prahlte einer. Jedenfalls wußte keiner genau Bescheid. Die Antwort auf diese Frage liegt in dem System der Vorschußlorbeeren.

Wenn die jungen Beamten vom Außenministerium bezahlen wollten, bekamen sie zur Antwort: »Sie können immer noch bezahlen, wenn Sie Außenminister geworden sind.«

Im Kawaki arbeitete das junge Hausmädchen Omiyo-*chan,* die aus Kawagoe kam. Alle mochten sie und nannten sie die »Kleine aus Kawagoe«. Ihr hatte die *Okami-san* dieses System erklärt, und sie hatte daraufhin einen Gast gefragt, wann er denn endlich Direktor würde.

Damals wurden einmal im Jahr, und zwar zu Jahresende, die Rechnungen überbracht. Dann fuhr die Chefin in Begleitung einer Dienerin mit einigen Flaschen Johnny

Walker Black Label zu den Kunden, um sich zu bedanken. Die Gepflogenheiten waren früher eben ganz anders.

Besonders vielversprechenden jungen Männern gewährte sie immer Vorschußlorbeeren, und wenn sie zwanzig Jahre später Minister oder Direktoren geworden waren, wußten sie, daß sie ihr viel zu verdanken hatten. Sie zahlten ihr ein Vielfaches von dem zurück, was sie ihnen erlassen hatte. So ging es damals zu ...

Heute beklagen sich die Kunden darüber, daß man in den Bars schon gemahnt würde, wenn man nur eine Woche nicht bezahlt hatte. Andere Zeiten, andere Sitten.

Dabei fällt mir ein, daß damals auch die Vorstellungen von einem Abgeordneten ganz andere waren als heute.

Wenn jemand aus dem Bekanntenkreis Abgeordneter wurde, hieß es »kein vernünftiger Mensch macht so was« oder »er hat Haus und Hof verloren«. Politiker zu werden bedeutete, allen Besitz zu investieren. Man konnte sich einfach nicht vorstellen, daß ein Politiker Geld verdiente.

Aber auch in Japan hat sich das völlig verändert. Ich glaube, kein anderes Land auf der ganzen Welt hat sich in den vergangenen fünfzig Jahren so verändert.

Aber bezüglich dieser Vorschußlorbeeren habe ich, als ich Jahre später nach Amerika ging, noch etwas dazugelernt.

Ich las die Biographie von Sammy Davis Jr. In dieser Zeit standen die berühmten englischen Schauspieler Lawrence Harvey, Stanley Baker, Richard Burton und Jack Hawkins noch am Anfang ihrer Karriere. Als Arbeitslose kamen sie immer in dem kleinen Café S. and F. im Londoner West End zusammen, und wenn einer von ihnen zu Geld gekommen war, lud er die anderen in den White Elephant Club ein, der ein erstklassiges Etablissement war.

Als sie Stars geworden waren, schätzten sie alle diesen Club sehr und besuchten ihn bei jeder Gelegenheit, um die erwiesene Gunst wettzumachen. Denn als sie arm waren,

»vergaß« man in diesem Club immer, ihnen die Rechnung zu präsentieren, doch diese »vergessenen« Rechnungen wurden später um ein Vielfaches abgegolten. Es entzückte mich, daß es das System der Vorschußlorbeeren nicht nur in Japan, sondern auch in England gegeben hat.

Im Kabuki-Theater

ALS DIE ENGLISCHE Adlige Lady B., selbst schon eine ältere Dame, mit ihrer achtzehn- oder neunzehnjährigen Enkelin Japan besuchte, war mein Englisch schon ganz passabel geworden.

Heute würde man sie als VIP bezeichnen. Inumaru Tetsuzô vom Imperial Hotel rief mich persönlich an. Diese Dame wolle eine »Geisha girl party« veranstalten, und etwa zehn Gäste, alles Ausländer – Angestellte der englischen Botschaft und andere – ins Restaurant Shinkiraku einladen. Herr Inumaru vom Imperial war auch anwesend, und Kofumi tanzte das schöne Stück »Im Dôjô-Tempel« *(Dôjôji)*. Es wurde eine höchst gelungene Party, und alle waren begeistert.

Zum Andenken erhielten Gäste und Mitwirkende eine Schachtel aus Paulownienholz, in der sich ein Tragetuch aus kreppseidener Schnürbatik befand. Die ausländischen Gäste öffneten die Schachtel sofort und waren sehr entzückt. Da ich mir damals gar nicht vorstellen konnte, daß jemand ein Geschenk gleich öffnete, war ich äußerst erstaunt. Außerdem legten sie es sich sofort um die Schultern oder machten ein Dreieck daraus und banden es sich um den Kopf. Also konnte man ein japanisches Tragetuch auch als Schal benutzen. Wunder über Wunder.

Natürlich waren solche VIPs auch immer von hochrangigen Dolmetschern begleitet. Unserer war ein eingebildeter älterer Mann mit einem gezwirbelten Schnurrbart. Er benahm sich arrogant und wichtigtuerisch, als wäre er der einzige auf der Welt, der Englisch konnte.

Lady B. fand Gefallen an mir und rief mich nach dieser Party jeden Morgen an. Wir machten zusammen Einkaufsbummel, oder ich begleitete sie in den Hibiya-Park.

Ich sprach zwar wenig mit Lady B. und ihrer Enkelin, trotzdem verbesserte der Dolmetscher mich unentwegt. Da er bestimmt versiert war, konnte er wohl mein schlechtes Englisch nicht ertragen. Aber die Lady lobte mein Englisch und sagte, es habe einen sehr schönen britischen Akzent. Sie sprach mich möglichst oft an, um mir die Gelegenheit zu geben, Englisch zu sprechen.

Für mich war das Unterricht in englischer Konversation, und ich antwortete hocherfreut und voller Eifer. Das wiederum schien den alten Dolmetscher zu stören, und er war sehr gemein zu mir. Ich versuchte also, mich möglichst zurückzuhalten, damit er im Mittelpunkt stehen konnte.

Aber als Kofumi eine Liebesszene aus dem Stück »Im Dôjô-Tempel« zu tanzen begann, in der sie einen kreppseidenen Schleier benutzte, und er behauptete, sie käme gerade aus dem Bad, wunderte ich mich doch sehr.

Ich schwieg, um ihn nicht zu blamieren, aber später erzählte ich der Lady die Handlung von »Im Dôjô-Tempel« und erklärte, daß es sich bei der bewußten Szene nicht um eine Rückkehr aus dem Bad gehandelt habe.

Damals gaben sich alle, die einmal in Hollywood als Statisten oder als Stewards auf Schiffen gearbeitet hatten, als Dolmetscher aus. Später sind mir viele Dolmetscher begegnet, bei denen mir, wenn ich sie hörte, der Schweiß auf die Stirne trat.

Zwei, drei Tage danach sagte mir Herr Inumaru, daß die Lady meine Begleitung ins *Kabuki*-Theater wünsche. Es machte mir großen Spaß, das *Kabuki* zu erläutern, und ich konnte es auch ganz gut. Als ich hörte, daß der

Dolmetscher wieder mitkommen würde, beschloß ich, ihn die Hauptrolle spielen zu lassen, fürchtete aber, er würde neuerlich etwas von einer »Rückkehr aus dem Bad« faseln.

In diesem Zusammenhang möchte ich die damalige Theaterszene ein wenig beschreiben.[14]

Das Traumduo Kikugorô VI. und Nakamura Kichiemon trat in alten und neuen Stücken auf. Einer der berühmtesten und erfolgreichsten Schauspieler war zu dieser Zeit der ungewöhnlich gutaussehende Ichimura Uzaemon XV, der alle Frauen, von Großmüttern bis zu jungen Mädchen, mit seinen Darstellungen der Helden Sukeroku und Kirare Yosa oder des Naozamurai in Ekstase versetzte.

Uzaemon und Kichiemon hatten Stimmen, die leicht nachzuahmen waren. Uzaemons »Kichisa« (ein als Frau verkleideter Räuber) und *Kirare Yosaburô* sowie Kichiemons »Katô beim Erdbeben«[15] und Sano Jiôzaemon gehörten zum Repertoire aller Stimmfärber.

Unter Stimmfärbern verstand man Künstler, die man heute Stimmenimitatoren nennt. Im Sommer fuhren die Stimmfärber mit ihren Booten auf dem Sumida von Teehaus zu Teehaus. Im Winter marschierten sie meist zu zweit vor die Teehäuser.

Ihre sommerliche Bootsrunde auf dem Fluß führte durch Yanagibashi und Shimbashi, und vor jedem Teehaus, in dem eine Gesellschaft stattfand, legten sie an. Dann rezitierten sie etwas den Wünschen der Gäste Entsprechendes, und die Gäste riefen aus dem ersten Stock des Kanetanaka und Hôryû, sie sollten »Orchideenschmetterling« *(Ranchô)* oder »Krähe in der Morgendämmerung« *(Akegarasu)* vortragen, worauf sie mit ihren schönen Stimmen rezitierten: »Als wir uns in Yotsuya begegneten ...« oder »Mein Leben möcht' ich geben für ihn, den ich so liebe ...«

Am Ende überreichten die Geishas ihnen im Namen der Gäste ein Trinkgeld, das in Japanpapier eingewickelt war. Vom Boot wurde ein langer Bambusstab mit einem Körbchen hinübergereicht, in dem sie das Trinkgeld entgegennahmen.

Wenn ein Gast »Bentenkozô« von Kikugorô bestellte, dann begann der Stimmfärber: »Wenn Sie sie nicht kennen, dann hören Sie jetzt die Geschichte von ...« Wünschte der Gast sich »Yosaburô« von Uzaemon, begann er: »Eine leichtsinnige Liebe wurde ihm zum Verhängnis ...« Auf jeden Fall waren Kikugorô, Kichiemon und Uzaemon die beliebtesten Vorbilder.

Als ich Jahre später einmal von diesen Stimmfärbern erzählte, mußte ich sie erst erklären. Auch wenn man sich bemüht, jüngeren Menschen diese Dinge zu vermitteln, können sie sich wahrscheinlich keine eindeutige Vorstellung von der Atmosphäre, die die Stimmfärber verbreiteten, und ihrer Kunst machen.

Aber kehren wir zum Theater zurück.

Damals lebte der letzte Uzaemon noch, und er spielte die Prinzessin Yodo in »Ein Paulownienblatt« *(Kiri hitoha)* im Sitzen (denn er konnte nicht mehr richtig stehen). Daraus wurde eine sehr würdige und außergewöhnliche Prinzessin Yodo. Auch die sonderbar dumpfe Stimme von Uzaemon in der Rolle des Ishida Mitsunari klingt mir noch immer im Ohr.

Kikugorô VI. sprach seine Rollen in einem tiefen, eigentümlichen Tonfall, und obwohl er damals schon sehr dick war, wirkte er gewandt und männlich.

Besonders reizend war auch *Kagami jishi,* der »Spiegellöwentanz«, der Jean Cocteau so erstaunt hatte. Für Kikugorô vergrößerte man die Kulissen für einige Stücke, damit er auf der Bühne etwas kleiner und zarter wirkte. Hinter einigen mächtigen Kiefern erschien er als eine niedliche *Kamuro,* wie man die jungen Gehilfinnen der Kurtisanen nennt, mit einem Puppengesicht und geschwungenen Augenbrauen, und tanzte die Szene »Warten am Abend«. Oder er schwebte als zierliche Glyzinienfee mit einem lackierten Hut unter großen herabhängenden Glyzinienranken hervor. Unglaublich, daß diese beiden jungen Mädchen von Kikugorô dargestellt werden konnten. Privat kannte er keine größere Freude als in Knickerbockern und Jägerhut auf die Jagd zu gehen.

Damals wurden jedenfalls für Kikugorô, der hundert Kilo wog, riesige Kulissen verwendet. Dieser noch nie dagewesene Versuch, ihn auf der Bühne klein und zierlich erscheinen zu lassen, war ein großer Erfolg.

Jahre später hatte das Musical *Cats* am Broadway einen Riesenerfolg. Einer der Gründe dafür war bestimmt, daß die Kulissen aus der Perspektive von Katzen gestaltet waren, man hatte Stühle, Tische, Kessel und einfach alles vergrößert. So etwas hatten die Amerikaner noch nie gesehen, und der Bühnenbildner wurde für diese originelle Idee sehr gefeiert.

Aber wenden wir uns wieder den englischen Damen zu. Als ich mit Lady B. im *Kabuki*-Theater ankam, fing die Vorstellung gerade an. Zum Auftakt trat Kikugorô mit seiner Darbietung des *Asazuma*-Tanzes auf. Nach dieser Einführung fiel der hellblaue Vorhang – das bedeutete, ein Akt war beendet. Kikugorô saß wie eine schöne Prinzessin mit schwarzem Kopfputz und hellblauem Gewand, die Sanduhrtrommel haltend, in einem Boot.

»Oh, beautiful, beautiful«, begeisterte sich die Lady, und unser hochgebildeter Dolmetscheropa erklärte: *»Number one kabuki dancer in Japan.«*

Da Kikugorô ein volles, rundes Gesicht hatte, vergaßen die Zuschauer völlig, daß er ein Mann war. Als er zu tanzen begann und dabei seinen Fächer und die Ärmel seines hellblauen Gewandes bewegte, riefen die Lady und ihre Enkelin immer wieder:

»*Wonderful, wonderful.*«

Danach wurde die Bühne für einen Szenenwechsel verdunkelt. In dieser völligen Dunkelheit ertönte *Kiymoto*-Gesang. Nach einigen Minuten wurde es plötzlich wieder hell, und der *Tobae*-Tanz setzte ein.

Ein schmutziger, bäurischer Knecht mit Lendenschurz trat auf, mit einer kurzen, engen Arbeitsjacke und einem großen Holzgefäß für *Sake*, auf der Jagd nach den Ratten, die jeden Abend aus ihren Verstecken schwärmen. Dieser schmutzige Kerl hatte keinerlei Ähnlichkeit mit der schönen Prinzessin von vorher, und Lady B. erkundigte sich, wer das denn sei. Der Dolmetscher blätterte eifrig im Programm, nahm dann seine Brille aus der Tasche, wiegte nachdenklich den Kopf und schaute noch einmal nach.

»Hier ist ein Druckfehler im Programm. Da steht Kikugorô. Ich werde mich später erkundigen und Ihnen Bescheid geben.«

Die Wut packte mich, und ich konnte mich nicht mehr beherrschen:

»Druckfehler? Das soll wohl ein Scherz sein. Die schöne Prinzessin hat sich innerhalb von Minuten in einen schmutzigen Knecht verwandelt. Darin liegt die Größe Kikugorôs. Beobachten Sie den Tanz einmal ganz genau. Die beiden scheinen sich nicht im geringsten zu gleichen. Finden Sie nicht, daß dies ein Höhepunkt der Vorstellung ist und ein Beweis für die Meisterschaft Kikugorôs?«

»Unglaublich! Das ist derselbe von vorhin?« staunte der Dolmetscher, jetzt aber auf japanisch.

»Das ist die große Kunst des Kikugorô«, prahlte ich so stolz, als wäre ich selbst der Künstler. Die Lady schwieg ganz verzückt, während sie Kikugorô mit den Augen verschlang.

Es war ein sehr lebhafter und lustiger Tanz. Eine Ratte

verliebt sich in den schmutzigen Bauernlümmel. Die Ratte in ihrem Kostüm mit langem Schwanz bewegte sich sehr sinnlich, was sehr lustig wirkte.

Später entstanden in Amerika die heute sehr beliebten Comicfiguren Charlie Brown und sein Hund Snoopy. Dieser Hund hat menschliche Gefühle und spricht die Sprache der Menschen. Als ich vor Jahren einigen amerikanischen Botschaftsangehörigen den *Tobae* erläuterte, zog ich dieses Beispiel heran, was großen Anklang fand.

Jedenfalls starrte die Lady wie gebannt auf die Bühne. Als diese Szene zu Ende war, wies sie den Dolmetscher an, sofort im Blumengeschäft des Imperial Hotel anzurufen. Fünfundzwanzig Minuten nach der Pause trafen zwei wunderschöne Rosensträuße ein – einer in rosa, der andere in rot. Beide waren so groß, daß man sie kaum halten konnte. Die roten Rosen waren mit einer tiefroten und die rosa Rosen mit einer großen rosa Satinschleife zusammengebunden.

Lady B. hatte vor, Kikugorô mit dem roten Rosenstrauß in seiner Garderobe aufzusuchen. Ihre Enkelin sollte sie begleiten und ihm den rosa Strauß überreichen. Leider hatte unser erstklassiger Dolmetscher keine Ahnung, wie man so etwas bewerkstelligte. Ich erklärte Herrn Makino, dem Manager von Kikugorô, die adligen Damen seien so begeistert von Kikugorôs Darbietung gewesen, daß sie ihm unbedingt ihren Dank auszusprechen wünschten. Das ließ ich Kikugorô ausrichten. Natürlich freute er sich sehr und bat uns sogleich zu sich. Kikugorô saß schon abgeschminkt in einem Bademantel mit *Yoki-koto-kiku*-Dekor vor einem großen Spiegel in seiner Garderobe und erwartete uns.

Dieses *Yoki-koto-kiku*-Muster besteht aus kleinen Äxten, *Koto*-Stegen (dem Zupfsteg einer japanischen Zither) und Chrysanthemen. Nur Kikugorô trug dieses glückverheißende Muster, was auch »gute Nachrichten empfangen« bedeutet, auf seinem Bademantel.

»Es ist wie ein Wunder, daß diese schöne Prinzessin und der schmutzige Knecht von ein und derselben Person gespielt werden. Es ist mir eine große Ehre, daß ich einmal in meinem Leben einem solch genialen Künstler begegnen darf«, sagte Lady B. und überreichte ihm den roten Blumenstrauß. Ihre Enkelin gab ihm den rosa Strauß. Kikugorô strahlte. Dann kam der Fotograf vom Imperial Hotel, und es wurde ein schönes Foto von der Lady und Kikugoro aufgenommen, auf dem sie sehr glücklich aussieht.

»Sich jetzt zu verabschieden, wo es am schönsten ist, wäre schade.«

Wir kehrten ins Hotel zurück, tranken Kaffee auf ihrem Zimmer und unterhielten uns. Ich erklärte, warum im *Kabuki* keine Schauspielerinnen, sondern Frauendarsteller auftreten, wobei es besonders bemerkenswert ist, daß die eigentliche Erfinderin des *Kabuki* eine Frau namens Okuni aus Izumo war, die aus alten Tempeltänzen neue Formen entwickelte. Die Laune des Dolmetschers verschlechterte sich zusehends, und er verabschiedete sich bald.

Als ich am nächsten Tag zu einem Engagement mit Hayashi Ken und Kondô Haruo ging, sagten sie:

»Wo warst du gestern so lange? Ich hatte gerade ein Honorar ausgezahlt bekommen und wollte euch zu Prunier (ein sehr teures französisches Restaurant in der Tôkyôter Stadthalle) einladen. Wir haben dich angerufen, aber du warst noch nicht aus dem *Kabuki* zurück.«

Ich berichtete von dem Vorfall im Theater. Da ich unter guten Freunden war, plauderte ich aus Versehen zu viel aus.

»Sie hatten zwar einen erstklassigen Dolmetscher, aber vom Hauptpunkt der Vorstellung, nämlich daß sich Kikugorô so schnell von einer schönen Prinzessin in einen schmutzigen Bauernlümmel verwandelt und darüber hinaus jede der Rollen in einem individuellen Tanzstil interpretiert hat, hatte er keine Ahnung. ›Da steht Kikugorô im Programmheft, aber das muß ein Druckfehler sein. Ich werde mich nachher erkundigen und Ihnen Bescheid sagen‹, so einen Quatsch hat er geredet. Und damit nicht genug, vorgestern haben wir die Szene mit der Liebeslektion aus »Im *Dôjô*-Tempel« gesehen, die mit einem Tuch getanzt wird. Da sagt er doch ›Sie kommt gerade aus dem Bad‹. Das brach mir fast das Herz. Er ist professioneller Dolmetscher, sollte sich also vorbereiten ... Das ist doch unerhört für einen erstklassigen Dolmetscher«, wetterte ich.

Am nächsten Tag war in der Zeitung *Miyako* zu lesen »Unfähiger Dolmetscher, Geisha Kiharu erbost«. Du liebe Güte, dachte ich, aber ich konnte nichts mehr machen, denn ich hatte es ja wirklich selbst verschuldet. Meine Freunde hatten es irgend jemandem weitererzählt, und nun war alles zu spät. Da stand es – schwarz auf weiß ...

Am nächsten Tag, als ich gerade zu einem Engagement aufbrechen wollte, kam ein Anruf. Mein Hausmädchen Fumiya stotterte: »Irgend jemand ist sehr aufgebracht und will Sie sprechen ...« Fumiya war ein sehr sensibles Mädchen und gleich ganz blaß geworden.

»Kommen Sie um fünf Uhr zum Eingang vom Imperial Hotel. Ich will mit Ihnen sprechen«, sagte die Stimme am Telefon.

»Wer sind Sie?« fragte ich.

»Ich bin von der Dolmetschervereinigung. Glauben Sie ja nicht, daß Sie sich drücken können.«

»Natürlich nicht, ich komme.«

Um meine Großmutter nicht zu beunruhigen, ließ ich mir nichts anmerken und bereitete mich auf mein Engagement vor. Als mein *Hakoya* Han-*chan* kam, flüsterte ich ihm zu:

»Sorg dafür, daß in zehn Minuten drei junge Rikschaleute vor dem Eingang des Imperial Hotel bereit stehen.«

»Was ist denn? Was ist denn?« Han-*chan* war sehr besorgt.

»Gar nichts, aber halte gegenüber meiner Großmutter den Mund.«

Han-*chan* signalisierte Einverständnis.

»Ihr bleibt in gebührendem Abstand auf der anderen Seite stehen und kommt nur, wenn ich die Hand hebe.«

Wir verließen das Haus. Als ich vor dem Imperial Hotel aus der Rikscha stieg, warteten dort schon fünf junge Männer in Jacketts. Der größte von ihnen sprach mich an.

»Sind Sie Kiharu?«

»Ja, worum handelt es sich?«

»Gehen wir erstmal zu dem Parkplatz da, vor dem Festgelände.«

Damals befand sich hinter dem Hotel ein freies Gelände, und davor ein Parkplatz für Autos.

»Können wir uns nicht hier unterhalten? Wieso müssen wir dazu auf den Parkplatz gehen?«

»Hier kommen zu viele Leute vorbei.«

»Wer sind Sie überhaupt?«

»Wir sind Mitglieder der Dolmetschervereinigung«, sagte eine Bohnenstange, und ein Fettsack schnaufte:

»Sie, Sie haben unsere Ehre verletzt.«

»Der Dolmetscher dieser Lady war nämlich unser Lehrer. Du Hexe hast ihn bloßgestellt, das können wir nicht schweigend hinnehmen«, sagte die Bohnenstange. Dann wieder der Dicke:

»Du freches Ding, heute bist du dran.«

»Was ist schlecht daran, einen Trottel einen Trottel zu nennen?« gab ich wütend, aber mit klopfendem Herzen zurück.

Aufgeregt schrie der Fette:

»Wie kannst du so etwas sagen?«

»Gehen wir zum Parkplatz, die Leute gucken schon«, sagte die Bohnenstange.

Das stimmte. Fünf große junge Männer, die drohend ein junges Mädchen im festlichen Kimono umringen, erregen natürlich Aufmerksamkeit. Allmählich versammelten sich Schaulustige. Als ich zufällig auf die andere Seite schaute, sah ich Han-*chan* und die drei jungen Rikschafahrer. Mir fiel ein Stein vom Herzen.

»Wollt ihr damit sagen, einer, der eine Tanzszene aus ›Im Dôjô-Tempel‹ als Rückkehr aus dem Bad erklärt, nur weil sie mit einem Tuch in der Hand getanzt wird, ist euer Lehrer? Außerdem ist es unerhört, wenn ein erstklassiger Dolmetscher nicht weiß, daß Kikugorô die Kunst der Verwandlung beherrscht. Er ist professioneller Dolmetscher und sollte sich ernsthafter vorbereiten. Was habe ich denn schon Schlimmes gemacht? Was soll daran frech sein?«

Nach dieser Rede war ich so ärgerlich und unglücklich, daß ich hemmungslos zu schluchzen begann. Immer mehr Zuschauer versammelten sich. Die Fünf wurden verlegen.

»Was ist denn passiert?« fragten die Passanten. Gegenüber stand Han-*chan* mit den Rikschafahrern, als wüßten sie nicht, ob sie herüberkommen oder noch warten sollten. Da trat ein Herr aus dem Hotel.

»Was ist los, Kiharu?«

Es war Herr Suga von der Rezeption, der – nebenbei bemerkt – außergewöhnlich attraktiv war. Nicht einmal die Filmschauspieler Uehara Ken oder Sano Shûji konnten da mithalten. Er sprach fließend Englisch, war groß und hatte ein markantes Gesicht. Er war der bestaussehende Japaner, den ich in meinem ganzen Leben gesehen habe.

Der berühmte Hollywood-Produzent Cecil B. DeMille wollte ihn unbedingt nach Hollywood holen, aber Herr Suga weigerte sich aus familiären Gründen. Zu Zeiten Schaljapins, Jean Cocteaus und jetzt auch bei Lady B. rief er immer von der Rezeption aus die Gäste für mich an, und wir waren gute Freunde geworden. Er war wie ein älterer Bruder, der mir viel beibrachte. Beispielsweise erklärte er mir, daß im Ausland Weihnachtskarten so wie in Japan Neujahrsgrüße verschickt werden, oder er riet mir, eine Adressenliste der ausländischen Gäste anzufertigen, von denen ich Geschenke bekommen hatte und die mich besonders mochten. Ich hatte wirklich Glück mit ihm. Er war es, der jetzt zu meiner Rettung herbeieilte ... Die fünf Dolmetscher kannten ihn natürlich und wurden sehr verlegen. Als ich Herrn Suga sah, war ich so erleichtert, daß ich anfing, noch lauter zu heulen.

»Die haben mich eine Hexe genannt und wollten mich auf dem Parkplatz verhauen«, schluchzte ich immer verzweifelter.

»Schämt euch, fünf Männer, die ein Mädchen verprügeln wollen.« Herr Suga schien auch Zeitung gelesen zu haben. »Ich finde, Kiharu hat recht. Einer, der Englisch kann, ist noch lange kein Dolmetscher, und es gibt viele unendliche Faulpelze. So, und jetzt lassen wir das Verprügeln sein und lernen lieber alle etwas, zum Beispiel über Japan.«

Noch mit Tränen in den Augen starrte ich in Herrn Sugas schönes Gesicht. Um ihre Verlegenheit zu überspielen, sagten die Knaben wichtigtuerisch:

»Für heute überlassen wir das Feld Herrn Suga, damit sein Gesicht gewahrt bleibt.«

Der Dicke hielt ein Taxi an, die fünf nickten Herrn Suga zu, winkten und fuhren mit dem Taxi davon. Die Umstehenden erkundigten sich neugierig, was denn los gewesen sei. »Nichts«, sagte Herr Suga und wurde rot. »Hier Kiharu, wisch dir die Tränen ab.« Er reichte mir sein Taschentuch.

Han-*chan* und die Rikschafahrer kamen angerannt.

»Kiharu hat etwas gewußt, von dem ein Dolmetscher keine Ahnung hatte, deshalb haben sie sie aus Neid eine

Hexe genannt und sich zusammengerottet, um sich zu rächen und sie zu strafen ...«, erklärte er gewandt.

»Ja, sie ist wirklich fleißig. Morgens geht sie zur Schule ... Deshalb spricht sie fließend amerikanisches Englisch, französisches Englisch und deutsches Englisch wie sonst keine ...«, fügte Han-*chan* an.

»Stimmt genau«, erwiderte Herr Suga und schmunzelte, und die jungen Rikschafahrer betrachteten mich respektvoll.

Damit war der Fall erledigt.

Eine polizeiliche Vorladung

MITTEN IM *NAGAUTA*-Unterricht bei Herrn Yoshizumi rief mich seine Frau Hiroko ans Telefon. Ein Anruf von zu Hause. Ich ging ans Telefon im Erdgeschoß. Es war meine Großmutter.

»Du sollst aufs Polizeipräsidium kommen.«

»Auf die Polizei?« Ich hatte keine Ahnung, warum.

»Du sollst morgen um zehn dort sein. ›Die Geisha Kiharu hat sich um zehn Uhr bei dem Leiter der zweiten Abteilung der Ausländerbehörde einzufinden ...‹ Eine arrogante und unsympathische Stimme. Sag deinem Lehrer bitte Bescheid, daß du morgen nicht zum Unterricht kommen kannst.«

Also sagte ich Herrn Yoshizumi für den nächsten Tag ab und ging nach Hause. Aber was ich auf dem Präsidium sollte, konnte ich mir nicht vorstellen. Unser Hausmädchen Fumiya sagte:

»Kürzlich ist doch das Portemonnaie Ihrer Frau Großmutter gestohlen worden. Vielleicht ist es aufgetaucht. Bestimmt hängt die Sache damit zusammen ...«

Vor etwa einer Woche hatte meine Großmutter den Kannon-Tempel in Asakusa besucht, und dort war ihr Portemonnaie gestohlen worden.

Ob das der Grund sein konnte? Aber warum wurde dann ich gerufen, und was hatte das Ausländeramt damit zu tun? Ich konnte mir keinen Reim darauf machen.

Am nächsten Tag schien die Sonne, und es war ein herrlicher Tag. Ich hatte noch nie Gelegenheit gehabt, das Präsidium von innen zu sehen, und war, wie es meine Natur ist, recht neugierig darauf. Wie ein bürgerliches Mädchen trug ich einen schwarzen Kimono mit einem roten gestrichelten Muster und darüber einen auberginefarbenen *Haori*.

Als ich am Sakurada-Palasttor vorbeikam, promenierten wegen des schönen Wetters viele Leute am Schloßgraben entlang.

Schließlich war ich im Polizeipräsidium angelangt, wußte aber nicht, wohin ich mich wenden sollte. Am Haupteingang gab es einen Pförtner, dem ich erklärte, daß ich zur zweiten Abteilung der Ausländerbehörde wolle, aber der uniformierte Pförtner gab sich sehr erhaben. Ich war eingeschüchtert.

»Gehen Sie die Treppe rauf, dann links die vierte Tür«, schnappte er schließlich gereizt.

An der Treppe kam mir ein junger Polizist entgegen. Freundlicherweise ging er mit mir die Treppe wieder hoch und begleitete mich bis zu dem Schild »Ausländerbehörde, II. Abteilung«. Er war ein junger, gutaussehender Polizist. Nach dem gräßlichen, unfreundlichen Pförtner war es eine Wohltat, diesem netten Mann zu begegnen. Ich war überzeugt, daß er bestimmt einmal Polizeipräsident werden würde, und bereute es, ihn nicht nach seinem Namen gefragt zu haben.

Als ich klopfte, rief es von drinnen: »Die Tür ist auf.«

Es war kein sehr großer Raum, und ein Mann fläzte sich mit verschränkten Armen, die Füße auf den Schreibtisch gelegt, auf seinem Stuhl. Als ich eintrat und mich verbeugte, sagte er:

»Du bist also die Geisha Kiharu.« Er dachte nicht daran, seine Füße vom Schreibtisch zu nehmen, und sprach in einem äußerst überheblichen Ton mit mir. Er war hager, hatte stechende, tiefliegende Augen und machte einen ziemlich unsympathischen Eindruck. Ich stand wie versteinert da.

»Steh nicht da und glotze, komm her«, herrschte er mich an und musterte mich mit kaltem Blick vom Scheitel bis zur Sohle.

»Wie hoch sind deine Schulden?« fragte er. Ich war völlig verblüfft.

»Ich habe keine.«

»Du lügst«, brüllte er mich an. »Wie heißt dein Herr?«

»Ich habe keinen.«

»Du lügst schon wieder, sag die Wahrheit«, donnerte er. »Hat man jemals so einen Quatsch gehört? Ein junge Geisha ohne Schulden und ohne Herr!«

Ich überlegte, wie ich diesem Holzkopf die Sachlage möglichst einfach erklären könnte.

»Ich bin eine unabhängige Geisha, habe ein eigenes Haus und besitze Aktien der Geisha-Vereinigung und vom Shimbashi-Theater. Da ich keinen Herrn habe, bin ich selbst geschäftsfähig. Das hat nichts mit meinem Alter zu tun. Und aus diesem Grunde habe ich auch keine Schulden.«

Anscheinend glaubte dieser Herr Sektionschef, alle jungen Geishas hätten Schulden und wären abhängig. Nachdem ich meine Ausführungen beendet hatte, grinste er und wurde ordinär.

»Wenn du also mit einem Mann ins Bett gehst, steckst du das ganze Geld selber in die Tasche.«

Je mehr ich erklärte, desto unsinniger schien das Gespräch zu werden.

»Bist du das?« fragte er und warf mir fünf Fotos hin. Es waren Aktfotos von einem »Busenwunder«, wie man heute sagen würde. Sie zeigten alles, nur der Kopf war abgeschnitten.

Heute bedeutet so etwas nicht viel, aber damals waren Aktfotos überaus sensationell. Man erkannte sofort, obwohl es ein Schwarzweißfoto war, daß die Haut des Mädchens ausgesprochen hell und zart war und der Busen sehr üppig. Im Gegensatz zu der abgebildeten Dame war ich eher zierlich.

»Das bin ich nicht.«

»Lüge«, schnauzte er mich an. Da er jeden Tag ausschließlich mit Verbrechern Umgang hatte, hielt er wahrscheinlich alle Leute für Kriminelle. Aber ich hatte immer noch keine Ahnung, warum ich hier war und warum dieser Bauernlümmel von einem Sektionschef mich anschrie.

»Bitte sagen Sie mir jetzt, was los ist«, bat ich. Dieser Herr Sektionschef erklärte mir nun arrogant das folgende.

Damals war im Stadtteil Kudan ein Apartmenthaus namens Nonomiya gebaut worden. Mit Fahrstuhl und Heizung war es das einzige Apartmenthaus seiner Art in Tôkyô und fast ausschließlich von Ausländern bewohnt.

Schon zu diesem verhältnismäßig frühen Zeitpunkt hatte man in Japan begonnen, Ausländer mißtrauisch zu beäugen und jeden für einen Spion zu halten.

Anscheinend wohnte ein amerikanischer Fotograf namens Mr. Hamilton im Nonomiya-Apartmenthaus. Er schien nicht zu den Leuten zu gehören, die nach Shimbashi eingeladen wurden, und so war ich ihm noch nie begegnet.

Da dieser Hamilton angeblich nur Aufnahmen der Militärhäfen Yokosuka oder Kure gemacht hatte, war er dringenst der Spionage verdächtig. In meiner Vorstellung und auch in Filmen machten echte Spione sich eigentlich selten dadurch verdächtig, daß sie in Militärhäfen herumlungerten und fotografierten ...

Jedenfalls wurde Herr Hamilton wegen des Verdachts auf Spionage festgenommen und danach seine Wohnung im Nonomiya gründlich durchsucht. Dabei waren die fünf Aktfotos gefunden worden.

Herr Hamilton konnte partout den Namen der Frau auf den Bildern nicht nennen. Sie sei ein *»Geisha girl«*, mit der er einen Abend verbracht habe und an deren Namen er sich nicht erinnere. Die Polizei hoffte nun, sie zu finden, um von ihr etwas zu erfahren. Dann hatte irgendeiner von ihnen gesagt:

»In Shimbashi soll es eine Geisha geben, die Englisch kann. Das muß sie sein. Wenn wir sie unter Druck setzen, erfahren wir bestimmt etwas.« Also hatten sie mich rufen lassen.

Ich konnte dieses dumme Gerede nicht mehr mit anhören.

»Wieviel kriegst du denn, wenn du dich so von einem behaarten Affen fotografieren läßt?«

Er ekelte mich dermaßen an, daß ich ihn am liebsten getreten hätte.

»Ich bin so mager wie ein Hühnerknöchelchen. So eine üppige Schönheit bin ich nicht. Das sieht man doch.«

»Lüg doch nicht. Heute nacht bleibst zu hier und kannst mir im Knast zeigen, was für eine Schönheit du bist.« Dabei verschlang er mich gierig mit den Augen.

Mir kam die Galle hoch, und ich beschloß, zum Angriff überzugehen. Ich hatte noch einen Trumpf im Ärmel.

»Darf ich mal telefonieren?« fragte ich.

»Was fällt dir ein! Hier wird nicht telefoniert!« brüllte er.

»Dann rufen Sie doch bitte für mich an.«

»Wen?«

»Die Amtsvilla des Premierministers und das Außenministerium.«

»Häh?« machte der Sektionschef mit verwundertem Gesicht.

»Zuerst rufen Sie bitte die Amtsvilla an und sagen meinem Freund, dem Premierminister Yonai, die Geisha Kiharu befände sich jetzt bei Ihnen im Büro. Dann fragen Sie ihn, ob ich der Typ sei, der sich für Geld nackt von Ausländern fotografieren läßt«, beharrte ich, weiß vor Wut.

»Danach fragen Sie bitte das gleiche den Herrn Außenminister.«

Der Herr Sektionschef war verdutzt.

»Ach, und noch eins. Rufen Sie auch bei Herrn Maruyama Tsurukichi an, auch wenn er jetzt nicht mehr Polizeipräsident ist. Ihn fragen Sie bitte auch.«

Der Polizeipräsident Maruyama hatte den Spitznamen »Glätzchen« und war bei den Geishas besonders beliebt.

Bei der Geschichte mit der Dolmetschervereinigung war ich sehr weich gewesen und in Tränen ausgebrochen. Diesmal weinte ich gar nicht. Meine Lippen zitterten. Aus lauter Wut hätte ich ihn zerfleischen können.

»Los, rufen Sie an. Vor ihrer Nase steht das Telefon. Den Premierminister und das Außenministerium. Los!« forderte ich den dümmlich zögernden Sektionschef auf.

Jetzt hatte ich die Oberhand. Was der Kerl vorhatte, kann ich nicht sagen, jedenfalls stand er auf und ging zum Nebenzimmer.

Er öffnete die Tür und rief: »Herr Yamazaki, Herr Yamazaki!« Ein Mann mit einer dicken Brille und einem braunen Jackett kam herein. Er wirkte eher wie ein Universitätsprofessor. Sie tuschelten eine Weile miteinander an der Tür. Dann gingen beide ins Nebenzimmer.

Ich blieb allein zurück, nahm mir die Fotos und betrachtete sie genau. Wirklich ein schöner Körper. Mir fiel auf, daß alle fünf Bilder in einem gekachelten Badezimmer aufgenommen worden waren. Zu Füßen des Mädchens befand sich eine in den Boden eingelassene Badewanne.

In einem gewöhnlichen Gasthaus ist die Badewanne über dem Boden, und man muß über den Rand in sie hineinsteigen.

»Das ist in einem Badeort«, murmelte ich unwillkürlich. Als der Sektionschef und Herr Yamazaki wieder hereinkamen, sagte ich: »Das ist in einem Kurort. Vielleicht fragen Sie mal bei den Kur-Geishas nach ...«

Die beiden flüsterten weiter geheimnisvoll miteinander, doch der Sektionschef war wie ausgewechselt. Er entschuldigte sich und legte auch seine Füße nicht mehr auf den Schreibtisch. Herr Yamazaki lächelte, und die beiden verbeugten sich.

»Wir hatten ja keine Ahnung ... Bitte entschuldigen Sie nochmals.«

Weil er mich einen Moment zuvor noch als Lügnerin beschimpft und angebrüllt hatte, war mir dieser offensichtliche Wandel jetzt ein bißchen unheimlich.

Unterdessen gesellte sich aus dem Nebenzimmer noch ein junger Offizier zu ihnen. Nun tuschelten sie zu dritt.

Sie stellten ihn als Oberleutnant Sunada Hachirô von der Militärpolizei vor. Er war um die dreißig, braungebrannt und hatte weiße Zähne und eine niedrige Stirn. Durch seine kurzgeschorenen Haare wirkte er wie ein Schüler.

Der Oberleutnant sagte mit einer klaren, sympathischen Stimme: »Solche bedeutenden Umwälzungen wie die Meiji-Restauration sind auch durch viele verborgene Taten von Geishas erreicht worden. Daß die Ehefrauen zahlreicher altgedienter Veteranen dieser Zeit aus der Welt der Blumen und Weiden stammten, ist Beweis genug dafür.«

Damit erzählte er mir nichts Neues. Ich war innerlich immer noch sehr erregt, fühlte mich jedoch von dem Oberleutnant und Herrn Yamazaki verstanden.

»Ich möchte sie alle zu einem Abend im Kanetanaka oder im Kachô einladen. Denn Ihr Herr Sektionschef hat keinerlei Ahnung und vermag Kurtisanen, Huren und Shimbashi-Geishas nicht voneinander zu unterscheiden. In seinem Beruf sollte er sich ein bißchen besser informieren, finde ich«, sagte ich ganz direkt.

»Na ja, leider haben wir keine Kenntnis von solchen Dingen«, murmelte der Sektionschef verlegen und versuchte zu lächeln. Die Beleidigungen, die er mir vorher zugefügt hatte, zahlte ich ihm jetzt zehnfach heim, indem ich ihn äußerst verächtlich behandelte.

»Eine ungewöhnliche Frau wie Sie könnten wir in diesen schweren Zeiten beim Militär sehr gut gebrauchen«, sagte der Oberleutnant. Er schmeichelte mir ohne jede Scham.

»Wenn Sie Interesse haben, komme ich ab morgen jeden Vormittag zu Ihnen nach Hause, und Sie berichten mir genau, wen Sie am Abend bei ihren Engagements getroffen haben, also welche Firmenleute, Beamte, Militärs und wer wen eingeladen hat oder wie viele welches Teehaus besucht haben. Bitte arbeiten Sie soweit wie möglich mit uns zusammen, denn es ist zum Wohle der Nation.«

Das war kein Scherz. Er befahl mir, als Spionin für das Vaterland zu arbeiten. Ich war entsetzt und hätte am liebsten gesagt:

»Täuschen Sie sich nicht in mir, es gehört zu den wichtigsten Grundsätzen von uns Geishas, die Geheimnisse unserer Kunden zu wahren. Ich würde mir eher die Zunge abbeißen und sterben, als einem mir unbekannten Militärpolizisten und einem dahergelaufenen Inspektor zu berichten, wer wen abends einlädt. Halten Sie mich nicht für dumm, nur weil ich noch jung bin.«

Doch es war keine Zeit, in der man sich aufplusterte und Militärs beschimpfte, denn sie hatten die Macht, jeden für Tage ins Gefängnis zu stecken.

Die wichtigen Persönlichkeiten, mit denen ich bekannt war, würden ja selbst, wenn sie eine andere Meinung hatten als die Militärs, ins Gefängnis geworfen oder umgebracht. Damals litt ich stark unter den Ungerechtigkeiten, die integre Menschen aufgrund der Grausamkeit dieser aggressiven Macht zu erdulden hatten. Bis zu jenem Morgen wäre ich nicht einmal im Traum darauf gekommen, daß auch ich in diesen Strudel hineingezogen werden könnte und darunter zu leiden haben würde.

Wortlos erhob ich mich.

»Oberleutnant Sunada wird sich morgen früh bei Ihnen einfinden. Bitte kooperieren Sie mit uns«, sagte der Sektionschef. Seine Stimme klang jetzt wie die eines ganz anderen Menschen. Wütend erwiderte ich: »Heute abend fahre ich nach Kyôto und komme erst in zwei Wochen nach Tôkyô zurück.«

»Wir werden uns gleich nach Ihrer Rückkehr mit Ihnen in Verbindung setzen.«

Sie verhielten sich ganz anders als am Anfang, und alle drei Männer begleiteten mich höflich zum Ausgang des Polizeipräsidiums.

Man hatte mich erbarmungslos angebrüllt und erniedrigt, dann schließlich umschmeichelt, und ich brach, ob aus Kummer oder Wut weiß ich nicht mehr, in Tränen aus.

Als ich den Schloßgraben entlang ging, dachte ich zum erstenmal daran, den Geisha-Beruf aufzugeben. Wenn ich mich der Militärpolizei widersetzte, hätte ich nichts Gutes zu erwarten und würde bestimmt öfter eine solch gräßliche, abscheuliche Behandlung über mich ergehen lassen müssen.

In meinem ganzen Leben hatte ich noch nie etwas erlebt, das mir dermaßen das Herz abdrückte. Das würde ich kein zweites Mal ertragen und bestimmt den Verstand verlieren.

Ich entschuldigte mich telefonisch für zwei Wochen bei der Geisha-Vereinigung und ging nach Hause. Meiner besorgten Familie erklärte ich vorsorglich, man hätte mich nur kurz zu einem mir bekannten amerikanischen Fotografen befragt.

Ich wollte meine Freundinnen Botan-*chan* und Ronosuke, die ich lange nicht gesehen hatte, in Osaka besuchen. Auch wenn die beiden in Osaka lebten, was ja recht weit von Tôkyô entfernt ist, waren sie dennoch meine besten Freundinnen. In meiner schwierigen Lage war es für mich eine große Erleichterung, mich mit den beiden treffen zu können. Um meine trübe Stimmung zu bekämpfen, setzte ich mich also noch am selben Abend in den Zug nach Kyôto und blieb zwei Wochen weg. In Osaka ging ich ins Theater und schaute mir Tanzvorführungen an. Ich bemühte mich, das Gefühl der vollkommenen Demütigung, über das ich mit niemandem sprechen konnte, zu überwinden.

Mein Entschluß, den Geisha-Beruf aufzugeben, stand schließlich endgültig fest.

Mein Abschied

ICH WAR ALSO fest entschlossen, meinen Abschied als Geisha zu nehmen, aber was sollte ich dann anfangen? Andererseits würden noch größere Probleme auf mich zukommen, wenn ich Geisha bliebe. So etwas Gräßliches konnte jederzeit wieder geschehen.

Ich mußte unbedingt mit Professor Kawai Eijirô sprechen.

Damals hatte ein Verfassungsrechtler die Position des Kaisers in Frage gestellt. Zu seinem Umfeld gehörten der Marxist Ouchi Hyôe, Arisawa Hiromi, Wakimura Yoshitarô und der Verleger Shimanaka Yôsaku vom Verlag Chûô Koron. Der Verleger Shimanaka bekannte sich trotz großen Drucks von seiten der Militärs felsenfest zu seinen Überzeugungen und verweigerte jede Kollaboration mit ihnen.

Die Herren, die ich eben aufgezählt habe, wurden die »Gruppe von der Kaiserlichen Universität« genannt, und die Polizei reagierte sehr empfindlich auf sie. Man schikanierte sie ständig mit Vorladungen, schließlich wurden sie alle von der Kaiserlichen Universität beurlaubt. Die Professoren Kawai und Wakimura wurden in polizeilichen Gewahrsam genommen, verhört und angeklagt.

Professor Kawai schenkte mir seine Schrift *An die Studenten*, die ich ausgezeichnet fand. Ich glaube, auch heutige Studenten würden sie nicht als überholt empfinden.

Damals waren die Begriffe »Demokratie« und »Liberalismus« noch nicht allgemein bekannt, und Professor Kawai machte sie einer ungebildeten Person wie mir mit Geduld und Einfühlungsvermögen verständlich. Er und Professor Wakimura waren meine wichtigsten Mentoren.

Professor Wakimura war Spezialist für Erdöl und kam oft in Begleitung von Marineoffizieren. Ich sah ihn ziemlich regelmäßig alle zwei Wochen.

Er war der jüngste der Professoren und konnte meine vielen Fragen klar und einfach beantworten. Bestimmt hat er meinen »Unterricht« lebendiger und engagierter gestaltet als seine Vorlesungen an der Universität.

Den Professoren und den Herren von Chûô Kôron war ich zu Anfang nur auf Gesellschaften begegnet, aber aus einem seltsamen Gefühl von Diskretion heraus gefiel es mir immer weniger, Professor Kawai und Professor Wakimura als Kunden zu sehen und mich ihnen als Geisha zu präsentieren. Ich traf mich nun öfter privat mit ihnen. Ich wollte wie eine Studentin von ihnen behandelt werden und etwas lernen.

Hätte ich vor anderen Gästen und Geishas auf einer Party die Fragen gestellt, die mir am Herzen lagen, nämlich: »Herr Professor, was bedeutet ›Pazifismus‹?« oder »Was heißt eigentlich ›Liberalismus‹?« oder »Was bedeutet ›Demokratie‹?«, und die Professoren hätten mir alles ausführlich erklärt, wäre die Stimmung dahin gewesen.

Nun hatte ich einen privaten Termin mit Professor Kawai vereinbart, da ich unbedingt seinen Rat brauchte. Bei dieser Verabredung erzählte ich ihm von meiner Vorladung ins Präsidium, von den Beleidigungen, die mir widerfahren waren, und wie man schließlich versucht hatte, mich als Spitzel anzuheuern.

»Ach, wie entsetzlich.« Der Professor war wie immer ganz reizend. Bei ihm hatte ich stets das Empfinden, mit einem gütigen Vater zu sprechen.

»Ich höre auf, Geisha zu sein.«

»Ja, das finde ich gut, aber was willst du dann machen?«

Ich sah dem Professor in die Augen und sagte geradeheraus:

»Ich möchte heiraten, da ich nun einmal nicht als Geisha weiterarbeiten kann.«

Der Professor nickte zustimmend.

»Hast du jemanden in Aussicht?«

Damals hatte ich drei Verehrer, die mich vom Fleck weg geheiratet hätten.

Einer war Erbe eines Knopffabrikanten in Osaka. Er war oft mit seinem Vater in Shimbashi gewesen.

Der Vater, ein vernünftiger Mann, hatte früh seine Frau verloren und unterhielt eine Konkubine in Kita no Shinchi (sie war seine offizielle Konkubine). Er war mit ihr anläßlich der *Azuma*-Tänze nach Tôkyô gekommen, und da sie selbst eine ehemalige Geisha war, hätte er bestimmt nichts gegen mich, und ich wäre ihm als Schwiegertochter willkommen gewesen.

Der zweite Kandidat war ein *Nagauta*-Sänger.

Wenn ich ihn heiratete, könnte ich mein *Shamisen*-Spiel verbessern. Wir hätten vielleicht eine gemeinsame erfolgreiche Zukunft vor uns.

Außerdem mochten mich seine Eltern (besonders die Mutter) sehr. Mit ihr unterhielt ich mich meist länger als mit dem Sohn. Daher wäre eine Ehe mit ihm wahrscheinlich auch unproblematisch.

Der dritte war ein Beamter im Außenministerium.

Er war dreiunddreißig und gerade aus England zurückgekehrt. Natürlich hatte er in seiner Londoner Zeit eine blonde Freundin gehabt, aber ich fand, daß er am besten zu mir paßte. Außerdem mochte ich ihn von allen dreien am liebsten.

Anläßlich der Ankunft einer Wirtschaftsdelegation aus Mexiko hatte das Außenministerium eine Gartenparty im Rikugi-Park veranstaltet. Ein Meister der *Urasenke*-Schule hielt eine Teezeremonie im Freien ab, ich mußte die Einzelheiten über Mikrophon auf Englisch erläutern. Ich hatte mein Haar nach innen eingerollt und trug einen tiefrosa Kimono mit langen Ärmelschwingen und einem Muster aus Chrysanthemen, Orchideen, Bambus und Pflaumenblüten, dazu einen gold-schwarzen *Obi*, den Bergketten zierten. Niemand hätte mich für eine Geisha gehalten.

Damals war Yamamoto Kumaichi Leiter des Handelsbüros. Ein junger Mitarbeiter, sichtlich gerade aus England zurückgekehrt, beobachtete mich und erkundigte sich bei Herrn Yamamoto nach mir. Von ihm erfuhr er, daß ich die Geisha Kiharu aus Shimbashi war. Daraufhin äußerte er den Wunsch, mich kennenzulernen.

»Wenn Sie möchten, kann ich das für Sie arrangieren«, hatte sich Herr Yamamoto erboten.

Am gleichen Abend war dieser Herr mit mehreren anderen Gästen ins Teehaus Yamaguchi gekommen.

»Kiharu, im Rikugi-Park hat sich jemand in dich verguckt. Er möchte dich unbedingt wiedersehen. Übrigens soll er noch ledig sein.« Herr Yamamoto schmunzelte in sich hinein, und ich hätte nicht im Traum daran gedacht, daß der schüchterne, errötende junge Mann neben ihm mein zukünftiger Ehemann war.

Er war unglaublich verlegen und kippte einen Becher *Sake* nach dem anderen. Anscheinend versuchte er, seine Verlegenheit zu überspielen, denn alle zogen ihn auf. Er war zwar nicht besonders groß und benahm sich etwas affektiert, aber er war nicht schlecht im englischen Stil gekleidet und sprach Englisch mit einem angenehmen britischen Akzent.

Er war der einzige Sohn eines Großgrundbesitzers aus Osaka (genauer gesagt aus Sakai) und gerade aus England heimgekehrt. Er hatte an der Kaiserlichen Universität von Kyûshû Jura studiert und war, obwohl schon dreiunddreißig, noch unverheiratet, wie mir Herr Yamamoto erklärte.

Mein Heiratskandidat rief mich mehrere Male an, und wir trafen uns zum Tee. »Zur Übung« fanden unsere Telefongespräche vollständig auf Englisch statt.

Ich hatte doch einige Vorbehalte dem Knopffabrikantensohn oder dem *Nagauta*-Meister gegenüber.

Auf alle Fälle war ich der Meinung, daß dieser Beamte des Außenministeriums die beste Partie für mich war. Fraglos gefiel er mir von den drei Kandidaten am besten.

Außerdem wußte er nichts über mich, da er ja gerade erst aus England zurück war. Auch das empfand ich als Vorteil. Ich war froh, daß er mich nicht als die Geisha Kiharu aus Shimbashi von meinen Engagements kannte. Er wußte überhaupt nichts über die Welt der Blumen und Weiden, und ich war seine erste Begegnung mit der Spezies Geisha.

Dies alles besprach ich ausführlich mit Professor Kawai.

»Du selbst scheinst diesen Herrn vom Außenministerium für am geeignetsten zu halten, wenn man dich so hört ... Du solltest ihn heiraten, meinst du nicht? Wenn ich nicht unter Anklage stünde, wäre ich zu seinen Eltern gegangen und hätte ihnen gesagt, daß du ein sehr wißbegieriges, anständiges Mädchen bist und nicht unbedingt eine typische Vertreterin deines Standes«, sagte er traurig.

»Ach, Herr Professor, ich habe doch selbst nicht einmal gewußt, daß ich ihn heiraten möchte.«

»Gut. Geh so schnell wie möglich mit ihm ins Ausland. Das wäre das Beste. Japan wird ab jetzt eine völlig andere Richtung einschlagen, die nicht vorteilhaft für dich ist. Du wirst im Ausland viel glücklicher sein.«

So kam es, daß ich auf Professor Kawais Rat Ota Kazuo, den Beamten vom Außenministerium, heiratete.

Damals waren die Formalitäten bei der Eintragung ins Familienregister unvorstellbar kompliziert.

Zunächst war ich die einzige Tochter und Erbin in meiner Familie. Aus diesen Gründen konnte ich nicht in eine andere Familie einheiraten. Aber es war selbstverständlich auch ausgeschlossen, daß Kazuo von meiner Familie adoptiert wurde, denn mein zukünftiger Mann war der einzige Sohn, und seine beiden jüngeren Schwestern hatten schon in andere Familien eingeheiratet.

Also mußte meine Familie pro forma einen jungen Mann aus einer anderen Familie adoptieren, die vier Söhne hatte. Er stammte aus einem Friseursalon in Kobichô. Erst danach konnte ich heiraten. Nach einem halben Jahr erhielt der junge Friseur eine Geldsumme und kehrte in sein Elternhaus zurück.

Als Kazuo seiner Familie in Osaka eröffnete, daß er eine Geisha heiraten wolle, zeigten sie sich bestürzt.

Sein Vater reiste aus Osaka an, ging ins Außenministerium und fragte überall herum, was für ein Mensch denn diese Kiharu sei. Zum Glück suchte er nur Herrn Yamamoto und andere Herren auf, die mich gut leiden konnten, darunter auch Herrn Mizuno, Kazuos direkten Vorgesetzten, der ihm erklärte, daß man sich für seinen Sohn ein Mädchen wie mich nur wünschen könne. Dem konnte der Vater natürlich nicht offiziell widersprechen.

Damals hatten einige junge Beamte aus dem Außenministerium Kolleginnen von mir geheiratet, und deshalb war man dort in dieser Hinsicht etwas toleranter. Später waren alle diese Kolleginnen zu Botschaftersgattinnen avanciert.

Ich bat den Direktor der Automobilfirma Nissan, der mir sehr gewogen war, mich als seine »dritte Tochter« in die Ehe zu geben.

Das kam dem Ruf meines Mannes im Außenministerium zugute. Mein zukünftiger Schwiegervater hatte sich schon beschwert, daß er gar nicht wüßte, was er auf die Einladungskarten drucken lassen solle. Immerhin sei ich keine standesgemäße Partie. Das hatte meine Großmutter sehr gekränkt. Mir war jedenfalls alles recht. Ich wollte nur so bald wie möglich heiraten.

Dabei prallten die unterschiedlichen Vorstellungen der Familien aus dem Kansai und Tôkyô aufeinander, und es gab Unstimmigkeiten zwischen seinem Vater und meiner Großmutter, aber das war kein Hindernis für uns.

Nur schnell heiraten, die Hochzeitsfeier hinter uns bringen und dann in Windeseile aufs Schiff ... Zwei Wochen nach der Hochzeit waren wir schon auf dem Weg nach Kalkutta, der neuen Dienststelle meines Mannes.

Wie es in Shimbashi Brauch war, verfaßte ich ein Abschiedsschreiben an die wichtigeren Teehäuser und den Vorstand der Geisha-Vereinigung, das ich von einem Kalligraphiemeister als Schriftrolle ausfertigen ließ.

»Hiermit gebe ich Ihnen meine Verehelichung und meinen Austritt bekannt. Von nun an werde ich nicht mehr die Geisha Kiharu sein.« Ich dankte für alle mir bis dahin erwiesenen Wohltaten. Es wurde ein formvollendeter Brief, den ich zusammen mit einem Kasten roten Festreises den Empfängern überbrachte.

Ich war so beschäftigt, daß mir schwindelte. Paßfotos mußten gemacht und westliche Kleidung angefertigt werden. Ich mußte die Familie meines Mannes in Osaka besuchen und alle Verwandten abklappern. Persönlich bedanken konnte ich mich aus Zeitmangel nur bei vier oder fünf Teehäusern. Dann mußte ich noch meinem *Hakoya* Han-*chan* Festreis vorbeibringen.

Die jungen Leute heute können das wahrscheinlich gar nicht nachvollziehen. An einer Stelle in *Die Genealogie der Frauen* erzählt die Heldin Otsuta im Yushima-Tenjin-Schrein dem Hayase Chikara, daß eine hochrangige Geisha aus Yanagibashi gegen den Willen aller nur mit einem

Bündel zu ihrem Geliebten gezogen sei und zwar »ohne den roten Festreis zum Abschied zu verteilen«. Wenn damals eine Geisha ohne Abschiedsfeierlichkeiten verschwand, verlor sie ihre Ehre und ihr Gesicht. Dieser Roman stammt aus der Meiji-Zeit, aber auch noch in der Shôwa-Zeit gehörte das Verteilen von rotem Abschiedsreis traditionell dazu, wenn eine Geisha ihren Beruf aufgab, weil sie heiratete.

Mutter und Großmutter, die mich damals bei Hidemaro so reglementiert hatten, hatten sich diesmal nicht gesträubt und mich bei meinen Vorbereitungen nach Kräften unterstützt.

So befand ich mich im Herbst 1940, fünf Monate, nachdem ich bei der Polizei erscheinen mußte, an Bord eines Schiffes nach Indien. Glücklicherweise hatte das Ministerium gerade jemanden für diesen Posten gebraucht, und unsere Pässe und Schiffspassagen von Yokohama waren in aller Eile beschafft worden.

Das Schiff war ein riesiger Frachter, und wir waren die einzigen Passagiere. Wir nahmen die Mahlzeiten in aller Ruhe gemeinsam mit dem Kapitän, dem Purser, dem Schiffsarzt und den Offizieren ein, und ich hatte Gelegenheit, viele interessante Geschichten zu hören. Diese Mahlzeiten machten mir besonderen Spaß. Es war im wahrsten Sinne des Wortes eine Hochzeitsreise.

Auf dem Schiff vertrieb ich mir die Zeit, indem ich jeden Tag ein bißchen Hindi lernte, und mein Mann hatte seinen Spaß daran, mich zu unterrichten. Aufgrund meiner Jugend konnte ich mir alles gut merken.

Als wir in Shanghai, Penang und Rangun anlegten, sprachen wir mit Absicht kein Wort Japanisch und gingen in Shanghai, wo die Ressentiments noch stärker geworden waren, sogar frohgemut an Land, besuchten Restaurants und gingen spazieren.

Shanghai bei Nacht war herrlich, und ich schließe mich

der Auffassung an, daß Shanghai und Rio de Janeiro die schönsten Städte der Welt sind.

Danach machten wir in Penang Station.

Dort gab es viele Tempel und überall Buddhastatuen, die sich aber sehr von unseren unterschieden. In Penang waren die Buddhas ausgesprochen farbenprächtig und hatten runde, pausbäckige Gesichter wie die Comicfigur Betty Boop. Mit ihren roten Lippen wirkten sie fast etwas unheimlich auf mich.

In unserem nächsten Hafen – Rangun – machte man uns mit einer ausnehmend liebenswürdigen japanischen Zahnarztfamilie bekannt. Die Tochter führte uns zu einem großen liegenden Buddha und zu einem beliebten Tempel, wo es vor Affen nur so wimmelte.

In der Stadt fand gerade ein Fest statt, und die Frauen hatten sich geschmückt und Blumen ins Haar gesteckt. Als sie in einer Lichterprozession Kerzen zum Tempel brachten, wirkte das in der Dunkelheit wie ein Traumbild.

Die Gesichter der Burmesen sind den unseren sehr ähnlich. Mir kam es immer so vor, als würden sie jeden Moment anfangen, Japanisch zu sprechen. In ihren Festtagskleidern glichen die Mädchen der buntgeschmückten Prinzessin Otohime aus unserem Märchen vom Drachenpalast auf dem Meeresgrund.

Ihre Frisuren erinnerten an die Tempyô-Zeit (710-794), um die Hüften trugen sie einen Rock gewickelt, und um die Schultern war ein dünnes Tuch drapiert, genau wie bei Prinzessin Otohime.

Auch heute noch frage ich mich manchmal, ob der Fischer Urashima Taro nicht von einem Sturm nach Burma verschlagen wurde und beim Anblick der burmesischen Mädchen unser Märchen von der Prinzessin Otohime und dem Drachenpalast erfunden hat ...

Die Schiffsreise dauerte über einen Monat. Wir erlebten auch ein paar Stürme, die meiner Freude an der Reise jedoch keinen Abbruch taten. Das Schwanken machte mir überhaupt nichts aus.

»Du hättest Seemann werden sollen«, pflegte mein Mann dann zu sagen.

Wenn sich der Himmel verdunkelte, brachte der Steward am Tisch des Speisesaals einen Rand aus Metall an. Das ist auf See das Zeichen dafür, daß es stürmisch wird. Er soll verhindern, daß während des Schlingerns des Schiffs das Geschirr vom Tisch rutscht. Wenn das Meer sehr wild war, wurde die Zahl der Seeleute, die noch zum Essen kamen, immer weniger. Nur ein junger Steward hielt sich noch wacker. Es gab Tage, an denen er das Essen nur noch für mich allein servierte.

»Es gehört sich eigentlich für eine Frau, zu jammern und sich in ihrer Kabine einzuschließen. Aber je mehr es wackelt, desto größer scheint dein Appetit zu werden. Das ist unweiblich und gar nicht niedlich«, amüsierte sich mein Mann. Wenn ich am Bug stand und auf den auf und ab schwankenden Horizont blickte, fühlte ich mich so wohl, als ob mir die ganze Welt gehörte.

Als Mann wäre ich vielleicht tatsächlich Seemann geworden.

Schließlich kam das Schiff in gelblich schlammiges Fahrwasser. Wir hatten den Ganges erreicht.

Die Lotsen kamen an Bord, und nach einer langen Seereise kamen wir in Kalkutta an.

In Kalkutta

INDIEN IST EIN sehr sonderbares Land.

In den Großstädten wie Bombay und Kalkutta waren die breiten Straßen wie überall auf der Welt von ziemlich hohen Gebäuden gesäumt. Es gab gut eingerichtete englische Wohnungen und auch Kaufhäuser.

Überraschend war nur, daß auf einer großen modernen Straße vergleichbar mit unserer Ginza unbekümmert zahllose Kühe dahinschlenderten.

Kühe gelten als Boten der Götter, und es ist nicht erlaubt, sie zu verjagen. Auch an Bahnübergängen haben sie den Vortritt, die Züge müssen halten und warten, bis die heiligen Kühe ihn überquert haben. Weil alle glauben, daß Menschen, die Kühe vertreiben, von den Göttern bestraft werden, können sich die Tiere dabei Zeit lassen. Auch in Eingängen von Gebäuden lassen sie sich in voller Breite nieder. Außerdem hinterlassen sie beim Flanieren Kuhfladen. Sogleich eilen schaufelbewehrte Inder herbei und wetteifern um den Besitz der frischen, dampfenden Fladen. Das hat sein Gutes, denn so bleiben sie nirgends liegen.

Ärmere Inder kleben sie dann mit der Hand an die Mauern. Je dicker eine Mauer beschichtet ist, desto weniger Hitze dringt durch sie hindurch.

Die ganz Armen haben gar keine Häuser. Wer mit Kuhfladen beschichtete Wände und Strohmatten zum Schlafen auf dem Boden sein eigen nennt, ist schon besser dran. Die meisten armen Leute besitzen kein eigenes festes Haus. Sie rollen sich irgendwo zusammen. In mondlosen

Nächten erweist sich das als ziemlich gefährlich; sieht man sich nicht vor, stolpert man über die Schlafenden oder tritt auf jemanden.

Indien ist ein Land des extremen Reichtums und der extremen Armut. Reiche können achtzig Elefanten und riesige Gärten besitzen, in denen das ganze Jahr über alle möglichen Blumen in vollster Blüte stehen. Die Maharadschas (etwa vergleichbar den japanischen Feudalfürsten) verfügen über Hunderte von Bediensteten in ihren Marmorpalästen. Ihre Frauen tragen Diamanten auf der Stirn und einen Ring durch die Nase wie eine Kuh, oder auch einen Diamanten.

Sie haben viele Zofen und deshalb nichts zu tun, als zu schlemmen, sie rühren keinen Finger. Daher sind die Damen der höheren Kasten ausnahmslos fett.

Heute, vierzig Jahre später, ist es bestimmt auch bei indischen Damen Mode geworden, Diät zu halten und Fitneßübungen zu machen.

Die meisten Armen hingegen haben von ihrer Geburt bis zu ihrem Tod meist kein eigenes Dach über dem Kopf. Sie legen sich einfach irgendwo zum Schlafen nieder.

(Als ich fünfundzwanzig Jahre später einmal von New York nach Tôkyô zurückkam, schliefen auch fünfzehn oder mehr Penner auf Zeitungspapier in den U-Bahnschächten von Asakusa und Ueno. Sie lagerten unter einem großen Schild mit der Aufschrift »Schlafen und unbefugter Aufenthalt verboten. Der Polizeichef von Asakusa«. Das erinnerte mich sehr an Indien.)

Unsere Wohnung befand sich im Zentrum von Kalkutta in der Park Street, die von der Chowringhee abgeht. In unserem zweistöckigen, cremefarbenen Haus lebten außer uns nur Engländer. Wohn- und Schlafzimmer waren sehr geräumig und die modernen Möbel genau richtig gewählt für ein junges Paar.

Damals hatte man noch keine Klimaanlagen, statt dessen bewegte sich an der Decke ein *Pankha* hin und her. Über dem Bett hing ein schönes, weißes Moskitonetz, und ich fühlte mich wie eine Prinzessin im Märchen.

Wir hatten zwei Boys. Einer kümmerte sich ums Essen und der andere um die Zimmer und verschiedene andere Aufgaben.

Inder der unteren Schichten haben eigenartige Wertvorstellungen. Beispielsweise stehlen die indischen Dienstboten.

Wenn man zufällig bemerkt hatte, daß eine bestimmte Person etwas hatte mitgehen lassen, sagte man am besten ganz beiläufig:

»Morgen liegt der verschwundene Ring bestimmt wieder auf dem Toilettentisch.« Dann tauchte er wieder auf. Unternahm man nichts, behielten sie das Gestohlene. Selbst wenn man jemanden beim Stibitzen erwischte, hielt er sich nicht für einen Dieb, da er dann das Gestohlene – wenn auch gezwungenermaßen – zurückgab.

Außerdem durfte man, wenn einem beim Essen die Serviette herunterfiel, diese auf keinen Fall selbst aufheben.

»Boy, boy«, mußte man rufen, würdevoll auf die Serviette deuten, damit der Diener sie aufhob. Und hat man einmal den Fehler begangen, im Bad ein Taschentuch rasch selbst auszuwaschen, gehorchen die Boys am nächsten Tag schon nicht mehr. In ihrer Vorstellung gehört nämlich die Memsahib dann zu einer Kaste, die ihre Servietten selbst aufhebt und ihre Taschentücher wäscht – nämlich ihrer eigenen.

Unsere beiden Diener waren weißhaarig und hatten keine Zähne mehr. Auf meine Frage, wie alt er denn sei, antwortete mir der eine recht gebrechliche Diener, er sei ungefähr fünfunddreißig. Wahrscheinlich rechnen sie vom Sonnenaufgang bis Sonnenuntergang einen Tag und verlieren mit der Zeit das Gefühl dafür, denn alle sind »ungefähr fünfunddreißig«.

Ich habe mir diesen indischen Stil zu eigen gemacht und gebe jetzt immer, wenn man mich danach fragt, mein Alter mit »ungefähr fünfundvierzig« an.

Hinter dem Haus waren die Dienstbotenquartiere, und dort wohnten die beiden. Der eine putzte, machte die Betten und servierte das Essen, der andere kochte und wusch ab. Die Wäsche nahm er mit ins Dienstbotenquartier. Die Frauen trugen sie dann in einem Korb auf dem Kopf zum nahe gelegenen Fluß und wuschen sie dort, indem sie mit Holzprügeln auf sie eindroschen.

Die Hemden meines Mannes und unsere Bettwäsche gab ich natürlich in eine Wäscherei ...

Außer den Dienern gab es noch einen *Chamadar*. Er war für die Reinigung der Toilette zuständig, also ein Unberührbarer. Er gehörte einer Kaste an, die vom allgemeinen gesellschaftlichen Leben völlig ausgeschlossen ist.

In Städten wie Kalkutta, in denen es keine Kanalisation gab, mußte man, obwohl alle geflieste Bäder hatten, jedesmal wenn man auf der Toilette war, den *Chamadar* rufen, damit er saubermachte.

Ich haßte das.

Es gehörte sich nicht, die Diener und den *Chamadar* bei ihrem Namen zu rufen. Indien ist ein Land mit einem starken Kastenbewußtsein. Daß wie in Japan ein Bauernsohn aus Owari die Herrschaft über das Land erringt, könnte in Indien nicht geschehen.[16] Ein Diener stammt von Generationen von Dienern ab, ein *Chamadar* von Generationen von *Chamadars*.

Außer den beiden Boys beschäftigten wir noch einen Pförtner und einen Chauffeur. Die Dienstboten, die für die Angehörigen des japanischen Generalkonsulats arbeiteten, gehörten zu einer Art Elite, aber sie sprachen trotzdem katastrophales Englisch.

Die Standardsprache in Indien ist Hindi, das in seiner

grammatischen Struktur dem Japanischen nicht unähnlich ist.

Wenn ein Inder sagen will: *»I am going to school«*, dann sagt er: *»I school go«*.

Interessant ist auch, daß sie den Wörtern, die mit einem *S* beginnen, stets ein *E* voranstellen. Statt *»school«* sagen sie *»e-school«* und statt *»steamer«, »e-steamer«*.

Niemand konnte mir das erklären.

Ich lernte fleißig Hindi. Da mein Mann gut Hindi sprach, hatte ich ja auf dem Schiff schon die Grundlagen erworben.

Wenn ich in New York Inder auf Hindi anspreche, trifft sie vor Überraschung fast der Schlag, was ja auch verständlich ist. Plötzlich von einer Japanerin im Kimono mit *»Ham tora tora janta hai«* (ich kann ein bißchen Hindi) angesprochen zu werden, passiert ihnen sicher nicht alle Tage.

In Indien existieren 124 Sprachen. Süd- und Nordinder können sich nicht verständigen. In China herrscht eine ähnliche Situation. Bei einer Bevölkerung von einer Milliarde ist das schließlich kein Wunder. Schon in einem kleinen Land wie Japan kommt man als Tôkyôterin nicht mehr mit, wenn sich Leute aus Kyûshû oder Tôhoku miteinander unterhalten.

Bei unserer Ankunft in Kalkutta kannte ich keinen Menschen. Der Generalkonsul Okazaki Katsuo und der Vizekonsul Iida Shirô (der Gatte von Iida Miyuki[17]) trafen erst viel später ein. Am Anfang waren nur der Vizekonsul Kageyama und der Handelsattaché Moto anwesend. Seine Frau war Engländerin, und ich fürchtete mich ein wenig vor ihr. Obwohl ihr eigener Mann Japaner war, sprach sie von den *»dirty Japanese«* und betonte mit jedem zweiten Wort, wieviel besser Engländer im Vergleich zu Japanern seien.

Als wir dann nach Kriegsausbruch ins Internierungslager kamen, quälten die jungen Konsulatsangehörigen aus Rache den Lieblingsspitz von Mrs. Moto, die sich so überlegen gefühlt hatte, weil sie keine Japanerin war.

Er war ein glückloses Hündchen.

Am fünften Tag nach unserer Ankunft in Kalkutta, wo wir, wie gesagt, niemanden kannten, brach mein Mann schon zu einer Dienstreise nach Bombay auf. Für mich engagierte er eine ältere *Aya*, d.h. ein indisches Kindermädchen, das bei uns übernachten sollte. Obgleich wir in einem ziemlich vornehmen Haus wohnten, wimmelte es an den Wänden von Geckos, die nachts Geräusche machten. Wenn ich in meinem Bett vor Angst und Einsamkeit schluchzte, streichelte mir die *Aya* den Kopf und sagte mit sanfter Stimme in ihrem gebrochenem Englisch:

»Gutes Kind, dein Papa kommt bald wieder. Sei ein gutes Kind und schlaf schnell. Weine nicht.«

Ich weinte weiter wie ein kleines Mädchen. Die Frau, die sich mit Kindern gut auskannte, tröstete mich, indem sie mir wie einem Baby den Kopf streichelte, bis ich eingeschlafen war.

Mit der mir eigenen Neugier nahm ich mein Leben in Indien auf.

Neben den Maharadschas, die mit achtzig Elefanten auf die Tigerjagd gingen, und den Parias, die sich irgendwo auf der Straße zum Schlafen hinlegten, gab es noch eine mittlere Klasse – die Anglo-Inder.

In dreihundert Jahren unbeugsamer englischer Kolonialpolitik war ein grausamer Rassismus entstanden. Aber einige verliebten sich trotz dieser Rassenschranken, und ziemlich viele Inderinnen verbanden sich mit Engländern. Das Ergebnis waren die Anglo-Inder (englisch-indische Mischlinge).

Wie es heute ist, weiß ich nicht, aber damals lebten sie in anglo-indischen Ghettos. Auch wenn sie arm waren, versuchten sie, ein Leben im englischen Stil zu führen. Da sie jedoch weder Engländer noch Inder waren, bildeten sie eine eigene Schicht.

Jemand erzählte mir die erstaunliche Geschichte von einem Engländer, der ohne jeden Argwohn eine blonde, blauäugige Engländerin heiratete, die dann ein ganz dunkelhäutiges Baby bekam.

In Amerika habe ich später viele Mischlingskinder aus Verbindungen von Weißen mit Schwarzen gesehen. Ihre Haut ist kaffeebraun und das Haar oft nicht kraus. Einige haben welliges Haar, breite Nasen und dicke Lippen. Daran erkennt man, daß sie Mischlinge sind. Doch die Anglo-Inder in Kalkutta haben für gewöhnlich sehr feine, ebenmäßige Gesichter.

Überhaupt haben die meisten Inder schöne Gesichtszüge. Die Anglo-Inder haben zwar eine etwas dunklere Haut und sprechen Englisch mit Akzent, aber viele von ihnen sehen ausgesprochen gut aus und sind hochgewachsen. Einige hätte man für reinblütige Engländer halten können.

Meine Freundin Vicky lernte ich auf dem Basar kennen. Im Zentrum von Kalkutta gab es zwei englische Kaufhäuser, die ich wegen der arroganten Angestellten und hohen Preise überhaupt nicht mochte.

Die indischen Basare waren dagegen hinreißend. Obst, Gemüse, Fleisch und Fisch, Seidensaris und Baumwollstoffe waren äußerst preiswert zu haben.

Besonders die interessanten Stoffe aus den Gandhi-Läden konnte man billig kaufen. Diese Läden waren im Zuge von Gandhis *Ahimsa*-Bewegung ins Leben gerufen worden und verkauften als Alternative zu den maschinell hergestellten Stoffen der Engländer in Indien handgewebte Stoffe aus handgesponnenen Garnen. Die meisten Stoffe sind für Saris gedacht, und deshalb etwa 1,20 m breit. Eine Rolle ist mindestens 5 m lang, und man bekommt, wenn man den Stoff geschickt zuschneidet, zwei Kleider heraus.

Auf dem Basar lernte ich also die junge Anglo-Inderin Vicky, die etwa in meinem Alter war, kennen. Sie war verheiratet und hatte ein niedliches rundes Gesicht, wie die amerikanische Schauspielerin Goldie Hawn.

Ihr Mann war auch Anglo-Inder und arbeitete bei einer Tankstelle, die einem Engländer gehörte. Sie bewohnten eine hübsche, bescheidene Zweizimmerwohnung im englischen Stil, in der man nicht – wie sonst in Indien üblich – auf dem Boden saß.

Sie hatte mir im Basar gegen die indischen Kaufleute beigestanden, die die Preise unheimlich aufschlugen. So waren diese herzliche junge Frau und ich Freundinnen geworden. Es ist nicht übertrieben, wenn ich sage, daß ich die Freude, die mir das Leben in Kalkutta machte, hauptsächlich ihr verdanke.

Unterdessen traf der neue Generalkonsul Okazaki Katsuo ein. Wir nahmen ihn alle gemeinsam in Empfang.

Er war ein typischer Tôkyôter und ein bei den Geishas sehr beliebter Gast gewesen. »Zwei, zwei mal zwei gibt vier, zwei mal vier gibt acht, zwei mal acht gibt sechzehn – sehen Sie, wie scharf die Klinge ist.«[18] (Er konnte die Quacksalber, die Krötenöl verkauften, herrlich nachmachen.)

Daß gerade er nun der Vorgesetzte meines Mannes geworden war, war ein seltsamer Zufall. Als wir unseren Antrittsbesuch in seiner Residenz machten, sagte mir sein halb überraschter, halb neugieriger Blick:

»Huch, Kiharu, was machst du denn hier?«

Wir verbeugten uns tief, und ich mußte mich zurückhalten, um nicht zu sagen: »Bitte, spielen Sie den Krötenöl-Verkäufer.«

Ich hatte meinem Mann verschwiegen, daß ich ihm bei meinen Engagements häufig begegnet war. Der Generalkonsul und die Gattin seines Untergebenen, die sich ausgerechnet in Kalkutta wiedertrafen, grinsten sich an.

Seine Frau war adliger Herkunft und sprach stets sehr gewählt. Sie war eine überaus vornehme Dame, und angesichts des volkstümlichen Charakters von Herrn Okazaki fand ich das ein wenig seltsam. Ich kannte ihn ja nur als den »Krötenöl-Verkäufer« von meinen Engagements.

Er war immer noch sehr direkt und unverblümt, und als wir alleine waren, sagte er zu mir:

»Alle Wetter, Kiharu, hast du mich aber erschreckt.«

Generalkonsul Okazakis Stellvertreter war Herr Iida Shirô, der direkte Vorgesetzte meines Mannes.

Damals lernte ich seine Frau Iida Miyuki näher kennen, und ihre Freundschaft, der ich mich jetzt schon seit über vierzig Jahren erfreuen darf, schätze ich als eine der wichtigsten in meinem Leben. Da ich praktisch in der Welt der Blumen und Weiden aufgewachsen war, hatte ich von den meisten anderen Dingen keine Ahnung, doch Frau Iida nahm mich unter ihre Fittiche.

Ich verdanke ihr sehr viel.

Das Generalkonsulat verfügte über zwei Automobile. Eins war für den Generalkonsul reserviert, das andere durften neben dem Vizekonsul auch die untergebenen Diplomaten benutzen, aber wenn eine wichtigere Person es benötigte, mußten wir Jüngeren im Taxi fahren. Die Taxis in Kalkutta waren ziemlich abenteuerlich, die Fahrer meist Sikhs und sehr grimmige Gesellen. Sie sahen aus wie Raubritter, und so eine Tour war nicht gerade das reine Vergnügen.

Mein Mann beklagte sich, daß ein Auto wie ein Paar Schuhe sei, die man ja auch jeden Tag benötige und ohne die man nicht auskommen könne – kurzum, er wünschte sich unbedingt ein eigenes Auto.

Abgesehen von meinem Leben bedeutete mir damals mein Platinring mit dem zweieinhalbkarätigen Diamanten mehr als alles andere auf der Welt. Ich verkaufte ihn, und wir erwarben einen Ford V 8 von dem Erlös. Danach soll es einiges Gerede über die junge, aber doch so energische neue Memsahib gegeben haben.

In bester Stimmung unfernahm mein Mann viele Ausflüge mit mir, und später kam der Wagen auch noch bei anderen wichtigen Gelegenheiten zum Einsatz. Deshalb bin ich auch heute noch der Meinung, daß der Diamantring so am besten angelegt war.

Auf den indischen Basar ging ich immer mit Vicky, denn sie konnte ausgezeichnet feilschen. Niemals darf man auch nur daran denken, den von einem Händler zuerst genannten Preis zu zahlen.

Bei diesen Einkaufszügen freundete ich mich mit einem Schlangenbeschwörer und einem Affendresseur an. Wenn ich nun schon einmal hier war, wollte ich nicht nur vornehmen englischen Familien begegnen, sondern auch in das Leben der Inder eintauchen.

In Kalkutta lebte eine Japanerin, die mit einem Inder verheiratet war und früher für das Generalkonsulat gearbeitet hatte. Sie konnte Schreibmaschine schreiben und wirkte mit ihrem Haarknoten und ihrer schwarz geränderten Brille wie eine Intellektuelle.

Sie hat es mir nicht selbst erzählt, aber ich erfuhr, daß sie die einzige Tochter eines Vorstandsmitgliedes einer bekannten japanischen Bergbaugesellschaft war. Ihr Name war Mrs. Sinha.

Sie war eine emanzipierte Frau und hatte sich in den jungen Sinha, der für die indische Unabhängigkeit kämpfte, verliebt. Natürlich waren ihre Eltern strikt gegen diese Verbindung gewesen. Die beiden waren daraufhin durchgebrannt, hatten geheiratet und waren danach in die Heimat ihres Mannes, Kalkutta, gekommen. Damals gab es in Japan einige junge Inder, die dort wie Herr Sinha im Exil lebten. Zu ihnen gehörte auch Raju Bihari Bose.

Nachdem wir uns angefreundet hatten, zeigte Mrs. Sinha mir ein *Waka,* das ihre Mutter ihr aus Japan geschickt hatte. Das Gedicht, in dem sie ihr von täglicher Sorge um ihre einzige Tochter erfülltes Leben beschrieb, berührte mich sehr.

»Ich habe noch nie jemanden aus Japan zu mir eingeladen, aber Ihnen möchte ich doch meinen kleinen Sohn vorstellen«, sagte Frau Sinha zu mir und bat mich zu sich nach Hause. Sie lebten auf indische Art in einer Wohnung, deren Boden mit grobgeflochtenen Matten ausgelegt war. Ihr Söhnchen, ein vierjähriger, sehr dunkelhäutiger Junge, war seiner Mutter wie aus dem Gesicht geschnitten.

Sie hatten ihn, im Angedenken an den Politiker Okuma Shigenobu, den sein japanischer Großvater sehr verehrte, Nobukuma genannt.

Der Junge sang mit seiner hübschen klaren Stimme ein indisches Lied vor. Als ich dem Sopran dieses Kindes in dieser düsteren indischen Kellerwohnung lauschte, kamen mir unwillkürlich die Tränen.

Dank Vicky verbesserte sich mein Hindi zusehends, und ich fuhr gern mit ihr in indischen Rikschas, die von Hand gezogen wurden, zum Basar. Wir aßen Eis, besuchten den Schlangenbeschwörer und den Affendresseur, und ich begann, mein Leben in Kalkutta zu genießen. Und plötzlich bestellte mich die Frau Generalkonsulin Okazaki in ihre Residenz.

Anscheinend war ihr zugetragen worden, daß ich mit Vicky Eis essend und höchst vergnügt in einer indischen Handrikscha spazierengefahren war.

»Sie verkehren mit einem anglo-indischen Mädchen, und Sie haben zusammen schmutziges Eis von der Straße gegessen. Wollen Sie, daß der Ruf des japanischen Generalkonsulats leidet? Sie sind nicht alleine hier. Für Ihren Mann und uns alle ist das sehr peinlich. Tun Sie das bitte nie wieder und benehmen Sie sich in Zukunft anständig«, ermahnte sie mich.

Warum sollte ich mich eigentlich nicht mit einer Anglo-Inderin treffen?

Warum durfte ich nicht mit Vicky Eis essen?

Jedenfalls traf ich mich ungeachtet dieser Ermahnungen weiter heimlich mit Vicky.

Als wir später nach Ausbruch des Krieges unter Hausarrest standen, war Vicky die einzige, die uns, den wachsamen Augen der Polizei zum Trotz, Nahrungsmittel hereinschmuggelte.

Mein Leben in Kalkutta hat mir sehr viele Anregungen zum Nachdenken gegeben.

Eine japanische Mata Hari

DAMALS WAREN VIELE junge Leute nicht mehr mit Mahatma Gandhis Ideen von Gewaltlosigkeit und passivem Widerstand einverstanden. Ihr Ziel war die indische Unabhängigkeit um jeden Preis. Ihr Wunsch nach Freiheit war nicht mehr zu unterdrücken. Das war die Stunde des noch jungen, vom Feuer der Vaterlandsliebe erfüllten Freiheitskämpfers Subhas Chandra Bose[19].

Von frühster Jugend an hatte er sich die indische Unabhängigkeit zur Lebensaufgabe gemacht und saß nun zum wiederholten Male in Kalkutta im Gefängnis. Er war politischer Häftling, und die Gefängnisse waren damals keine Erholungsheime. Er hatte einen älteren Bruder, Sarat Bose, der ein Sommerhaus am Ganges besaß. Bei diesem Bruder lebte die alte, kranke Mutter der beiden.

Ihr Zustand war kritisch, und sie wollte vor ihrem Tode Chandra noch einmal sehen. Sarat und andere Verwandte verfaßten eine Bittschrift an die britische Regierung, damit Chandra sie vor ihrem Tode noch einen Tag lang besuchen durfte. Allein aus diesem Grunde gestattete man ihm, das Gefängnis zu verlassen und ins Sommerhaus zu fahren.

Chandra Bose war ein großer, schwerer Mann. Wie ich schon erwähnt habe, sind die Damen der indischen Oberschicht meist sehr korpulent. Diese Tatsache machte er sich zunutze, indem er sich in einen weißen Sari hüllte und so als Frau verkleidet im Gefummel der Verwandten, die kamen und gingen, unter die Dienstboten mischte und flüchtete.

Natürlich standen wichtige politische Gefangene unter ständiger Bewachung, aber die Wachen kamen – typisch für Indien ihrer Aufgabe äußerst nachlässig nach.

Die hübschen jungen Mädchen der Familie hatten den Aufsehern, die selbst noch junge Leute waren, Alkohol eingeschenkt und sie auf diese Weise betrunken gemacht, so daß sie Chandra Bose völlig vergaßen.

Im unübersichtlichen Gewirr der ständig kommenden und gehenden Verwandten gelang es ihm also, zu entkommen und über Tibet nach Berlin zu fliehen, wo er fürs erste blieb und Hitler ihm Asyl gewährte. Auch bei seiner Flucht durch Tibet hatte Hitler ihm sehr geholfen. (Über den Verlauf der Flucht gibt es verschiedene Versionen. Die meine habe ich von meinem Mann in Kalkutta erfahren.)

Während Chandra Bose sich in Berlin aufhielt, mußte er seinen Anhängern verschiedene Anweisungen für die Bewegung zukommen lassen. Er wollte diese Anweisungen Sarat übermitteln, der sie an ihre Verbündeten weiterleiten sollte.

Also kam ein verschlüsseltes Telegramm der japanischen Botschaft in Deutschland beim Außenministerium in Tôkyô an. Dieses verschlüsselte Telegramm wurde sofort dem Generalkonsulat in Kalkutta übersandt, das seinerseits die Übermittlung des Telegramms an Sarat Bose übernehmen sollte.

Damals ging es in Kalkutta noch so gemächlich zu, daß ich, wie gesagt, jeden Tag mit Vicky in aller Ruhe auf der Straße Eis essen konnte.

Eines Tages sagte mein Mann mit ernstem Gesicht zu mir:

»Ich habe eine Bitte, die nur du erfüllen kannst.«

In Zukunft sollte ich in geheimer Mission das Sommerhaus von Sarat Bose aufsuchen, wenn es Nachrichten zu übermitteln gab. Da ich gar nichts über die Angelegenheit wußte, erklärte mir mein Mann, was es mit Chandra Bose auf sich hatte. Nun sollte ich Sarat Bose ein chiffriertes Telegramm übergeben. Man war der Meinung, daß in einer so heiklen Angelegenheit eine Frau als Überbringerin am besten geeignet sei, da sie weniger auffallen würde.

Außerdem müßte sie Englisch und Hindi können.

Und sie müßte eine mutige und gewandte Person sein.

Mein Mann fand, daß ich alle diese Voraussetzungen erfüllte.

Eines Tages gingen wir also zusammen auf den Golfplatz, wo sich Generalkonsul Okazaki gerade beim Golf amüsierte.

»Hat Ihr Mann es Ihnen gesagt?« fragte er auf seine beiläufige Art.

Ich bejahte.

»Wie steht's? Machen Sie's? Wir haben niemand anderen ...«

»Natürlich, das geht in Ordnung.«

Die junge Gattin des Diplomaten fühlte sich in alte Zeiten zurückversetzt, als sie noch Kiharu war und der Generalkonsul sie für seine Gesellschaften engagierte. Ich mußte ihm einfach zuzwinkern.

So wurde eine japanische Mata Hari geboren.

Zunächst wickelte ich mir einen indischen Sari um. In Indien sagt man, daß die Frauen aus Simia, Darjeeling oder Kashmir hellhäutig und hübsch seien. Es gibt also nicht nur dunkelhäutige Inderinnen. Einige sind sogar heller als wir. Ich hätte eine Frau aus Darjeeling sein können, auch wenn mir der Sari, der rote Punkt auf der Stirn und die großen Ohrringe nicht so gut standen wie diesen Frauen.

Abends, als es dunkel geworden war (wir hatten eine mondlose Nacht gewählt), fuhren mein Mann und ich in dem V 8 durch die Vororte aus Kalkutta hinaus. Die englischen Gaslaternen in der Stadt waren eher schummrig, hatte man aber die Stadt verlassen, konnte man die Hand vor den Augen nicht mehr sehen.

Mein Mann hatte vorher die Karte studiert, und wir rumpelten nun zügig auf den Feldwegen dahin.

Ich hatte das chiffrierte Telegramm ganz klein zusammengefaltet und trug es in dem winzigen Amulettäschchen aus dünnem Brokat, das meine Großmutter eigens zu meiner Abreise vom Narita-Tempel geholt hatte, mit einer kleinen Sicherheitsnadel am Unterhemd befestigt. Es war eher ein kleiner Zettel als ein Telegramm, den ich notfalls hätte essen können.

Wir fuhren etwa fünfzig Kilometer auf den dunklen Wegen. Plötzlich bewegte sich vor uns in der Finsternis ein kleines Licht.

Mein Mann trug sein Hemd mit offenem Kragen auf indische Art locker über der Hose. Er sah aus wie ein indischer Herr und sprach Hindi wie ein Inder. Ich konnte es nicht so gut wie er, aber nach Vickys Meinung sprach ich ausgezeichnet.

Wir beide hätten jemanden, der uns anhielt, zumindest eine Zeitlang mit unserem Hindi täuschen können.

Wir sahen also das kleine Licht, und als wir uns näherten, stand am Weg ein Wagen mit einigen Indern, die uns mit einer kreisenden Taschenlampe Zeichen gaben.

Wir folgten dem Wagen in gebührendem Abstand. Es war wie in einem James Bond-Film.

Rasch fuhren wir den Ganges entlang. Nach etwa achtzig Kilometern erreichten wir ein kleines Dorf und hielten an einem Haus, in dem Frauen, Kinder und einige alte Leute uns schon zu erwarten schienen.

Wir waren im Sommerhaus von Sarat Bose.

Die Familie hatte sich ganz ungezwungen zum Essen versammelt und behandelte uns wie Familienmitglieder. Es gab ein typisch indisches Essen.

Wir aßen Chutney, eine Art süß eingelegtes Gemüse,

mit Reis und einem Curry. Ich konnte wie die Inder sehr geschickt mit den Fingern essen.

Es wurde überhaupt kein Englisch gesprochen, nur Hindi.

Ich spielte mit den Kindern und übergab Sarat in einem passenden Augenblick den Zettel.

Wir waren sehr erleichtert und fuhren nach dem Essen, von allen lärmend verabschiedet, wieder ab.

Beim zweiten Besuch wollten wir den Weg zurückfahren, den wir gekommen waren, stießen aber auf eine überraschend errichtete Straßensperre.

Zwei indische Polizisten kamen herangetrabt.

»Wohin wollen Sie?«

»Zu Verwandten zum Abendessen«, antworteten wir, natürlich auf Hindi.

Wir gaben jedem eine Rupie und sagten sehr liebenswürdig:

»Weil es schon so spät ist und Sie noch arbeiten müssen.«

Sie bedankten sich und wischten gutgelaunt unsere Scheiben mit bloßen Händen sauber, denn während der Fahrt waren kleine Florfliegen an ihnen kleben geblieben und trübten sie.

Am Anfang klopfte mein Herz zum Zerspringen, als die Polizisten uns anhielten, aber nachdem ich dieses unfehlbare Mittel kennengelernt hatte, machten mir solche kleinen Zwischenfälle kaum noch etwas aus.

In dieser Hinsicht sind alle indischen Behörden leicht zu handhaben.

Mein Mann hatte mich damit eingeschüchtert, daß wir erschossen würden, wenn die Sache rauskäme, und ich war daher am Anfang halb verrückt vor Angst. Ab dem zweiten Mal war ich dann ganz gelassen.

Als wir nach Ausbruch des Krieges wieder nach Japan zurückgekehrt waren, wurde mein Mann sogleich nach

Burma versetzt, und ich lebte mit meinem Baby in unserem Haus in Ginza. Da erhielt ich eines Tages einen Anruf vom Imperial Hotel. Chandra Bose war in Japan und wollte sich unbedingt mit mir treffen. Das Imperial Hotel lag ganz in unserer Nähe, also nahm ich den Kleinen und ging los.

Chandra Bose war noch immer ein stattlicher Mann und sah in seiner Uniform ausgesprochen gut aus. Er blickte mich freundlich an und befahl seinem Adjutanten, ein Foto von mir mit dem Kleinen auf dem Arm und ihm aufzunehmen.

»Das werde ich Ihrem Mann geben, wenn ich ihm in Burma begegne.« Dann zog er ein besonders großes Foto von sich hervor und signierte es vor meinen Augen: »Der schönen und tapferen Mrs. Ota in Dankbarkeit, Chandra Bose«.

Er kam bei einem Flugzeugunglück ums Leben. Nachdem ich davon erfahren hatte, hielt ich alleine vor der Fotografie eine Totenwache für ihn.

Er war ein sehr tatkräftiger, aber dennoch gütiger und warmherziger Mensch, dessen Tod ich unendlich bedauere. Zum Wohle Indiens und auch Japans hätte er leben sollen. Leider ist das Foto von Chandra Bose, an dem ich natürlich besonders hing, bei einem Luftangriff verbrannt.

Doch zurück nach Kalkutta. Nach einiger Zeit begann man uns zu beschatten. Zwei Inder folgten uns ständig, wobei sie sich so auffällig und ungeschickt benahmen, daß wir sie einfach bemerken mußten. Wo es in Spionagefilmen doch immer darauf ankommt, daß die Beschatteten keinen Verdacht schöpfen!

Die Burschen schienen vom Geheimdienst zu sein und trugen imposante Bärte.

Wenn wir mit dem Ehepaar Iida ins Kino gingen – was

häufig vorkam –, mußten die beiden natürlich draußen warten. Beim Verlassen des Kinos entdeckten wir dann, daß die beiden auf der Straße eingeschlafen waren. Diese beiden vor sich hin schnarchenden Gestalten sollten zivile Beamte des British Empire sein? »Aufstehen! Der Film ist aus«, weckte ich sie unsanft. Schlaftrunken salutierten sie: »Salaam Memsahib.«

Frau Iida hielt sich den Bauch vor Lachen und meinte, ich hätte die beiden eigentlich nicht extra zu wecken brauchen. Aber ich fand, sie sollten ihre Arbeit tun, und winkte ihnen zu, wenn wir um eine Ecke bogen, damit ihnen das Beschatten leichter fiel. Geheimdienst klingt zwar einigermaßen furchteinflößend, aber diese beiden machten ihrem Arbeitgeber keine besondere Ehre.

Nach einer Weile wurden sie von Engländern abgelöst, was wahrscheinlich darauf hindeutete, daß die Weltlage allmählich kritischer wurde.

Der Mann, der die Iidas beschattete, war etwa achtundzwanzig, blond und sah sehr gut aus.

Unser Verfolger war dagegen ein untersetzter Bursche mit spärlichem Haar, und es war nicht gerade eine Sensation, mit dieser grauen Maus im Schlepptau spazierenzugehen.

Eines Tages faßte ich mir endlich ein Herz und fragte Frau Iida, ob sie mir nicht den Untersetzten gegen den Gutaussehenden eintauschen wolle.

Wieder mußte sie schallend lachen.

Ein diplomatischer Berater der britischen Regierung gab eine Party, zu der die Iidas, die Motos und wir eingeladen waren. Nach den Cocktails und dem Abendessen wurde getanzt.

Ein phantastisch aussehender, hochgewachsener, etwa achtunddreißigjähriger Engländer steuerte geradewegs auf meinen Mann zu.

»Darf ich Ihre Gattin zum Tanz auffordern?«

Ich trug einen festlichen rosa Kimono und war die jüngste und sah vielleicht, wenn ich das sagen darf, recht hübsch aus. Hinsichtlich meiner Tanzpartner bin ich bis zum heutigen Tage sehr wählerisch (wählerisch bedeutet in diesem Zusammenhang, daß ich nur mit gutaussehenden Männern tanze).

Dieser Herr war genau nach meinem Geschmack. Als ich später Michael Caine sah, erinnerte er mich an ihn.

»O ja, ich möchte tanzen«, sagte ich auf japanisch zu meinem Mann.

»Du bist und bleibst eben wählerisch«, lachte er.

Ich stand auf, und wir tanzten.

Er war der CID-Commissioner Mr. J.

Anders als Japaner, die komplizierte Schritte steif und mit todernstem Gesicht ausführen, tanzte er sehr lässig und geriet auch dann nicht aus dem Takt, wenn er sich mit mir unterhielt.

»Sie sind eine ganz zauberhafte Frau.« Er machte die üblichen Komplimente, dann flüsterte er mir ins Ohr:

»*I know everything.*«

Ich fühlte mich ertappt und erschrak. Unschuldig fragte ich zurück: »Was ist es denn, das Sie wissen?«

Er zog mich an sich.

»Eine reizende Dame wie Sie sollte sich nicht auf lebensgefährliche Abenteuer einlassen.« Er sah mir tief in die Augen.

Ich war auf alles gefaßt.

»Und wann wollen Sie mich ins Gefängnis werfen?«

»Sehr bald«, erwiderte er freundlich.

Von weitem sah es wohl so aus, als ob er mir romantische Liebeserklärungen zuflüsterte.

»Was geschieht, wenn ich im Gefängnis bin?«

»Ich werde Sie jeden Tag besuchen. Ich werde nicht zulassen, daß Sie sich im Gefängnis einsam fühlen«, sagte er wieder sanft.

Er drückte mir seine Lippen auf die Stirn.

In dem Moment war die Musik zu Ende.

Wieder an meinem Platz erzählte ich meinem Mann, daß der Engländer alles wußte.

»Allmählich sollte die japanische Mata Hari in den Ruhestand gehen«, kicherte er.

Übrigens brach fünf Tage danach der Krieg aus, und Mr. J. hatte keine Gelegenheit mehr, mich ins Gefängnis zu werfen.

Im Internierungslager

ES WAR AN einem Morgen im Dezember, ich glaube, an einem Sonntag, denn mein Mann war nicht ins Büro gegangen.

Auf einmal klopfte es sehr laut und fordernd an der Tür.

»Jetzt ist es endlich soweit«, sagte mein Mann und deutete auf das Badezimmer. Wie schon seit längerem verabredet, ging ich ins Bad, schloß die Tür ab, drehte den Wasserhahn voll auf und ließ heißes Wasser in die Wanne.

Die Bäder in den englischen Wohnungen hatten damals alle Gasboiler, und wenn man sie aufdrehte, gab es einen dumpfen Knall. Der Boiler war ziemlich groß und erzeugte ein hohe bläuliche Flamme, wenn man ihn aufdrehte.

Ich sang so laut ich konnte »Hinter den Rapsfeldern versinkt die Sonne«. Dabei nahm ich die Geheimakten, die zwischen den Handtüchern versteckt waren, zerriß immer vier oder fünf auf einmal und verbrannte sie. Etwa eine Woche zuvor hatten wir die Akten aus dem Konsulat hierhergebracht und sie im Regal zwischen den großen Badetüchern gestapelt.

Da die Akten gut brannten, war die Badewanne bald voller Ascheflocken. Beim Verbrennen von Papier entsteht natürlich auch Rauch. Ich öffnete das Fenster, um den Rauch mit einem Handtuch nach draußen zu fächeln. Glücklicherweise ging das Badezimmerfenster zum Garten hinaus, wo nie jemand vorbeikam. Auch wenn es dort ein bißchen rauchte, würde es keinem auffallen. Ich mußte singen, dabei die Akten verbrennen und den Rauch aus dem Fenster fächeln.

Währenddessen versuchte mein Mann, Zeit zu gewinnen, indem er die fünf uniformierten Engländer, die hereingekommen waren, in ein Gespräch verwickelte. Nach etwa zehn Minuten waren alle Akten zu Asche verbrannt, nur einige Flocken schwammen noch auf dem Wasser, und auch der Rauch war abgezogen.

Mein Mann klopfte an die Tür. Ich machte mir in Windeseile die Haare naß, frottierte sie, schlüpfte in meinen Bademantel und streckte mit ahnungslosem Gesicht den Kopf aus der Tür. Die uniformierten Polizisten und Militärs erhoben sich.

»Unsere Staaten befinden sich im Kriegszustand. Sie werden in Kürze in ein Lager transportiert. Fürs erste verlassen Sie bitte in den nächsten vierundzwanzig Stunden nicht das Haus.«

Der ranghöchste Offizier war ausgesprochen höflich. Ich tat sehr erschrocken, so als ob ich große Angst hätte, und versteckte mich schluchzend hinter dem Rücken meines Mann.

»Schon gut, schon gut, hab keine Angst, mach dir keine Sorgen«, tröstete dieser seine junge, ahnungslose und naive Ehefrau.

»Es tut mir sehr leid für Sie, Madam, aber machen Sie sich keine Sorgen. Das Britische Empire ist ein ehrenhaftes Land. Wir müssen Sie zwar internieren, aber Sie werden auch im Lager gut aufgehoben sein«, sagte der Offizier galant.

In einem ausländischen Film wäre die Frau jetzt bestimmt in Ohnmacht gefallen, aber so weit wollte ich es denn doch nicht treiben. Später hörte ich, daß Frau Moto tatsächlich in Ohnmacht gefallen war, ich aber hatte meine Angst nur vorgetäuscht, als ich mich an meinen Mann geschmiegt hatte.

Nachdem sie gegangen waren, fragte mich mein Mann, ob ich alles verbrannt hätte.

»Alles rechtzeitig erledigt«, zwinkerte ich ihm zu.

»Das ist hohe Schauspielkunst«, lobte er mich.

Nun standen wir also unter Hausarrest.

An dieser Stelle muß ich noch von einem unserer indischen Boys erzählen. Der junge Mann hieß Abrahim und war sechzehn Jahre alt.

Einer der zahnlosen Diener war krank geworden. In Kalkutta betreiben die Barbiere ihr Handwerk am Straßenrand unter sengender Sonne. Ihre Kunden sitzen auf der Erde und lassen sich die Haare schneiden. Während dieser Verschönerung war der Zahnlose in Ohnmacht gefallen.

Er hatte zwar von sich behauptet *»about thirty-five«* zu sein, war aber meiner Ansicht nach weit über sechzig.

Abrahim war sein Neffe und ein gutaussehender Bursche – groß, sehr dunkel und mit weißen Zähnen. Er hatte die Frische eines Jünglings, der gerade zum Mann wird.

Er verehrte mich inbrünstig, und der Koch erzählte, daß der Junge im Dienstbotenquartier geprahlt hatte: »Unsere Memsahib ist von allen Memsahibs in Kalkutta die schönste, die klügste und die gütigste. Sie ist eine Göttin.«

Alle riefen ihn *»Boy«*, und es schien ihn zu freuen, daß ich ihn stets Abrahim nannte.

»Du bist Abrahims erste Liebe«, spottete mein Mann. Als wir unter Hausarrest standen, tat er sich mit Vicky zusammen, um uns mit Obst und Kuchen zu versorgen. Dabei riskierte er sein Leben ...

Als wir nach Kriegsausbruch ohne einen Pfennig Geld in das Lager im Himalaya aufbrechen mußten, bestand er darauf, uns zu begleiten.

Mein Mann erklärte ihm, daß wir ihm keinen Lohn mehr zahlen könnten.

»*Paisa nahi manta*«, antwortete er – »ich nehme kein Geld« und wich während der neun Monate, die wir im Lager bei Mussoorie im Himalaya verbrachten, nicht von unserer Seite.

Auch anderen tat er gerne diesen oder jenen Gefallen, und da er keine Mühe scheute, gewannen ihn alle lieb.

In den Bergen war es viel kälter, als man es in Indien vermuten würde. Wieder machte ich neue Erfahrungen. Am dankbarsten war ich, daß Frau Iida bei uns war. Unsere Zimmer lagen nebeneinander, und sie war mir über die ganze Zeit eine unentbehrliche Stütze. Frau Iida und ich klebten wie Kletten aneinander, ob innerhalb oder außerhalb des Lagers – wir waren immer zusammen.

In unserem Lager waren Geheimagenten der Armee, Marineattachés und alle möglichen Leute vom Außenministerium aus Burma, Singapur und Mombasa interniert. Im Gegensatz zu unserem kleinen Generalkonsulat in Kalkutta war das Lager ein großer Haushalt mit 720 Menschen. Ich wußte damals nicht viel von der Welt und fand deshalb alles aufregend.

Herr Miyazaki und seine Frau vom Generalkonsulat in Rangun haben den bleibendsten Eindruck bei mir hinterlassen. Er arbeitete im Garten und machte sauber, sie war für die Küche und sonstige Aufgaben zuständig.

Als Frau Miyazaki ins Lager kam, hatte sie eine alte Kopfstütze aus Holz mit, die ihr sehr wichtig zu sein schien. Ihr lauter Dialekt amüsierte mich sehr.

Sie sprach stets von den »Steppern des Generalkonsuls« und meinte damit seine Slipper. Und von einer »Zedduloit-Seifenschachtel«, was natürlich »Zelluloid« bedeutete.

Sie trug immer einen altmodischen Knoten mit einem dünnen Haarpfeil, der ganz oben am Scheitel ansetzte, und wie die Bewohner sehr heißer Länder hatte sie immer dünne Baumwollkittel an. Darüber zog sie, da sie plötzlich in ein kaltes Klima versetzt worden war, mehrere Pullover, die sie von Frau Iida und mir bekommen hatte.

Außerdem war ihr Mann schwerhörig, aber er erzählte immer, er habe eigentlich sehr gute Ohren gehabt. Aber weil seine Frau ihm seit fast fünfzig Jahren täglich hineinschreie, sei er taub geworden. Doch obwohl sie ihn tatsächlich immer anschrie, liebte sie ihn, und die beiden führten eine gute Ehe.

Außerdem gab es noch die Ikenos, ein junges Paar um die dreißig, das aus Mombasa gekommen war. Sie hatten ein sechs Monate altes Baby.

Bei wichtigen Zusammenkünften schaute ihr Mann dauernd auf die Uhr und war sehr nervös. Er sprang dann plötzlich auf und sagte, er müsse leider vorzeitig gehen. Andere versuchten, ihn zurückzuhalten, da das Treffen noch nicht zu Ende war und es noch wichtige Dinge zu besprechen gab. Aber er sagte, er müsse jetzt sein Baby baden, und ging unverzüglich.

Damals war es äußerst ungewöhnlich, daß ein Ehemann so häuslich war und eine wichtige Besprechung verließ, um sein Baby zu baden. Alle waren ganz verdutzt.

Es gab auch eine etwa sechzehnjährige Burmesin, die auf dem Generalkonsulat gearbeitet hatte. Dieses ziemlich pummelige Mädchen und ein junger Mann, der aus Singapur gekommen war (er arbeitete für den Geheimdienst der Armee), hatten sich angefreundet und gingen Hand in Hand spazieren, was mir zu der Zeit noch völlig fremd war und mich in großes Erstaunen versetzte.

Die Männer im Lager gebärdeten sich von Tag zu Tag hysterischer. Bei den Beamten aus Kalkutta fing es an.

Herr T. bekam beim geringsten Anlaß, den ihm sein einheimischer Boy Isaak gab, einen Wutanfall. Einmal stach er ihn mit einer Gabel mit voller Wucht in die Wange.

Das Blut floß in Strömen, aber damals konnten Inder sich überhaupt noch nicht wehren. Mir tat Isaak sehr leid, und ich schämte mich unglaublich für die hysterischen japanischen Männer. Ein weiteres schlechtes Beispiel gab der Beamte A. aus Kalkutta. Wenn er schlechte Laune hatte, tat er den Mund von morgens bis abends nicht auf. Auch wenn man ihn mit »Guten Morgen« oder »Guten Tag« begrüßte, reagierte er nicht.

Wenn jeder für sich lebt, fällt so etwas nicht auf, aber im engeren Zusammenleben offenbart sich der Charakter solcher Leute sehr schnell.

Ein Marineattaché und ein Generalkonsul fingen eine Schlägerei miteinander an.

Der Attaché war kein besonders großer Mann, aber sehr kräftig gebaut mit einem furchterregenden Gesicht. Da ich in Shimbashi nur elegante Marineoffiziere kennengelernt hatte, erstaunte es mich, daß es in der gleichen Marine auch solche ungeschliffenen Rüpel gab. Obwohl alle diese Herren der gebildeten Schicht angehörten, breitete sich die Hysterie unter den männlichen Lagerinsassen immer mehr aus.

Frau Iida und ich waren weitaus stabiler. Sie beschäftigte sich mit der Pflanzenwelt des Hochgebirges. Diese Kenntnisse konnte sie nach dem Krieg in ihrem *Art Flower Miyuki Studio* umsetzen.

Eine meiner Lieblingsbeschäftigungen war es, mir auszudenken, wie wir unseren grimmigen Lagerverwalter Murphy umgarnen könnten.

Jede kleine Bitte wies er energisch zurück, und wenn Männer ihn aufsuchten, kam es sofort zu einer Auseinandersetzung. Wenn ich zu ihm ging, lispelte ich kokett wie ein ganz junges Mädchen. Dann sagte er auch – hartgesotten wie er war – pro forma erst einmal nein, ließ sich aber schließlich doch umstimmen.

Er war griesgrämig und sah aus wie ein weißhaariger

Groucho Marx, nur viel bösartiger, aber nach zwei Monaten lächelte er uns von sich aus an und grüßte.

Frau Iida hatte nämlich einen köstlichen Kuchen gebakken, den wir beide ihm überreichten, und das zeigte seine Wirkung.

Es wurde uns erlaubt, mit einem Bewacher zum Einkaufen ins Tal zu gehen, jeden Tag einen Spaziergang zu machen und in einer Petroleumtonne zu baden. Sie war zu einer tiefen japanischen Badewanne umfunktioniert worden, in der einem das Wasser bis zu den Schultern reichte.

Nachts, wenn alle schon schliefen, nahmen Frau Iida und ich ein Bad in dieser Tonne. Wir fühlten uns wie die Dienerinnen in einem Badeort, die immer als letzte baden.

Frau Iida zitierte das Gedicht: »Früher war mir die Welt ein Greuel, doch nun denke ich mit Wehmut an sie zurück.« Sie meinte, ebenso würden wir in zehn Jahren gewiß sehnsüchtig an unsere Bäder in der Petroleumtonne zurückdenken. Diese Vorstellung amüsierte uns sehr.

Als der Frühling kam, blühte der Rhododendron, der blaue Mohn (den es nur im Himalaya gibt), und ein herrlicher intensiver Magnolienduft lag über den Bergen. Alles war von Frühlingsdüften erfüllt.

Hier und da sprangen wilde Affen herum, und wenn man ihnen Brotkrümel anbot, näherten sie sich ganz zutraulich.

Ein junger Konsulatsangehöriger ging spazieren und warf mutwillig einen Stein nach einem Affen, den er damit ziemlich verletzte. Als er am nächsten Tag wieder mit einigen Leuten zusammen spazierenging, griffen über zehn Affen gezielt den Mann an, der am Tag vorher den Stein geworfen hatte. Es soll fürchterlich gewesen sein.

Der indische Wächter zog sein Gewehr (natürlich war es nicht geladen) und erschreckte damit die Affen dermaßen, daß sie flüchteten. Die Geschichte von dem verwundeten

Affen, der das Gesicht seines Peinigers wiedererkannt hatte, kursierte noch eine Weile im Lager.

Täglich wurde mir erneut vor Augen geführt, wie hysterisch Männer sein können, und ich gelangte zu der Überzeugung, daß Frauen in Krisensituationen viel stärker sind. Frau Iida und ich hockten in unserer Badetonne und lästerten über alle möglichen Männer. Auf diese Weise befreiten wir uns von einem großen Teil der Anspannung.

Vor allem ich zog über die Männer her, während Frau Iida eher die Zuhörerrolle einnahm und nur kicherte ... jedenfalls waren wir beide sehr heiter.

So vergingen zwischen Tränen und Gelächter neun Monate.

Da wir ohnehin nicht wußten, wann wir nach Japan zurückkehren konnten, fand ich mich mit unserer Lage gelassen ab. Doch eines Tages saßen wir dann plötzlich auf einem Armeelaster, der bergab ins Tal rumpelte. Das war am 5. August 1942. Der Laster ruckelte so sehr, daß man sich fast die Zunge abbiß. Drei Tage brauchten wir nach Bombay. Ein verdrecktes Schiff, die »City of Paris«, erwartete uns. Sie sollte uns nach Lourenço Marques im Südosten Afrikas bringen, wo wir dem japanischen Transporter »Tatsuta-maru« übergeben werden würden.

Zwei Wochen waren wir bis zum portugiesischen Teil Ostafrikas unterwegs.

Lourenço Marques war eine schöne Stadt. Viele Blumen, die ich noch nie gesehen hatte, blühten dort. Die Menschen waren alle schwarz, und ihre Gesichtszüge unterschieden sich sehr von denen der Inder. Die »Tatsuta-maru« hatte Engländer und Amerikaner an Bord, die man gegen uns austauschte.

Nach der Überprüfung der einzelnen Namen, die drei volle Tage in Anspruch nahm, brach die »Tatsuta-maru« endlich mit uns nach Yokohama auf. Zu jener Zeit galt ein Bild des Kaiserpaares als höchstes nationales Gut, und die Konsulatsangestellten waren dazu verpflichtet, ein solches Bild stets zu behüten. Beim Besteigen der »Tatsuta-maru« trugen die Iidas vorsichtig das Bild des Kaiserpaares im Arm.

Aufgrund einer Vereinbarung mit England war das Deck unseres Schiffes in der Nacht ständig hell erleuchtet. Es gab auch die Abmachung, daß Kriegsgefangenentransporter und Schiffe des Roten Kreuzes nicht bombardiert werden durften.

Aber gegen die Minen, die überall umhertrieben, war man machtlos, und wir legten auch nachts unsere Schwimmwesten nicht ab.

Das über zehntausend Tonnen schwere Schiff bewegte sich unendlich langsam durch die nebligen Nächte, in denen man die Hand vor den Augen nicht sah. Das Horn tutete ununterbrochen ...

Jeden Tag wurde Probealarm gegeben. Dann rannten wir alle so schnell es ging an Deck, verteilten uns auf beiden Seiten und ließen die Rettungsboote zu Wasser. Irgendwie erinnerte mich das an den Film vom Untergang der »Titanic«.

Nach über einem endlos langen Monat legten wir am 27. September 1942 in Japan an.

Kurz daraufging mein Mann nach Burma, und mein Sohn wurde geboren. Bis zum Ende des Krieges und noch in der Nachkriegszeit sollte mir das Schicksal schwer zu schaffen machen.

Nachwort zum ersten Teil

Zunächst möchte ich allen danken, die es auf sich genommen haben, mein Buch zu lesen, denn immerhin handelt es sich um ein Erstlingswerk.

Als ich vor acht Jahren nach Japan kam, hatte Hayashi Ken gerade *Ohana-han*[20] geschrieben, und sein Sohn Hidehiko arbeitete an *Hatokos Meer*. Ich hatte Hidehiko seit seiner Kindheit nicht gesehen und besaß nur ein Foto, auf dem er als Einjähriger ganz vergnügt auf einem Spielzeugelefanten sitzt, den ich ihm geschenkt hatte.

Bei meinem Besuch führte mich Ken überall herum. Er hatte gerade eine Ausstellung seiner neuesten Bilder, die wir besichtigten. Henry Shimanouchi lud uns ins Imperial Hotel zum »Schaljapin-Steak« ein, und alle wußten, daß »Ken und Kiharu« mit dem Einverständnis von Kens Frau die besten Freunde waren.

Ken war damals in ausgelassener Stimmung und sagte, er würde bei meinem nächsten Japanbesuch ein Drehbuch über mich schreiben, das bestimmt viel erotischer und interessanter als *Ohana-han* werden würde. »Gut, im nächsten Jahr komme ich, und dann machen wir das«, stimmte ich zu. Doch ich kam erst acht Jahre später wieder nach Japan. Ken war inzwischen bereits gestorben.

Aus diesem Grund habe ich schließlich selbst zur Feder gegriffen. Es war das erste Mal in meinem Leben, daß ich etwas schrieb, und ich wußte nicht, wie ich vorgehen sollte. So ließ ich einfach die Gesichter der Menschen, die mir lieb waren und an die ich mich wehmütig erinnerte, vor mir erstehen und beschrieb sie mit meinen eigenen Worten.

Als ich von Tôgô Seiji[21] schrieb, hörte ich seine Stimme: »Kiharu, schreib etwas über meine amourösen Abenteuer«. In den japanischen Nachrichten hatte ich von seinem Tod erfahren.

Beim Schreiben fiel mir ein, daß ich bei meinem nächsten Japanbesuch zusammen mit der *Okami-San* vom Yonedaya Satomi Ton[22] aufsuchen könnte, aber da erreichte mich schon die Nachricht von seinem Tode.

Ich hätte auch gerne mit Herrn Horiguchi über Cocteau und das Kanôya in Ybshiwara geplaudert, aber auch er war gestorben. Jedesmal weinte ich und hielt alleine in New York die Totenwache. Als ich im Mai in Japan war, besuchte ich Kens Frau. Obgleich sie Christin ist, erlaubte sie mir, Räucherstäbchen für ihn abzubrennen. Eine Fotografie von Ken, die in ihrem Hause stand, ging mir sehr zu Herzen.

Ich hätte gerne noch Frau Tôgô besucht, aber auch sie war schon gestorben. Die Vergänglichkeit dieser Welt erfüllte mich mit Melancholie.

Für die Entstehung dieses Buches bin ich allen, die daran mitgewirkt haben, sehr dankbar.

Ich konnte nicht anders schreiben, als mir der Schnabel gewachsen ist. Da sehr viele Begriffe aus der Welt der Blumen und Weiden auftreten, bin ich den Redaktionsmitgliedern zu besonderem Dank für die Mühe, die sie damit hatten, verpflichtet. Zahlreiche Stellen mögen für jüngere Leser unverständlich sein, aber da hier eine ganz eigene Welt geschildert wird, bitte ich sie, diese Schwierigkeiten in Kauf zu nehmen, denn auch geringfügige Konzessionen an die moderne Sprache hätten allzu starke Veränderungen zur Folge gehabt.

Mein größter Dank gebührt Herrn Kitani, sowie Herrn Verlagsleiter Käse und Herrn Murakami. Amerikaner, aber auch Japaner, wissen oft nichts über Geishas. Da es viele Menschen gibt, die eine falsche Vorstellung von uns haben, wäre ich glücklich, wenn mein Buch einen kleinen Beitrag zum Verständnis der »Shimbashi-Geishas« leisten könnte.

Ich bin häufig von amerikanischen Universitäten um Vorträge gebeten worden. Da ich über keinen Doktortitel und keine Lehrberechtigung verfüge, wurde ich zu Gastvorträgen von Universitäten in New York, in Miami, in Georgia und in Texas eingeladen. Überall erzählte ich als erstes, daß ich selbst einmal eine Shimbashi-Geisha war. Ich erläuterte, daß die Ehefrauen von Staatsmännern der Restaurationszeit häufig ehemalige Geishas waren, und klärte das Publikum stets gleich am Anfang meines Vertrags über die Mißverständnisse auf, die über Geishas herrschen.

In diesem ersten Teil schilderte ich die Erlebnisse meiner Jugend, wie sie sich vor dem Krieg zugetragen haben. Als nächstes werde ich mein Leben während des Krieges und danach beschreiben. Es waren besonders abenteuerliche und schwere Jahre für mich. Im Anschluß daran ging ich nach Amerika, eine Zeit, deren getreue Schilderung mir auch sehr am Herzen liegt. Daher bitte ich Sie, auch die folgenden Teile zu lesen.

Dieses Nachwort möchte ich mit meinem herzlichsten Dank an die Geisha-Vereinigung von Shimbashi, die mich ausgebildet hat, meine Lieblingsgäste und meine älteren Kolleginnen, die einen wunderbaren Einnuß auf mich hatten, beschließen.

New York, den 1. Juli 1983,
Kiharu

ZWEITER TEIL

Die Evakuierung

Beeil dich ein bißchen! Der Bräutigam ist ja abgehauen, bis wir da sind«, brüllte der Großvater aus Shinden.

Eilends lud ich mir mein Baby auf den Rücken, warf einen Umhang darüber und rannte mit einem Windelbeutel und einem Perückenkasten den Feldweg entlang.

Dort wartete ein Ochsenkarren. Der Alte aus Shinden rollte einen *Futon* für uns und legte ihn auf den Wagen.

»Heute sind es nur zwölf Kilometer.«

Meine Mutter brachte ein schweres Bündel mit Kleidern und reichte es auf den Wagen.

»Auf geht's!«

Der Himmel war strahlend blau.

Am Tag zuvor hatten Kikue vom Haupthaus und ich den ganzen Tag auf dem Reisfeld, das ganz unter Wasser stand, Unkraut gejätet. Die frischen Setzlinge reihten sich nun artig nebeneinander. Mein Söhnchen streckte fröhlich seine Händchen unter dem Kragen des Umhangs hervor, zog an meinen Haaren und plapperte in einer Sprache, die niemand verstand.

»Los, Kleiner, wir fahren.«

Rumpelnd setzte sich der Ochsenkarren in Bewegung. Da es abends auf dem Heimweg empfindlich kühl werden konnte, hatte ich den dicken Umhang angezogen, doch nun wurde es heiß, und ich legte ihn ab. Ein frischer Wind wehte, der Alte summte ein Liedchen vor sich hin, und wir holperten die langsam breiter werdende Landstraße entlang. Seit einiger Zeit fuhr ich etwa einmal in der Woche zu meiner neuen Arbeit.

Man holte mich zu den Bauernhochzeiten in den Nachbardörfern ab, damit ich die Bräute ankleidete und schmückte. Meinen kleinen Sohn nahm ich immer mit. Zu den Hochzeiten kamen die zahlreichen Verwandten und Freunde der Brautpaare, und der Kleine wurde so den ganzen Tag von einem zum anderen gereicht und beaufsichtigt.

Heute hatten wir nur zwölf Kilometer zu fahren, aber manchmal waren die Dörfer zwanzig oder mehr Kilometer entfernt. Doch wir wurden immer mit Ochsen- oder Pferdewagen abgeholt und bekamen soviel Reis, *Omochi* und getrocknete Süßkartoffeln, daß wir diese Gaben kaum nach Hause tragen konnten, und damals hätte man mit Geld sowieso nichts anfangen können. Reis, *Omochi*, Gemüse – Lebensmittel eben – waren besonders willkommen. Für meine Großmutter, meine Mutter, meinen Sohn und mich waren diese Einkünfte der Faden, an dem unser Leben hing.

Als ich in Shimbashi Geisha gewesen war, hatten wir uns zu *Setsubun*, dem Frühlingsfest, immer verkleidet; wir nannten das »Mummenschanz«. Sechzigjährige Geishas gingen als *Hangyoku*, die *Hangyoku* als ältere Geishas, als Krankenschwestern, als Pagen oder sogar als Kindermädchen. Jede ließ sich etwas anderes einfallen. Ich war einmal holländisches Blumenmädchen, einmal Chinesin und einmal Braut. Glücklicherweise hatte ich das Brautkostüm von diesem »Mummenschanz« bei unserer Evakuierung eingepackt.

Damals existierten auf dem Land weder Schönheitssalons noch Brautausstatter. Da die Töchter der Bauern tagein, tagaus schwere Feldarbeit verrichten mußten, waren selbst die hübschesten Gesichter wettergegerbt. Auch wenn Mütter und Tanten sie am Tag ihrer Hochzeit mit weißer Schminke zurechtmachten, sahen sie aus wie »Schwarzwurzeln mit heller Soße«[1].

Als die Tochter von Verwandten unseres Vermieters heiratete, bot ich Kikue an, das Mädchen zu schminken und anzuziehen. Ich trug echte Bühnenschminke auf, lieh ihr eine Perücke und zog ihr einen richtigen Festkimono an. So wurde aus ihr eine entzückende Braut.

Die Perücke war ein erstklassiges Stück von Okayone, der Kimono war schwarz, hatte aber ein sogenanntes, von Erigiku eingefärbtes »Sonnenaufgangsmuster[2]«, bei dem nur der untere Teil bis zum Saum von Kiefern mit Kranichen bedeckt war und an den Ärmeln tiefrosa Pflaumenblüten hinter grünem Bambus hervorlugten. Dazu hatte ich den *Obi* mit Gittermuster gewählt, den ich bei meinem Debüt getragen hatte. Das rotgoldene Täschchen, der pflaumenrosa Unter-*Obi* mit langen Troddeln und die anderen Accessoires riefen hier auf dem Lande große Bewunderung hervor.

Damals trug ein Bräutigam die sogenannte Volksuniform (einen grünlich-gelben Anzug mit Stehkragen, der recht trist wirkte) oder die damalige Felduniform, in der die Männer in den Krieg zogen. Es war selbstverständlich, daß jeder gesunde junge Mann früher oder später eingezogen wurde, und die Eltern sahen es daher als ihre Pflicht an, ihre Söhne vorher noch zu verheiraten. Außerdem wollten junge Paare, die verliebt waren, sich durch eine Hochzeit ihrer Liebe versichern, damit der junge Mann unbesorgt einrücken konnte. Andere beeilten sich zu heiraten, weil sie glaubten, gelassener in den Krieg ziehen zu können, wenn sie – mit etwas Glück – vorher noch ein Kind gezeugt hatten. Die Dorfbewohner freuten sich damals also besonders, wenn sie eine Braut zu sehen bekamen, die so hübsch wie eine Puppe zurechtgemacht war. Meine Fähigkeiten auf diesem Gebiet sprachen sich herum, und ich bekam von überallher Aufträge.

In dieser Zeit erhielt ich einen Brief von Iida Miyuki. Die Nichte ihres Mannes heiratete, also sollte ich in seinen Heimatort kommen und sie zurechtmachen. Auch dorthin nahm ich meinen Kleinen mit.

Die Braut war eine zierliche Person mit einer guten Figur, was mir die Arbeit erleichterte. Alle waren von der schönen Braut begeistert. So erhielt ich eine Menge Reis und viele *Omochi*. Großmutter (mittlerweile 75 Jahre alt), die sich wegen ihres Rheumas kaum bewegen konnte, Mutter, die wegen ihres Herzens bei jeder Anstrengung sofort Atemnot bekam, und mein sechs Monate alter Sohn verdienten natürlich keinen Pfennig – das Ankleiden und Schminken von Bräuten war der einzige Weg, unsere vierköpfige Familie zu ernähren.

Mein Mann war, wie schon berichtet, noch vor der Geburt unseres Kindes nach Burma versetzt worden. Sein Gehalt als Regierungsbeamter und der Familienzuschlag wurden an seine Heimatadresse in Osaka überwiesen. Sein Vater schickte uns in den sechs Jahren von der Geburt des Kindes bis zur Rückkehr meines Mannes keinen Pfennig.

Obwohl er immer betont hatte, was es für eine Schande sei, den Stammhalter seines ältesten Sohnes einer Geisha zu verdanken, schrieb ich ihm am Anfang zweimal und bat ihn, mir doch wenigstens das Gehalt meines Mannes zukommen zu lassen. Da ich aber keine Antwort erhielt, verbot mir mein Stolz, ihn noch weiter zu bedrängen.

»Wenn sie es vergessen haben, sind sie eine sehr nachlässige Familie«, lachte meine Großmutter. Also versorgte ich unseren Sohn aus eigener Kraft. Ich gab mir große Mühe dabei, denn ich hoffte, bei der Rückkehr meines Mannes dafür gelobt zu werden.

Zum Glück war mein Sohn ein sehr robustes Kind und wurde kein einziges Mal krank. Ich selbst war auch bei guter Gesundheit und half beim Reissetzen, beim Unkrautjäten, bei der Weizenernte, grub Kiefernwurzeln aus (aus den Wurzeln gewann man ein Öl, das das Militär bekam). Diese völlig ungewohnte Arbeit hatte für mich durchaus den Reiz des Neuen. Allerdings bestand meine Familie außer mir nur aus zwei gebrechlichen alten Frauen und einem Baby, und alles hing von mir ab.

Ich setzte also Reis und erntete Weizen mit meinem Sohn auf dem Rücken. Einmal wurde er mir zu schwer, und ich setzte ihn auf einer Strohmatte am Feldweg ab und ließ ihn alleine herumkrabbeln. Als ich zufällig hochschaute, blieb mir vor Schreck der Mund offen – er war in das bewässerte Reisfeld gefallen und saß heulend von oben bis unten mit Schlamm bedeckt darin. Danach behielt ich ihn immer auf dem Rücken, obwohl er ein pummeliges Kind und ziemlich schwer war.

Aber ich habe noch nichts über die Zeit vor der Evakuierung geschrieben. Der erste Teil meines Berichts hatte damit geendet, daß wir nach dem Lageraufenthalt im indischen Himalaya nach Japan zurückkehrten.

Nach unserer Ankunft zogen wir zunächst in unser Haus im Stadtteil Ginza. Meine alten Nachbarn und ehemaligen Kolleginnen begrüßten mich freudig. Tôkyô war mittlerweile fast völlig verödet. Auf den Straßen von Ginza standen Frauen, die an Tausend-Stiche-Bauchschützern[3] nähten. Frauen, die im Jahr des Tigers geboren waren, durften so viele Stiche machen, wie sie Lebensjahre hatten. Die anderen Frauen durften jede nur einen Stich machen, aber es heißt »Wenn der Tiger 1000 *Ri* geht, kehrt er 1000 *Ri* zurück«. Man glaubte, wenn eine Tigerfrau die Stiche machte, würde der Soldat nicht fallen und auf jeden Fall zurückkehren. Stand irgendwo eine Traube von Frauen zusammen, hatten sie bestimmt eine entdeckt, die im Jahr des Tigers geboren war.

Damals trugen die meisten Frauen Pumphosen. Wurde eine in einem auffälligen Kimono erwischt, überreichte man ihr eine Karte, auf der die Mahnung stand: »Luxus ist unser Feind«. Einige Damen brüsteten sich aber auch mit der Anzahl der Karten, die man ihnen an einem Tag verabreicht hatte.

Die Teehäuser waren zwar geöffnet, machten aber keine Geschäfte, und die Geishas nähten im Verwaltungsgebäude Fallschirme. Alle Geisha-Vereinigungen stellten Reisklöße für die Soldaten her, die jedoch meist zurückgewiesen wurden, weil sie nach Parfüm und Schminke schmeckten.

»Kiharu, du hast in weiser Voraussicht genau zum richtigen Zeitpunkt aufgehört«, sagten einige neidisch, obwohl schon feststand, daß mein Mann nach Burma gehen würde. Als ich erfuhr, daß ich schwanger war, ergriff mich ein unangenehmes Gefühl der Verlassenheit. Wir hatten uns endlich gerettet und waren zu Hause, aber es bedrückte mich entsetzlich, daß wir doch nicht wußten, was aus uns werden würde.

Zehn Tage vor der Abreise meines Mannes fuhren wir nach Osaka, um uns bei seiner Familie zu verabschieden. Bei diesem Besuch faßten meine Schwiegermutter, die sehr gegen unsere Heirat gewesen war, und ich Zuneigung zueinander, worüber ich sehr glücklich war. Meine Schwiegermutter stammte aus einer alten Familie in Kanazawa und war eine schöne Frau.

»Ich war ganz gegen die Ehe mit einer Geisha. Ich war deine radikalste Gegnerin. Entschuldige bitte«, sagte sie sanft, und ich brach in Tränen aus. Ich liebte es, mit meiner Schwiegermutter spazieren zu gehen oder sie auf ihren Einkäufen in der Nachbarschaft zu begleiten. Wenn wir Bekannte trafen, stellte sie mich immer als ihre Tochter, niemals als ihre Schwiegertochter vor.

Mein Mann hatte zwei jüngere Schwestern, aber sie waren natürlich woanders verheiratet, beide waren älter als ich und hatten schon Kinder.

Ganz im Gegensatz zu meiner Schwiegermutter war

mein Schwiegervater ein angeberisches Großmaul, und ich hatte diesen lautstarken Prahlhans von Anfang an nicht leiden können. (Viel später mußte ich dann feststellen, daß mein Mannes die Eigenschaften meines Schwiegervaters geerbt hatte.)

Der älteren Schwester meines Mannes bin ich nur einmal begegnet, doch die jüngere wohnte ganz in der Nähe meiner Schwiegermutter und war sehr nett. Man sagt, eine Schwägerin sei schlimmer als tausend Teufel, aber von meiner Schwiegermutter und meiner Schwägerin konnte ich das nie behaupten.

Kaum waren wir wieder in Tôkyô, brach mein Mann als Regierungsbeamter mit militärischem Auftrag nach Burma auf.

Bald darauf wurde unser Sohn geboren. Es war keine leichte Geburt, denn ich quälte mich fünfzehn Stunden lang. Ich fand, es grenzte an ein Wunder, daß nach all den Strapazen – die Fahrt auf dem Militärlaster, das Geruckel der Eisenbahn und die Wochen auf dem Schiff– alles gut gegangen war. Außerdem hatte ich keine der Beschwerden, über die die Leute gewöhnlich klagen. Da ich während unseres Lageraufenthaltes und der Reise im Laster und auf dem Schiff viel Kraft hatte aufwenden müssen, war ich erleichtert, ins Entbindungsheim zu kommen. Ich lag fast eine Woche auf der Station, bis das Baby kam, und genoß es, versorgt zu werden.

Während ich in den Wehen lag, wurde im Radio berichtet, wie an allen möglichen Orten japanische Kriegsschiffe versenkt wurden. Wenn ich daran dachte, daß mein Kind am Ende ohne Vater zur Welt kommen würde, schwand mir ab und zu das Bewußtsein, aber der Doktor rüttelte mich wieder wach.

Nach fünfzehn Stunden gebar ich einen kräftigen Jungen. Glücklicherweise lag mein Elternhaus in der Nähe, und meine Mutter konnte mich jeden Tag besuchen. Von ihr bekam ich mehrere Bündel von den damals schon rar gewordenen Baumwollwindeln. Als die Krankenschwester sie wusch und auf dem Dach zum Trocknen aufhängte, wurden sie auch prompt gestohlen. Das passierte drei- oder viermal.

Da meine Großmutter der Ansicht war, man müsse sich nach einer Geburt vier Wochen schonen, um im Alter keine Beschwerden zu haben, blieb ich fünfundzwanzig Tage im Entbindungsheim. Ich verfolgte Tag und Nacht die Kriegsberichterstattung im Radio und weinte ständig, doch mein Arzt tröstete mich und sprach mir Mut zu.

Nach meiner Entlassung hatte ich zum Glück sehr viel Milch. Da eine größere Menge Milch aus meinen Brüsten quoll, als das Baby trinken konnte, verschluckte es sich immer. Früh morgens mußte ich immer eine Metallschüssel voll Milch abpumpen. Diese schüttete ich in den Abfluß vor unserem Haus.

Eines Morgens kam Frau Nishimura von gegenüber angelaufen.

»Um Himmels willen. Es ist eine Sünde, in diesen Zeiten Muttermilch wegzugießen. Ochiyo vom Kawatatsunaka hat nicht genug Milch für ihr Kind, bitte, helfen Sie ihr.«

Ochiyo war ein junges, hübsches Mädchen, das ich gut kannte. Sie hatte als Geisha aufgehört und ein Töchterchen von ihrem Gönner bekommen. Da sie überhaupt keine Milch hatte, hatte das arme Baby Durchfall bekommen und war schon ganz abgemagert. Damals war auch die Milch, die man auf dem Schwarzmarkt bekommen konnte, mit viel Wasser verdünnt, und das Baby war deshalb unterernährt. Da mein eigenes Kind genug zu trinken hatte, bat ich Frau Nishimura, mir das Baby so schnell wie möglich zu bringen. Am nächsten Morgen kam die junge Mutter mit der Kleinen, die wie eine Puppe aussah, zu uns. Da auch die Mutter ein Puppengesicht hatte, war es nur natürlich, daß auch ihr Töchterchen hübsch war.

Das ausgesprochen niedliche Baby hatte große Kulleraugen, war aber jämmerlich dünn. Als ich meine Brust an sein Mündchen legte, saugte es sofort gierig und trank doppelt soviel wie mein eigenes Kind. Dann schlief es zufrieden ein.

Von da an kam die Kleine jeden Tag zweimal zu uns. Nach einem halben Monat kannte sie mein Gesicht und strampelte vor Freude, wenn ich sie auf den Arm nahm. Binnen zwei Wochen hörte der Durchfall auf, und ihre Bäckchen rundeten sich. Wegen des Babys Chizuko brauchte ich meine Milch nicht länger wegzuschütten. Als ich zuviel Milch hatte, waren mein Hals und meine Schultern ständig verspannt gewesen und hatten geschmerzt.

Inzwischen wurde die Weltlage mit jedem Tag kritischer. Ich hatte keine Nachricht von meinem Mann und wußte nicht, ob er lebte oder umgekommen war. Auf einen Brief mit der Nachricht von der Geburt des Kindes und einem Foto von unserem ersten Schreinbesuch, den ich an den Iwakuro-Geheimdienst in Burma geschickt hatte, erhielt ich keine Antwort. Die Bombardierung der Stadt durch die Amerikaner schien unmittelbar bevorzustehen, und einige Leute begannen Schutz-Kapuzen herzustellen.

Mutter und Großmutter beklagten sich nicht, auch wenn die eintreffenden Nachrichten täglich beunruhigender wurden, solange nur die alten Bräuche wie der erste Schreinbesuch mit einem neugeborenen Kind oder das erste feste Essen, das es zu sich nahm, ordnungsgemäß gefeiert wurden. Die Familie in Osaka rührte sich nicht, obwohl sie doch einen Enkel bekommen hatte. Meine Großmutter hatte gedacht, daß mein Schwiegervater bei der Geburt des Stammhalters seines einzigen Sohnes ein großes Tamtam machen würde. Und weil mein Schwiegervater, Angeber der er war, vor der Hochzeit unheimlich groß getan hatte, konnte sie gar nicht begreifen, daß er jetzt, wo mein Mann weg war, gar nichts unternahm. Ich war zwar die einzige Tochter meiner Eltern, doch hatte ich nun einmal geheiratet und konnte mich nicht mehr wie eine Prinzessin auf der Erbse benehmen. Außerdem beschämte es mich sehr, daß alles – die Entbindungskosten, die Babysachen, der erste Schreinbesuch und die Feier zum ersten festen Essen – von meiner Familie bezahlt werden mußte, vor der mir das unsäglich peinlich war.

Meine Schwiegermutter in Osaka hatte eine schwächliche Konstitution, und die beiden Schwestern meines Mannes hatten selbst jede zwei Kinder, und so kamen sie wahrscheinlich gar nicht auf die Idee, sich um meine Angelegenheiten zu kümmern.

Aber meine Großmutter ließ für den ersten Schreinbesuch das Wappen der Familie Ota in einen Noshime-Kimono einfärben, bei dem nur der mittlere Teil mit einem Gittermuster versehen ist. Die Schwierigkeit war, daß es das Tischchen für die Zeremonie des ersten Essens nirgends zu kaufen gab. Aber die Geisha Ohan aus Shimbashi überließ uns ein wunderschönes Lacktischchen (zu dem alles mögliche kleine Geschirr gehörte), das sie drei Jahre zuvor für ihren eigenen Sohn hatte anfertigen lassen. Außerdem schenkte sie uns einen Wäscheständer aus Metall für die Windeln. Ich war wirklich sehr froh darüber, denn damals konnte man suchen, wo man wollte, es gab nichts.

Auch Iida Miyuki besuchte uns und brachte mir Babyjäckchen, niedliche gestickte Laken und Kissenbezüge mit, die sie selbst gemacht hatte.

Inzwischen war in der Nachbarschaft viel von Evakuierung die Rede. Vorsichtige Menschen packten schon ihre wichtigsten Habseligkeiten zusammen und wollten sich in ihre Heimatorte oder zu Bekannten aufs Land evakuieren lassen. Im Frühling 1943 gab es auch im Stadtteil Ginza schon viele, die ihre Häuser verkauften oder sie Bekannten anvertrauten, um mit der ganzen Familie aufs Land überzusiedeln.

Aber wir hatten kein Heimatdorf und auch keine Verwandten auf dem Land, bei denen wir unterkommen konnten. Mein Großvater war schon gestorben, und seine Familie im Dorf existierte nicht mehr. Großmutter und Mutter waren wie ich einzige Töchter. Mein Vater hatte keine Eltern mehr und war als Adoptivsohn in die Familie meines Großvaters gekommen. Meine Großmutter hatte zwar einen jüngeren Halbbruder gehabt, aber der war auch gestorben. Deshalb gab es für uns auf dem Land keine Zuflucht.

Die Gerüchte über ein baldiges Eintreffen amerikanischer Bomber mehrten sich, und mit der Verantwortung für meine Mutter und Großmutter und den Kleinen kam ich immer stärker in Zugzwang. Mit ihnen im Schlepptau die Familie meines Mannes in Osaka aufzusuchen kam nicht in Frage. Ich war völlig ratlos.

Es ist zwar merkwürdig, so etwas von sich selbst zu behaupten, aber ich erzähle es trotzdem. Mit einem unerklärlichen sechsten Sinn erahnte ich stets, wenn irgend etwas bevorstand. Wenn eine Wohnung mir unerträglich wurde und ich das drängende Gefühl hatte, unbedingt umziehen zu müssen, brannte das Haus danach ab oder fiel einer Überschwemmung zum Opfer.

Ich verstehe es selbst nicht, aber ich hatte öfter diese Vorahnungen. Eine Zeit war ein junges Medium namens Fujita Kototome in aller Munde, und meine Großmutter schlug manchmal aus Spaß vor, daß ich Kototome Konkurrenz machen solle.

Auf alle Fälle war es mir unerträglich, in unserem Haus in Ginza zu bleiben. Ich konnte es nicht mehr aushalten. Da ich aber für Großmutter, Mutter und ein Baby verantwortlich war und sowieso nichts Besseres zu tun hatte, als auf die Rückkehr meines Mannes zu warten, bestand keine Notwendigkeit zu bleiben.

Wo sollten wir aber hin, wenn wir das Haus aufgaben?

Meine Großmutter war glücklicherweise damals mit einer sehr netten Familie in Numazu befreundet.

»Die Luft ist gut, die Küste ist der beste Ort, um ein Kind aufzuziehen. Außerdem gibt es frischen Fisch ...«

Also verkaufte ich das Haus, nahm das Angebot dieser Familie an und brachte uns schließlich in Numazu in Sicherheit. Die Familie suchte auch eine Wohnung für uns und nahm alles in die Hand.

Unsere Sachen hatten wir soweit möglich verschenkt und zogen nur mit dem Allernötigsten versehen nach Numazu. Meine Großmutter konnte schlecht gehen, und meine Mutter war auch sehr schwach. Das Gepäck und das Baby waren sehr schwer für mich. Wir hatten ja keinen, der uns half, das war gar nicht so einfach.

Aber irgendwie konnten wir uns dank der Hilfsbereitschaft anderer in Sicherheit bringen. Wir wohnten direkt hinter dem Sengen-Schrein, und die ganze Umgebung war sehr gut für Kinder zum Spielen geeignet. Gegenüber lag ein kleines *Tonkatsu*-Restaurant, und das junge Ehepaar, dem es gehörte, war sehr freundlich zu uns. Ihr ungefähr fünfjähriger Sohn Ken-chan war ein richtiger kleiner Lausebengel. Er spielte jeden Tag im Hof wie ein älterer Bruder mit meinem Kleinen. Dieser schien Kinder sehr zu mögen und war restlos begeistert von Ken-chan.

Ich hatte immer noch zuviel Milch und hätte sie weggießen müssen, wenn ich nicht zweimal täglich das Baby eines Fahrradhändlers auf der Honmachi-Straße zum Stillen bekommen hätte. Hitoshi, der kleine Junge, hatte große Augen, war sehr blaß und mickrig. Nach vier oder fünf Tagen krabbelte er schon auf mich zu. Er begriff wohl, daß ich für die Essenslieferungen zuständig war. Nach einer Weile nahm er zu und bekam rosige runde Bäckchen.

Das Fahrradhändler-Ehepaar war auch sehr nett zu uns. Wenn es frischen Fisch gab, brachte der Mann mir zuerst davon. Mein Sohn hatte also eine Milchschwester und einen Milchbruder. In Numazu standen uns alle hilfsbereit zur Seite, wir bekamen frischen Fisch und hatten insgesamt ein Riesenglück.

Inzwischen hatten die Amerikaner Tôkyô bombardiert, doch wir waren zum Glück in Sicherheit und mußten uns nicht mehr fürchten. Mich schauderte bei dem Gedanken, was geschehen wäre, wenn wir in Tôkyô geblieben wären. Natürlich machte ich mir große Sorgen um unsere Nachbarn und Freunde in Ginza und betete für ihr Wohlergehen.

Als die Luftangriffe allmählich immer heftiger wurden, überflogen die Bomber auf ihrem Hin- und Rückweg auch Numazu. Jede Nacht heulten die Sirenen, und wir begannen, angezogen ins Bett zu gehen. Gerade hatte ich mich noch für den Entschluß gelobt, Tôkyô verlassen zu haben, da konnte ich es auch in Numazu nicht mehr aushalten. Meine Mutter und Großmutter beglückwünschten sich zu unserem ruhigen Leben, doch ich begann, Numazu unerträglich zu finden.

»Jetzt geht das schon wieder los. Ich will nicht umziehen. Warum sollen wir jetzt, wo wir uns endlich niedergelassen haben, schon wieder woanders hinziehen. Ich rühre mich nicht vom Fleck. Wenn du umziehen willst, dann mach das alleine«, schimpfte meine Mutter. Aber Großmutter vertraute meinen »Vorahnungen«.

»Wenn sie sagt, daß sie umziehen will, ist irgend etwas dran. Tun wir, was sie sagt«, stand sie mir bei.

Ich hatte vor, in eine abgelegenere Gegend zu ziehen. Numazu war zwar klein, aber immerhin noch städtisch. Ich wollte richtig aufs Land, wo wir nur von Reisfeldern und Äckern umgeben wären. Also überquerte ich mit meinem Kind auf dem Rücken die Brücke von Numazu und machte mich auf die Suche.

Jeder Winkel, auch die kleinste Hütte, war mit Flüchtlingen vollgestopft. Nachdem wir zehn Kilometer nach

Süden gewandert waren, entdeckte ich in einem Dorf in einiger Entfernung zu einem Bauernhaus eine Scheune. Darin standen zwei Kühe, und neben ihnen war noch ein Raum, in dem man Seidenraupen züchtete. Er war sonnig und etwa zehn Quadratmeter groß. Als ich hineinschaute, sah ich, daß der Raum einen *Tatami*-Boden hatte. Auf halbem Weg zum Haupthaus befand sich ein Brunnen. Wenn ein Zimmermann dort eine kleine Überdachung anbrachte, könnte man dort gut kochen. Kurz entschlossen betrat ich das Haupthaus.

Ich sprach mit einer älteren und einer jüngeren Frau, die gerade von der Feldarbeit zurückkamen, bezahlte die Kaution und die Miete im voraus und verabredete mit ihnen, so schnell wie möglich einzuziehen. Kurz nachdem wir aufs Land gezogen waren, brannte auch Numazu völlig nieder. So hatte ich für uns das Schlimmste verhütet.

Eine Geisha in Pumphosen

AN REGENTAGEN UND im Winter, wenn es auf den Feldern nichts zu tun gab, trafen sich die Frauen aus unserem Dorf und fertigten Schilfhüte an.

In der Scheune oder vor dem Herd der großen Küche des Hauses legten wir Strohmatten aus, auf denen ungefähr zehn Frauen Platz hatten. Sie nahmen mich, die Fremde, sehr herzlich auf, halfen mir, wo es ging, und zeigten mir alles. Auch ich gab mir große Mühe. Man lobte meine Schnelligkeit und mein Geschick, und ich strengte mich besonders an.

Denn wenn ich mich geschmeichelt fühle, kann man alles von mir haben. Sie zeigten mir auch, wie man Reis pflanzt und Weizen erntet, und ich war mit Feuereifer dabei, was immer anerkennend gewürdigt wurde.

Währenddessen ließ ich meinen Sohn, wie es auf dem Lande üblich war, an einem eingelegten Rettich lutschen. Auch wenn es Großmutter und Mutter bei diesem Anblick grauste ... An einem großen Stück salzigen Rettich oder an festen getrockneten Süßkartoffeln zu nagen ist sehr gut für zahnende Kinder. Weil es keine Schnuller zu kaufen gab, nuckelte er zu Hause statt dessen am Knopf des Kesseldeckels oder am Stöpsel einer Wärmflasche.

Mittags aßen wir einen großen Reiskloß, und nachmittags nahmen wir einen »Imbiß«, der aus Tee und eingelegtem Chinakohl bestand. Manchmal bekamen wir von einer freundlichen Hausfrau eine Art ausgebackene Krapfen oder weiche getrocknete Süßkartoffeln. Irgend jemand brachte den Kleinen auch immer zum »Pipi« machen. Da sich so viele Frauen um ihn kümmerten, konnte ich mich in dieser Zeit richtig erholen.

Allerdings hatte ich weiterhin keine Nachricht, ob mein Mann in Burma noch am Leben war. Immer noch wußte ich nicht einmal, ob er den Brief und das Foto von dem Kleinen vom Geheimdienst ausgehändigt bekommen hatte. Aber ich war nicht allein mit meinen Sorgen; es gab kaum eine Frau im Dorf, die wußte, ob ihr Mann, ihr Sohn, ihre Brüder oder ihr Vater noch lebten.

Wenn jemand eine Todesnachricht erhielt, nahm das ganze Dorf Anteil. Aber im Gegensatz zu anderen Toten wurden die Gefallenen, die ihr Leben für das Vaterland geopfert hatten, besonders geehrt und die hinterbliebenen Frauen und Mütter als Heldinnen der Heimatfront gepriesen. Viele von ihnen vergossen keine Träne. Ich an ihrer Stelle hätte im Falle des Todes meines Mannes, Vaterland hin oder her, wie wahnsinnig und hemmungslos losgeheult. Wozu zieht man denn ein Kind groß? Und doch: Wenn Leute von ihren schrecklichen Erlebnissen während der Evakuierung berichten, gerate ich manchmal fast in Verlegenheit, weil wir so gut durchgekommen sind. Ich kann doch nicht als einzige davon schwärmen, wie schön es im Krieg war!

Das etwa zehn Quadratmeter große Seidenraupenzimmer, das ich gemietet hatte, war luftig und lag auf der Südseite der Scheune. Im Winter war das Zimmer schön warm, und meine Großmutter war ganz begeistert, daß sie sich sonnen konnte. Nachts war es, auch bei geschlossenen Fensterläden, kalt, aber mein Sohn und ich waren dennoch kein einziges Mal erkältet. Neben unserem Zimmer wohnten zwei Kühe. Am Anfang steckten sie ihre Köpfe in unser Zimmer, aber weil ich das etwas störend fand, brachte der Zimmermann an der Stelle ein Brett an.

Nachts stießen sie immer mit den Hufen an die Bretterwand. Der Kleine fürchtete sich davor und schrie wie am Spieß. Bis wir uns an diese Geräusche gewöhnt hatten, fielen wir jedesmal fast aus dem Bett vor Schreck. Im Sommer wurden wir von Fliegen und Flöhen geplagt. Mitten in der Nacht sprang ich auf, knipste das Licht an und fing die Flöhe, die überall herumhüpften, mit großem Geschick. Wenn ich mich rühmte, eine Meisterin des Flohfangs zu sein, weinte meine Großmutter.

»Du bist doch kein Affe, daß du damit prahlen mußt, wie gut du Flöhe fangen kannst. Das ist wirklich traurig.«

Trotzdem freute ich mich jeden Abend auf die Jagd und hatte Spaß daran. Als wir ein gelbes Pulver, das Pyrethrum-Chrysanthemenpulver, verstreuten, besserte sich die Plage etwas. Da es aber ein wenig den Hals reizte, bekämpften wir die Flöhe weiterhin auf zwei Fronten. Auf diese Weise schafften wir es am Ende doch, sie loszuwerden.

Im Haupthaus lebte eine Bauernfamilie, doch der Vater war schon vor sechs Jahren gestorben. Bei der Mutter lebten ihre ganz reizende, etwa zwanzigjährige Tochter Kikue und ein siebenjähriger Knabe.

Sie war die zweite Frau des Bauern, denn Kikues Mutter war früh gestorben, und die beiden bestellten nach dem Tod des Vaters den Hof. Außerdem gab es noch den »Speicheropa«. Er war ein jüngerer Bruder des Vaters und schon über fünfzig, nur ein Jahr jünger als der Verstorbene, hatte aber keine Familie, da er der zweite Sohn war, und wohnte allein im Speicher hinter dem Haupthaus.

Jahre später las ich *Die Zummus von Tôhoku* von Fukazawa Shichirû, dabei erinnerte ich mich sofort an den »Speicheropa«. Nicht nur in Tôhoku – in Nordostjapan – auch hier mußten sich die zweiten und dritten Brüder ein anderes Auskommen suchen oder blieben wie der »Speicheropa« unverheiratet und arbeiteten auf den Reisfeldern und Äckern ihrer älteren Brüder.

Der »Speicheropa« war sehr gesprächig. Er unterhielt sich gern mit Mutter und Großmutter und machte es sich, wenn die Türen und Läden geöffnet waren, auf unserer Schwelle bequem. Die zweite Frau sei eine schlechte Person, während Kikues Mutter eine sehr stille, gute Frau gewesen sei, aber sie war gestorben, als Kikue erst in der sechsten Klasse war, und die Stiefmutter und Kikue vertrügen sich nicht gut ...

»Kikue sieht sanft aus, aber sie ist hart, entsetzlich hart ...«, jammerte er.

Der »Speicheropa« fürchtete die zweite Frau seines Bruders und die erwachsene Nichte, aber er betonte ständig, wie wichtig er selbst für die Feldarbeit sei, da es sich um einen reinen Frauenhaushalt handele.

Aber bei den beiden Frauen hatte er als »Faulpelz und Schnapsdrossel«, als »Schlawiner, der nicht arbeitet und nur faulenzt« einen schlechten Ruf.

Dennoch waren die Bauersfrau, Kikue und der »Speicheropa« sehr liebe Menschen, die ich gut leiden konnte.

Kikue ging manchmal aufs Feld und holte uns vier oder fünf Stangen Frühlingszwiebeln. Wir sollten aber ihrer Mutter nichts davon verraten. Außerdem schenkte sie mir einige getrocknete Süßkartoffeln für den Kleinen.

Da ich auf Kikue wahrscheinlich ziemlich jung wirkte, außerdem als Stadtmensch Reis setzte, Unkraut harkte und Strohhüte anfertigte, faßte sie wohl Vertrauen zu mir. Außerdem hatte sie ein für junge Frauen typisches sentimentales Mitgefühl für mich, weil ich nicht wußte, ob mein Mann noch lebte, und ganz allein auf mich gestellt war.

Die Bauersfrau war eine kräftige Person, und wenn sie sah, wie ich mich beim Wasserholen abschleppte, rief sie: »Laß mich das machen.« Dann holte sie mir mühelos und ohne Aufhebens zwei Krüge Wasser.

Da mein Sohn keine Angst vor Fremden hatte, nahm ihn jeden Abend ein anderer Bursche vom Jungmännerverein mit ins Badehaus. Wenn die Jungen auf ihren Fahrrädern den Feldweg entlangfuhren, lief der Kleine ihnen mit Geschrei hinterher. Er mochte alle ohne Unterschied – Grundschüler, Mittelschüler oder junge Männer.

Sein größtes Vergnügen war es, wenn ihn die Jungen abends nach der Feldarbeit besuchten. Gerade hatte er zu sprechen angefangen und sang stolzgeschwellt »Schönes Kusatsu« oder »Das Teepflückerlied«. Diese Liedchen hatten ihm seine großen Freunde beigebracht.

Meine Großmutter und Mutter rümpften die Nase, aber der Kleine schmetterte wohlgemut seine Liedchen. Aber als er später im Zug nach Tôkyô in seiner Babysprache, wenn auch musikalisch begabt, lauthals »Kommt einmal ins schöne Kusatsu« sang, errötete selbst ich ein bißchen.

Damals stand täglich in den Zeitungen, wie unerträglich herzlos die Evakuierten von ihren Wirtsleuten (den Bauern) behandelt wurden, wie hochnäsig die evakuierten Städter waren und wie sie auf die Leute vom Land herabsahen, die ihrerseits keinen größeren Wunsch kannten, als daß »die feinen Pinkel« aus der Stadt möglichst rasch wieder verschwanden. Tägliches Zusammenleben bringt ohnehin viel Sprengstoff mit sich. Ich glaube, sowohl die Städter als auch die Bauern hatten viel zu leiden.

Wir hingegen hatten Glück, und ich hätte mir vorstellen können, noch länger auf dem Lande zu leben, da alle so warmherzig waren. Ich malte mir die Rückkehr meines Mannes aus, wie ich ihm erzählen würde, wie gut uns diese freundlichen Leute behandelt hatten, und wie er darüber lachen würde, daß unser Sohn »Schönes Kusatsu« und »Das Teepflückerlied« schmettern konnte.

Wenn ich in schönen Mondnächten mit dem weinenden Kleinen auf dem Rücken den Feldweg entlangging, weil wir uns vor dem Poltern der Kühe nebenan ängstigten, fragte ich mich manchmal, ob er wohl auch den gleichen Mond betrachtete und ob er mich für meine Anstrengungen loben würde, wenn er meine schwieligen Hände sah, mit denen ich gearbeitet hatte wie eine Bauersfrau. Ich mußte noch etwas Geduld haben. Der Gedanke, daß ich mich nach der Rückkehr meines Mannes wehmütig an alles erinnern würde, gab mir immer wieder neuen Mut.

Im indischen Internierungslager hatte Iida Miyuki ja auch immer das Gedicht »Früher war mir die Welt ein Greuel, doch nun denke ich mit Wehmut an sie zurück« zitiert. Es würde eine Zeit kommen, in der wir uns mit Gelächter an unsere jetzige Misere und unsere Leiden erinnern würden, hatte sie damals gesagt.

Ich mußte mich einfach mehr zusammenreißen ... denn meine Großmutter, meine Mutter und mein Söhnchen hingen völlig von mir ab. Doch glücklicherweise war meine Arbeit als Brautausstatterin sehr gefragt, denn an diesem Faden hing das Leben unserer vierköpfigen Familie.

Die Alten des Dorfes pflegten sich im Tempel zu versammeln und den Mädchen des Jugendvereins beim Kirschblüten-Tanz zuzuschauen. Ich stellte also den Mädchen alle meine geretteten Kimonos zur Verfügung. Aus Papiertaschentüchern schnitten wir Kirschblüten aus, färbten sie mit Rouge und schmückten dürre Zweige damit. Auf diese Weise stellten wir Kirschblütenzweige für den Tempel her.

Die im Tempel versammelten Dorfbewohner, besonders die alten Leute, waren zu Tränen gerührt. In ihrem ganzen Leben hätten sie noch nie einen schöneren Tanz gesehen, sagten sie. Natürlich waren viele von ihnen die Großeltern der Tänzerinnen ...

Ich hatte das aus Dankbarkeit dafür getan, daß ich als Flüchtling so freundlich von allen aufgenommen worden war.

Inzwischen reichte die Muttermilch meinem Sohn nicht

mehr, und ich mußte anfangen, mir Gedanken über feste Nahrung zu machen. Er brauchte Reisschleim aus weißem Reis, Eier und püriertes Gemüse. Damals gab es ja keine Babynahrung.

Auf die Dauer konnte ich mich nicht nur auf das Haupthaus verlassen, sondern mußte mich in andere Dörfer begeben, um Essen zu kaufen.

Es geschah an einem herrlich klaren Tag.

Als ich wie immer mit dem Kleinen auf dem Rücken den Feldweg entlangmarschierte, begegnete ich ein paar Leuten aus der Stadt, die auch unterwegs waren, um einzukaufen. Sie waren aus Numazu und aus Mishima. Die meisten waren Frauen im mittleren Alter, angeführt wurden sie von dem etwa fünfzigjährigen Besitzer eines Geschäftes für Pumpen.

Plötzlich ertönte eine Sirene.

»Fliegeralarm!« Am klaren blauen Himmel tauchten zwei wunderschöne amerikanische Flugzeuge auf, deren Flügel silbrig glänzten.

»Oh, wie schön!« Wir blieben stehen und schauten. Doch der Mann an der Spitze rief: »Schnell, schnell, werft euch hin!«

Alle rannten ins Reisfeld und warfen sich auf den Bauch.

Da ich fürchtete, das Kind auf meinem Rücken könnte getroffen werden, legte ich mich im Gegensatz zu den anderen auf den Rücken und stützte mich mit beiden Armen auf dem Weg ab.

Eines der Flugzeuge brummte tief über uns hinweg. So tief, daß ich das Gesicht des darin sitzenden amerikanischen Piloten erkennen konnte.

»Ratatata ...«, begann das Maschinengewehr.

Ergeben schloß ich die Augen. Ich lag reglos da und überlegte, was aus meinem Kind werden sollte, wenn ich getötet würde.

Der feuerwerksartige Krach riß nicht ab, und als ich endlich furchtsam die Augen öffnete, stieg der Flieger mit der Spitze zuerst, hoch und höher – seine Flügel blitzten noch einmal im Sonnenschein – und verschwand schließlich am blauen Himmel. Das Gesicht des jungen amerikanischen Soldaten blieb mir im Gedächtnis. Schließlich erhob ich mich.

Der Kleine hatte es wohl für ein lustiges Spiel gehalten, als die Flugzeuge kamen und ich mich auf den Rücken geworfen hatte. Er war bester Laune, lächelte und plapperte vor sich hin. Als ich mir den Schmutz von der Hose klopfte und mich umsah, standen sechs von den anderen nicht mehr auf. Der Mann, der an der Spitze gegangen war, erhob sich und brüllte: »Sie sind tot.«

Auch eine Frau in mittleren Jahren, die neben mir lag, rührte sich nicht. Als ich näher hinschaute, strömte Blut aus der Schulter der Frau. Ich zitterte wie Espenlaub und wußte nicht, was ich tun sollte.

»Sie da, laufen Sie ins Dorf, holen Sie Hilfe!« rief der Mann mir zu.

Stolpernd hastete ich los und rannte wie in Trance in die Richtung, aus der ich gekommen war. Wie ich mich hochgerappelt und auf den Weg gekrabbelt war, weiß ich nicht mehr. Mir stockte der Atem, und das Herz schlug mir bis zum Hals. Keuchend rannte ich weiter. Ich rannte, bis endlich die Versammlungshalle des Jugendvereins in Sicht kam.

»Hilfe, kommt und helft!« rief ich mit letzter Kraft. Ein Mann kam heraus. Ich war zu Boden gesunken.

»Sie sind alle tot, tot«, sagte ich und deutete in die Richtung, konnte aber nicht aufstehen. Ich glaube, die Angst lähmte mich. Es schien mir wie ein Traum, daß die Frauen, die noch bis vor ein paar Minuten schwatzend mit mir den Feldweg entlang gegangen waren, jetzt in ihrem Blut lagen. Ich merkte noch, wie mein Sohn mich an den Haaren zog und einige junge Leute lärmend aus der Halle gelaufen kamen, aber danach versank alles im Dunkel.

Viele von den Leuten aus der Stadt, die man mit Ochsenkarren ins Krankenhaus von Numazu transportiert hatte, waren unterwegs gestorben. Nur der Pumpenverkäufer, der an der Spitze gegangen war, und ich, die letzte, waren unverletzt geblieben.

Eines Tages teilte uns Kikue mit, daß kurz vor der Mittagszeit nicht nur die Dorfbewohner, sondern unbedingt auch die Evakuierten ins Haus des Dorfältesten kommen sollten. Meine Mutter begleitete mich, und als wir mit Kikue im Hause des Dorfältesten ankamen, waren dort schon eine Menge Leute versammelt. Etwas sehr Wichtiges wurde gerade übertragen, und der Älteste und seine Frau saßen vor dem Radio.

Doch es war ein sehr altes Radio, und als ein junger Mann aus Shinden am Knopf drehte, piepte es wie eine Dampflok, und außer einem Krächzen war nichts mehr zu hören.

»Heute spricht Seine Majestät der Kaiser zu seinem Volk«, sagte der Dorfälteste.

»Bestimmt sollen wir uns mehr anstrengen und mehr Eisen und Metall spenden«, spekulierte der »Speicheropa«.

Endlich ertönte die leise, hohe Stimme des Kaisers.

»Aha, die Stimme Seiner Majestät«, sagte der Dorfälteste, und alle lauschten gespannt. Man hätte eine Stecknadel fallen hören können. Er preßte sein Ohr ans Radio.

»Ach, der Krieg ist aus, oder?« fragte seine Frau laut.

»Wir haben verloren. Japan hat verloren«, erwiderte er kläglich.

»Jedenfalls ist der Krieg aus, was?« wiederholte seine Frau.

»Genau, weil wir verloren haben.« Als der Dorfälteste zu weinen begann, brachen auch der »Speicheropa«, der junge Mann aus Shinden und überhaupt alle Männer in Tränen aus.

Mir entfuhr ein unwillkürliches: »Gott sei Dank.«

Meine Mutter kniff mich ins Knie, denn jemand, der so etwas sagte, galt als Verräter.

Alle heulten. Die Schultern meiner Mutter bebten. Ich weinte nicht und dachte nur daran, daß jetzt niemand mehr sterben mußte ...

Höllenfahrt in die Hauptstadt

Es GESCHAH AN einem Tag im Frühling 1946. Ich war gerade von den Vorbereitungen für eine Hochzeit zurückgekehrt und hatte viele *Omochi* dabei. Für gewöhnlich waren diese in Zeitungspapier eingewickelt, aber diesmal waren sie in zwei Seiten einer alten Zeitschrift verpackt.

Als ich das Papier zufallig glättete, sprang mir der Name »Kiharu« ins Auge. Überrascht strich ich das Blatt glatt. Es war ein Bericht über ein Gespräch zwischen ausländischen Journalisten, die mit den Besatzungsstreitkräften nach Japan gekommen waren. Die Person, die so ausführlich von mir sprach, war die Korrespondentin Gwen aus Detroit, mit der ich vor dem Krieg befreundet gewesen war.

»Die Japanerinnen sind sehr aufrichtig. Sie stellen ihre Klugheit nicht zur Schau und sind im Vergleich zu Amerikanerinnen viel warmherziger. Was ist wohl aus meiner Freundin Kiharu geworden? Ich hoffe, daß sie noch am Leben ist, und würde sie gern sehen. Sie soll mit einem Diplomaten verheiratet sein und ein Kind haben, aber vielleicht ist sie bei einem Bombenangriff umgekommen. Der Gedanke an Kiharu schmerzt mich. Ich würde sie gern in die Arme schließen.« Das konnte nur meine Gwen sein.

In dieser Journalistenrunde äußerten sich auch andere. Aber in welcher Zeitschrift dieses Gespräch erschienen war, ließ sich aus den zwei Seiten nicht ermitteln. Die andere Seite war mit der Anzeige einer Bank ausgefüllt.

Über den einzelnen Kommentaren standen nur die Initialen der Teilnehmer an der Runde.

Doch ich war glücklich zu erfahren, daß Gwen in Tôkyô war und sich nicht nur an mich erinnerte, sondern sich auch Sorgen machte. Unter allen Umständen wollte ich nach Tôkyô fahren und sie sehen. Und ich wollte unbedingt herausfinden, ob mein Mann noch am Leben war, denn obschon der Krieg jetzt zu Ende war, hatte ich von seiner Familie in Osaka immer noch keine Nachricht. Allerdings hatte ich auch nichts von den Behörden gehört. Da meine offizielle Adresse ja in Osaka war, konnte ich hier gar nichts erfahren.

Als erstes schrieb ich einen Brief an Frau Iida. Ich würde nach Tôkyô reisen, beim Außenministerium vorsprechen und fragen, wo mein Mann sich aufhielt und ob er noch lebte. Wenn ich weiter so tatenlos mit meiner Familie in den Tag hineinlebte und meinen Lebensunterhalt mit der Ausrichtung von Hochzeiten verdiente, konnte ich nicht viel erwarten. Früher oder später würde nichts mehr gehen. Ich mußte mir irgend etwas einfallen lassen, bevor es zu spät war ... Da die Rückkehr meines Mannes völlig im Ungewissen lag, würden wir vier hungern müssen, wenn ich nicht mehr arbeitete.

Die allgemeine Not hatte sich durch die Währungsreform noch verschärft. Um die Inflation zu bekämpfen, waren die Sparkonten mit alten Yen gesperrt worden, und niemand durfte mehr als fünfhundert Yen im Monat für Lebenshaltungskosten ausgeben.

»Natürlich helfen wir Dir dabei, etwas über den Verbleib Deines Mannes ausfindig zu machen. Tôkyô ist völlig niedergebrannt. Wir wohnen in einem Haus, das kaum besser als eine Baracke ist, aber wir haben ein Zimmer, in dem Du übernachten kannst. Komm auf jeden Fall so schnell Du kannst«, schrieb Frau Iida in einem liebevollen Brief.

Ganz Japan war ausgebrannt, und jeder war auf irgendeine Art geschädigt. Eigentlich konnte es sich niemand leisten, sich auch noch um andere zu kümmern, doch Iida Miyuki war gütig wie immer ... Im Vertrauen darauf beschloß ich, nach Tôkyô zu reisen.

Natürlich konnte man nicht einfach zum Bahnhof gehen, eine Fahrkarte kaufen und dann ohne Umstände in den Zug steigen. Zunächst machte ich mir aus einem Handtuch einen Beutel und füllte ihn mit weißem Reis, denn es gehörte sich nicht, ohne Lebensmittel bei jemandem zu erscheinen und zu übernachten, ganz gleich wie freundlich man aufgenommen wurde.

Ich band mir den Reisbeutel um die Hüften, unter die Beinchen des Kleinen, den ich auf dem Rücken trug. Im Morgengrauen ließ ich mich auf dem Ochsenkarren zum Bahnhof von Mishima bringen. Als wir endlich nach ciner halben Ewigkeit ankamen, wartete vor dem Bahnhof eine lange Schlange. Sie war so lang, daß ich mich fragte, ob ich an diesem Tag noch eine Fahrkarte bekommen würde.

Ab und zu kamen mit großem Geschrei ein paar Leute, für die die Schlange kein Problem darzustellen schien. Sie drängten sich mir nichts dir nichts durch die Sperre.

»Das ist doch ungerecht«, schimpften alle, doch man konnte nichts dagegen tun, denn sie gehörten zu den »Siegermächten«. Wir waren zwar von Amerika besiegt worden, aber das waren keine Amerikaner. Auch später habe ich noch viele solche Leute beobachtet, die sich als die Sieger aufspielten und sich damit rüde durchsetzten. Ich fand es sehr verwunderlich, aber keiner sagte etwas. Wenn ich den Kleinen nicht auf dem Rücken gehabt hätte, wäre ich hingerannt und hätte mich beschwert: »Was wollt denn ihr, wir stehen hier auch schon den halben Tag«, aber wenn ich die Schlange verlassen hätte, wäre es ungewiß gewesen, ob ich überhaupt noch eine Fahrkarte bekommen hätte. Also fügte ich mich. Doch es waren auch viele

Männer in der Schlange, die nichts unternahmen. »Sie sind die Sieger, da kann man nichts machen«, brummelten sie nur. Das wiederholte sich jedesmal ...

Da wir so lange stehen mußten, fing der Kleine an zu quengeln, und ich bekam solchen Hunger, daß mir schwindlig wurde.

Ich hatte zwar Reisklöße dabei, aber ich konnte ja nicht gleich alles aufessen, denn ich wußte nicht, wie lange wir noch warten mußten. Die Reisklöße, die wir schließlich nach und nach auf dem Betonboden des Bahnhofs sitzend verzehrten, schmeckten ausgesprochen fade.

Unterdessen wurde es Nachmittag, und als ich endlich die Fahrkarten in Händen hielt, stürmte eine schwerbepackte Gruppe von Schwarzhändlern lärmend den Bahnhof. Ich wollte in den Zug steigen, was mir aber nicht gelang.

Ich konnte nicht einmal zur Sperre vordringen. Der Zug hatte keine Fenster. Sie waren mit Brettern vernagelt. Die Schwarzhändler rissen die Bretter herunter und stiegen durch die Fenster ein. Auch auf dem Dach saßen Leute.

Selbst wenn ich den Mut gehabt hätte, ich konnte mit dem Kleinen auf dem Rücken nichts unternehmen. Einige tollkühne Schwarzhändlerinnen mit großen Körben auf dem Rücken hielten sich außen am Zug fest. Aber da meine Last aus einem lebenden Kind bestand, wollte ich nichts riskieren. Während ich bestürzt die ankommenden und abfahrenden Züge beobachtete, sprach mich ein uniformierter Bahnbeamter an:

»Mit einem Baby auf dem Rücken hat das keinen Zweck. Sie kommen beide ums Leben, sie werden zerquetscht ... Versuchen Sie es erst gar nicht, es ist zu gefährlich.«

»Ich muß unbedingt nach Tôkyô, um mich nach dem Verbleib meines Mannes zu erkundigen«, sagte ich, den Tränen nahe.

»Der erste Zug morgens ist immer etwas leerer. Nehmen Sie den Zug morgen früh um 6.28 Uhr. Sie müssen zwar auch stehen, aber der ist immer noch besser als dieser Höllenzug. Jetzt ist die ungünstigste Zeit, weil die Schwarzhändler auf dem Heimweg sind.«

Er sah meine Fahrkarte an und drückte einen Stempel darauf. Er erzählte mir die Geschichte von jemandem, der von den Ölkanistern der Schwarzhändler zerquetscht worden war.

»Mit einem Baby auf dem Rücken ist es sicherer, auf der Plattform zu stehen, als in der Mitte des Zuges. Man kann sich besser drehen. Wenn es regnet, ist es dort allerdings unangenehm«, meinte er hilfsbereit.

Also betete ich, daß es am nächsten Morgen nicht regnen würde. In der Nähe des Bahnhofs konnte ich wahrscheinlich nicht übernachten. Es gab zwar zwei *Ryokan*, aber ich hatte keine Ahnung, was eine Übernachtung in einem Gasthaus in der Nähe des Bahnhofs kostete. In der damaligen Zeit konnte man ohne Reis nirgends übernachten. Der Reis, den ich dabei hatte, war jedoch für die Iidas bestimmt. Auch wenn ich es vor der Dunkelheit nicht schaffen würde, mußte ich mich wieder auf den Heimweg machen. Ich lud den Kleinen ab, und wir begannen entmutigt nach Hause zu trotten. Es war bereits drei Uhr nachmittags. Unterwegs aßen wir die übrigen Reisklöße und baten in einem Haushaltswarengeschäft um etwas Wasser.

In Mishima gab es sehr klares Wasser, so klar, daß man sogar in den Abwasserkanälen den Grund sehen konnte. Aber ich war nicht unterwegs, um die Landschaft zu genießen. Ich konnte mich nicht an den Schritt des Kindes anpassen, deshalb trug ich es lieber wieder. Allmählich führte der Weg bergauf.

Der Tragegurt für den Kleinen schnitt mir in die Schultern. Weil ich so erschöpft war, wurde er mir immer schwerer, und ich hätte ihn unterwegs am liebsten abgeworfen. Allmählich rötete sich der Himmel ...

Die Sonne versank, und der Mond ging auf. So schön wie auf einem Gemälde blühten Raps und roter Klee. Obwohl ich todmüde war, nahm ich den unbeschreiblich lieblichen Frühlingsduft wahr.

»Morgen fahre ich nach Tôkyô«, dachte ich, während ich den Kleinen, der fest eingeschlafen war und immer schwerer wurde, auf meinem Rücken zurechtrückte. Ich schaute zum dunstigen Mond hinauf und rief meinem Mann zu, der vielleicht auch irgendwo diesen Mond betrachtete: »Bitte, komm ganz schnell zurück.«

Als ich endlich zu Hause war, ließ ich mich kraftlos zu Boden fallen. Ich fragte mich, ob ich es am nächsten Morgen schaffen würde aufzustehen, aber ich durfte noch nicht zu Bett gehen, denn ich mußte die Vorbereitungen für den nächsten Tag treffen. Glücklicherweise konnten wir mit dem Pferdewagen fahren, da der »Speicheropa« früh am Morgen nach Numazu mußte. Damals waren Zigaretten rationiert (pro Tag pro Person vier Stück). Da Frauen diese Ration auch zustand und keine von uns rauchte, hatte ich dem Speicheropa immer unsere drei Rationen gegeben. Das zeigte jetzt seine Wirkung.

Ich schlief den ganzen Weg, bis zu unserer Ankunft am Bahnhof in Mishima. Es war angenehm zu schlafen, während man so gewiegt wurde.

Am Tag zuvor hatte mir der Bahnhofsvorsteher 6.28 Uhr als Abfahrtszeit genannt, aber damals hatten die Züge meist dreißig oder vierzig Minuten Verspätung.

Glücklicherweise kam auch dieser Zug später, sonst hätten wir ihn verpaßt.

Es herrschte zwar nicht ganz das höllische Durcheinander vom Vortag, aber kaum jemand benutzte, wie es sich gehörte, die Zugtüren. Außerdem war es sowieso fast unmöglich einzusteigen, da die Menschen in Trauben am

Zug hingen. Man kletterte durch die Fenster hinein und hinaus.

Es war für heutige Verhältnisse unvorstellbar. Auf dem Dach saßen die Leute, die sich nicht mehr in den völlig überfüllten Zug hatten quetschen können.

Niemand hatte Zeit und Nerven, sich darüber Sorgen zu machen, was mit ihnen geschehen würde, wenn der Zug durch einen Tunnel fuhr. Alleine und ohne Gepäck wäre ich mit einem Satz durch ein Fenster gesprungen, aber mit meinem Pummelchen auf dem Rücken war das unmöglich.

Doch wenn ich es nicht schaffte, in diesen Zug zu steigen, wäre es ganz ungewiß, wann ich fahren konnte. Fest stand, daß der nächste Zug noch mörderischer sein würde. Ich mußte unter allen Umständen mit diesem mitkommen. Mir hätte auch die Kraft gefehlt, mich nochmal um eine Fahrkarte anzustellen. Entschlossen drängte ich mich auf die Plattform.

»Langsam, langsam, du stürzt noch mit dem Kleinen ab.« Ein kräftiger Mann Mitte fünfzig hielt mich an den Trägern fest. Der Zug setzte sich mit einem Ruck in Bewegung. Mehrere Male wäre ich wirklich fast abgestürzt, aber der Mann ließ mich nicht los. Es gelang mir, allmählich die Stufen zu erklimmen und mir einen Platz zu erobern, auf dem ich selbständig stehen konnte.

Innerhalb des Zuges war es unmöglich, sich zu bewegen. Selbstverständlich hatte jeder Zug eine Toilette, aber da die Menschen wie Heringe eingequetscht waren, war es ausgeschlossen, auf die Toilette zu gelangen.

Die Schwarzhändler hatten riesige Körbe und Kisten bei sich. Ihre Anführer gaben von Zeit zu Zeit Kommandos. Unter ihnen waren auch viele Frauen, sehr stämmige, die noch kräftiger wirkten als die Männer.

Es erwies sich als gut, daß ich den gestrigen Rat des netten Bahnhofsvorstehers befolgt und auf der Plattform geblieben war. Wir hatten auch Glück, denn es regnete nicht, und es ging auch kein kalter Wind.

Ohne herunterzupurzeln, erreichten wir erschöpft den Bahnhof von Shimbashi. Der freundliche Mann erkundigte sich, wohin ich denn wolle.

»Nach Higashi-Nakano«, erwiderte ich.

»Ich muß nach Shinjuku, da können wir zusammen fahren.«

Der Kleine auf meinem Rücken mußte Pipi. Wir hatten uns ja nicht bewegen können, und deshalb hatte es keine Gelegenheit gegeben, ihn abzuhalten. Außerdem war ich verzweifelt damit beschäftigt gewesen, nicht von der Plattform zu fallen. So hatte ich auch überhaupt nicht daran gedacht, daß er vielleicht mußte.

»Sie können ihm doch draußen irgendwo die Windeln wechseln«, sagte der Mann. Aber ich hatte ihm keine Windeln angezogen. Aus Angst, er würde den *Futon* der Iidas beschmutzen, hatte ich jedoch welche im Gepäck.

Als wir den Bahnsteig des Shimbashi-Bahnhofs verließen, sahen wir, daß alles niedergebrannt war. Ich war bestürzt, aber immerhin hatte man schon wieder zahlreiche Verkaufsstände aufgebaut, die sich vor dem Bahnhof aneinanderreihten. Sie waren etwa 1,50 Meter breit und mit Schilfrohr gedeckt, die etwas besseren hatten Wände aus Spanplatten. Einige hatten sogar Vorhänge.

An den Ständen wurden Mehlklößchen, Sardinen, Nudeln, gedämpfte Süßkartoffeln, Innereien-Spießchen, *Sake*, Schnaps, Bier und süße Bohnensuppe verkauft. Die Sardinen kosteten sechs Yen, und die süße Suppe zu zehn Yen war bitter und hatte den Nachgeschmack von Süßstoff. Damals sollen viele Menschen durch *Sake* oder Schnaps, der Methylalkohol enthielt, erblindet sein.

Jedenfalls wimmelte es vor Ständen, von denen die Freßbuden von den meisten Menschen umlagert waren. Dazwischen reihten sich Stände mit Arbeitshandschuhen, Wolldecken, Stiefeln und verschiedenen anderen Dingen.

Die Menschen verschlangen ihre Mehlklößchen und Nudeln mit beinahe tierischem Gesichtsausdruck. Diese Gesichter, auf denen sich der blanke Hunger spiegelte, prägten sich mir ein, und mir wurde bewußt, daß es auf dem Land solche Gesichter nicht gab. Natürlich mußten wir auch mit Sumpfschnecken und Süßkartoffelkraut vorlieb nehmen, aber solch gierige Gesichter sah man dort nicht.

Der Mann setzte sich mit mir auf eine Bank an dem verhältnismäßig besten Stand. Dahinter hatte man als Toilette ein Loch gegraben und einen Balken darübergelegt. Als ich von dieser wackligen Einrichtung zurückkam, hatte der Mann Reissuppe bestellt, die jetzt dampfend auf dem Tisch stand. Eine Schale zu zehn Yen. Das schmeckte! Der Kleine war auch ganz begeistert. Außerdem war es auf dem Dorf sehr ruhig gewesen, und er hatte jeden Tag die gleichen Gesichter gesehen. Daher schaute er sich jetzt neugierig und staunend um.

Der freundliche Mann erzählte, daß er nach Ajiro evakuiert worden sei und seine beiden Kinder und seine Frau sich noch dort befanden. Er war allein nach Tôkyô gekommen, um irgendeine Arbeit auf dem Bau zu finden.

Ich berichtete, daß mein Mann nach Burma versetzt worden sei, ich nicht wußte, ob er noch lebte, und mich bei den Behörden nach seinem Verbleib erkundigen wollte.

Der Mann bestellte noch zweimal nach, und als ich bezahlte, entschuldigte er sich mehrmals.

Es genierte ihn offenbar sehr, sich von einer jüngeren Person einladen zu lassen.

In Shinjuku verabschiedeten wir uns. Wir konnten keine Adressen austauschen, und ich erinnere mich nur noch, daß er Herr Ishizuka hieß.

Danach ging ich zu Fuß weiter in Richtung Higashi-Nakano. Der Kleine wollte auch laufen. Er hatte keine Lust mehr, auf dem Rücken getragen zu werden, und rannte mir immer weg. Es war nichts zu machen, also nahm ich ihn an die Hand. Es sah aus, als machten wir einen gemütlichen Spaziergang.

Auf dem verbrannten Gelände standen hier und da Baracken, wenn man diese notdürftig zusammengezimmerten Hütten überhaupt als solche bezeichnen konnte. Daneben blühten hübsche, weiße Blumen, was um so trauriger wirkte. Neben einer Hütte mit verkohltem Wellblechdach und einer Tür aus Strohmatten strömte Wasser aus einem Wasserhahn. Eine waschende Frau rief uns zu: »Was für ein niedlicher Junge! Trinken Sie doch einen Schluck Wasser!« Sie gab uns beiden aus einer kaputten Tasse zu trinken. Wie süß Wässer schmecken konnte!

Es dauerte ziemlich lange, bis wir in Higashi-Nakano ankamen. Dort war auch alles verbrannte Erde. Ich versuchte, mich zu erinnern, wo das Haus der Iidas früher gestanden hatte, und fand es schließlich auch.

Herr und Frau Iida stürzten heraus. Wir waren glücklich, uns heil und lebendig wiederzusehen, was damals nicht gerade eine Selbstverständlichkeit war.

Frau Iida, die uns zuletzt in unserem Haus in Ginza besucht hatte, um mir zur Geburt des Kindes zu gratulieren, war erstaunt, daß der Kleine schon sprechen konnte. Als sie sagte: »Du bist aber groß geworden«, antwortete er: »Ich bin doch ein Mensch«.

Früher hatte er mich immer mit »Schönes Kusatsu« und dem »Bergarbeiterlied«, das ihm die Knaben vom Jungmännerverein beigebracht hatten, in Verlegenheit gebracht, jetzt kam er ständig mit »Ich bin doch ein Mensch.« Wenn ich mit ihm schimpfte, weil er in die Hose gemacht hatte, sagte er auch »Ich bin doch ein Mensch«. Auch zu meiner Großmutter sagte er »Ich bin doch ein Mensch«, wenn sie mit ihm schimpfte. Er wiederholte es ständig, und ich wußte nicht, wer es ihm beigebracht hatte. Obwohl er noch nicht richtig sprechen konnte, hatte er sein »Ich bin doch ein Mensch« sofort parat, wenn jemand etwas sagte, was sehr frech wirkte. Auch ihn die Backe zu kneifen und in den Wandschrank zu sperren half nicht. Frau Iidas kleiner Sohn Yôichi und ihre Tochter Tomoko versuchten immer, ihn dazu zu bringen, »Ich bin doch ein Mensch« zu sagen und amüsierten sich, aber ich als Mutter fand das gar nicht lustig.

In der Dämmerung band ich ihn an einen Baum auf dem verbrannten Feld hinter dem Haus und ließ ihn versprechen, es nie mehr zu sagen. Wenn er sich nicht besserte, so drohte ich ihm, würde ich ihn hier auf dem verbrannten Gelände an den Baum gefesselt lassen, wo niemand ihm zu Hilfe kommen würde. Da schien er doch Angst zu bekommen und sagte es nicht mehr.

Am Tag nach meiner Ankunft machte ich mich zum Außenministerium auf. Nachdem ich viermal von einem Büro zum nächsten geschickt worden war, erreichte ich endlich die zuständige Stelle.

Ich hatte zwar mehrere Briefe an den Iwakuro-Geheimdienst geschrieben, wußte aber nicht, ob sie angekommen waren. Seit drei Jahren war ich ohne Nachricht. Ich erzählte, daß ich unbedingt arbeiten mußte, da ich zwei alte Frauen und ein Kind zu ernähren hatte. Was war mit meinem Mann? Lebte er? War er verschollen? Wenn ich jetzt noch wartete und später erführe, daß er schon längst tot war, würde ich mich dem Kind gegenüber schuldig fühlen. Deshalb bäte ich dringend zu untersuchen, ob er noch am Leben sei. Der zuständige Beamte war ein blasser Mann von fünfzig Jahren.

»Im Moment können wir das nicht ermitteln, aber hinterlassen Sie mir doch die Adresse in dem Ort, wo Sie evakuiert sind, dann werde ich Sie benachrichtigen, sobald wir Klarheit haben.«

Ich schrieb meine Adresse auf dem Lande und die der Iidas auf und bat ihn noch einmal dringend, sich der Sache möglichst schnell anzunehmen. Ich verbeugte mich und wollte gerade gehen, als er etwas sagte, das mich sehr ärgerte.

»Meine Dame, wenn Sie eine Arbeit annehmen, sollte das eine Tätigkeit sein, die der Gattin eines Beamten im Außenministerium würdig ist. Wir haben ein Ansehen zu wahren.«

»Sie sprechen von einer der Gattin eines Beamten würdigen Tätigkeit. Heißt das, daß das Ministerium mir eine passende würdige Tätigkeit vermitteln kann?«

Ungehalten erwiderte er: »Das Ministerium kann sich nicht um Dinge außerhalb seiner Zuständigkeiten kümmern.«

»Was wäre denn eine Tätigkeit, die der Gattin eines Beamten würdig ist?« fragte ich zurück.

»Heute arbeiten viele junge Leute, ohne sich etwas dabei zu denken, in Restaurants, aber diese Art von Tätigkeit schadet dem Ansehen des Ministeriums.«

»Es ist doch bekannt, daß ich zwei alte Frauen, ein Kind und mich selbst bald nicht mehr ernähren kann. Das Ministerium zahlt mir keinen Pfennig Unterstützung. Wenn es kritisch wird, kann ich möglicherweise keine Rücksicht mehr auf das Ansehen des Ministeriums nehmen. Mir ist es wichtiger, meine Familie vor dem Hungertod zu bewahren, als die Ehre des Ministeriums hochzuhalten.«

Ich verbeugte mich und verließ den Raum. Als ich wieder draußen war, begannen mir die Tränen übers Gesicht zu laufen.

Wäre mein Mann doch hier ... wenn auch ohne Arme oder Beine. Wenn er doch nur zurückkäme, dann ginge es uns nicht so erbärmlich. Im Notfall würde ich sogar in einem kleinen Restaurant Teller spülen oder mich vor einen

Freßstand auf Rädern spannen, um meine Familie zu ernähren.

Es konnte doch nicht sein, daß angesichts der jetzigen Lage jemand so einen Unsinn vom Ansehen eines Ministeriums oder der Ehre der Beamten daherredete. Damals gab es in Japan junge Mütter (ich hatte nur ein Kind, aber viele hatten drei oder vier), die in dieser Notsituation der Nachkriegszeit so Schreckliches zu leiden hatten, daß sie nicht einmal mehr weinen konnten.

Erschöpft ging ich zu den Iidas zurück. Ihnen erzählte ich von dem »Ansehen des Ministeriums«.

»Wenn es drauf ankommt, tut das Außenministerium gar nichts, will aber doch sein Ansehen wahren«, ärgerte sich Herr Iida.

Sollte mein Mann nicht sehr bald zurückkehren, ginge es für uns vier um Leben und Tod. Deshalb mußte ich mir während meines Besuches bei den Iidas überlegen, was zu tun war. Dabei fiel mir als erstes Gwen ein.

Am nächsten Tag boten mir die Iidas freundlicherweise an, doch noch länger bei ihnen zu bleiben. Ich war ihnen zutiefst dankbar, denn ich war ja nicht einmal mit ihnen verwandt.

Am nächsten Morgen ging ich zum Presseclub in Marunouchi, dem Treffpunkt der ausländischen Korrespondenten.

Die Straße war als »Zeitungsallee« bekannt, und Journalisten aus allen möglichen Ländern versammelten sich dort.

Am Empfang arbeitete eine Japanerin. Später hörte ich, daß sie den treffenden Spitznamen »Tiny« trug, denn sie war überaus zierlich. Obgleich ich mit meinen Pumphosen und dem Baby auf dem Rücken ziemlich armselig aussah, sagte sie freundlich:

»Gwen ist vorhin weggegangen, aber sie wollte um zwei wieder zurück sein. Sie können auf sie warten.«

Erleichtert setzte ich den Kleinen ab, und diese liebenswürdige junge Dame brachte uns eine Flasche mit einer braunen Limonade.

»Das ist ein amerikanisches Erfrischungsgetränk und heißt Coca Cola«, klärte sie mich auf. Mein Sohn wurde regelrecht süchtig danach und verlangte jeden Tag »Cola Cola«, doch als wir wieder auf dem Lande waren, konnte ich ihm diesen Wunsch eine Weile nicht mehr erfüllen.

Für meinen Sohn war alles, was in der Lobby vorging, höchst interessant. Er kannte ja nichts anderes als unseren Kuhstall. Die Sessel, die Sofas, Tische und prächtigen Blumengebinde nach amerikanischer Art versetzten ihn in Erstaunen.

Die reizende Tiny fragte mich, ob ich Gwen noch von vor dem Krieg kannte.

»Da steht Ihnen eine traurige Überraschung bevor«, sagte sie.

Schon vor dem Krieg hatte Gwen als politische Korrespondentin mit ihren männlichen Kollegen bei der Detroiter Zeitung gleichgezogen. Doch vor fünf Jahren war ihr bei einem Autounfall das Gesicht – wichtiges Gut einer Frau – zerschnitten worden, und obwohl sie sich einer kosmetischen Operation unterzogen hatte, war ihre Schönheit zerstört. Aber ihre blauen Augen seien glücklicherweise unversehrt geblieben und noch genauso schön wie früher, erzählte mir Tiny.

Tiny schien gerade nicht viel zu tun zu haben. Offenbar war sie kinderlieb, denn sie spielte begeistert mit meinem Sohn. Und er, der immer nur mit den rauhen Burschen vom Jungmännerverein gespielt hatte, war von den schönen, manikürten Händen dieses hübschen Mädchens und dem Geschmack des »Cola Cola«, das es ihm zu trinken gab, völlig hingerissen.

Kurz nach zwei ging die Tür auf, und Gwen kam herein. Ich erkannte sie sofort.

Ich lief auf sie zu, umklammerte sie und begann zu schluchzen.

»Kiharu, Kiharu, *you are alive*!« Sie umarmte mich ebenfalls und streichelte meinen Rücken. Als wir uns unter Tränen ins Gesicht sahen, empfand ich tiefste Dankbarkeit darüber, daß wir noch lebten. Gwens linkes Augenlid war von der Braue an verzogen und die Narbe auf der linken Wange noch deutlich zu sehen.

Ich erfuhr erst später, daß sie vor ihrem Unfall Chefredakteurin des Politikteils ihrer Zeitung gewesen war, für eine Frau damals außergewöhnlich. Sie soll sich Männern gegenüber sehr überheblich verhalten haben. Immerhin war sie äußerst kompetent und vermochte sich Respekt zu verschaffen und ihre eigenen Vorstellungen energisch durchzusetzen.

Nach ihrem Unfall soll sie viel umgänglicher geworden sein.

Ich hatte sie vor dem Krieg bei einem Bankett kennengelernt, wir waren zusammen einkaufen gegangen und hatten das Theater besucht. Sie war so tüchtig und patent gewesen, daß ich sie mir damals zum Vorbild nahm.

Als mein Söhnchen auf sie zutapste, nahm sie ihn hoch und küßte ihn: »So ein niedliches Baby.«

Daß er von einer Person mit blauen Augen auf den Arm genommen und geküßt wurde, hatte er noch nie erlebt, doch an den Jungmännerverein gewöhnt, zierte er sich nicht. Er lächelte, und als sie ihn fragte *»How are you?«* plapperte er es gleich nach.

Von diesem Tag an sollte ich als Dolmetscherin und Sekretärin für Gwen arbeiten. Doch ich mußte noch einmal aufs Land zurück, um den Kleinen zu meiner Mutter zu bringen.

An diesem Abend war ich im Presseclub zu einem köstlichen, echt amerikanischen Essen eingeladen. Mein Sohn, der zum erstenmal amerikanisches Essen kostete, war hochbegeistert. Gwen bestrich das weiche Brot reichlich mit Butter und streute Zucker darüber: »Als ich klein war, habe ich das besonders gemocht«, sagte sie und gab es ihm. Während des ganzen Essens behielt sie ihn auf dem Schoß.

»So einen süßen Kleinen habe ja noch nie gesehen«, sagte sie und küßte ihn auf Stirn und Bäckchen. Mein Söhnchen fühlte sich sehr wohl auf ihrem Schoß und lächelte. Da Gwen an die hübschen Gesichter amerikanischer Kinder mit ausgeprägteren Zügen und größeren Nasen gewöhnt war, fand sie wohl ein schwarzhaariges japanisches Kleinkind mit seiner Stupsnase und den weichen Zügen besonders niedlich.

Bis auf weiteres brauchte ich mir wohl keine Sorgen mehr um unsere Ernährung zu machen. An diesem Abend brachte mich Gwen im Jeep nach Higashi-Nakano zu den Iidas. Sie freuten sich mit mir über mein unfaßbares Glück.

Wie dankbar würde mein Mann Gwen sein, wenn er zurückkam! Sie hatte uns vieren praktisch das Leben gerettet.

Am nächsten Tag sagte ich den Iidas meinen heißesten Dank und fuhr auf der Plattform eines Zuges zurück aufs Land. Ich erklärte Mutter und Großmutter die neue Arbeitsmöglichkeit, und wenig später war ich wieder in Tôkyô.

Amerikaner im Blumen und Weidenviertel

GWEN LIESS MICH bei sich in ihrer Wohnung in Mamiana in Azabu übernachten. In diesem Viertel wohnten bedeutende amerikanische Journalisten.

Auf dem großen Sofa im Raum neben ihrem Schlafzimmer schlief ich zum erstenmal wieder richtig gut. Die beiden gebrechlichen Alten, der Kleine, die beiden Kühe und die Flöhe waren einem tiefen Schlaf nicht gerade förderlich gewesen.

Jeden Samstagmorgen (manchmal auch Freitag abends) packte ich zahlreiche Lebensmittel ein und fuhr mit der Tôkaidô-Linie aufs Land. Gwen versorgte mich aus ihren Rationen mit Seife Marke Ivory (es gab damals nur eine fischig riechende aus Walfischtran in Japan, und diese Ivory-Seife war ein begehrter Luxusartikel), Milchpulver, Süßigkeiten, manchmal Brathähnchen, Schinken und so weiter. Ich stand tief in ihrer Schuld. Ich bekam auch Körperlotion und Lippenstifte, wie ich sie noch nie gesehen hatte. Wenn sie zum PX (Post Exchange) ging, dachte sie immer an mich und brachte mir etwas mit. Auch meine Mutter und Großmutter konnten endlich wieder aufatmen. Die beiden hatten zwar nichts gesagt, aber sie hatten jeden Tag befürchtet, daß es irgendwann nichts mehr zu essen geben könnte.

Wenn ich gut und zuverlässig arbeitete, würde Gwen mich im Falle ihrer Rückkehr nach Amerika ihrem Nachfolger oder anderen Presseleuten empfehlen. Das spornte mich an.

Ich begleitete sie zu jedem Interview, das sie mit einem Japaner machte. Wir fuhren nach Nikkô, nach Atami und einmal sogar bis nach Kyûshû, immer in Sonderzügen der Streitkräfte, in denen man sehr bequem sitzen konnte. Meine Wochenendfahrten in den überfüllten Zügen waren halsbrecherische Abenteuer. Daher waren diese Reisen im Sonderzug, bei denen wir mitgebrachte Sandwiches verzehrten, Cola tranken und durch das Fenster die schöne Landschaft betrachteten, wie ein Traum für mich. Dabei hatte ich immer die Gesichter meiner Großmutter, meiner Mutter und des Kleinen vor Augen.

Jedesmal wenn ich etwas aß, mußte ich an sie denken. Auch auf dem Lande waren die Lebensmittel immer knapper geworden. Man ernährte sich von Kartoffelkraut oder in Soyasoße eingekochten Sumpfschnecken, die die Leute auf den Feldern sammelten, oder auch von Kartoffelsuppe. Es war eine sehr schwere Zeit.

Weißen Reis, Tomaten, Eier und dergleichen bekam man selten. Wenn wir diese nahrhaften Dinge ergattern konnten, überließen wir sie meiner Großmutter und dem Kleinen. Meine Mutter und ich aßen lange Zeit kaum etwas Anständiges.

Durch meine Arbeit bei Gwen schlief ich gut und aß gut. So wurde meine rauhe Haut wieder zart. Bis dahin hatte ich auf den Unterschenkeln und Oberarmen einen Ausschlag gehabt. Diese Ekzeme waren die Folge von Unterernährung. Als die Iidas und andere Bekannte von vor dem Krieg mich zum erstenmal wiedersahen, hatten sie bestimmt gedacht: »Die ist aber heruntergekommen«. Aber das kam daher, daß ich fast drei Jahre lang jeden Tag auf dem Feld gearbeitet und die Wäsche im kalten Bachwasser gewaschen hatte. Natürlich war damals an eine Waschmaschine nicht zu denken. Das Geschirr wusch ich am Brunnen. Meine Hände waren aufgesprungen, und es dauerte eine Weile, bis sie wieder geheilt waren.

Seit ich bei Gwen wohnte, aß ich jeden Morgen dick mit Butter bestrichenen Toast. Milch, Zucker und Obst bekam ich, soviel ich wollte. Man kann leicht über die Würde des Menschen reden, aber ich bin überzeugt, daß wir Menschen bis in unser Innerstes verarmen, wenn wir nicht genug zu essen haben.

In dieser Zeit ereignete sich die Tragödie im Hause des *Kabuki*-Schauspielers Kataoka Nizaemon. Dessen Lehrjunge ermordete aus Rache, weil er bei den Mahlzeiten benachteiligt wurde, die gesamte fünfköpfige Familie. Es heißt nicht umsonst, daß Hunger zu allem fähig macht. Ich finde, das stimmt.

Durch gute Ernährung gewann ich meine Vitalität rasch zurück. Da ich jeden Tag Englisch sprechen mußte, machte ich gute Fortschritte. Nach und nach lernte ich Ernest Fulbright und verschiedene andere Journalisten kennen.

Herr Fulbright schrieb später das Gedicht »Tôkyô Rhapsodie«, das ich ins Japanische übersetzte. Meister Kineya Rokuzaemon verarbeitete es zu einem *Nagauta* und trug es in der Sankei-Halle vor. Ich übernahm auch von Azuma Tokuho unterstützt die Moderation und die Erläuterung.

Als so meine Sorgen um den Unterhalt meiner Familie behoben waren, wurde Gwen plötzlich zurück nach Detroit versetzt. Ich bedauerte das nicht nur sehr, sondern hatte das Gefühl, als wäre der Ast, auf den ich mich gerade gerettet hatte, abgebrochen.

Dann hörte ich, daß der englische Journalist Tiltmann, der vor dem Krieg ein Buch geschrieben hatte, in dem ich auch vorkam, sich nach mir erkundigt hatte. Er erfuhr, daß ich für Gwen arbeitete, und wir trafen uns im Presseclub. Es wurde ein tränenreiches Wiedersehen, bei dem jeder glücklich war, daß der andere noch lebte. So luden mich meine beiden Freunde aus der Zeit vor dem Krieg zu einem fröhlichen Abendessen ein.

Als Gwen erzählte, daß sie nach Amerika gehen würde, sagte Tiltmann: »Das trifft sich gut. Meine Frau kommt nach Japan, und ich muß eine Wohnung besorgen. Bis jetzt mußte ich ein Junggesellendasein im Hotel führen. Kiharu, könnten Sie nicht für eine Weile als Haushälterin bei uns arbeiten?« Also zog ich ganz problemlos von Gwens Wohnung zu den Tiltmanns. Da sie außer mir noch ein japanisches Hausmädchen hatten, war diese Tätigkeit sehr angenehm für mich, denn ich brauchte eigentlich nur den täglichen Haushaltsplan zu erstellen.

Wenn Herr Tiltmann ein Gespräch mit einem Japaner hatte, begleitete ich ihn und dolmetschte. Daher hatte ich relativ viel Zeit zur Verfügung und konnte meinen eigenen Studien nachgehen.

Tiltmanns Frau kam aus London. Sie war eine elegante, schlanke, schöne Erscheinung

Sie war eingefleischte Londonerin, und das Ehepaar traf sich nur einmal alle zwei Jahre. Da beide schrieben, hatte ihre persönliche Arbeit und ihr persönliches Leben für sie einen hohen Stellenwert. Seine Frau sagte, sie könne an keinem anderen Ort als London leben, während Herr Tiltmann unbedingt in Japan sein mußte. Sie praktizierten diese Art der Ehe schon seit Jahrzehnten. Sie lebte in London und er in Tôkyô. Dennoch ließen sie sich nicht scheiden. Einmal alle zwei oder drei Jahre besuchten sie sich und lebten für drei Monate zusammen. Danach kehrte jeder zu seinem Leben zurück. Das war zwar eine seltsame Form der Ehe, wie ich sie mir nicht vorstellen konnte, aber seine Frau verhielt sich ganz natürlich, und sie wirkten wie ein Ehepaar, das ständig zusammenlebte. Sie gingen überhaupt nicht gezwungen miteinander um. Abends hämmerte ihr Mann in seinem Zimmer im ersten Stock auf der Schreibmaschine, und sie schrieb in ihrem Zimmer unten am Schreibtisch ruhig mit der Hand.

Beim Essen verhielten sie sich ganz natürlich und wie

ein Ehepaar in mittleren Jahren, das sich gut versteht. Der Anblick der beiden machte mich sehr nachdenklich. Anscheinend konnte eine Ehe auch so funktionieren. Sie waren schon ein interessantes Paar.

Im ersten Teil habe ich schon von Herrn Tiltmann und Fujiwara Yoshie berichtet, die beide bis zu ihrem Tod im Imperial Hotel lebten. Als ich vor einigen Jahren wieder in Japan war, waren Hayashi Kenichi und ich ins Imperial Hotel eingeladen. Henry Shimanouchi hatte uns ein Schaljapin-Steak spendiert. Damals hatte Ken gesagt: »Komm, wir besuchen Tiltmann, wenn wir schon einmal hier sind.«

Wir fürchteten zwar, er könnte uns vielleicht nicht mehr erkennen, aber er erinnerte sich noch ganz genau. Er holte vorsichtig einen ihm vom Tennô verliehenen Orden hervor und zcigte ihn uns. Es war ein wenig traurig, wie aus dem gutaussehenden Mann von vor dem Krieg ein halbblinder, unvorstellbar gebrechlicher alter Mann geworden war. Er war gewiß schon neunzig.

Doch kehren wir zurück ins Tôkyô der Nachkriegszeit. Eines Tages begleitete ich das Ehepaar Tiltmann als Dolmetscherin nach Tsukiji, wo sie von einem Verleger ins Yukimura eingeladen worden waren. Ich hafte gehört, daß das Yukimura umgezogen war und sich jetzt, sehr vergrößert, gegenüber dem Teigeki-Theater befand. Außerdem sollte seine *Okami-San* noch immer genauso aktiv und erfolgreich sein wie früher. Ich hatte mich schon danach gesehnt, sie zu sehen. Obwohl ich den Besuch immer im Hinterkopf hatte, waren meine Tage so ausgefüllt gewesen, daß ich es nie schaffte, meine Schritte nach Tsukiji, Kobichô, Ginza und in die anderen altvertrauten Viertel zu lenken. Ich freute mich also unglaublich, als wir die Einladung ins Yukimura erhielten. Als die *Okami-San* uns entgegenkam, brachen wir beide in Tränen aus, und jede jubelte, daß der anderen nichts passiert war. Die *Okami-San* sah unverändert jung, hübsch und gesund aus. Das Yukimura war viel größer als früher und ein sehr geschmackvolles, elegantes Restaurant geworden. Alle, die einen ähnlich exquisiten Geschmack wie die Tiltmanns hatten, liebten dieses Restaurant, und auch den Leuten, die eine Vorliebe für japanische Schlichtheit hatten, gefiel es dort sehr.

Ich sah dort viele Gesichter von früher, aber auch neue, unbekannte. Anscheinend kamen die Geishas nun nach und nach wieder vom Land in die Stadt zurück.

Wir faßten uns an den Händen und begrüßten uns freudig nach der langen Trennung. Auch meine alten Freundinnen waren dabei.

»Wir haben jetzt auch viele amerikanische Gäste ... und haben uns oft gewünscht, daß du da wärest«, sagte die *Okami-San* nach einer Weile zu mir.

»Wenn du als Dolmetscherin nach Shimbashi zurückkommen könntest, wäre das eine unschätzbare Hilfe. Die Vereinigung will sie unbedingt engagieren«, sagte sie zu Herrn Tiltmann und unserem Gastgeber, und ich übersetzte es natürlich für sie.

»Auch bei uns ist sie unentbehrlich, aber ich sehe ein, daß die Geisha-Vereinigung sie dringend braucht«, sagte Frau Tiltmann bedauernd. Die *Okami-San* des Yukimura, der Leiter der Geisha-Vereinigung Shimbashi, das Teehaus Kikumura, die Geisha Yaechiyo und andere setzten sich sehr für mich ein, und die *Okami-San* des Yukimura sprach noch einmal mit den Tiltmanns. So kam es, daß ich nach Shimbashi zurückkehrte.

Ich behielt zwar meinen alten Namen »Kiharu« bei, hatte mein *Comeback* jedoch als Dolmetscherin. In aller Eile fuhr ich aufs Land, um zwei oder drei Kimonos und *Obi,* die ich vor dem Feuer gerettet hatte, zu holen, kam wie der Blitz zurück und hielt Einzug im Yukimura, wo man mir ein kleines, hübsches Zimmer neben dem der

Okami-San gab. Es war mir eine große Hilfe, daß sie sich auch um Unterkimonos, *Tabi*, *Obi*-Kordeln und andere Kleinigkeiten für mich kümmerte. Am Tag, als endlich mein Wiedereinstieg gefeiert werden konnte, kam Herr Tiltmann persönlich vorbei, um mir zu gratulieren. Er schenkte mir eine schöne Handtasche zum Kimono, und seine Frau schickte mir einen europäischen Taschenschirm. Einen solchen zusammenklappbaren Schirm aus Nylon hatte ich noch nie gesehen. Das Öffnen dieses kleinen, gefalteten Schirmes war wie ein Zaubertrick. Es war ein blauer Schirm mit Rosen. Ich war entzückt, wie hübsch er war, und setzte ihn gleichermaßen bei Regen und Sonne ein.

In der Gegend von Tsukiji lag das ehemalige Marinehospital, in dem amerikanische Verwundete behandelt wurden, außerdem schien es in der Nähe auch Kasernen zu geben, denn schon morgens kamen häufig junge amerikanische Soldaten hereingeschneit. Am Vordereingang hing zwar ein großes Schild mit der Aufschrift *Off limits*, aber manchmal kam durch den Dienstboten- oder Hintereingang doch ein riesiger, schwarzer Soldat herein. Der Koch und die Dienerinnen konnten nichts tun, da sie keinen Ton verstanden, und standen nur zitternd und wie versteinert herum.

In solchen Fällen riefen die Mädchen, die den *Sake* wärmten, und die Tellerwäscherinnen nach mir. Manche Soldaten hatten tatsächlich nicht bemerkt, daß sie nur zum Hintereingang desselben Hauses, das *Off limits* für sie war, hereingekommen waren. Andere hingegen wußten es genau, wollten aber unbedingt einen Blick hineinwerfen.

Da es in Amerika nicht Brauch ist, sich die Schuhe auszuziehen (denn es gilt als unhöflich, sich in Gegenwart anderer seiner Schuhe zu entledigen), stampften sie ungerührt mit Schuhen ins Haus. Alle versuchten sie mit »*No, no«* aufzuhalten, aber die Soldaten traten dessen ungeachtet lächelnd ein.

Dann pflegte ich mich vor vier oder fünf solcher schwarzer Riesen aufzubauen:

»In meinem Land ist es ein schlimmer Verstoß, wenn man mit schmutzigen Straßenschuhen von draußen in ein Haus kommt. Machen Sie sofort, daß Sie wieder in den Flur kommen!«

»Oh, I am sorry«, sagten sie und gingen artig wieder hinaus.

»Am Vordereingang steht ein Schild *Off limits*. Wenn ich jetzt die MP rufe, nehmen sie euch gleich mit. Was wollt ihr überhaupt hier?«

»Wir wollten nur mal reingucken«, gaben die Burschen zu.

»Na gut, ich zeige es euch, aber verratet nichts der MP.«

Ich machte dann eine kleine Führung durch ein japanisches Teehaus für sie. Sie zogen ihre Schuhe aus und trotteten brav hinter mir her. Wenn ich ihnen den großen Saal zeigte, staunten sie. Einmal stand vor einem breiten Rollbild mit Landschaft in der *Tokonoma* eine über einen Meter hohe große Kiyomizu-Vase mit voll aufgeblühten Gebirgskirschblüten. Sowohl den schwarzen als auch den weißen Soldaten stand vor ehrlicher Begeisterung buchstäblich der Mund offen, und sie wiederholten nur immer *»wonderful«* oder *»beautiful«*.

Die von den Amerikanern requirierten japanischen Häuser, auch das von Gwen, wurden von oben bis unten, neu gestrichen. Das Yukimura war jedoch nicht gestrichen, aber weil die Hausmädchen die Balken der *Tokonoma* und den Flur jeden Morgen mit *Tôfu*-Molke polierten, waren sie blitzblank.

Wir wurden oft von Amerikanern gefragt, welche Art von Wachs wir denn benutzten. Doch der Glanz kam vom täglichen Abreiben mit der *Tôfu*-Molke und wurde immer stärker. Wenn wir ihnen den Beutel mit den *Tôfu*-Rückständen zeigten, wollten einige dieses Mittel unbedingt mit nach Amerika nehmen.

Indessen wurde es immer unangenehmer, daß die jungen Geishas kein bißchen Englisch konnten. Es war keine Seltenheit, daß jeden Abend amerikanische Gäste eingeladen waren. Sie waren natürlich die Gäste von Japanern ...

In Kyôto und Osaka lebten viele reiche Chinesen und Koreaner, die ja nun zu den Siegermächten gehörten. Diese Herren »Chi« (China) und »Ko« (Korea), wie wir sie nannten, warfen kräftig mit Geld um sich. In Shimbashi hingegen hatte wir kaum chinesische und koreanische Gäste.

Japanische Regierungsbeamte und auch Industrielle luden vielmehr Gäste aus dem amerikanischen Armeehauptquartier und höhere Ränge des 8. Militärkorps aus Yokohama ein.

Während dieser Zeit mehrten sich allmählich die Gerüchte über die Beziehungen hoher amerikanischer Offiziere zu Geishas.

Diese Damen wurden allabendlich von ihren amerikanischen *boyfriends* zu ihren Engagements gebracht. Wenn sie nach Hause wollten, telefonierten sie und wurden abgeholt.

»Die brauchen keine Rikscha mehr«, lächelten die Kulis säuerlich.

Am Kohlebecken im Zimmer so mancher Geisha saß ein blauäugiger Colonel in einem wattierten kreppseidenen Hauskimono, den er verkehrt übereinander geschlagen hatte, wie der Herr des Hauses. Die jungen *Hakoya* und Rikschaleute suchten diese Orte sehr häufig auf. Die Colonels schenkten ihnen nämlich jedesmal zwei Packungen *Lucky Strikes*.

Eine Geisha, die einen amerikanischen *boyfriend* hatte, hatte aber nicht notwendigerweise auch gute Englischkenntnisse.

Eine der Geishas war die Geliebte eines Fotografen der Zeitschrift Life, während eine andere sich in einen jungen amerikanischen Journalisten verliebt hatte, den Geisha-Beruf an den Nagel hängte und mit ihm in einem kleinen, gemieteten Haus am Meer lebte.

Sie war eine gute Freundin von mir. Der amerikanische Journalist und sie liebten sich wirklich von Herzen. Ich fand es sehr schön, daß sie ihren Beruf aufgab, um mit ihm zusammen ein bescheidenes Leben zu fristen (wundersamerweise blieben sie zusammen, er wurde Chefkorrespondent, und sie gilt als ideale Ehefrau). Damals war eine Geisha, deren Gönner ein hoher Offizier war, der sie mit allem versorgte, sie in einem der damals noch seltenen amerikanischen Wagen mit Heizung und Klimaanlage zu ihren Engagements brachte und wieder abholte, besser angesehen als eine, die mit einem unbekannten Journalisten zusammenlebte. Ich hatte weder besondere Achtung vor solchen Personen, noch war ich neidisch auf sie. Bei den beiden hingegen gefiel es mir, daß sie sich so liebten ...

Jedenfalls kam man in Shimbashi jetzt auf den Gedanken, daß die jungen Geishas zumindest ein bißchen Englisch lernen sollten, da die Zahl der amerikanischen Gäste immer größer wurde.

Auf Bitte von Oyumi unterrichtete ich zweimal pro Woche im Verwaltungsgebäude englische Konversation. Ich hatte meine besondere Methode, denn ich hatte am eigenen Leibe erfahren, daß man im herkömmlichen Englischunterricht nicht viel lernt, wenn man nur mit Grammatik vollgestopft wird. Natürlich nahm ich auch die grundlegende Grammatik durch, aber zusätzlich ließ ich meine Schülerinnen viel auswendig lernen, wie bei Liedern.

Nach ungefähr sechs Monaten hatte es sich herumgesprochen, daß es den Gastgebern amerikanischer Gäste in Shimbashi leicht gemacht wurde, da alle Geishas Englisch verstanden.

Die jungen Mädchen lernten wirklich erstaunlich rasch. Ich glaube, ihr Gehör war durch die *Nagauta-*, *Kiyomoto-* *und Tokiwazu*-Rezitation geschult. Besonders die *Kiyomoto*-Sängerinnen lernten ungeheuer schnell. Bis heute weiß ich nicht, warum.

So war ich jeden Abend als Dolmetscherin bei Banketten dabei und am Tag mit dem englischen Konversationsunterricht beschäftigt. Dabei lernte auch ich sehr viel dazu.

Allmählich wurde bekannt, daß ich wieder zurück war, und wenn andere Teehäuser Schwierigkeiten mit ausländischen Gästen hatten, riefen sie im Yukimura an. Bald kam von überall der Hilferuf: »Kiharu, kannst du bitte mal zu uns kommen?«

Wie vor dem Krieg wurde ich auch nach Yanagibashi und Akasaka gebeten.

»Wir müssen uns gegenseitig helfen, geh ruhig kurz hin. Ich kann dich ja leider nicht ganz für mich behalten«, sagte die Chefin des Yukimura bei solchen Gelegenheiten. Es war ein Glück, daß sie so verständnisvoll dachte. Sie hätte mir als meine Arbeitgeberin verbieten können, in anderen Teehäusern zu arbeiten, und ich hätte nichts dagegen tun können. Doch sie ermutigte mich, so viele Teehäuser wie möglich aufzusuchen, da alle ausländische Gäste hatten und sich oft kaum zu helfen wußten:

»O je, ich weiß schon, ausländische Gäste ... geh zu so vielen Gesellschaften, wie du kannst.« Mir traten vor Dankbarkeit die Tränen in die Augen.

Auch der *Hakoya* Han-*chan*, der vor dem Krieg für mich gearbeitet hatte, war noch am Leben und arbeitete im Yukimura als Portier (er nahm die Reservierung bestimmter Geishas für die Gäste vor). Als Mutter und Großmutter hörten, daß Han-*chan* noch lebte und wir zusammenarbeiteten, freuten sie sich von Herzen.

Jeden Sonntagmorgen stand ich um fünf Uhr auf, packte eine Menge Milchpulver, Obst, Schinken, Hühnchenfleisch, Konserven und Seife ein (wahrscheinlich hielt man mich für eine Schwarzhändlerin) und fuhr aufs Land, wo meine Großmutter, meine Mutter und der Kleine schon warteten. Montag abends war ich rechtzeitig zu meinen Engagements zurück. Die Eisenbahn hatte sich seit den ersten Tagen nach dem Krieg nicht verändert. Ich mußte mich immer noch an der Plattform anklammern oder durch die Fenster springen.

Wenn ich jetzt daran zurückdenke, kommt mir das alles sehr mühsam vor. Ich arbeitete samstags bis spät in die Nacht, stand am nächsten Morgen um fünf Uhr auf und machte mich von Tsukiji zu Fuß zum Bahnhof Shimbashi auf. Dann klammerte ich mich fast vier Stunden lang irgendwo an einer Plattform des Zuges an und ging nach der Ankunft noch etwa zehn Kilometer zu Fuß. Am nächsten Morgen stand ich genauso früh auf und machte mich auf den Heimweg. Doch wenn ich das Gesicht meines Kindes beim Anblick der Mitbringsel sah, war ich für alle Mühsal entschädigt.

Mein Sohn wuchs und gedieh, im Gegensatz dazu verfielen Mutter und Großmutter zusehends. Das war schlimm. Wenn ich noch ein paar Jahre so weitermachte und die drei nicht nach Tôkyô holen konnte, wäre ich bald am Ende.

Doch es herrschte immer noch die Zuzugsbeschränkung, und nur Leuten, die einen absolut zwingenden Grund hatten, war es gestattet, in die Stadt zu ziehen. Daher mußte ich dieses Leben als »Superfrau« noch eine Weile durchhalten.

Bedrohte Teehäuser

Es war in der Zeit des sozialistischen Kabinetts Katayama. Die Sozialisten hatten zum erstenmal die Macht errungen, und die Bevölkerung war einerseits zwar überrascht, andererseits aber auch von großen Hoffnungen erfüllt.

Besonders die Wahl von neununddreißig weiblichen Abgeordneten erregte große Verwunderung. Schon das erst kürzlich eingeführte Frauenwahlrecht war eine Sensation gewesen, aber angesichts der neuen weiblichen Abgeordneten – noch dazu waren es neununddreißig – riß die ganze Nation die Augen auf. Frauen im Parlament!

Als erstes beschäftigte sich dieses Kabinett mit dem Plan, alle Teehaus- und Restaurantbetriebe zu schließen. Ziel dieses Planes war es, die rasch fortschreitende Inflation einzudämmen, denn aufgrund der Lebensmittelknappheit beherrschte der Schwarzmarkt mittlerweile das ganze Land. Vom erstklassigen Teehaus bis zur kleinsten Imbißbude würden alle von der Schließung betroffen sein.

Eines Tages erhielt ich einen Anruf von Okafuku Tetsuo. Er bat mich, so rasch wie möglich in die Verwaltung der Geisha-Vereinigung zu kommen. Die Leiterin war damals Frau Shinohara Haru, die ehemalige Geisha Rieji, die Ende der Meiji- und Anfang der Taishô-Zeit sehr berühmt gewesen war und auch einen Orden bekommen hatte. Ihre Verdienste bei der Leitung der Vereinigung waren enorm. Damals gab es noch die gemeinsamen Tanzvorführugen aller Geishas – die *Miyako*-Tänze von Gion in

Kyôto und die Azuma-Tänze. Sie hatte nach dem Krieg die *Azuma*-Tänze zu neuem Leben erweckt, wobei sie ein sehr niveauvolles literarisches Repertoire mit Stücken wie *Die Mutter des Generals Shigemoto* von Tanizaki Jun'ichirô einführte und den Schriftsteller Funabashi Seiichi als Regisseur engagierte.

Herr Okafuku war die rechte Hand von Shinohara Haru. Ohne ihn hätte sich Shimbashi nach dem Krieg nicht so entwickeln können.

Frau Shinohara betrieb das Geishahaus Kikumura, das wie eine große, schöne Villa aussah. Für mich war sie einfach die »Mutter vom Kikumura«, und sie hatte mich auch sehr gern.

In der Nachkriegszeit besuchte ich sie öfter mit meinem Sohn. Er war drei Jahre alt und nahm alles begierig auf. Das *Kiyomoto* »Der lustige Mönch« *(Ukare bôzu)*, das sie ihm beibrachte, konnte er sofort, und Frau Shinohara prophezeite ihm eine große Karriere in der Theaterwelt. Er würde einen guten Schauspieler abgeben, da er alles so mühelos aufnahm, und bestimmt ein Star werden, wenn ich ihn von einer berühmten Schauspielerfamilie adoptieren ließe.

Mein Sohn liebte seine »Oma Kikumura« und quengelte dauernd, daß wir sie besuchen sollten. Wir waren kaum angekommen, da krabbelte er auf ihren Schoß, und sie brachte ihm Passagen aus Theaterstücken bei. Heute ist er Beamter im Staatsdienst, aber alles wäre bestimmt ganz anders gekommen, hätte ich ihn – dem Rat von Frau Shinohara folgend – in eine *Kabuki*-Familie gegeben.

Herrn Okafuku zufolge sollte also eine Anzahl dieser frischgebackenen weiblichen Abgeordneten ins Verwaltungsgebäude kommen und eine Debatte abhalten. Er bat mich, – oh, Schreck – ebenfalls zu erscheinen.

Wenn ich nur daran dachte, daß zehn dieser ersten weiblichen Abgeordneten unseres Landes – alles akademisch gebildete Damen – zu diesem Treffen erscheinen würden, lief es mir kalt den Rücken herunter.

»Die Abgeordneten machen mir Angst«, sagte ich zu Herrn Okafuku.

»Was redest du? Du hast so viel gelernt und auch Lebenserfahrung. Sag einfach, was du denkst, das genügt«, ermutigte er mich. Trotzdem war ich ängstlich und verzagt. Zu dem Anlaß wählte ich einen möglichst unauffälligen weißgesprenkelten Kimono in einem bläulichen Grau.

Obwohl ich das Verwaltungsgebäude von zahlreichen Besuchen sehr gut kannte, war ich diesmal im Aufzug ganz steif vor Aufregung.

Im Konferenzraum hatten die Damen schon Platz genommen. Es fielen die Namen Frau Katô Shizue und Frau Akamatsu Tsuneko von der Sozialistischen und Kiuchi Kyô von der Demokratischen Partei. Alle äußerten ihre Meinung frei und redegewandt, doch aus ihrem Munde klang es, als wären die Teehäuser und Geishas Feinde des Volkes. Sie betonten in sehr drastischer Ausdrucksweise, daß diese keine Existenzberechtigung hätten und abgeschafft werden müßten.

Das alles legten sie in so hochgestochenen, gebildeten Worten dar, daß ich zu eingeschüchtert war, etwas zu unserer Verteidigung hervorzubringen.

Aber nur schweigend dazusitzen brachte ich auch nicht fertig. Also erhob ich mich zaghaft.

»Akademisch gebildete Damen wie Sie können jederzeit und ohne Schwierigkeiten eine passende Arbeit finden, um ihre Familie zu ernähren ...«, begann ich und wurde allmählich ruhiger.

»Doch Frauen von einfachen Soldaten und Seeleuten haben, ebenso wie ich, keine Ausbildung genossen und sind wie die Frauen von Kuma-San und Hattsan[4] aus dem *Rakugo*. Ihre Männer waren alle an der Front, und sie wissen nicht, ob sie überhaupt noch am Leben sind. Mit Kindern und alten Eltern haben sie keine andere Wahl, als sich ihren Unterhalt mit kleinen Imbißbuden für Nudeln, Hähnchenspieße oder Eintöpfe zu verdienen. Das ist ihre einzige Möglichkeit, ihre Familien zu ernähren. Ich selbst habe zwei alte Menschen und ein Baby zu versorgen. Deshalb arbeite ich in Teehäusern, bis mein Mann, von dem ich nicht einmal weiß, ob er überhaupt noch lebt, zurückkommt. Zur Zeit arbeiten in Tôkyô eine Viertel Million Frauen im Gaststättengewerbe. Die einzige Wirkung, die eine Schließung dieses Geschäftszweiges zur Folge haben kann, ist, daß mehr Mütter mit ihren Kindern Selbstmord begehen werden. Viele Menschen werden verhungern müssen. Vor einer Schließung müssen Sie sich bitte zuerst einmal Gedanken über Arbeitsbeschaffungsmaßnahmen für diese Leute machen.«

Obwohl ich nicht weinen wollte, kamen mir doch die Tränen, meine Stimme zitterte, ich wiederholte mich und stotterte.

Als ich mich umsah, sah ich, daß eine große, freundlich wirkende ältere Dame in einem schwarzen Überzieher während meiner Rede zustimmend nickte. Daraufhin sprach ich nur noch zu ihr. Es war Frau Kiuchi Kyô.

Fast alle diese Abgeordneten strahlten Zurückhaltung und Kälte aus und vermittelten den Eindruck, daß ich eigentlich unter ihrem Niveau war und Geishas eine Sorte Mensch wären, die nicht würdig war, gehört zu werden. Sie tuschelten miteinander und lachten. Obwohl ich meine Worte unter Tränen hervorstieß, hatte ich das Gefühl, daß sie mir gar nicht richtig zuhörten. Deshalb war ich Frau Kiuchi besonders dankbar dafür, daß sie mir in die Augen schaute und aufmerksam nickend lauschte.

Später sind wir gute Freundinnen geworden.

Ich kämpfte unter Tränen ganz allein gegen die Schwerthiebe dieser Damen. Doch sie argumentierten mit geschickten Formulierungen, so daß ich im Grunde hilflos war. So ging die Versammlung zu Ende. Alle meine Anstrengungen blieben fruchtlos. Anscheinend befürworteten alle die Schließung. Allein Frau Kiuchi zeigte Verständnis.

Gleichgültig wie sehr ich mich um Gerechtigkeit bemühte, es bewirkte nicht mehr als das Zähneknirschen getrockneter junger Sardinen.

Was konnte ich noch tun?

Damals war das General Headquarter die letzte Instanz. Alle Verordnungen und Erlasse waren vom GHQ unterzeichnet.

Also wandte ich mich dorthin.

Ich wollte zuerst den Abteilungsleiter des Ressorts für Arbeit aufsuchen, um ihn um Arbeitsbeschaffung für diese Viertel Million Frauen zu bitten, ohne die viele verhungern müßten und die Selbstmorde von Müttern und Kindern zunehmen würden. Ich würde alles verständlich erklären können, da ich selbst eine Betroffene war. Dem Amt für Wirtschaft und Wissenschaft des GHQ war das Ressort für Arbeit unterstellt, das James K. leitete. Ob er mich wohl empfangen würde? Ich fürchtete fast, von seiner Sekretärin kurz abgefertigt und weggeschickt zu werden.

Doch ich wurde vorgelassen. Er war ein außergewöhnlich attraktiver Mann, eine intellektuellere und freundlichere Ausgabe von Johnny Weißmüller, der in der Vorkriegszeit ganz Japan als Tarzan begeistert hatte.

Ich trug mein Anliegen eifrig vor, und berichtete, welche katastrophalen Auswirkungen eine Schließung der Imbißbuden und Teehäuser haben würde. In Japan gebe es zur Zeit nur wenige Frauen mit Universitätsabschluß, wohingegen eine Viertel Million Frauen ihre Eltern und Kinder mit ihrer Hände Arbeit ernähren müßten, während sie auf die unbestimmte Rückkehr ihrer Männer hofften. Die gegnerische Seite bestünde ausschließlich aus akademisch gebildeten Damen, gegen die ich alleine nichts ausrichten könne. Deshalb hätte ich mich an ihn gewandt.

Die gütigen Augen von Herrn K., der immer wieder verständnisvoll nickte, beruhigten mich sehr. Ich erzählte ihm von einer Demonstration gegen die Schließung der Teehäuser.

Wir hatten uns in Karasumori getroffen und waren von dort aus losmarschiert. Nach und nach hatten sich viele Mütter mit Säuglingen auf dem Rücken dem Zug angeschlossen. Ich ging mit einem Transparent in der Hand an der Spitze, und viele Zuschauer dankten mir und sagten mir ermutigende Worte. Als der Zug die Gegend von Toranomon erreicht hatte, bestand er bereits aus achtzig Personen. Auch davon berichtete ich.

Ich zeigte ihm auch Fotos. Alle Frauen hatten entweder ein Baby auf dem Rücken oder Kleinkinder an der Hand und blickten sehr ernst.

K. schaute mich mit seinen blauen Augen an.

»Das tut mir alles sehr leid. Ich werde mich bemühen, Sie nicht zu enttäuschen.«

Während ich mich mit ihm unterhielt, schauten mehrmals Offiziere und Zivilisten herein. Es schien nicht oft vorzukommen, daß eine junge Frau im Kimono das Arbeitsamt aufsuchte.

Danach sprach ich hartnäckig jeden Tag bei ihm vor.

Eines Tages wurde ich zu einer Versammlung der Geisha-Vereinigung von Shimbashi eingeladen, an der auch die Chefinnen vom Nakagawa in Akasaka und vom Inagaki, Kamesei und Ryûkôtei in Yanagibashi teilnahmen.

Ihnen berichtete ich alles bisher Geschehene.

Der Leiter des Arbeitressorts sei sehr umgänglich, erklärte ich ihnen. Ich hätte das Gefühl, daß er uns behilflich sein könnte. Wir müßten nur etwas Geduld haben. Nicht nur für Shimbashi, sondern auch für Akasaka und Yanagibashi, eigentlich für alle Teehäuser und Gaststätten ginge es um Leben und Tod.

Ich war sehr stolz, daß mich die Chefinnen für meinen

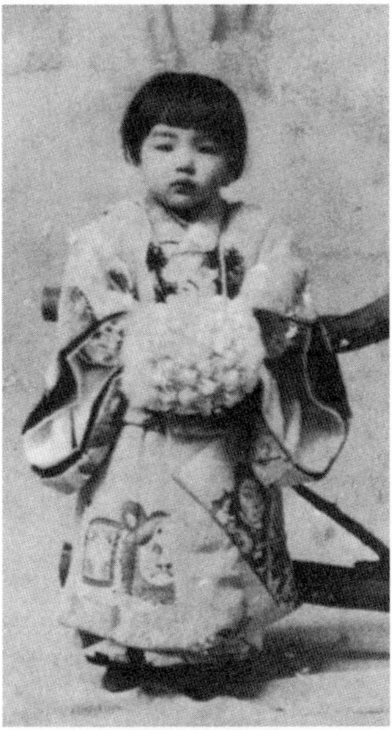

Oben links:
Mit eineinhalb Jahren.
Oben rechts:
Mit dreieinhalb Jahren.

Mit meiner Mutter im Sommerurlaub in Numazu (ich bin zehn Jahre alt).

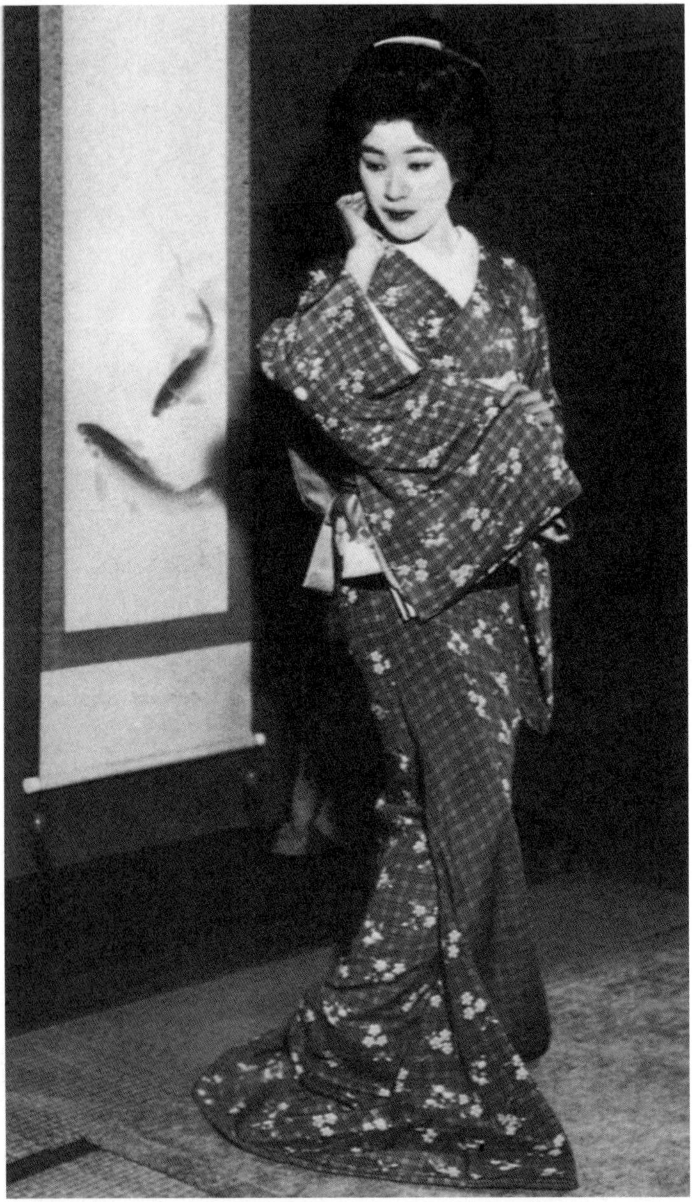

Festlich geschmückt für ein formelles Engagement.

Links.: Bei mir zu Hause in Nishi-Ginza 7. Block. So sahen die Geishahäuser aus.

U.l.: Das Shamisen-Spiel war meine Stärke.

U.r.: Beim Schminken mit Perücke.

O.l.: Als etwa 20jährige Geisha vor dem Krieg.

O.r.: In meinem Puppengeschäft »K«.

Flugunterricht in Tokorozawa.

So sah ich aus, wenn ich mit Konoe Hidemaru ausging.

Bei meiner Hochzeit im Herbst 1940.

O.l.: Die japanische Mata Hari im Sari.

O.r.: Die Journalistin Gwen aus Detroit und ich.

U.: Mit Ota Kazuo in dem Ford V8, den ich durch den Verkauf meines Diamantringes finanziert hatte.

Der Colonel und ich beim internationalen Kriegstribunal.

Linke Seite:
O.l.: Mit meinem vierjährigen Sohn in Shinagawa.
O.r.: Mit N. vor unserem Haus in Azabu.
U.: Beim Englischunterricht für die Geishas. *2.v.l.* ist Oyumi, die alles ermöglichte.

Als Fotomodell am Canon-Stand auf einer Messe Ende der 50er Jahre.

Linke Seite:
O.: N. und ich mit den Mitgliedern des Fotoclubs der Tôkyôter Universität.

U.: Bei einer Party, die für die weiblichen Offiziere gegeben wurde. Ich sitze neben der Dame vor dem Tokonoma.

Etwa 1960 vor dem »Nakamura Gift Shop« in Brooklyn.

Rechte Seite:
Im »Nakamura Gift Shop«. Japanisches Geschirr war damals nicht leicht zu bekommen.

Vorbereitungen für Madame Butterfly.

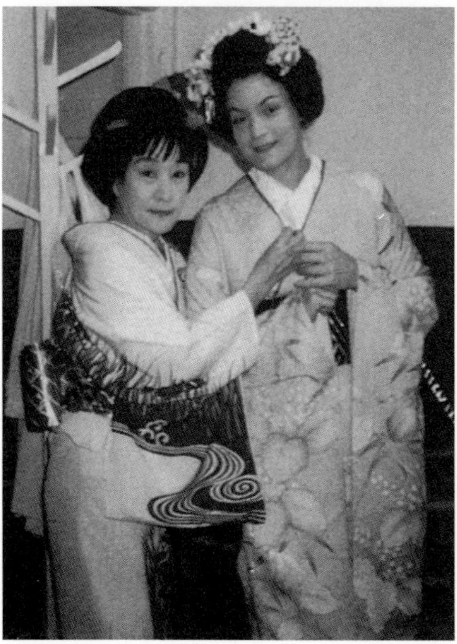

O.: Beim Tanzunterricht an der Universität von Alabama.

Am Eastman-Kodak-Theater in Rochester als Beraterin für die Aufführung der Madame Butterfly.

O. und u.r.: Andrew und ich beim italienischen Straßenfest in New York.

In meiner New Yorker Wohnung.

Einsatz lobten und mich baten, ihre Sache weiter zu vertreten. Bald löste sich das Problem, das alle in Angst und Schrecken versetzt hatte, glücklicherweise ohne großes Aufhebens.

In diesem Zusammenhang erlebte ich folgende kleine Episode. Die junge Lehrerin Mrs. Right mit dem blonden Pferdeschwanz unterrichtete modernen Tanz an der Washington-Heights-Schule. Sie war zierlich und sehr gelenkig, trug immer Shorts und Gymnastikhosen und machte einen heiteren, sympathischen Eindruck.

Ihr Mann war Chefredakteur der Zeitung *Stars and Stripes,* die die amerikanischen Streitkräfte herausgaben. Durch den Kontakt mit seiner Frau kam ich auch mit ihm näher ins Gespräch. Eines Tages nahm ich an einem Barbecue in ihrem Garten teil, zu dem sie mehrere amerikanische Freunde geladen hatten. Nach dem Essen sagte er mit einem bedeutungsvollen Blick zu mir:

»Soll ich Ihnen mal etwas erzählen?«

»Was denn?«

Seine Frau und er wechselten einen Blick.

»Jim hat uns etwas Interessantes erzählt.« Jim war der besagte Herr K. vom General Headquarter.

»Er hatte am Vormittag Besuch von einer Japanerin und am Nachmittag von einer anderen.«

Um unsere Bemühungen um die Teehäuser zu vereiteln, war eine der sozialistischen Abgeordneten tatsächlich ebenfalls zum GHQ gepilgert. Diese Dame hatte ihn am Morgen beehrt und die Schließung aller Teehäuser und Gaststätten gefordert. Am Nachmittag war ich bei ihm gewesen und hatte meine Version vorgetragen. Davon war Herr K. ziemlich überfordert gewesen. Ich war froh, dieser Dame nicht in die Arme gelaufen zu sein.

»Morgens suchte mich eine der intelligentesten Frauen Japans auf, eine der führenden Politikerinnen des modernen Japan, und am Nachmittag kam eines der charmantesten und hübschesten Mädchen des Landes zu mir«, hatte Herr K. dem Chefredakteur Right erzählt.

»Die gebildete Dame war Frau K. von der Sozialistischen Partei, und die hübsche war Kiharu«, lachte er und wechselte einen Blick mit seiner Frau.

Ich hatte überhaupt nicht mit einem solchen Kompliment von Herr K. gerechnet, denn als Bittstellerin hatte ich mich eher erbärmlich und niedergeschlagen gefühlt. Nun freute ich mich um so mehr, daß er mich ein »hübsches Mädchen« genannt hatte.

Eine Spendenaktion

EINES TAGES ERHIELT ich einen Anruf von Frau Kiuchi. Die Abgeordneten beabsichtigten, einen Hilfsfond für Kriegswaisen einzurichten und baten um unsere Mitarbeit. Da ich Frau Kiuchi sehr mochte, versprach ich, sogleich mit meinen Freundinnen zu sprechen und sie um ihre Unterstützung zu bitten.

In der Nachkriegszeit lebten viele Kinder in den Unterführungen von Ueno, Asakusa und Ginza, wo sie auch übernachteten. Ihre Häuser waren abgebrannt und die Eltern tot. Diese Kinder, von denen die kleinsten ungefähr fünf und die größeren vierzehn oder fünfzehn waren, wußten nicht, wohin. Sie waren völlig zerlumpt, sahen schlimmer aus als die Bettler, halfen sich jedoch gegenseitig. Einige von ihnen waren unglaublich gerissen. Man nannte sie »Schlitzer«, denn sie klemmten sich Rasierklingen zwischen die Finger und streiften damit die Handtaschen der Frauen und die Aktentaschen oder Hosentaschen der Männer. Dann stibitzten sie äußerst geschickt Geld und andere Dinge aus diesen aufgeschlitzten Taschen.

Im Gegensatz zu erwachsenen Taschendieben brauchten sie nicht einmal besondere Tricks anzuwenden, denn da sie Kinder waren, wirkten sie zunächst einmal harmlos. Schon Sechsjährige brachten es zu genialer Meisterschaft auf ihrem Gebiet.

Verlaust und verdreckt lungerten viele auf der Straße herum. Aber jedermann war mit seiner eigenen Jagd nach Nahrung beschäftigt, und niemand tat etwas für sie.

Sie rannten hinter den Besatzungsoldaten her und bettelten.

»No mama, no papa, no yen.«

Diese einfache, aber zutreffende Erklärung erheiterte die amerikanischen Soldaten.

Da der Hilfsfond von Frau Kiuchi geplant worden war, sprach ich sofort meine jüngeren Freundinnen Shigeno, Reiko, Nanae und Matsuno an, die sich gerne zur Mitarbeit bereit erklärten. Ihr jugendlicher Enthusiasmus war noch ungebrochen. Ältere Geishas konnten sich kaum an eine Straßenecke stellen und Geld sammeln. Die jüngeren hingegen machten ohne Vorbehalte mit. Jede von ihnen wünschte sich, den verlausten Kindern, die in der U-Bahn oder auf der Straße lebten, den Bauch füllen zu können ...

Frau Kiuchi riet uns, uns an einem Wochenende auf der Brücke von Sukiyabashi zu postieren, und zwar von elf Uhr vormittags bis drei Uhr nachmittags. Dort kämen die meisten Leute vorbei, da die Redaktion der Zeitung *Asahi Shimbun*, ein Revuetheater, der Bahnhof Yûraku-chô und ein kleiner Park in der Nähe seien.

Zehn Tage vor diesem Termin begann ich, allabendlich unsere Gäste anzusprechen.

»Nächstes Wochenende stehen wir an der Brücke oder in der Gegend des Parks in Yûraku-chô und sammeln für die Kriegswaisen. Bitte, kommen Sie doch auch mal vorbei.«

»Wir sind auch da«, riefen Shigeno, Matsuno, Reiko und Nanae, und alle Gäste versprachen, etwas zu spenden.

An diesen Tagen fanden wir uns vormittags um halb elf, ungeschminkt, nur mit ein wenig Lippenstift, und in unauffälligen feingemusterten oder kreppseidenen Kimonos an unserem verabredeten Treffpunkt ein. Alle waren jung und frisch. Damals trugen noch viele der bürgerlichen Frauen Pumphosen, und ihre Gesichter waren von der Niederlage gezeichnet. Daher wirkten meine jungen

Freundinnen in ihrer jugendlichen Begeisterung und Frische sogar auf mich als Frau wunderhübsch.

Wir trafen uns in einem Café; ich glaube, es hieß Candle. Nachdem wir die Sammelbüchsen verteilt hatten, setzten wir uns.

Bei unserer Ankunft hatten die zehn Abgeordneten schon an einem Tisch Platz genommen. Da ich die meisten Gesichter schon von der Sitzung im Verwaltungsgebäude kannte, machte ich mich möglichst klein.

Rechts von der Tür erkannte ich das runde, freundliche Gesicht von Frau Kiuchi. Sie trug ihren schwarzen Überzieher, und ihr herzliches Lächeln ermutigte mich.

»Ich danke Ihnen ganz besonders, daß Sie sich so früh am Morgen hier eingefunden haben«, sagte Frau Kiuchi und verbeugte sich tief. Ich fühlte mich fast ein wenig unwohl.

Auf dem Tisch, an dem die Damen saßen, standen bereits Kaffeetassen. Als wir die Abgeordneten begrüßten, starrten sie uns bloß an. Keine von ihnen lud uns ein, uns zu ihnen zu setzen, oder bot uns auch nur eine Tasse Kaffee an. Eine von ihnen, die eine Fuchsstola trug, bedankte sich herablassend bei uns.

Das heutige Japanisch kennt viele Unterschiede und Nuancen nicht mehr, aber sie verwendete einen Ausdruck, mit dem man sich früher nur bei Untergebenen bedankte. Außerdem vermittelte schon ihr Ton, wie überlegen sie sich fühlte.

Gereizt schaute ich die anderen an. Ein so herablassendes Betragen gegenüber jungen Menschen, die ihre kostbare Zeit schon morgens opferten, war überaus unangebracht.

Nanae, die jüngste von uns, starrte sie wütend an. Ich hingegen beherrschte mich.

»Nichts zu danken. Auch wenn wir vieles nicht verstehen, werden wir unser Bestes tun.« Dann verbeugte ich mich tief.

Die Dame mit der Fuchsstola schien ziemlich viel zu sagen zu haben.

»Die Helferinnen sollen alle Geishas aus Shimbashi sein«, sagte sie.

»Die Geishas sind eigens gekommen, um uns zu helfen, obwohl sie sehr viel zu tun haben. Bitte bedanken Sie sich alle bei ihnen«, versuchte darauf Frau Kiuchi zu vermitteln.

Da fühlten wir uns ein bißchen besser.

»Ach, die sieht doch genauso hochnäsig aus wie ihre Fuchsstola«, sagte Shigeno erbost.

Aber sie wurde von Frau Kiuchis freundlicher Art besänftigt.

»Rücken Sie bitte etwas zusammen, damit die anderen Platz haben. Kiharu, fragen Sie doch mal rum, wer Kaffee und wer Tee möchte.«

Frau Kiuchis Stimme hatte Gewicht, und die anderen Damen forderten uns nun zum Sitzen auf und lobten unseren Einsatz.

Im Handumdrehen war es elf Uhr, wir alle hängten uns unseren Sammelkasten mit einem roten Band um den Hals und nahmen unsere Plätze in der Nähe des Verlagshauses *Asahi* in Sukiyabashi ein.

Wie wir es bei den *Azuma*-Tänzen auf der Bühne gelernt hatten, stellten wir uns in gebührendem Abstand voneinander auf.

Da kam die Geisha Kohiro angerannt und rief: »Entschuldigt meine Verspätung!«

Sie war zwar drei Jahre älter als ich, doch völlig ungekünstelt und benahm sich uns gegenüber nicht wie eine ältere Geisha, sondern wie eine Freundin.

Ihr amerikanischer Freund hatte sie in seinem eigenen Wagen hergebracht. Gleichzeitig trafen drei wichtige Männer einer Firma ein, die wir von vielen Gesellschaften kannten.

»Ihr seid aber tapfer!« und »Ein schöner Anblick, wie ihr da so steht«, sagten sie und warfen jeweils einen Hundert-Yen-Schein in die Kästen.

Ich weiß nicht mehr genau, wieviel hundert Yen damals wert waren, aber mit zehntausend Yen konnte man ein barackenähnliches Haus kaufen. Jedenfalls waren diese Hundert-Yen-Scheine ein vielversprechender Anfang. Schweigend herumzustehen kam nicht mehr in Frage.

»Eine Spende für die Kriegswaisen!« riefen wir den Passanten aus voller Kehle zu.

Besonders Nanaes klare, vom *Kiyomoto*-Gesang geschulte Stimme war herauszuhören.

»Seien Sie nett zu mir, geben Sie etwas für die Kriegswaisen!«

Ich prustete heraus und rannte zu ihr.

»Du kannst doch nicht sagen ›Seien Sie nett zu mir‹, wenn du für Kriegswaisen sammelst.«

»Sie ist eben eine echte Geisha«, meinte Kohiro lachend.

»Ach so, das kann man wohl bei Kriegswaisen nicht sagen«, sagte Nanae und mußte über sich selbst lachen.

So harmonisch ging unser gemeinsames Sammeln weiter. Da um die Mittagszeit noch einige unserer Stammgäste unerwartet auftauchten, wurde es sehr lebhaft und lustig. Außer den uns bekannten japanischen Gästen ließen sich auch ein paar amerikanische Journalisten und Leute vom General Headquarter sehen. Die meisten spendeten einige Hundert-Yen-Scheine. Außerdem kamen viele Angestellte und Studenten vorbei.

»Seid ihr Shimbashi-Geishas?« fragten sie. Bald waren wir von Menschen umringt.

»Seid ihr morgen auch hier?«

»Kommt ihr morgen um die Zeit auch wieder her?«

»Darf ich ein Foto machen?«

Es wurde sehr hektisch. Allmählich begann ich mir Sorgen zu machen.

»Gebt keinem Fremden eure Telefonnummer«, flüsterte ich den Mädchen zu. Ich war beunruhigt, denn außerhalb ihrer Engagements und des Geisha-Milieus benahmen sich die Mädchen wie hilflose Säuglinge.

Als ich auf die andere Straßenseite zu der Dame mit der Fuchsstola und ihren Kolleginnen hinüberschaute, bemerkte ich, daß sich alle Passanten um uns drängten und drüben fast niemand stehenblieb.

Auch Leute vom GHQ fuhren im Jeep vor. Journalisten, die ich durch Gwen und Tiltmann kennengelernt hatte, kamen ebenfalls vorbei. Sogar Herr Tiltmann kam um die Mittagszeit in einem Jeep und spendete dreihundert Yen.

»Wir machen jetzt Schluß für heute und treffen uns wieder in dem Café von heute morgen«, sagte Frau Kiuchi gegen drei Uhr und unterbrach so unsere Gespräche mit den Passanten.

»Bis morgen«, riefen wir und gingen mit unseren Spendenkästen im Arm ins Café Candle zurück. Unsere Kästen quollen vor Scheinen über, so daß wir sie noch mit den Händen hineinstopfen mußten.

Als erste machten sich die Abgeordneten daran, ihr Geld zu zählen. In ihren Kästen befanden sich viele Zehn-Yen-Scheine. Damals konnte man mit zehn oder zwanzig Yen in der Gegend von Ueno oder Asakusa Mehlklößchen-Suppe, süße Bohnen und *Omochi*-Suppe essen. Deshalb waren auch diese Zehn-Yen-Scheine von Bedeutung.

»Oh, ich habe fast vierhundert Yen« oder »Ich sechshundert«, kreischten sie.

Wir hatten fast nur Hundert-Yen-Scheine. Natürlich klapperten auch ein paar Münzen in unseren Kästen, aber jede von uns hatte eine mehrstellige Summe gesammelt. Es waren bestimmt zwischen vier- und achttausend Yen pro Kasten.

Als wir unsere Beute gezählt hatten und vorzeigten, staunten die Damen sehr.

Frau Kiuchi bedankte sich herzlich für unsere Leistung und verbeugte sich wieder tief.

Und auch die Fuchsstola-Dame war nicht wiederzuerkennen und sagte lächelnd: »So ein Unterschied. Sie haben so viel mehr gesammelt.«

Wir konnten die Freude über unseren Erfolg nicht verbergen, denn jedesmal wenn wir einen Kasten ausleerten, registrierten wir die Seufzer, die erstaunten Ausrufe und neidischen Blicke der Damen.

Am nächsten Morgen verhielten sie sich ganz anders als am Tag zuvor.

»Herzlichen Dank für Ihre Bemühungen. Sie haben uns sehr geholfen«, sagten sie, und sogar die Fuchsstola-Dame lächelte und hieß uns freudig willkommen.

»Die sind ja wankelmütig«, befanden Nanae und Shigeno überrascht, doch die Beliebtheit von Frau Kiuchi Kyô war sehr gestiegen, und viele junge Shimbashi-Geishas beschlossen, ihr bei der nächsten Wahl ihre Stimme zu geben.

Übrigens haben Geishas sehr viel Gutes getan. So hat beispielsweise Frau Sawada Miki in ihrem Sommersitz in Oiso das Elizabeth-Sanders-Waisenhaus gegründet. Zu dieser berühmten Stiftung trugen auch Geishas einen bedeutenden Teil bei.

Ich war schon vor dem Krieg mit dem Botschafter und seiner Gattin gut bekannt gewesen und wollte, als ich davon hörte, bei diesem wichtigen Projekt helfen. Ich sprach mich mit der Chefin vom Yukimura ab und sammelte Geld bei unseren Freunden. Anfangs fehlte es vor allem an Stoff für Windeln, also bat ich die Tee- und Geishahäuser um alte *Yukata,* die ich einsammelte und in Oiso ablieferte.

Als ich das Heim besuchte, lebten erst zwanzig Kinder dort. Es waren ausnahmslos sehr niedliche schwarze und weiße Besatzungskinder.

Daß ich Frau Sawada bei ihrer wunderbaren Arbeit wenigstens ein bißchen unterstützen konnte, ist mir mein ganzes Leben lang eine große Freude gewesen.

Die Kriegsverbrecherprozesse

DIE INTERNATIONALEN PROZESSE gegen die Kriegsverbrecher begannen. Zum erstenmal in der Geschichte Japans und vielleicht auch zum letzten Mal fanden internationale Prozesse in unserem Land statt. Diese Prozesse wollten die meisten Zeitgenossen aus den verschiedensten Gründen einmal mit eigenen Augen sehen, und der Publikumsandrang war groß.

Ich hatte Glück ... Ein guter Bekannter von mir und zuständiger Offizier der Militärpolizei (er war Kommandeur) am Gericht in Ichigaya, wo damals das Tribunal abgehalten wurde, kannte meine Ansichten genau. Ich solle mir nach Möglichkeit die Zeit nehmen und ins Gericht kommen, denn man konnte für die Zukunft daraus lernen, meinte er. Er würde mich auch hinbringen und abholen ... Am ersten Prozeßtag ließ mich dieser Colonel von einem jungen Militärpolizisten im Jeep abholen. Vor dem Gericht legte er mir eine Presse-Armbinde um, und man ließ mich hinein.

Der Gerichtssaal war mit seiner Beleuchtung und Akustik wie eine Theaterbühne konzipiert. Als der Prozeß endlich begann, wurde die Bank der Angeklagten von einem Scheinwerfer angestrahlt. Ich konnte die Gesichter dieser Männer, die mir alle bekannt waren, sehr deutlich bis hin zu ihrem Gesichtsausdruck erkennen.

Ich hatte vorgehabt, bei meinem Gerichtsbesuch eine dezente Bluse und einen Rock zu tragen, um möglichst unauffällig zu sein.

»Aber nein«, sagte der Colonel, »in dem tristen Gerichtssaal hungern sowohl die Angeklagten als auch die amerikanischen Richter nach schönen Farben. Tragen Sie deshalb einen möglichst hübschen Kimono, damit für alle die Situation ein wenig entschärft wird.«

In diesem Punkt haben Amerikaner andere Vorstellungen als Japaner. Wir würden eher dezent und unauffällig gekleidet erscheinen. Damals vor fünfunddreißig Jahren war ich noch jung, und ich vermute, daß ich eine ziemlich prächtige Vorstellung gegeben habe.

Ich wartete jeden Tag in einem rosa, hellblauen oder gelbgrünen Kimono, bis mich der junge Militärpolizist abholte und mich am Eingang des Gerichtsgebäudes einem anderen MP übergab, der mir dann einen der für die Presse reservierten Plätze anwies.

Es zerriß mir das Herz, wenn die Richter und Anwälte die Namen der Männer aufriefen, die ich so gut gekannt hatte: Yonai Mitsumasa, Shimada Shigetarô, Shigemitsu Mamoru, Togo Shigenori, Dr. Okawa Shômei und andere.

Ich kannte die langjährige Geliebte von Dr. Okawa sehr gut, denn ihr Haus lag auf der gleichen Straßenseite wie unseres, und so war ich auch ihm oft begegnet. Daher war es ein Schock für mich zu sehen, wie sonderbar er sich im Gerichtssaal bewegte. Als ich sah, wie Herr Okawa von einem jungen MP aus dem Gerichtssaal geführt wurde, konnte ich überhaupt nicht mehr aufhören zu weinen.

In diesem Zusammenhang muß ich unbedingt noch etwas über den Colonel schreiben, denn ich finde, alle Japaner sollten es erfahren. Er war wirklich ein gütiger Mensch und verteilte nicht nur seine Wochenrationen, sondern auch Whiskey, Schokolade und Zigaretten, die er im PX kaufte, an die japanischen Kriegsverbrecher.

In Ichigaya war eine große Zahl japanischer Angeklagter inhaftiert, für die er sparte und die er großzügig mit allem Möglichen bedachte.

Immer wenn er der Familie des ehemaligen Generals Tôjô Dosen und Milchpulver brachte, begleitete ich ihn. Nach dem Krieg waren die Straßen auch im Jeep so holperig, daß man sich jedesmal fast die Zunge abbiß. Ich erinnere mich, daß wir bei unserem ersten Besuch dort dauernd nach dem Weg fragen mußten und uns völlig verirrten.

Für den Colonel war ich eine bessere Führerin als die anderen japanischen oder amerikanischen Dolmetscher, da ich nichts mit den Prozessen zu tun hatte und sehr verschwiegen war. Da er mir vertrauen konnte, brachten wir Sachen zu verschiedenen Familien, deren Ernährer inhaftiert waren. In ganz Japan wurde gehungert, und mit einer einzigen Konservendose oder etwas Milchpulver konnte man jedem eine Riesenfreude bereiten.

Ich hatte General Tôjô vor dem Krieg nicht kennengelernt. Im ersten Teil habe ich erwähnt, daß ich mich mit der Armee nicht so auskenne, da Shimbashi von der Marine bevorzugt wurde. Die Armee hingegen hatte in Akasaka verkehrt.

Aber Frau Tôjô begegnete ich in ihrem Haus in Tamagawa. Sie glich einer klassischen Schönheit aus der Heian-Zeit (794-1185).

Ich bat den Colonel um die Erlaubnis, den Herren Shigemitsu, Yonai, Shimada, Togo und anderen Süßigkeiten, Reisgebäck und grünen Tee, ein wenig von allem, zukommen zu lassen. Er ließ mich nur wenige Minuten zu ihnen, aber allein ihr Anblick durch die Gifter trieb mir die Tränen in die Augen, so daß ich nichts erkennen konnte. Von haltlosem Schluchzen erstickt konnte ich die Inhaftierten nicht einmal richtig begrüßen.

»Kiharu ist da«, teilte der Colonel allen fröhlich mit. Unauffällig übergab er ihnen meine Süßigkeiten und den Tee zusammen mit seinem Whiskey und den Zigaretten.

Frau Tôgô war, glaube ich, Deutsche. Ich war ihr einmal

auf einer Gesellschaft vorgestellt worden, und sie schien mich zu kennen.

Der Prozeß gegen den Mandschu-Kaiser erregte mich sehr. Er war so mager wie eine Lauchstange und redete daher wie eine drittklassige Geisha, die gezwungen wurde, einen Gönner zu akzeptieren, der sie abstieß. Das ist natürlich nur meine Interpretation, aber früher hatte ich ihn mir männlicher und aufrichtiger vorgestellt.

Ich sprach über viele Dinge mit dem Colonel.

»Im Krieg ist es natürlich, daß alle ihrem eigenen Vaterland gegenüber loyal sind. Wenn jemand dafür, daß er seinem Vaterland treu gewesen ist, zum Tod durch den Strang verurteilt wird, müßte ich auch hängen, denn ich habe Tausend-Stiche-Gürtel gemacht, auf dem Land Kiefernwurzeln ausgegraben und eifrig Frontpakete verschickt. Warum komme ich nicht ins Gefängnis? Man kann doch nicht Leute zum Tode verurteilen, die wollten, daß ihr Land im Krieg siegt und dafür gearbeitet haben ...« Ich weinte und der so von mir angegriffene Colonel sagte:

»Ich will niemanden umbringen. Ich bin doch selbst nur Polizeichef. Ich habe nicht die Macht, die Verhältnisse zu ändern, *I'm sorry*. Verzeihen Sie mir.«

Dabei standen seine blauen Augen voller Tränen, und er entschuldigte sich, als trüge er allein die Verantwortung. Ich bin fest davon überzeugt, daß kein anderer Amerikaner die Kriegsgefangenen so gut behandelte, und bin der Meinung, daß viel zu wenige Japaner davon Kenntnis haben. Alle Japaner sollten erfahren, daß sich in der Nachkriegszeit und sogar im Gefängnis für Kriegsverbrecher in Sugamo ein Amerikaner so sehr für die Inhaftierten einsetzte.

Mein Mann kehrt heim

DREI ODER VIER Jahre nach Kriegsende kehrten viele Männer heim, doch es gab immer noch Verschollene.

Das große Getöse, das man im Krieg um jene gemacht hatte, die ihr Leben für das Vaterland opfern sollten, war nun trotz der zahlreichen Gefallenen und Kriegsversehrten verstummt.

Männer in verdreckten weißen Kimonos, die ihre Arme und Beine im Krieg verloren hatten, standen bettelnd in der U-Bahn und vor den Toren fast aller großen Tempel und Schreine.

Gleichzeitig spielten sich überall unvorstellbare Tragödien ab. Eine Frau mit vier Kindern hatte angenommen, ihr Mann sei gefallen, doch als sie seinen jüngeren Bruder geheiratet hatte, kehrte der totgeglaubte Ehemann zurück. Oder eine Frau hatte mit ihren schwachen Kräften jahrelang Eltern und Kinder ernährt und treu gewartet, aber ihr Mann kam mit einer Indonesierin und zwei Kindern zurück. Auch so etwas war keine Seltenheit.

Da nach der Kapitulation die Beschaffung von Nahrung an vorderster Stelle stand, gerieten Ordnung und Moral durcheinander. Man konnte sich nur noch auf die engsten Freunde verlassen.

Allerorten kam es zu unvorhergesehenen Ereignissen.

Ich hatte es durch harte Arbeit endlich geschafft, meine Großmutter, meine Mutter und den Kleinen vom Land nach Urawa zu bringen und mußte deshalb am Wochenende nicht mehr mit dem lebensgefährlichen Zug fahren.

Ich hätte sie gern mit nach Tôkyô genommen, aber wegen der Lebensmittelknappheit herrschte weiter Zuzugsbeschränkung. Aber von Urawa in Saitama konnte man mit der S-Bahn nach Tôkyô fahren, was eine große Erleichterung für mich bedeutete.

Später wurde es mir jedoch dank der Unterstützung von Freunden gestattet, meine Familie nach Tôkyô zu holen, und ich kaufte ein kleines Haus in Shinagawa, in das wir zogen. Erstmals nach langer Zeit konnten wir aufatmen.

Kurz nachdem ich meine Familie nach Urawa gebracht hatte, erhielt ich zu meiner Überraschung einen Brief von meinem Schwiegervater in Osaka, in dem er den Wunsch bekundete, seinen Enkel zu sehen.

Ich begriff sofort: Bald würde mein Mann zurückkommen, und es würde bestimmt keinen guten Eindruck machen, daß mein Herr Schwiegervater uns während des ganzen Krieges ignoriert hatte. Jetzt wollte er bestimmt gern so tun, als ob er sich um seine Schwiegertochter und das Kind gekümmert hätte.

Trotzdem fuhr ich mit dem Kleinen nach Osaka.

Die jüngere Schwester meines Mannes hatte ein kleines Mädchen, das im gleichen Alter war wie mein Sohn. Ich nahm der Familie das Vergangene nicht übel und erwartete sehnsüchtig die Rückkehr meines Mannes. Seltsamerweise erwähnten seine Eltern ihn überhaupt nicht.

Als ich dort eines Tages die Zeitung las, stieß ich auf den Namen des Regisseurs Nakanishi Takeo, der für das Takarazuka-Revuetheater arbeitete. Seine Mutter und meine Großmutter waren eng befreundet, und als ich zwölf war, hatte die alte Dame mir ein wertvolles *Shamisen* geschenkt.

Als ich den Namen las, drängte es mich, sofort bei der Familie anzurufen und mich nach dem Befinden der alten

Dame zu erkundigen. Außerdem wollte ich ihnen erzählen, daß ich Mutter geworden war. Ich ging zu Nachbarn, um zu telefonieren.

Wenn man meinem Schwiegervater glauben durfte, war die Familie Ota sehr reich, doch warum hatten sie dann nie ein eigenes Telefon gehabt? Ich kann verstehen, daß es nach dem Krieg schwierig war, ein Telefon zu installieren, aber vor dem Krieg wäre es doch wohl möglich gewesen ... Ich rief also die Auskunft an. Es dauerte etwas, bis ich die Nakanishis am Apparat hatte.

Takeo und seine Frau kamen auch ans Telefon. Sie hatten ebenfalls einen Jungen, der etwas älter war als mein Sohn. Ich erfuhr, daß Takeos Mutter, die ich so gern gemocht hatte, kurz vor dem Krieg gestorben war. Sie luden uns ein, sie zu besuchen, und wollten mich am Bahnhof abholen. Auf ihre freundliche Einladung fuhr ich am nächsten Tag mit meinem Sohn zu ihnen, und wir verbrachten einen schönen Nachmittag.

Während meines Telefongesprächs hatte übrigens die Hausfrau die ganze Zeit hinter der Schiebetür gestanden und gelauscht. Da es kein besonders vertraulicher Anruf war, hatte ich ohne Bedenken darüber gesprochen, um wieviel Uhr wir uns an der Haltestelle der Hankyû-Linie treffen wollten.

Das Telefonat sollte unerwartete Folgen nach sich ziehen.

Endlich kehrte mein heißersehnter Ehemann zurück.

Er kam nicht direkt nach Hause, sondern stieg in einem Hotel in Kôbe ab und sollte erst von dort nach Hause kommen. Ich fand das seltsam. Aber bald erfuhr ich den Grund. Er hatte nämlich eine zwanzigjährige Armenierin, die im Generalkonsulat in Burma gearbeitet hatte, und zwei Töchter (die nur ein Jahr auseinander und natürlich Mischlinge waren) mitgebracht.

Sehr jung und schön war sie. Er hatte ihr gesagt, daß unser Sohn (und Erbe) der Sohn seiner jüngeren Schwester sei. In einem Film wäre ich, die betrogene Ehefrau, wahrscheinlich weinend zusammengebrochen. Ich war jedoch dermaßen verblüfft, daß ich nicht einmal weinte.

Ich hatte immer Angst gehabt, daß mein Mann gefallen, verwundet oder krank sein könnte. Aber daß er, während ich das äußerste an Kräften mobilisierte, um unser Kind zu ernähren, mit einer jungen Frau zwei Kinder produzierte und ganz ungeniert mit ihnen nach Hause kam ...

Daß man sich so täuschen kann! Ich hätte nie für möglich gehalten, daß mein Mann so etwas tun könnte, und hatte geglaubt, ich sei die einzige, an die er dachte. Ich hatte mir eingebildet, daß auch er den Tag herbeisehnte, an dem er mich und den Kleinen in die Arme schließen könnte.

Männer, die mit neuen Ehefrauen aus Übersee zurückkamen, und die Klagen ihrer daheimgebliebenen Frauen, Kinder und Eltern waren ein alltägliches Thema in den Zeitungen. Die Rückkehr eines Mannes mit einer Frau aus Übersee war keine Seltenheit. Aber ich hatte nie auch nur im Traum damit gerechnet, daß mir das passieren könnte.

Ich war weniger unglücklich und enttäuscht als starr vor Staunen.

»Um unser Ansehen nicht zu schädigen, wirst du als Frau unseres ältesten Sohnes in unserem Haus deinen Sohn erziehen. Er ist unser Stammhalter. Kazuo wird in Kôbe wohnen und einmal in der Woche herkommen, um dich und den Kleinen zu sehen. Die Frau ist eine Weiße und würde dem Ansehen unserer Familie schaden, wenn sie hier lebte«, erklärte mir der Vater meines Mannes.

Von meiner Schwiegermutter hatte ich gehört, daß es meinem Schwiegervater trotz seiner Prahlerei anders als vor dem Krieg wegen der Währungsreform und der Vermögensteuer finanziell ziemlich schlecht ging. Mein Schwiegervater schlug also allen Ernstes vor, mein Mann solle wegen des Ansehens der Familie mit seiner weißen Frau in Kôbe leben und einmal pro Woche zu uns kommen. Würden zwei Haushalte die finanziellen Möglichkeiten meines Mannes so kurz nach seiner Rückkehr nicht übersteigen?

»Wie soll er zwei Haushalte versorgen? Kannst du dafür die Verantwortung übernehmen, Vater?« fragte ich ihn.

»Also – du kannst doch zum Glück Englisch, nicht wahr? Auch in Osaka sind die Besatzungstreitkräfte. Das solltest du dir nicht entgehen lassen. Arbeite für die Amerikaner, und ziehe hier bei uns dein Kind groß. Kazuo kümmert sich um die andere Frau und die Kinder. Das wäre die einfachste Lösung. Nach außen hin sollten wir den Schein einer intakten Familie aufrechterhalten, stimmt's?«

Mein Mann würde also in Kôbe wohnen, und ich dürfte ihn mir einmal die Woche ausleihen. Außerdem würde ich meine Familie mit meiner Arbeit als Dolmetscherin ernähren. Was für eine bequeme Lösung! Ich überlegte, ob mein Schwiegervater vielleicht nicht ganz richtig im Kopf war.

Meine Schwiegermutter war klug genug, sich im Hintergrund zu halten. Es überraschte mich, wie fest die Familienbande zwischen Eltern, Kindern und Geschwistern in Japan immer noch waren.

Keiner von ihnen ergriff meine Partei. Die Schwiegermutter, auf die ich mich so verlassen hatte, hielt zu ihrem Sohn. Auch meiner lieben jüngeren Schwägerin war der eigene Bruder wichtiger.

Ich bestand darauf, Kazuo zu sehen. Ich wollte den Urheber der ganzen Misere unter vier Augen sprechen und dachte gar nicht daran, weinend vor ihm niederzuknien und ihm etwas vorzujammern. Es interessierte mich nur, was für ein Gesicht er machen würde, wenn er vor mir erschien.

Er war so verliebt in mich gewesen, daß er, als wir in Indien waren, sogar mein Haar gewaschen hatte ...

Am nächsten Tag erschien Kazuo.

Er machte ein Gesicht wie ein Kind, das einen Streich gespielt hat und sich jetzt etwas verlegen auf eine Standpauke gefaßt macht.

Sein Vater hockte sich gleich zwischen uns. Ich hatte angenommen, mein Schwiegervater würde uns taktvoll alleine lassen, aber wahrscheinlich setzte er sich zwischen uns, damit ja nichts zum Nachteil seines Sohnes geschah.

Im Gegensatz zu mir, die rauhe Hände von der schweren Arbeit während des Krieges hatte, sah mein Mann gesund, wohlgenährt und glücklich aus.

Er lächelte verlegen: »Gut siehst du aus.«

Plötzlich wurde mir ganz komisch.

»Da hast du ja was angestellt«, sagte ich.

»Ich hatte gehört, daß Tôkyô völlig zerbombt worden ist, und dachte, du und der Kleine, ihr seid tot«, antwortete er kühl.

Später habe ich von Leuten, die in Burma waren, gehört, daß die Hochzeit ganz offiziell mit Verwandten und Freunden, im weißen Brautkleid und mit Schleier gefeiert worden war.

Ein Mann, der behauptet, er habe geglaubt, Frau und Kind seien umgekommen, und einfach wieder heiratet, ohne sich zu erkundigen, ist verabscheuenswürdig.

Ich habe eigentlich immer Glück mit Männern gehabt, aber in ihm hatte ich mich gründlich getäuscht. Er war die einzige Niete in meinem Leben.

Plötzlich wurde ich trotzig. Zum Glück saß auch mein Schwiegervater dabei.

»Seit du im Herbst 1942 nach Burma gegangen bist, habe ich keinen Pfennig von deiner Familie in Osaka bekommen. Ich habe das Kind ganz allein geboren und aus eigener Kraft aufgezogen.«

»Das lag an den schlechten Zeiten. Ich habe kein Geld geschickt, weil es sowieso nicht angekommen wäre«, warf mein Schwiegervater herablassend ein. Ich war immer noch ganz verblüfft. Ich fühlte mich nicht einmal unglücklich und schaute nur sprachlos von einem zum anderen.

Ich finde, daß die Liebe zwischen Mann und Frau gegenseitig sein muß. Wenn ein Mann mich nicht mehr liebt, will ich mich auch nicht aufdrängen. Mein Mann war gerade zurückgekommen und wollte, als er mich wiedersah, nicht auf mich verzichten, aber andererseits wollte er sich auch nicht von seiner jungen Schönheit trennen. Das war sehr egoistisch.

Ich bin eigentlich ein verständnisvoller Mensch, aber so eine brave Frau, daß ich auf Wunsch meines Schwiegervaters einmal wöchentlich auf den Besuch meines Mannes wartete und durch meine Arbeit Eltern und Kind ernährte, war ich dann doch nicht. Außerdem war ich nie leidenschaftlich in meinen Mann verliebt gewesen.

Je mehr ich mit meinem Schwiegervater oder meinem Mann redete, desto mehr redeten wir aneinander vorbei, und ich ärgerte mich nur. Dazu war mir meine Zeit zu kostbar.

»Es ist unzumutbar für mich, in Osaka zu bleiben, zu arbeiten und alle zu ernähren, und dabei meinen Mann nur einmal in der Woche zu sehen«, protestierte ich.

»Das sind Geisha-Ansichten. Folge dem rechten Weg einer treuen Ehefrau, bleibe in Osaka und ziehe den Nachwuchs groß«, sagte mein Schwiegervater.

Es kam ihm gar nicht in den Sinn zu bedauern, daß ich so lange vergeblich gewartet hatte, während sein eigener Sohn so treulos gewesen war.

Nun hatte ich genug. Ich konnte die Familie nicht mehr ertragen und kehrte ein paar Tage später ohne mein Kind überstürzt nach Tôkyô zurück.

Ich hatte mir überlegt, ob ich meinen Sohn nicht besser

gleich mitnehmen sollte. Aber in Tôkyô erwartete man mich bereits, und es gab eine Menge Engagements, die ich wahrnehmen mußte.

Als ich erklärte, daß ich zurück nach Tôkyô ginge, sagte mein Schwiegervater:

»Das kannst du machen, wie du willst. Aber wir wissen, daß du selbst hier mit einem Mann telefoniert und dich mit ihm verabredet hast.«

Mein Telefonat mit den Nakanishis war von der Nachbarin belauscht worden, und als ich gesagt hatte »um soundsoviel Uhr treffen wir uns am Hankyû-Bahnhof«, war sie sofort zu meinem Schwiegervater gelaufen und hatte geklatscht. »Ihre Schwiegertochter hat mit einem Mann telefoniert und einen Treffpunkt und eine Zeit mit ihm verabredet.« Ich konnte es mir lebhaft vorstellen.

Ich hatte keine Lust mehr, mich zu rechtfertigen, sagte aber doch:

»Damals habe ich bei einer Dame angerufen, die ich schon seit meiner Kindheit kenne, und gehört, daß sie gestorben ist. Ich bin zu ihrem Sohn gefahren, um Räucherstäbchen abzubrennen. Ich weiß nicht, in welchen glühenden Farben die Nachbarin euch das berichtet hat. Ich bin nicht so ein unmoralischer Mensch wie euer Sohn. Es ist mir egal, was ihr von mir denkt, macht, was ihr wollt. Ich reise ohnehin ab.«

Wenn ich daran dachte, welches Entsetzen und welchen Kummer die Geschichte mit meinem Mann bei meinen Verwandten, besonders bei meiner Großmutter, und meinen Freunden in Tôkyô hervorrufen würde, tat mir das Herz weh. Und dann mein Sohn, der wahrscheinlich laut weinen würde, wenn ich so plötzlich verschwunden war ...

Ich habe schon erwähnt, daß sich meine Schwiegermutter während der Streitigkeiten überhaupt nicht blicken ließ. Sie war eine kluge Person. Sie hätte sowieso nicht die Kraft gehabt, sich gegen ihren Mann zu stellen. Weil sie sich angeblich nicht wohl fühlte, erschien sie gar nicht erst. Der Alte entschied alles. Mein Mann verstand sich gut mit seinem Vater, der immer alles zu seinem Vorteil einrichtete.

Als ich in Tôkyô ankam, konnte ich niemandem etwas erzählen, da ich mich so schämte. Daß mein Mann mit einer zwanzigjährigen Schönen und zwei Mischlingsmädchen zurückgekommen war, würde mir sowieso niemand glauben. Seit damals erzählte ich deshalb immer, mein Mann sei in Burma umgekommen ... Ich habe ihn selbst getötet.

Heute kommt mir die Geschichte so absurd war, daß ich eher lachen als weinen muß, wenn ich daran zurückdenke.

Jedenfalls hatte ich meinen Sohn bei der Familie in Osaka zurückgelassen. Meine Großmutter war untröstlich und weinte sich Tag und Nacht die Augen aus.

»Ein kleines Kind an einem so lieblosen Ort zurückzulassen. Du bist eine Rabenmutter«, warf sie mir vor.

Seit seiner Geburt hatte meine Großmutter ihren Urenkel liebevoll umhegt. Da sie eine alte Frau war, die an nicht viel anderes zu denken hatte, dachte sie ununterbrochen an den Kleinen. Sie war vor Schreck fast gestorben, als sie hörte, daß mein Mann mit einer jungen weißen Braut und zwei Mischlingskindern heimgekehrt war. Es war nur zu verständlich, daß sie mich, die ihr Kind bei solchen Leuten zurückgelassen hatte, eine Rabenmutter nannte.

Wir waren gerade nach Urawa gezogen, und der Alltag hatte sich noch nicht eingespielt. Aber weil mich meine Großmutter ständig eine Rabenmutter nannte, holte ich den Kleinen aus Osaka. Ich befürchtete, daß sie ihren »Stammhalter« nicht so ohne weiteres herausgeben würden. Für diesen Fall hatte ich mir schon im voraus eine Taktik überlegt und war beinahe enttäuscht, daß sie gar nichts dagegen hatten, mir das Kind nach Tôkyô mitzugeben.

Wahrscheinlich war es für das alte Ehepaar sehr mühsam, ein kleines Kind zu betreuen, denn sie zeigten sich ganz offensichtlich erleichtert.

Als ich mit dem Kleinen zurückkam, gewannen Mutter und Großmutter, die ständig gekränkelt hatten, schlagartig ihre geistige Spannkraft zurück und wurden gesund. Da die beiden ihn mit solcher Hingabe betreuten, stürzte ich mich beruhigt und mit großer Energie in die Arbeit.

Später habe ich erfahren, daß die Armenierin von ihrem Leben in Japan sehr enttäuscht war, denn mein Mann hatte ihr erzählt, er sei Millionär. Doch nach dem Krieg gab es kaum zu essen. Als Europäerin war sie nicht so dumm, sich für ihre Kinder zu opfern. Sie heiratete schließlich einen englischen Geschäftsmann und ließ die Kinder getrennt von kinderlosen ausländischen Ehepaaren adoptieren. Dann ging sie nach London.

Zu Ota Kazuos Glück wußte außer Frau Iida, mir und wenigen anderen niemand von seiner Bigamie. Er wurde später Rektor irgendeiner Universität und ist vor ein paar Jahren in den Ruhestand gegangen. Für seine pädagogische Arbeit erhielt er einen Orden, und ich habe ihn immer um sein Glück beneidet. Für seine ehemalige Frau und seinen Sohn hat er niemals wieder etwas getan. Später wollte mein Sohn ihn sehen, aber er wurde aus Rücksicht auf die zweite Frau und deren Tochter kühl im Flur abgefertigt. Er traf seinen Vater nur einmal im Hause von dessen jüngerer Schwester. Ich hatte ihm zwar geraten, seinen Vater nicht aufzusuchen, aber ein Junge möchte natürlich seinen Vater kennenlernen.

Er war auf alle Fälle der charakterloseste Mann meines Lebens.

Lehrerin an der Washington-Heights-Schule

AUF DEM BANKETT eines Zeitungsverlegers wurde ich einer eleganten Dame mittleren Alters vorgestellt. Außerdem lernte ich noch zwei oder drei Leute vom GHQ und zwei Journalisten kennen. Ich war hauptsächlich für die Bedienung von Miss H. zuständig. Nahmen an einem Bankett Damen teil, war es die Regel, daß die Geishas diese zuerst bedienten.

Miss H. war Leiterin der Washington-Heights-Elementary School, die in der Nähe der Wohnungen für Offiziere und ihre Familien lag.

Später wurde Washington Heights zum olympischen Dorf umgebaut. Das kenne ich aber nicht mehr, denn zu der Zeit lebte ich bereits in Amerika.

Früher war hier der Yoyogi-Exerzierplatz gewesen, und das Gelände war sehr weitläufig. Man hatte Hunderte von Einfamilienhäusern für die Besatzungsoffiziere des GHQ errichtet, daher war auch die Grundschule recht geräumig.

Früher waren Schulleiterinnen in Japan ganz selten. Außerdem war Miss H. eine so flotte Person, daß sie ganz und gar nicht den Vorstellungen entsprach, die man in Japan von einer Grundschullehrerin hatte. Sie war hübsch und blond, trug ein geschmackvolles blaues Strickkostüm, dazu Ohrringe, Armband und Kette passend dazu auch in Blau, und ihre Nägel waren lackiert.

Während des besagten Banketts fand eine traditionelle Tanzdarbietung statt, die ich erläuterte.

Miss H. sah mich aus ihren schönen, blauen Augen aufmerksam an. Da japanische Tänze sehr symbolisch und stilisiert sind, ging ich zu ihr und fragte sie, ob sie alles verstanden habe. Ja, sie hatte alles verstanden. Sie lobte mein Englisch. Es sei sehr klar verständlich, eine Seltenheit bei Japanern.

Dann fragte sie, ob ich nicht Lust hätte, an ihrer Schule zu unterrichten.

Ich war ganz überrumpelt:

»Lehrerin? Ich soll unterrichten ...?«

»Sie arbeiten doch abends? Die Schule findet vormittags statt, und Sie wären spätestens um drei Uhr fertig.«

»Aber ich war doch Geisha.«

»Na und?« erwiderte sie.

Das überraschte mich, denn ich hatte schon mehrmals schlechte Erfahrungen in dieser Hinsicht gemacht, aber die amerikanische Grundschulrektorin schien sich diesbezüglich überhaupt keine Sorgen zu machen.

Vor dem Krieg hatte ich einmal an einer Kunstschule (die heutige staatliche Kunstakademie) unterrichtet.

Die *Nihonga*-Lehrer Iwata Sentarô und Shimura Tatsumi, die meine Stammkunden waren, hatten mich damals gebeten, an der Schule etwas vorzuführen.

»Kiharu, die heutigen Studenten malen den Kimono ganz ungeniert über rechts geschlossen, und wie ein *Hakama* aussieht, wissen sie schon gar nicht. Komm doch mal vorbei und erkläre ihnen, wie japanische Kleidung aussieht.«

Ich brachte mein eigenes Anschauungsmaterial mit, das aus einem bräunlichen Oshima-Kimono, einem Ojiya-Kimono aus Leinenkrepp und einem Yûki-Kimono aus feingemusterter Seide bestand, erläuterte die jeweiligen Herstellungsverfahren, zeigte, wie man die einzelnen Kleidungsstücke trug, wobei ich klarstellte, daß diese, egal wie teuer sie waren, nur als Alltagsgarderobe dienten, niemals als festliche Kleidung.

Beim zweitenmal lieh ich einige Perücken von Okayone und erläuterte, welche Frisuren unverheiratete und verheiratete Damen, Geishas, Samurai-Gattinnen und bürgerliche Frauen trugen.

Die Veranstaltung fand einmal wöchentlich statt. Ab dem zweitenmal war das Klassenzimmer völlig überfüllt.

Doch sie wurde ganz plötzlich von den Professoren abgesetzt. Angeblich waren die Schüler und weiblichen Lehrkräfte der Meinung, daß dies geschehen mußte, weil eine Geisha auf dem Lehrerpodest, wo es doch genügend Professoren gab, ein Sakrileg darstellte.

Nach Kriegsende passierte mir etwas Ähnliches in einem großen Krankenhaus. Ein stellvertretender Chefarzt, der meine besondere Lehrmethode schätzte, hatte für die Teilnehmer eines Ärztekongresses, der im darauffolgenden Jahr stattfinden sollte, einen Englischkonversationskurs eingerichtet. Auch hier wurde mir abgesagt, da das Krankenhaus lieber eine Anglistin einstellen wollte als für einen Englischkurs ausgerechnet eine Geisha zu engagieren.

Hätte der Chefarzt tatsächlich auf meiner direkten Methode bestanden, die lebendiges und sofort anwendbares Englisch vermittelte, wäre der Teufel los gewesen. Man hätte bestimmt die unsinnige Vermutung aufgestellt, daß ich seine Mätresse sei.

Da ich in Japan, diesem bedrückenden Land, als Geisha immer wieder besonders von meinen eigenen Landsleuten diskriminiert wurde, kamen mir vor Freude die Tränen, als Miss H. mich tatsächlich für ihre Schule engagieren wollte. Daß sie auf meine Bedenken mit einem einfachen »Na und?« antwortete, hätte ich nicht erwartet und war gerührt.

Meine Tätigkeit als »Lehrerin für japanische Kultur« an Miss H.s Schule begann um neun Uhr morgens und dauerte meist bis ungefähr zwölf Uhr mittags. Ich unterrichtete

Origami, Ikebana, die Herstellung von Puppen und Tanz. Da ich in Dollar bezahlt wurde, hatte ich ein sehr schönes Gehalt.

Bei den Konferenzen holten sich die amerikanischen Lehrer ihren Kaffee oder Tee selbst. Doch aufgrund meiner Ausbildung konnte ich das nicht mit ansehen. Als erstes schenkte ich der Rektorin ein und brachte ihr die Tasse, dann dem stellvertretenden Rektor, dann dem Oberlehrer in dieser Reihenfolge. Auch den Zucker und die Milch brachte ich ihnen. Zum Schluß bediente ich mich selbst und nahm Platz.

Die Frau Rektorin bat dann um Aufmerksamkeit und wies auf die graziöse Art hin, in der ich den Kaffee servierte. Keine Amerikanerin könne sich so anmutig bewegen. Das sei gewiß das Resultat meiner Ausbildung als *»Geisha Girl«*. Alle sollten davon lernen.

Nach der Konferenz öffneten die Teilnehmer selbst die Tür und verließen unzeremoniös den Raum. Doch ich pflegte dann für alle die Tür zu öffnen und sie als letzte leise zu schließen. Auch bei solchen Gelegenheiten wurde meine Ausbildung als *»Geisha Girl«* als vorbildlich gepriesen.

Miss H. gefielen auch immer meine Kimonos. Da ich daran gewöhnt war, daß meine Landsleute auf mich herabsahen, war ich für jedes Lob dankbar.

Nach und nach begann ich mich zu fragen, ob ich nicht vielleicht in Amerika ein glücklicheres Leben führen könnte. Jedenfalls fühlte ich mich in der Gesellschaft von Amerikanern sehr entspannt und wohl. Ich war unglücklich unter Japanern, die stark dazu neigen, die Menschen nach ihrem Stand zu beurteilen. Hier waren Lehrer wie Schüler alle sehr warmherzig, und meine tatsächlichen Leistungen wurden geachtet. Ich war froh, daß das typisch japanische lästige Gerede darüber, daß jemand früher dieses oder jenes war, wegfiel.

Ich hatte die Mitchells auf einer Gesellschaft kennengelernt und mich mit ihnen angefreundet. Da ihre kleine Tochter im gleichen Alter wie mein Sohn war, besuchte ich sie häufig. Sie lobten meinen Sohn, weil er so gut malen konnte. Eines Tages kauften sie vierundzwanzig Farbstifte und einen Malblock im PX für ihn. Damals waren vierundzwanzig Buntstifte und ein amerikanischer Malblock von guter Qualität ein Traum. Deshalb hatte ich mich begeistert mit ihnen vor dem Haupteingang des Ginza-PX verabredet. Ein amerikanischer MP regelte den Verkehr der Kreuzung. Das geschah auf eine Weise, die in Japan bislang unbekannt war.

Er trug eine gewöhnliche amerikanische Uniform, breitete sehr anmutig wie ein Ballettänzer beide Arme aus und drehte sich dabei äußerst graziös. Wir blieben oft dort stehen und freuten uns an diesem »Verkehrsregelungstanz«.

An diesem Tag hatte das Ehepaar Mitchell vor, mich zum Mittagessen einzuladen. Da die beiden Kinder im Kindergarten waren, sollte ich mich mit ihnen vor dem Haupteingang des PX treffen. Ich war zur Sicherheit ein wenig früher gekommen und wartete in meinem rosa Kimono an der Kreuzung.

Da kam Mr. Mitchell mit den Malsachen für meinen Sohn heraus und fragte mich, ob ich noch ein wenig warten könne, denn seine Frau habe noch einige Einkäufe zu erledigen.

»Selbstverständlich«, antwortete ich. Während wir vor dem PX standen, begannen wir uns über das letzte Schulfest zu unterhalten. In einem Kimono, das blonde Haar zu einer neueren japanischen Frisur aufgesteckt und einen Sonnenschirm in der Hand, hatte das Töchterchen der Mitchells mit ihrem Tanz zu dem Kinderlied »Bunter Sonnenschirm« *(Ehigasa)* besonders süß ausgesehen.

Als wir so dastanden und plauderten, blieben zwei Studenten in der Stehkragen-Uniform der Tôdai-Universität neben uns stehen und starrten uns an.

»Die Straßenmädchen von heute sind ja gut angezogen«, sagte der eine von ihnen laut.

»Sie stehen vor dem PX, um Amis abzuschleppen«, antwortete der andere.

»Entschuldigen Sie mich einen Augenblick«, sagte ich zu Herrn Mitchell und hielt die beiden Studenten, die schon weitergehen wollten, am Arm fest.

»Einen Moment mal.« Die beiden waren verdutzt.

»Sie sind doch Tôdai-Studenten, nicht wahr?«

»Ja.« Sie starrten mich argwöhnisch an.

»Ihrem L-Anstecker nach zu urteilen, studieren Sie Literatur. Englische Literatur?« fragte ich, und sie bejahten.

»Sagten Sie nicht gerade, die heutigen Straßenmädchen wären so gut angezogen und warteten vor dem PX darauf, Amis abzuschleppen?« fuhr ich fort.

Da ich sehr laut gesprochen hatte, begann sich eine Menschentraube zu bilden. Immerhin war es das PX auf der Ginza.

»Als Studenten der englischen Literatur sollten Sie doch das Englisch von Straßenmädchen von korrektem Englisch unterscheiden können. Außerdem habe ich mich mit Herrn Mitchell über das Schulfest seiner Tochter unterhalten. Sie stehen doch schon eine Weile hier und haben bestimmt unser Gespräch mitgehört. Können Sie Straßenjargon nicht von richtigem Englisch unterscheiden? Ich kann nicht zulassen, daß Sie hier solchen verantwortungslosen Klatsch verbreiten. Und Sie wollen Tôdai-Studenten sein? Entschuldigen Sie sich gefälligst bei mir.« Ich sah sie böse an. Mittlerweile hatten sich ziemlich viele Leute versammelt, und die beiden entschuldigten sich mit roten Ohren.

»Ich unterrichte an der Washington-Heights-Grundschule die Tochter dieses Herrn. Aus diesem Grunde kann ich nicht gestatten, daß Sie sagen, ich wartete vor dem PX, um Amis abzuschleppen. Halten Sie lieber in Zukunft den Mund, bevor Sie solch unüberlegtes Zeug daherschwätzen.«

Die beiden Studenten ergriffen Hals über Kopf die Flucht. Ich wollte gerade wieder zu Herrn Mitchell zurückgehen, da sprach mich ein gutgekleideter Herr an:

»Entschuldigen Sie bitte. Ich habe alles von Anfang an mitangesehen und bin sehr beeindruckt. Man ärgert sich zwar über solche Dinge, aber kaum jemand hat wie Sie den Mut, solche Leute zur Verantwortung zu ziehen und zu zwingen, sich zu entschuldigen. So jung Sie sind, haben Sie sich wirklich tapfer geschlagen.«

»Dieses ganze Aufsehen ist mir peinlich«, entschuldigte ich mich.

So lernte ich Professor Kanamori kennen, dem ich viel zu verdanken habe. Es ist erstaunlich, auf welche Weise man sich begegnen kann.

Einige Tage darauf rief mich Professor Kanamori an und sagte, der Rektor Nambara Shigeru von der Tôdai-Universität wünsche mich unbedingt kennenzulernen. Es machte mir nichts aus, mich auf Gesellschaften mit Herren wie Rektor Nambara von der Tôdai zu unterhalten, aber daß ich extra mit einem Wagen abgeholt und zu ihm gebracht werden sollte, schüchterte mich ein. Doch Professor Kanamori beruhigte mich: »Ich bin doch dabei.«

Am nächsten Tag holte mich eine riesige, altmodische schwarze Limousine ab, die wie der Wagen einer hochgestellten Persönlichkeit aus der Taishô-Zeit wirkte, und brachte mich durch das rote Tor der Tôdai-Universität zum Rektor. Vor dem alten Gebäude stand zu meiner Erleichterung Professor Kanamori.

Rektor Nambara hatte weißes Haar und wirkte sehr gütig.

»Vor kurzem haben Studenten von mir sich Ihnen gegenüber sehr schlecht benommen«, entschuldigte er sich.

Ich wurde verlegen.

»Es liegt mir nicht zu schweigen. Es ist mir sehr peinlich, daß ich so geschimpft habe, doch es ist nicht mehr zu ändern ...«, stammelte ich. Ich wußte selbst nicht, was ich redete.

Doch den Professoren schien es zu gefallen, daß ich die Studenten zur Rechenschaft gezogen und zu einer Entschuldigung gezwungen hatte.

Vor dem Fenster wucherten grüne Blätter, und der Raum wirkte etwas düster. Professor Kanamori stellte so geschickte Fragen, daß ich dem Rektor Nambara meine Ansichten und Gefühle anvertrauen konnte. Das Gespräch wurde so interessant, daß ich einige sehr angenehme Stunden verbrachte. Dann wurde ich wieder in der großen Limousine nach Hause gebracht.

Die beiden Studenten von damals sind jetzt bestimmt auch irgendwo Professoren. Die Geschichte ist immerhin fünfunddreißig Jahre her.

Die Welt der Mode

ICH MÖCHTE NUN ein bißchen über die Schönheitspflege nach dem Krieg berichten. Wollte eine Frau beispielsweise eine Dauerwelle, so mußte sie damals zwei Stück Holzkohle für die Brennschere beisteuern. Es geschahen seltsame Dinge. Einmal wurde ein Friseur verklagt, da er seiner Kundin die Haare bis zu den Wurzeln abgesengt und ihr so eine Glatze verpaßt hatte. Die moderne Schönheitspflege steckte noch in den Kinderschuhen. Es war wirklich eine schwere Zeit, in der besonders die jungen angehenden Friseusen im Dunkeln tappten.

Allmählich jedoch begannen Modedesigner und Coiffeure Modenschauen zu veranstalten.

Durch einen meiner Englisch-Schüler erfuhr ich, daß die damalige Größe der Schönheitswelt Hosono Suzu für ihre Modenschauen ein Kimono-Modell suchte. Unter dem Einfluß der Besatzungszeit begeisterten sich alle für den »amerikanischen Stil«, und es gab kaum noch Frauen, die mit Geschmack und Haltung Kimonos trugen. Daher wählte man mich für diese Aufgabe aus.

Zu jener Zeit waren Helen Higgins und Aishima Masako bekannte Mannequins. Die Mannequins waren meist Schönheiten nach amerikanischem oder europäischem Geschmack. Den Beruf des Fotomodells hatte es bis dahin bei uns in Japan nicht gegeben. Nur Maler verwendeten Modelle. Doch dann kamen die Modenschauen auf, und damit rückten auch die professionellen Mannequins ins Rampenlicht.

Es war, glaube ich, in der Sankei-Halle auf einer Haarmodenschau von Hosono Suzu. Ich trug eine Hochfrisur und einen schokoladenfarbenen Nishijin-Kimono aus Kreppseide, den man heute noch fragen könnte, denn er wirkt immer noch kein bißchen altmodisch. In Saum und Ärmel waren mit Gold- und Silberfäden kleine Chrysanthemen eingewebt. Er war sehr modern und dabei doch gediegen.

Als ich Frau Hosono zum erstenmal begegnete, fühlte ich mich auf Anhieb von ihr verstanden.

Die Kosmetikerin wollte auch mich wie die anderen Mannequins sehr braun schminken und mir künstliche Wimpern ankleben.

»Ich trage japanische Kleidung. Dazu paßt westliches Make-up nicht. Bitte lassen Sie mich es selbst auftragen«, wehrte ich ab.

»Auf dem Laufsteg müssen Sie diese dunkle Farbe tragen. Das sieht sonst nicht modern aus«, beharrte die Kosmetikerin. Als ich schon den Tränen nah war, kam mir Frau Hosono zu Hilfe.

»Zu einem Kimono aus Kyôto passen künstliche Wimpern und dunkles Make-up nicht. Lassen Sie sie nach ihrem eigenen Geschmack verfahren«, rettete sie mich aus höchster Not.

Ich betrat mit dem braunen Nishijin-Kimono, einem einfarbigen silbernen *Obi* und einer weißen Chrysantheme in der Hand den Laufsteg. Unter den Abendkleidern, die alle aus dünnem, wie Schmetterlinge flatterndem Stoff bestanden, war mein Modell der einzige Kimono. Ich drehte mich auf der Vorbühne und nahm die Chrysantheme in die andere Hand. Da mein Auftritt im Gegensatz zu dem der anderen Mannequins in westlicher Kleidung an einen japanischen Tanz erinnerte, klatschte das Publikum, und ich wurde von allen Seiten fotografiert. Da ich mich, als die Modenschau zu Ende war, nicht von dem Kimono trennen konnte, kaufte ich ihn, obwohl er sehr teuer war. Heute – fünfunddreißig Jahre später – trage ich ihn immer noch.

Das war meine erste Verbindung zur Welt der Mode.

Danach reiste der amerikanische Coiffeur Al Tate an. Er unterrichtete die amerikanischen Techniken von A bis Z und wurde dabei immer von Herrn Tanaka gedolmetscht. Auch ich durfte Herrn Tate zuweilen begleiten, denn wenn Herr Tanaka keine Zeit hatte, sprang ich für ihn ein. Ich hatte zwar keine Ahnung vom Frisieren, merkte mir aber mit der Zeit verschiedene Techniken. Während des Unterrichts schrieb ich auf Englisch einige Begriffe an die Tafel, merkte aber, daß viele Leute sie nicht verstanden. Also schrieb ich immer die Aussprache auf *Katakana*[6] neben das englische Wort.

»Wenn Sie Englisch können, schreiben Sie die Begriffe bitte auf Englisch ab. Wenn sie Ihnen in *Katakana* leichter fallen, notieren Sie doch bitte diese«, schlug ich vor.

Sie konnten sich das auf *Katakana* geschriebene Wort *Sukarupuchâ Kâru* eben besser merken als das englische *Sculpture Curl* (die Locken lagen wie bei einer römischen Statue eng am Kopf).

Eine weitere Entdeckung für mich waren die gelesenen Modezeitschriften im Papierkorb des Lehrerzimmers in Washington Heights, die die anderen Lehrerinnen weggeworfen hatten. Jede Woche fanden sich zwei oder drei Zeitschriften über Frisuren oder Mode im Papierkorb. Es waren *Vogue* und *McCall's*. Ich nahm sie an mich und übersetzte Teile davon ins Japanische, um sie den jungen Friseusen zugänglich zu machen.

Dieser »Unterricht aus dem Papierkorb« stieß auf große Begeisterung, und die jungen Friseusen waren mir äußerst dankbar.

Ich erinnere mich auch, daß nach einer Weile Mannequins wie Kawahara Hideko ins Rampenlicht traten. In eben dieser Zeit fanden sich verschiedene junge Leute zusammen und gründeten den *Goya-Club*[6].

Wenn ich in Japan bin, treffe ich mich häufig mit den noch verbliebenen Mitgliedern des Clubs. Die ganze Zukunft des Modejournalismus lag auf den Schultern von Hirasawa Minako (Janako[7] genannt; sie wurde Herausgeberin der Zeitschrift Schönheitswoche). Zu der Gruppe gehörten auch Futami Akio, das frischverheiratete Ehepaar Suzuta Kônosuke und Suzue.

Die enthusiastischen jungen Leute von damals, die bei ihren Treffen gebratene Nudeln und Schnitzel aßen, haben heute alle schon Enkel.

Es waren wirklich bemerkenswerte Jahre.

Unvergeßlich bleiben für mich Yamano Aiko[8] und ihr Mann.

Da viele Ehefrauen hoher Offiziere des GHQ Interesse an japanischen Modenschauen hatten und diese gerne besuchten, reichte eine japanische Ansage nicht aus. Dann übernahmen häufig Unterhaltungskünstler wie Tony Tani die Moderation.

Yamano Aiko mochte mich und ließ mich gern ihre *Beauty Shows* moderieren. Die Ansagen erfolgten auf japanisch und auf englisch, was damals eine Seltenheit war und von den amerikanischen und japanischen Zuschauern gleichermaßen begeistert aufgenommen wurde.

Nachdem ich Frau Yamanos Shows moderiert hatte, baten mich verschiedene andere Modeschöpfer und Coiffeure, auch ihre Veranstaltungen zu moderieren.

Damals, im Jahr 1954, wurde alles vom amerikanischen Stil beherrscht, doch Yamazaki Ikue kam einmal auf die Idee, die alte japanische Kultur in einer höfischen Modenschau zu präsentieren, für die wir uns Hofdamengewänder vom Herrscherhof ausliehen.

Eine solche Veranstaltung konnte natürlich nur in Kyôto stattfinden. Dazu wurde die große Festhalle von Gion angemietet, und alles sollte zweisprachig kommentiert werden. Es waren zahlreiche Gattinnen von Besatzungsoffizieren eigens aus Osaka angereist, aber als der Vorhang aufging und ich sah, daß in den vordersten Reihen fast ausschließlich Amerikanerinnen saßen, war ich doch erstaunt.

Glücklicherweise hatte mir, bevor sich der Vorhang hob, Herr Tôgi Hiroshi vom Palastamt für Hofmusik alles ausführlich erklärt. Es wurde wirklich eine außergewöhnliche Veranstaltung.

Der damalige Teemeister der Urasenke-Schule führte eine Teezeremonie vor. Mein Haar hing wie das der Hofdamen der Heian-Zeit lang und offen herunter, und ich trug einen Kimono im Stil dieser Zeit. Diesen tauschte ich dann in der Pause mit einem formellen, schwarzen Kimono. Diese höfische Modenschau wurde zu einem außerordentlich prunkvollen Ereignis.

Die Gattin des Teemeisters, die auch anwesend war, schenkte mir einen wunderhübschen Kimonostoff aus feinster Kreppseide, der mir auch heute noch viel bedeutet. Meine englischen Erläuterungen hatten allgemeinen Beifall gefunden, und der Teemeister war hochzufrieden.

Im Frühjahr 1955 veranstalteten wir die gleiche Schau im Mitsukoshi-Theater, zu der zahlreiche Gattinnen der Offiziere der 8. Division, unter ihnen sogar die Frau des Oberbefehlshabers, erschienen.

Übrigens moderierte ich auch häufig die Modenschauen von Koide Masako und kam aus diesem Grund ab und zu in die Gegend von Osaka. Dann besuchte ich meine Schwiegermutter, schenkte ihr etwas Geld und lud sie zum Essen ein. Mein Schwiegervater war gestorben, und sie lebte ganz allein als Untermieterin bei Bekannten. Ihr wurde bewußt, daß ich mein Leben meisterte, ohne zu jammern, obwohl ihr Sohn mir so Schreckliches angetan hatte, und sie lobte meine Tapferkeit. Das waren vermutlich nicht einmal leere Schmeicheleien.

Meine Beziehungen zur Welt der Haute Couture vertieften sich immer mehr. Vor allem arbeitete ich für die Modenschauen von Yamano Aiko.

Ich hatte gute Beziehungen zu vielen Modemachern und unterrichtete junge wißbegierige Kosmetikerinnen in englischer Konversation, brachte ihnen Fachbegriffe aus der Branche bei und führte sie in neue Trends ein. Das alles waren »Abfallprodukte« aus dem »Papierkorb«.

Es freut mich sehr, daß diese Beziehungen bis heute nicht abgerissen sind. Wenn ich in Japan bin, gehe ich bei Frau Suzuta, die zum *Goya*-Club gehörte, ein und aus.

Hosono Suzu, die meine erste Verbindung zur Modewelt hergestellt hatte, ist kurz nachdem ich dieses Kapitel beendet hatte, gestorben. Ich hätte mich so gern noch einmal mit ihr getroffen und Erinnerungen ausgetauscht, aber es sollte wohl nicht sein ...

Striptease

1947 WURDE DER erste Striptease in Japan aufgeführt und damit die Schönheit des japanischen Frauenkörpers entdeckt. Natürlich zeigten *Ukiyoe*-Holzschnitte wie die von Utamaro[9] schon in der Edo-Zeit die entblößte weibliche Brust, bei anderen sieht man ein Stückchen Ober- oder Unterschenkel, dennoch war es undenkbar, sich völlig nackt in der Öffentlichkeit zu zeigen. Außerdem ist nicht zu leugnen, daß die Frauen auf Aktfotos aus der Meiji-Zeit einen zu langen Oberkörper und verhältnismäßig kurze Beine hatten und so etwas nicht dem Schönheitsideal entsprach.

Aber gleich nach dem Krieg kamen die sehr reizvollen sogenannten »Gemälde-Shows« auf. Man hatte natürlich von Aktmodellen für Ölgemälde gehört, aber lebendige unbekleidete Frauen überraschten und begeisterten die Japaner sehr, hatten sie noch kaum Gelegenheit gehabt, so etwas zu sehen. In Marunouchi, Shinjuku und Asakusa begann man sich um diese Shows – elegante wie billige – geradezu zu reißen.

In der Music Hall im dritten Stock des Nichigeki-Theaters traten die besten Tänzerinnen auf. Das Orchester war außerdem sehr gut, und vor und nach den Striptease-Darbietungen wurden lustige Sketche aufgeführt. Junge Komiker begannen ihre Laufbahn häufig mit diesen Sketchen. Viele japanische Intellektuelle und Amerikaner besuchten das Theater.

Damals trat auch eine gewisse »Gipsy Rose« auf – diesen

Künstlernamen hatte sie von der berühmten amerikanischen Striptease-Tänzerin übernommen. Es war üblich, daß die Stripperinnen, wenn sie die Bühne betraten, vor Charme und Liebenswürdigkeit beinahe zerflossen, doch sie lächelte als einzige niemals.

Sie starrte hochmütig geradeaus und tanzte mit trägen Bewegungen, was einen sonderbaren Reiz ausübte. Viele Tänzerinnen hatten sich amerikanische Namen gegeben, z.B. Mary Matsubara oder Helen Taki. Die Japanerinnen hatten ihren langen Rumpf und ihre kurzen Beine stets unter dem Kimono versteckt, doch jetzt brachen sie mit diesen Gewohnheiten und traten mutig splitternackt auf die Bühne. Beim Anblick ihrer schönen Körper überlegte ich mir immer, ob wir noch das gleiche Volk waren.

Es gab auch sogenannte »*Ukiyoe*-Shows«, in denen als Kurtisanen verkleidete Stripperinnen auftraten. Sie trugen mit Pailletten bestickte Überkimonos, unter denen sie nackt waren. Es gab viele Anleihen aus dem *Kabuki* und ein raffiniertes Repertoire. Vorher und nachher brachten Tony Tani oder E.H. Eric ihre ausgesprochen unterhaltsamen Sketche.

Am Anfang hatte ich die Music Hall im Nichigeki-Theater nur besucht, um Roppa zu begleiten, aber dann gefiel es mir dort immer besser, und ich wurde beinahe süchtig nach diesen Shows.

Einmal wurde das *Kabuki*-Stück »Michitose und der Samurai Naojirô« aufgeführt. Michitose wurde von einer Stripperin dargestellt, den Samurai spielte Herr Eric. Aber das Kostüm des Samurai war ihm zu klein, und als Liebhaber im zu kurzen Kimono machte er einen schlechten Eindruck. Als seine Verehrerin konnte ich es kaum mitansehen.

Ich eilte nach Hause, suchte einen hell- und dunkelblau gestreiften Stoff nebst Futter heraus und brachte ihn gleich zu einem Schneider. Zwei Tage darauf gab ich alles zusammen mit einem *Obi* in seiner Garderobe ab. Seit diesem Tag war aus Herrn Eric in seinem maßgeschneiderten Gewand ein schneidiger Samurai geworden, der etwas intellektueller wirkte und besser aussah als die Samurai im *Kabuki*.

Als ich Herrn Eric fünfundzwanzig Jahre später in New York wiedersah, erzählte er mir, daß er den Kimono von damals immer noch habe.

1951 trat Roppa im Teigeki-Theater in dem Musical *Oyuki Morgan* auf, das ein großer Erfolg war. Wenn es heute noch einmal so aufgeführt würde, könnte es durchaus mit den amerikanischen Musicals konkurrieren. Fräulein Koshiji spielte die Geisha Oyuki aus Gion und Roppa den amerikanischen Millionär Morgan, der sich in Oyuki verliebt. Da ich mit Roppa sehr gut befreundet war, besuchte ich ihn oft in seiner Garderobe.

Ich hatte meinen Sohn seit seinem dritten Lebensjahr immer mit ins Theater genommen. Deshalb liebte er das Theater. Normalerweise langweilen sich Kinder im Theater nach kurzer Zeit und quengeln, wollen nach Hause, aber mein Kleiner verfolgte mit größter Aufmerksamkeit sowohl traditionelle *Kabuki*-Stücke als auch moderne japanische und europäische Stücke.

Im Shimbashi-Tanztheater, ich glaube, es war bei einem Theaterstück von Hanayagi Shôtarô, hatten wir die Nachmittagsvorstellung besucht. Ais das Stück zu Ende war, fragte er:

»Ist es zu Ende?«

»Ja, es ist zu Ende. Jetzt kommt gleich die Abendvorstellung, und draußen warten viele Zuschauer. Deshalb müssen wir jetzt raus.«

»Ich will auch noch gucken«, jammerte er und fing im Foyer an zu weinen. Die Damen von der Auskunft eilten herbei.

»Kleiner, es ist doch zu Ende. Das ist langweilig für Kinder und geht zu lange«, trösteten sie ihn mit mitleidigen Gesichtern.

»Nein, ich will noch gucken.«

»Er weint, weil er die Abendvorstellung sehen will«, erklärte ich, und die Damen riefen: »Der Kleine weint, weil er die Abendvorstellung nicht sehen darf Vielversprechend, nicht wahr?« Danach war er der Liebling aller Damen.

Im Gegensatz zu anderen Kindern war mein Sohn vernarrt ins Theater. Außerdem konnte er sehr gut malen. Was er malte, ließ auf eine außergewöhnliche Wahrnehmung schließen, und ich fand, daß er unbedingt Bühnenbildner werden sollte. Einmal besuchten wir zusammen Itô Kisaku. Bereits im ersten Teil habe ich gesagt, daß ich Itô Kisaku zu den größten Genies Japans zähle. Nun hatte ich den dringenden Wunsch, meinen Sohn bei ihm in die Ausbildung zu schicken.

Kisaku erkundigte sich freundlich bei dem Kleinen, ob er das Theater möge. Dann zeigte er ihm ein Miniatur-Bühnenbild und unterhielt sich eine Weile mit ihm. Daß er zu ihm nicht wie zu einem Kind, sondern wie zu einem Erwachsenen sprach, schien meinen Sohn sehr zu freuen.

»Wenn du aus der Mittelschule kommst, fängst du gleich bei mir an. Als Bühnenbildner muß man früh anfangen und alles von der Pike auf lernen.« Er maß meinen Sohn mit einem warmen Blick. Wäre Kisaku nicht gestorben und hätte meinen Sohn nach der Mittelschule wie versprochen in die Lehre genommen, dann wäre er jetzt bestimmt nicht Beamter, sondern ein hervorragender Bühnenbildner, wie ich es mir gewünscht hatte.

Aber kehren wir zu den Anfängen des Striptease in Japan zurück. Auch zwischen den Akten von *Oyuki Morgan* traten mehrere Stripperinnen auf. Die Zeit, in der Fräulein Koshiji sich umzog oder die Kulissen umgebaut wurden, nutzte man für Striptease-Einlagen. Diese Unterbrechung dauerte etwa eine halbe Stunde, während der die hübschen Tänzerinnen auftraten. Sie bewegten sich gelassen und unterhielten das Publikum mit ihren schönen Posen.

Ich nahm auch meinen Sohn mit in *Oyuki Morgan*. Er aß Süßigkeiten in Roppas Garderobe und schwätzte auf dem Flur mit den Stripperinnen. Auch der Zwerg Soratobi Kosuke trat auf. Er hatte ein niedliches Gesicht, kleine Hände und Füße. Er war etwa so groß wie mein Sohn, das heißt wie ein Fünf- oder Sechsjähriger, war aber schon zwei- oder dreiundzwanzig.

Mein Sohn schien ihn für ein gleichaltriges Kind zu halten. Da er sehr zutraulich war, fragte er Soratobi Kosuke, der in seinem kleinen Smoking zierlich herumstand:

»Wie heißt du?«

»Das weißt du nicht?« sagte Kosuke herablassend.

»Wie alt bist du?« fragte mein Sohn.

»Ich bin älter als du. Aber noch ledig«, versetzte Kosuke beleidigt.

Mein Sohn schien verdutzt über dieses seltsame Kind.

Als ich am nächsten Tag vom Einkaufen zurückkam, saß er meiner Großmutter gegenüber und weinte. Als ich hereinkam, stürzten sich die beiden jammernd auf mich.

»Die Kochi-Oma hat gesagt, ich bin ein Lügner«, heulte der Kleine.

Bei uns gab es zwei Großmütter. Meine Mutter und meine Großmutter. Da das ein bißchen kompliziert war, hatte irgend jemand damit angefangen, meine Großmutter »Kochi-Oma« zu nennen. Meine Mutter wurde »Mama-Oma« gerufen.

»Der Kleine erzählt freche Lügen«, beklagte sich meine Großmutter nun ihrerseits. Beide waren sehr aufregt.

»Was ist denn los?« fragte ich.

»Ich habe ihr erzählt, daß ich lauter nackte Mädchen mit glitzernden Schmetterlingen am Po gesehen habe. Und sie hat gesagt, ich lüge«, heulte er.

»Wer lügt, der stiehlt. So fängt es an. Es macht mir Angst, daß er so haarsträubend lügt. Stell dir vor. Ihr wart gestern doch im Teigeki. Dort sollen nackte Mädchen mit Schmetterlingen am Hintern auftreten«, schluchzte meine Großmutter.

Sie war Jahrgang 1863, und so etwas war für sie einfach unvorstellbar.

Zwei Stunden lang erklärte ich ihr die Beziehungen zwischen Striptease und dem Teigeki-Theater und versprach, sie noch in diesem Monat dorthin mitzunehmen. Damit war die Sache erledigt.

Vom Oberbefehlshaber vorgeladen

1952 BAT MICH Herr Shinohara von der Zeitschrift Chûôkôron um einen Aufsatz. Er erschien im Maiheft unter dem Titel »Bekenntnisse einer englischsprechenden Geisha« und dem Pseudonym Yuri Harumi.

Bekenntnisse einer englischsprechenden Geisha

Heute spricht man hochtrabend von »Präsentier-Geishas« und »kosmopolitischen Geishas«. Ich war so etwas wie eine Vorreiterin auf diesem Gebiet. Nach meinem Debüt in Shimbashi 1933 habe ich bis 1944 als Geisha gearbeitet. Dann kam Krieg, und nach dem Krieg übte ich meinen Beruf noch etwa zwei Jahre weiter. Das sind insgesamt ungefähr zehn Jahre.

Die Gäste, die vor dem Krieg nach Shimbashi kamen, daß heißt die ausländischen Touristen, sahen in der Regel überhaupt nicht aufs Geld. Doch nach dem Krieg kamen auch viele Kunden aus dem Ausland, die ungebildet und niveaulos waren, und auf uns herabschauten, währenddessen die Gäste vor dem Krieg uns stets mit Achtung behandelt hatten. Bekanntlich ist es unsere Aufgabe, für das Wohl unserer Gäste zu sorgen, und diese gebildeten, kultivierten Menschen gaben sich alle Mühe, uns keine Unannehmlichkeiten zu bereiten. Der Unterschied zwischen den ausländischen Gästen von vor und nach dem Krieg bestand wohl darin, daß die einen schon Geld besaßen und die anderen es erst noch verdienen mußten.

Zu Ikumatsus Zeiten – sie war die Geliebte von Katsura

Kogorô[10] *– ernährten die Geishas einen Mann, wenn sie glaubten, daß er eine Zukunft hatte, auch wenn er noch Student oder etwas Ähnliches war, doch heutzutage gibt es das nicht mehr. Kurz gesagt, auch die Geishas sind recht schlau geworden.*

Ich gab jungen Geishas Englischunterricht und trug zu ihrer Bildung bei. Wenigstens habe ich es versucht. Eigentlich lehrte ich Englisch, doch unterwies ich sie dabei auch in japanischer Kultur und leitete sie moralisch an. Natürlich sollten japanische Frauen auch weltoffen eingestellt sein, und es kommt auch gar nicht darauf an, aus welchem Land ein Kunde stammt. Doch ihre Seele sollte eine Geisha nie verkaufen. Die Geishas von früher verkauften ihre Seele niemals. Heutzutage verrät man seine Ideale allzu leichtfertig, wenn es sich als opportun erweist. Auch viele hohe Politiker sind käuflich. Einer, der bis gestern noch Faschist war, wird heute zum Liberalen. Dieser Geist ist es, den ich am meisten verachte. Ich finde es auch schlimm, wenn Frauen kein Rückgrat haben, und wünschte mir, die Shimbashi-Geishas wären etwas charakterfester. Alles scheint erlaubt zu sein, solange es nur »aus Liebe« geschieht, doch ich habe nicht das Recht, diese Einstellung zu verurteilen. Japan wird jetzt immer internationaler, und schon dadurch ändern sich die Verhältnisse. Doch vieles, was damit zusammenhängt, ist mir ein Ärgernis, weil es so zweitklassig und würdelos ist. Früher waren die Menschen strenger gegen sich selbst. Diese Härte gibt es heute nicht mehr. (...)

Es ärgert mich immer, wenn Ausländer sich einbilden, wir Japaner müßten ihnen in allem folgen. Das könnte daran liegen, daß sie vor dem Krieg nur Besucher waren, während sie heute als »Sieger« kommen. Und viele meiner Landsleute nicken jetzt, wo der Krieg verloren ist, zu allem und jedem und gehorchen. (...)

Als ich einmal zwei oder drei junge Beamte , die Englisch sprachen und mit einem Amerikaner gekommen waren, be-

diente und beobachtete, wie kriecherisch sie sich ihm gegenüber verhielten, platzte mir der Kragen. Es ging die ganze Zeit nur immer Yes Sir, Thank you Sir, und das ganze Sir hinten und Sir vorne ging mir fürchterlich auf die Nerven. Wenn es General MacArthur gewesen wäre, hätte ich nichts dabei gefunden, aber es handelte sich um einen sehr jungen Soldaten. Bestimmt hatten die drei ihn zu einem Arbeitsessen eingeladen, aber sie rutschten nervös von ihren Sitzkissen und[11] *und benahmen sich unfaßbar unterwürfig. Da sagte ich zu einem von ihnen: »Entschuldigen Sie, aber Sie sind doch auch Gäste. Sie haben ein Sitzkissen bekommen, also sind Sie Gäste. Wenn man Sie so sieht, könnte man ja meinen, Sie seien Spaßmacher, die sich vor einem jungen Soldaten noch und noch verbeugen. Sie sind doch immerhin Regierungsbeamte, zeigen Sie etwas mehr Haltung.« ... Damals verhielt man sich so demütig wie möglich. Das führte dazu, daß sich ungebildete Amerikaner oft überheblich und ziemlich herrisch gebärdeten. (...)*

Sah man eine Amerikanerin in Rock und Pullover, konnte man sie leicht für ein nettes, junges, unbedarftes Mädchen halten, doch in Uniform verwandelte sie sich schlagartig in einem weiblichen Oberleutnant oder Major. Vor kurzem lernte ich eine Majorin kennen, die ausgesprochen reizend, weiblich und gefühlvoll wirkte. Doch wenn ein männlicher GI vor ihr salutierte, machte sie ein strenges Gesicht. Wenn hingegen wir uns unterhielten, war sie ganz Frau. Japanerinnen, die es zu etwas gebracht haben, sind in der Regel altjüngferlich und prüde. Je intellektueller, desto spröder. Ich finde das bedauerlich. Da Gott nun einmal ein schönes Geschlecht geschaffen hat, ist es doch unnötig, sich so vertrocknen zu lassen, daß man nicht mehr weiß, ob jemand ein Mann oder eine Frau ist. Je intellektueller eine Frau ist, desto weiblicher sollte sie sich eigentlich geben. Wenn die weiblichen Abgeordneten, Schriftstellerinnen und prominenten Frauen attraktiver wären, wäre das so reizvoll, als würden in Japan kluge Blumen blühen

Vier oder fünf Tage nachdem die Zeitschrift mit diesem Aufsatz erschienen war, rief mich die Sekretärin des Oberbefehlshabers des 8. Armeekorps von Yokohama an. Ich sollte mich für den nächsten Morgen um elf Uhr bereithalten, denn ein Jeep würde mich abholen. Ich war ein klein wenig besorgt.

Vor dem Krieg war ich wegen Aktfotos, die aber jemand anderen darstellten, ins Polizeipräsidium vorgeladen worden. Deshalb rechnete ich auch diesmal mit einem Mißverständnis und Unanehmlichkeiten.

Was konnte es nur sein, das ihnen nicht paßte? Hatte ich irgend etwas Negatives über die Besatzung gesagt, ohne es zu merken? Ich war beunruhigt.

Wenn ich meiner Großmutter davon erzählte, würde sie sich bestimmt Sorgen machen.

»Ich habe etwas bei den Streitkräften in Yokohama zu erledigen. Macht euch keine Sorgen, wenn ich zwei, drei Tage wegbleibe.« Ich versuchte, möglichst gelassen zu klingen.

An diesem Abend überprüfte ich den Aufsatz, den ich für *Chûôkôron* geschrieben hatte, suchte nach irgend etwas Verfänglichem, aber mir fiel nichts auf.

Irgendwann nickte ich ein, und der Morgen war da. Meine Großmutter packte mir wortlos Seife und Zahnbürste in einen kleinen Beutel.

Als ich sie danach fragte, sagte sie, ich würde die Sachen doch brauchen, wenn ich zwei oder drei Tage unterwegs wäre.

»Ich vertraue dir natürlich, aber sag, was du sagen kannst, klar und deutlich. Was du nicht sagen kannst, behalte für dich, auch wenn du sterben mußt«, sagte meine Großmutter leise, und ich fühlte, daß sie etwas ahnte.

Dann kam der Jeep, der mich abholen sollte. Während ich mich tief vor ihm verbeugte, schaute mir meine Großmutter sorgenvoll zu, und ich stieg schweren Herzens ein.

Bald kamen wir in Yokohama an. Ich wußte nicht, ob wir uns im Club des 8. Armeekorps oder dem Amtssitz des Kommandanten befanden. Im Eingang befand sich eine Wendeltreppe, und auf beiden Seifen des Flurs reihten sich zahlreiche Topfpflanzen. In der Mitte des Empfangsraums stand ein großer runder Glastisch. Unter der dikken Glasplatte standen mehrere Töpfe Usambara-Veilchen, dadurch sah der ganze Tisch aus, als hätte er ein Muster aus lauter lila Blumen.

Zwei Hunde mit lockigem Fell kamen ins Zimmer, und später erklärte man mir, es seien französische Pudel. So etwas wie diesen Tisch und diese Hunde sah ich zum erstenmal in meinem Leben.

General Baker und seine Frau betraten den Raum. Die beiden mochten mich und luden mich stets zu den Partys ein, die sie in ihrem Haus veranstalteten. Er war Leiter des Hauptquartier-Pressedienstes. Nun kamen auch der Chefredakteur von *Stars and Stripes* und vier weitere Ehepaare herein, die Herren in den eleganten Uniformen hoher Offiziere. Völlig eingeschüchtert heftete ich mich an Frau Baker.

Als nächstes trafen der Oberbefehlshaber und seine Gattin ein. Ich erinnere mich, daß man mir einen der besseren Plätze zwischen diesen hochgestellten Damen zuwies.

Die Plätze waren mit Namenskärtchen gekennzeichnet. Auf jeder Karte waren neben dem Namen traditionelle Federballschläger, japanische Papierdrachen, japanische Puppen, Karpfen oder Chrysanthemen abgebildet.

Ein japanischer Boy brachte die Suppe. Wir waren also zu einem gemeinsamen Lunch eingeladen. Als wir bereits beim Nachtisch waren, zog der Oberbefehlshaber eine englische Übersetzung meines Artikels für *Chûôkôron* heraus.

»Das hat diese japanische Geisha geschrieben«, begann er. Sein Adjutant, ein junger, hochgewachsener Captain, las aus meinem Aufsatz vor, und alle lauschten. Beim Zuhören fiel mir wieder auf, daß ich doch eine sehr deutliche Sprache gesprochen hatte, und der kalte Schweiß stand mir auf der Stirn, doch am Ende applaudierten alle.

Alle blickten freundlich und wohlwollend auf mich und klatschten.

Anfangs hatte ich fest damit gerechnet, für das, was ich geschrieben hatte, gerügt zu werden, doch ganz entgegen meiner Befürchtungen lobte man meinen Artikel.

»Was halten Sie von den Besatzungsstreitkräften? Sollte Ihnen etwas Bestimmtes aufgefallen sein, sagen Sie es nur frei heraus«, forderte mich der Oberbefehlshaber auf.

»Das Benehmen mancher amerikanischer Soldaten ist beschämend. Auf der Ginza sind sie ein Ärgernis für viele Japaner. Einige Soldaten feilschen, und das nicht nur in den kleineren Geschäften, sondern auch in Kaufhäusern. Ich finde das schäbig«, sagte ich, beglückt über diese Gelegenheit.

»Der Fuji ist für uns Japaner ein heiliger Berg und hat für unser ganzes Volk eine besondere Bedeutung. Wäre es nicht möglich, dort keine Manöver abzuhalten? Als ob es keine anderen Berge gäbe ...« (Die Einheimischen waren über die Manöver am Fuße des Fuji-*san* sehr verärgert.) Ich nahm kein Blatt vor den Mund und finde im Nachhinein selbst, daß ich sehr direkt war.

»Kiharu, wenn zehn von Ihrer Sorte in der japanischen Regierung wären, könnten wir Japan besser verstehen. Sie ahnen nicht, was für eine Erleichterung das für uns wäre«, sagte der Oberbefehlshaber lachend.

Ich erhielt eine Menge Kuchen, Schokolade und Konserven und wurde im Jeep wieder nach Hause gebracht. Eine Einladung, an die ich mich immer wieder gerne erinnere.

Eine hoffnungslose Liebe

Es war ein klarer, schöner Tag.

Eine Bergbaufirma gab eine Gesellschaft für die höheren Offiziere des GHQ und ihre Damen.

Auf dem Teich von Yamagata Aritomos Villa Kamelienberg hatten sich zahlreiche Wildenten niedergelassen. Nachdem die Gäste nach Hause gegangen waren, machten es sich die Gastgeber erleichtert in der Villa bequem und tranken noch ein Glas.

Ich bemerkte, daß am Ufer des Teiches noch zwei oder drei Leute saßen. Als ich zu ihnen hinunterkam, sprach mich einer von ihnen an.

»Vielen Dank, Sie haben sehr viel zum Gelingen dieser Party beigetragen.« Es war K., der von diesem Tag an all meine Gedanken beherrschen sollte. Er war ein ausgesprochen bescheidener Mensch, aber er hatte eine beruhigende Art zu sprechen und strahlte große Vertrauenswürdigkeit aus. Damals war er noch Abteilungsleiter bei der besagten großen Bergbaufirma.

»Das Ehepaar Philipp war ganz begeistert von Ihnen. Könnten Sie sie in nächster Zeit einmal nach Nikkô begleiten?«

»Selbstverständlich, sehr gern. Werden Sie auch mitkommen?« fragte ich.

»Wenn Sie dabei sind, kommt der Chef ganz bestimmt mit«, sagten seine beiden Untergebenen in scherzhaftem Ton.

Mich ergriff eine Ahnung, daß unsere Beziehungen nicht

auf die Partyebene beschränkt bleiben würden. Bald begleitete ich K. wie eine Privatsekretärin oder Dolmetscherin, wenn seine Firma Ausländer zu Gast hatte. In der Firma arbeitete eine Dolmetscherin, die in Amerika aufgewachsen war. Sie war eine gute Freundin von K.s Frau. Eigentlich sollte diese Miss Fujikawa ihn begleiten, aber daß er immer nur mich mitnahm, verletzte die Gefühle der Dolmetscherin, und die Tragödie nahm ihren Anfang.

Er hatte zwei Söhne und zwei Töchter. Es hatte schon immer zu meinen Prinzipien gehört, mich nicht in Männer, die Familie haben, zu verlieben, da ich mir lebhaft vorstellen konnte, wie ärgerlich es war, Mätresse zu sein. Deshalb redeten wir uns ein, daß mein Verhältnis zu K. ausschließlich einen praktischen Grund hatte, nämlich die Betreuung ausländischer Gäste.

Eines Tages begegneten wir uns zufällig, als er gerade vom Zahnarzt kam. Damals hatte ich gerade ein kleines Haus in Kobikichô gekauft, in dem wir nun wohnten. Ihm waren mehrere Zähne gezogen worden (aus heutiger Sicht ist es ziemlich kühn, jemandem fünf oder sechs Zähne auf einmal zu ziehen), und ich brachte den offensichtlich geschwächten K. zu uns nach Hause.

Er legte sich im ersten Stock hin, während ich ihm eine Suppe kochte und Eis zum Kühlen brachte. Da er sich auch am Abend noch schwindelig fühlte und nicht aufstehen konnte, spielte ich bis spät in die Nacht Krankenschwester. Erst dann fuhr er mit dem Taxi nach Hause. Ich machte mir große Sorgen, und als ich hörte, daß er sich in der Firma krank gemeldet hatte, holte ich ihn beim Zahnarzt ab. Danach nahm ich ihn wieder mit zu mir nach Hause.

Eigentlich sahen wir für uns keine Zukunft, doch was wir bisher unterdrückt hatten, brach wie eine Flut über uns herein. Ich sagte mir zwar die ganze Zeit, daß es unmöglich sei, aber ich konnte nicht mehr auf K. verzichten.

Wir waren beide nicht mehr jung. Da wir Erwachsene waren und er Familie hatte, wäre es vernünftiger gewesen, sich nicht wiederzusehen. Aber wenn ich ihn sah, war ich so überwältigt, daß ich ihm nicht mehr von der Seite weichen konnte.

Ich konnte nicht mehr richtig arbeiten, alles andere war aus meinem Kopf verschwunden, und ich wollte nur noch bei ihm sein.

Vor dem Krieg war es so, daß ich, wenn ich verliebt war, gern arbeitete. Dann bereitete es mir großes Vergnügen, mit vielen Menschen zusammen zu sein und mich von ihnen necken zu lassen. Anscheinend war es meine Natur, im Zustand der Verliebtheit heiter und fröhlich zu werden.

Doch diesmal war es anders. Am liebsten war ich mit ihm allein, und alle anderen waren mir lästig. Ich wollte nur ihn. Aber das ging nicht. Ich mußte ja arbeiten, war aber nicht mehr mit ganzem Herzen dabei.

Er blieb unter den verschiedensten Verwänden von zu Hause fern. Natürlich sagte ich, er solle doch ruhig nach Hause gehen, aber tatsächlich war ich überglücklich, wenn wir eine Nacht zusammen verbringen konnten.

Wenn er ungeachtet meiner mageren Kochkünste das schmackhafte Essen pries, hätte ich, auch wenn ich wußte, daß er mir nur schmeichelte, vor Glück in Tränen ausbrechen können.

Doch wenn er bei mir übernachtete, rief alle halben Stunden seine Frau an. Es war wirklich schlimm. Am Ende wickelten wir das Telefon in eine Decke und stellten es in den Schrank.

Sein Vater wohnte in einem Sommerhaus außerhalb der Stadt. Die Mutter war sehr früh gestorben, und der Vater schien einsam zu sein, obwohl seine ältere Tochter, die Witwe war, ihm im Haushalt half. K. stellte mich seinem Vater vor.

Ich besuchte den alten Mann oft und brachte ihm Käse, Speck und Schinken mit (trotz seines Alters mochte er diese westlichen Speisen sehr). Wir fuhren zweimal im Monat zu ihm, denn der einsame alte Mann freute sich immer besonders, wenn wir kamen. Da K.s Frau gesundheitlich nicht auf der Höhe war, konnte sie ihn nicht besuchen.

Jeder von uns dachte immer wieder an eine Trennung, da wir uns unglücklich machen würden, wenn es so weiter ginge, aber keiner sprach den Gedanken aus.

Immer öfter klingelte nachts das Telefon, was fast zum Trauma für mich wurde. Seine Frau machte wahrscheinlich das Gleiche durch. Keiner von uns sagte es, aber wir wollten ganz zusammen leben. Er kannte einen älteren Herrn, der ihn förderte und in Odawara lebte. Dieser unterstützte ihn in beruflichen und auch in privaten Dingen, und ich begleitete K. einmal zu dessen Villa. Der alte Mann führte gern große Reden. Nach meinem ersten Eindruck hatte ich das Gefühl, daß er ziemlich gerissen und nicht besonders vertrauenswürdig war. Immerhin schlug er uns sofort eine Lösung vor.

»Ich werde seine Frau überzeugen, habt noch ein bißchen Geduld. Wenn ihr euch wirklich liebt, werde ich die Verantwortung übernehmen und eine Lösung herbeiführen. Nur die vier Kinder sind ein Problem. Würdet ihr die Kinder zu euch nehmen? Oder soll jede Partei zwei bekommen? Aber das werden wir noch besprechen.«

Ich erzählte ihm, daß ich selbst ein Kind hatte. Falls K.s Kinder bei mir aufwachsen sollten, würde ich sie wie meine eigenen behandeln, selbst wenn es zu Lasten meines Sohnes ginge. Das war damals tatsächlich meine Absicht.

Aber der opportunistische Alte sprach auch mit der Ehefrau.

»Ich werde dafür sorgen, daß er sich von dieser Frau trennt.«

Er sagte einfach allen, was sie hören wollten. Mein erster Eindruck war richtig gewesen.

Jedenfalls lebte ich damals nur für K. und war dabei überglücklich. Ich knöpfte ihm das Hemd zu, band ihm die Krawatte und zog ihm die Socken an.

So etwas hatte ich bis dahin nie getan. Ich war eher selbst anlehnungsbedürftig und liebte es, wenn Männer etwas für mich taten. Doch jetzt war alles anders.

Er war mein Ein und Alles. Meine heftige Liebe zwang mich, ihm mit meinem ganzen Körper zu zeigen, wieviel er mir bedeutete.

Ich begleitete ihn täglich auf seinem Weg zur Arbeit bis zur U-Bahnstation Ginza. Wenn er durch die Sperre ging, ergriff mich eine unsägliche Traurigkeit, so als ob ich ihn nie mehr wiedersehen würde.

Als ich mit dem Diplomaten verheiratet gewesen war, hatte ich nie darüber nachgedacht, wie wichtig der Status einer Ehefrau ist, aber seitdem ich K. kannte, war ich selbst erstaunt, wie sehr es mich beunruhigte, nicht offiziell mit ihm verheiratet zu sein.

Ich fand es sonderbar, daß gerade ich, ein Mensch mit großer Selbstachtung, anfing, auf seine Kollegen Rücksicht zu nehmen, und mich jede Nacht vom Telefon terrorisieren ließ. Schon der Gedanke an eine Trennung von ihm war wie ein Dolchstoß.

Einmal gingen wir mit einem Geologenehepaar vom GHQ ins Ryûkôtei in Yanagibashi, um ihnen dort ein Feuerwerk zu zeigen. Ich stellte uns der Einfachheit halber, da wir nebeneinander standen, als Mr. und Mrs. K. vor.

Es waren noch viele Ausländer anwesend, und alle sprachen mich nun mit Mrs. K. an.

Doch etwas später tauchte auf einer Gesellschaft im Nebenraum die besagte Dolmetscherin auf. Schnurstracks kam sie auf uns zu.

Alle konnten sie hören.

»Diese Frau ist nicht Mrs. K. Sie ist seine Geliebte. Wieso nennen Sie sie Mrs. K.? Daß er seine Geliebte zu offiziellen Anlässen mitbringt, ist auch Ihnen gegenüber eine große Unhöflichkeit«, zeterte sie auf englisch. Ich war so beschämt und unglücklich, daß ich am liebsten verschwunden wäre.

Der Ehrengast Mrs. Murphy stand mir bei.

»Ehefrau oder nicht spielt doch keine Rolle. Sie war heute eine sehr charmante Gastgeberin, und wir mögen sie sehr, ob sie jetzt Mrs. K. ist oder nicht«, sagte sie geradeheraus.

Meine Angreiferin schämte sich und gab klein bei.

In diesen Tagen erlebte ich viel Unangenehmes, und wenn ich allein mit meinem Geliebten war, war ich himmelhochjauchzend oder zu Tode betrübt und wurde von Wellen des Glücks oder von Wellen der Verzweiflung hin- und hergeworfen. Es war eine unbeschreibliche Zeit.

Ich schrieb zahllose Abschiedsbriefe (weil ich es nicht aussprechen konnte), die ich für ihn in meiner Wohnung hinterlassen wollte, doch ich erwartete weiter fieberhaft seine Besuche und vergaß diese Briefe völlig, wenn ich ihm gegenüberstand. Selbstvergessen kochte ich das Essen und zerriß den mit Mühe geschriebenen Brief wieder. So verhielt ich mich ständig. Jeder hätte mich für verrückt erklärt.

K. schien sich manchmal um seine Kinder zu sorgen und bat mich dann um Rat. Normalerweise waren Gespräche über die Kinder ein Tabu. Obwohl wir dieses Thema nach Möglichkeit mieden, erzählte er, daß er seine älteste Tochter unbedingt auf eine von Missionaren geleitete Schule schicken wollte. Damals hatte das Problem der »Examenshölle« zwar noch nicht die heutigen Ausmaße, aber es war dennoch für Mädchen leichter, von einem privaten Institut auf die Universität überzuwechseln, die die Eltern sich wünschten. Auch seine Frau plädierte für diese Lösung.

Ich kannte den Direktor dieser Missionsschule (er war Franzose) sehr gut und konnte erwirken, daß das Mädchen aufgenommen wurde. Sie war zwölf Jahre alt und hatte die ausgeprägten Gesichtzüge ihres Vaters. Es war mir eine große Freude, daß ich etwas für ihn und für seine Tochter tun konnte.

Auf meinem Herzen lag ein dunkler Schatten der Traurigkeit, trotzdem liebte ich ihn über alles, und Begriffe wie Vernunft und Moral hatten jeden Sinn verloren. Selbstverständlich wurden mir auch die Gesellschaften zuwider, und ihm paßte meine Arbeit auch gar nicht. Eigentlich verbrachte ich meine Zeit nur noch mit Warten, und alles, was ich tat, tat ich nur für ihn. So lebte ich von einer Begegnung zur anderen, und meine Lage wurde immer ausweglöser. Hinzu kam, daß der nächtliche Telefonterror allmählich immer schlimmer wurde. Alles in allem eine unerträgliche Situation, doch an Trennung war nicht zu denken. Ich schlug vor, daß ich irgendein Geschäft eröffnen und er zu seiner Familie zurückkehren sollte. Dann würden wir uns nicht mehr bei mir, sondern irgendwoanders treffen.

Tag und Nacht dachte ich nur an ihn. Ich tat mir schon selber leid, doch wenn ich selbst ein Geschäft betreiben könnte, würde ich sicher abgelenkt ... Diese Erkenntnis kam zwar spät, aber sie war immerhin ein Schritt in die richtige Richtung.

Der Gedanke, ein Restaurant oder eine Bar zu führen, war uns beiden zuwider. Daher beschlossen wir, ein Puppengeschäft zu eröffnen. Wir wollten es *K* nennen, nach dem Anfangsbuchstaben von Kiharu. Möglicherweise versuchte ich damit, meinem leeren Leben, das nur im Warten auf ihn bestand, einen Sinn zu geben, und so ging ich damals völlig in der Herstellung der Puppen auf. Glücklicherweise fanden wir ziemlich preiswerte Räume auf der Namiki-Straße, im 7. Block. Meine Großmutter, meine

Mutter und mein Sohn wohnten nun im ersten Stock, unten richtete ich den Laden ein.

Wenn auch klein, war es doch ein ganz reizendes Puppengeschäft. Die sanfte Aiko und Yoshiko, die Tochter des Glasers Nishimura, der seine Werkstatt in Tamura-chô hatte, waren hübsche Mädchen (Yoshiko war sogar eine Schönheit, die Kunden anlockte). Mit Hilfe dieser beiden führte ich das Geschäft. Wir demonstrierten, wie die Puppen gemacht wurden, und verkauften sie dann.

Wir hatten sogar viele ausländische Kunden, denn zum einen sprach ich Englisch, und außerdem erregte es Mitleid bei manchen Ausländern, daß ich die Witwe eines Beamten im Außenministerium war. Kurzum, die Kunden strömten nur so herbei. Bei der Trennung von meinem Mann hatte ich mich geschämt, Außenstehenden die Wahrheit zu erzählen. Daher hatte ich mich einfach zur Witwe gemacht.

K. verabscheute es, an seine Kinder erinnert zu werden, und hatte daher eine gewisse Abneigung gegen meinen Sohn. Damit wir allein sein konnten, hatte ich ihn immer in die Obhut meiner Mutter und Großmutter geben müssen und nur von Zeit zu Zeit gesehen. Aber als wir das Geschäft hatten, lebten wir zu meiner großen Freude alle zusammen im ersten Stock dieses Hauses.

Im Laden ging es immer fröhlich zu, denn es kamen viele junge Leute vorbei. Allmählich verschwand der Drang zur vollkommenen Selbstaufgabe, den ich gehabt hatte, und da wir uns nur noch einmal in der Woche sahen, gab seine Frau auch die nächtlichen Telefonanrufe auf. Alles wendete sich zum Guten.

Die Frauen in Pumphosen verschwanden von der Ginza, stattdessen begann die amerikanische Mode alles zu bestimmen. Besonders die grell gekleideten Damen am Arm amerikanischer Soldaten fielen ins Auge. Japanerinnen hatten bis dahin leuchtende Farben wie Rot, Grün, Gelb oder Blau nicht getragen. Nun spazierten sie im Sommer so leicht bekleidet in der Stadt herum, als wären sie am Strand.

Außerdem gingen viele junge Paare Hand in Hand, und ich bedauerte, zu früh geboren zu sein, um diese neuen Freiheiten noch genießen zu können. Als ich vor dem Krieg mit Ota Kazuo nach Japan zurückgekommen war, hatten wir einen Höflichkeitsbesuch bei unserem Heiratsvermittler gemacht. Wir gingen Hand in Hand durch den Park des Meiji-Schreins, als ein Polizist uns ansprach.

»Hallo, Sie da! Wer sind Sie?«

»Wie bitte?« fragten wir.

»Was ist Ihr Verhältnis?«

»Wir sind verheiratet.«

»Wenn Sie verheiratet sind, dann benehmen Sie sich gefälligst auch so. Was ist das für eine Art, in diesen schlechten Zeiten händchenhaltend herumzuspazieren?« wetterte er. Wir waren ganz verdutzt.

So war das damals, und meiner Meinung nach hatte sich die Welt in den letzten Jahren sehr verbessert, da man nun händchenhaltend spazierengehen konnte. Zu der Zeit kamen in Japan auch Swing und Jazz im Stil von Glen Miller in Mode, man tanzte Jitterbug und Mambo und später auch Rock n' Roll und Cha Cha Cha.

Berühmte Namen der japanischen Jazzszene waren George Kawaguchi, Nakamura Hachidai und Matsumoto Fumio. Aus Amerika kamen Schallplatten von Rosemary Clooney, Diana Shaw, Eartha Kitt, Satchmo (Louis Armstrong), Nat King Cole und anderen. Gleichzeitig zeigten die Kinos massenweise herrliche amerikanische Farbfilme.

Auch die japanische Filmkunst erreichte damals einen Höhepunkt. Es entstanden die phantastischen Schwarzweißfilme von Regisseuren wie Mizoguchi und Ozu, aber es wurden auch viele schöne japanische Farbfilme von Sugiyama Kôhei gedreht. Eine amerikanische Filmfirma hatte Sugiyama sogar nach Amerika eingeladen, um von seinen Techniken zu lernen.

Im Schwimmen war Japan mit Abstand an der Spitze, und der Goldmedaillengewinner Furuhashi Hironoshi wurde überall der »Fliegende Fisch vom Fujiyama« genannt. Hashizume und Tanaka gewannen Silber- und Bronzemedaillen. Für die drei hißte man drei japanische Flaggen, und ganz Japan raste vor Begeisterung.

Zu der Zeit, als ich das Puppengeschäft eröffnete, tauchte auf der Ginza ein vollkommen neuer Beruf auf – der des Sandwich-Mannes.

Vor dem Krieg gab es die *Chindonya*, die auffällig gekleidet mit Musikinstrumenten wie *Shamisen* und Klarinetten, Glocken und Trommeln lautstark durch die Straßen zogen und vor neueröffneten Läden Reklame für diese machten. (Auch heute gibt es noch einige von ihnen.) Sie trugen Bühnenschminke und waren als Tange Sazen und Kushimaki Ofuji[12] oder als umherziehende Spieler verkleidet. Das Ganze wirkte wie Straßentheater.

An ihre Stelle traten die Sandwich-Männer. Sie trugen vorne und hinten ein Plakat und gingen damit die Straßen auf und ab. Manchmal verteilten sie Handzettel, oft liefen sie einfach nur so herum. Damals wurde die Geschichte kolportiert, daß der Sohn eines Admirals der Kaiserlichen Marine als Sandwich-Mann herumlief, und die Zeitungen und Zeitschriften berichteten darüber. Auch ein Mann, der als Charlie Chaplin kostümiert mit zu großen Schuhen herumwatschelte, war in aller Munde.

Die Ginza hatte sogar eine Sandwich-Frau, die Kasuga-*san* hieß. Da ich ihr an einem Regentag einmal einen Schirm geliehen hatte, waren wir Freundinnen geworden, und sie hatte mir selbstgebackene Reiskräcker vorbeigebracht.

Auch Aiko und Yoshiko wurden ihre Freundinnen. Sie pflegte mit ihren Plakaten bei uns vorbeizuschauen und schenkte uns die berühmten Reiskräcker Sôka.

Außerdem gab es da noch die lustige Bettlerin Shiodome Oharu. Sie lebte in einer Hütte hinter dem Güterbahnhof Shiodome und malte sehr gute Bilder.

Keiner wollte etwas mit ihr zu tun haben, weil sie eine schmuddelige Bettlerin war, doch ich hob allerlei Sachen für sie auf und schenkte sie ihr. Es kam vor, daß ich mit K. in den Sträßchen hinter der Ginza unterwegs war und mich Oharu, die vor einem Müllhaufen saß und nach Eßbarem suchte, begrüßte:

»Ach, Sie sind's. Besuchen Sie mich doch mal. Dann hole ich die prima Essensreste, die es beim Hotel Daiichi gibt.«

Natürlich freute ich mich einerseits, war aber andererseits doch etwas verlegen.

»Auf der Ginza bekommst du Reiskräcker von der Sandwich-Frau, und hier in den Gassen wirst du von Shiodome Oharu angesprochen. Du bist anscheinend sehr gefragt«, lachte K. Ich war in der Tat mit allen gut Freund.

Heute bin ich in New York auch mit einer schwarzen U-Bahn-Fahrkartenverkäuferin und einem italienischen Postboten befreundet. Die meisten Japaner sind darüber erstaunt, aber ich glaube, ich werde diese Leutseligkeit bis an mein Lebensende nicht verlieren, denn sie ist mir angeboren.

Genau gegenüber von meinem Geschäft befand sich der Verlag der Zeitschrift *Romanze,* für den nur dynamische junge Leute arbeiteten. Zu ihnen gehörten Yoshida Yoshio (Monsieur Yoshida), der später Redakteur bei *Chûôkôron* wurde, und Harada Oteru, die später den Chef des Verlages *Daiichi Shuppan Center* heiratete. Sie besuchten mich oft in meinem Laden. Da sie gerade gegenüber arbeiteten, kamen sie häufig in ihrer Mittagspause oder nach Feierabend vorbei. Aiko und Yoshiko scherzten mit Monsieur

Yoshida und anderen jungen Redakteuren und Fotografen.

Der Fotograf N. gehörte auch zu ihnen. Damals hätte ich nicht im Traum daran gedacht, daß dieser junge Fotograf einmal mein Mann werden würde.

Roppa stattete uns auch zuweilen einen Besuch ab. Wir hatten überhaupt viele Besucher aus der Künstlerszene. Einmal kam Ichikawa Danshirô (Masanori), der Vater des heutigen Ennosuke[13], mit seinem Sohn, der ihm wie aus dem Gesicht geschnitten war.

»Der Junge heißt Dokkoi-bôya.«

Heute kann ich es manchmal kaum fassen, daß aus diesem kleinen Buben der große Ennosuke geworden ist.

Die Amerikaner, Zivilisten und Militärs, schickten mir immer Postkarten, wenn sie wieder nach Amerika oder anderswohin versetzt worden waren, und besuchten mich jedesmal, wenn sie in Tôkyô waren. Diese Freundschaftsbeweise freuten uns sehr und bestärkten uns in unserer Arbeit.

Meine zweite Hochzeit

DER WICHTIGSTE INDUSTRIEZWEIG in Japan war damals der Kohlenbergbau. Ohne die Kohle hätten alle anderen Industrien brachgelegen. Aus diesem Grunde war die Bergarbeitergewerkschaft Tanrô die mächtigste der Gewerkschaften.

Als ich das Geschäft eröffnete und mein Liebeskummer etwas nachließ, war viel davon die Rede, daß K. der nächste Leiter seiner Firma werden sollte. So waren wir beide sehr beschäftigt und trafen uns immer seltener.

Dennoch lebte ich weiterhin nur für ihn.

Mein Geschäft ging gut, und ich war sehr zufrieden mit Aiko und Yoshiko. Ich nahm sogar etwas zu – bis dahin war ich nur Haut und Knochen gewesen.

Mein Sohn hatte auch seinen Spaß an den vielen jungen Leuten, die uns besuchten. Während der Geschäftszeiten, wenn die Kunden da waren, durfte er nicht in den Laden kommen, und daran hielt er sich auch. Doch nach Feierabend, wenn wir alle zusammen Tee tranken, durfte er dabei sein. Dann wirkte er sehr fröhlich in der Gesellschaft der jungen Leute.

Endlich war wieder Frieden in mein Herz eingekehrt, und es war nicht so qualvoll für mich, wenn ich K. nicht sehen konnte, da ich mit meinem Geschäft sehr viel zu tun hatte.

Mittlerweile wurde ich auch beschattet.

Warum, wußte ich nicht. Damals in Indien, kurz vor Kriegsausbruch, hatte ich nichts dagegen tun können, da wir ja mitten im Feindesland waren. Doch aus welchem Grunde wurde ich jetzt auf der Ginza verfolgt?

Den ganzen Tag lungerten drei verdächtige Männer um unser Haus herum. Einer stand vor meinem Geschäft, einer an der Steintreppe des *Romanze*-Verlags, und einer versteckte sich hinter einem Telegrafenmast.

Bald erfuhr ich den Grund.

Die Leute von der Tanrô-Gewerkschaft beobachteten, wann K. mich besuchte. Sie wollten K. anscheinend bei seiner Geliebten erwischen.

Als ich einmal von dem Geschäft, in dem ich das Material für die Puppen einkaufte, zurückkam, stand meine Mutter kreidebleich an der Ecke.

»Zwei wildfremde Männer sind ins Haus eingedrungen und haben sich Sachen aus dem Kühlschrank genommen«, klagte sie.

Als ich ins Haus kam, sagte ein Mann, der wie ein Arbeiter aussah, in entsetzlichem nordjapanischem Dialekt zu mir:

»He du, du bist doch die Mätresse von K.?«

»Das finde ich gar nicht komisch. Ich ernähre aus eigener Kraft meine Familie. Nennen Sie mich also gefälligst nicht Mätresse.«

Ich war so verärgert, daß ich zitterte, und hätte ihn am liebsten verprügelt.

»So ganz im Luxus scheint sie ja wirklich nicht zu leben«, murmelte der andere.

»Ich arbeite selbst und habe zwei alte Frauen und ein Kind zu versorgen. Luxus kann ich mir nicht leisten«, sagte ich so überheblich ich nur konnte. »Warum schikanieren Sie mich? Ich weiß, daß Sie den ganzen Tag draußen stehen und mich beobachten. Rufen Sie den anderen, der noch draußen steht, herein. Wir wollen zusammen Tee trinken.«

Die beiden zögerten verlegen. Nun hatte ich die Oberhand.

»Mein Mann ist im Krieg gefallen, und ich muß für die beiden alten Frauen und meinen Sohn sorgen. Dafür arbeite ich. Es macht mir keinen Spaß, mich von euch drangsalieren zu lassen!«

Die beiden wurden ganz kleinlaut.

»Keiner schaut uns zu. Ich halte euch nicht für Gewerkschaftsbonzen, also trinken wir Tee zusammen. Ruft euren Kollegen von draußen herein.«

Die beiden wechselten einen Blick.

»Das ist gut ... wir und Bonzen ... hahaha«, lachten sie.

»Bringt unseren Gästen bitte Tee. Und auch etwas Süßes«, forderte ich Mutter und Großmutter auf, die vor Furcht zitterten.

»Ihr braucht keine Angst zu haben. Das sind sehr verständige Männer.«

Verlegen brummelnd entledigten sich die beiden erst jetzt ihrer ausgetretenen Schuhe, die sie unhöflicherweise anbehalten hatten. Befangen setzten sie sich.

Als meine Mutter ihnen Tee einschenkte, machten sie sich zufrieden schlürfend darüber her. Ihr Einsatz hatte sie wohl durstig gemacht.

»Sind Sie aus Hokkaidô?« Die beiden sahen sich an und nickten.

Sie waren keine jungen Burschen mehr, eher gestandene Männer. Der Mann, der draußen stand, war sogar schon ziemlich alt. Es war den beiden offensichtlich unangenehm, ihn hereinzurufen, und sie steckten sich Zigaretten an.

Indessen war der Kleine nach Hause gekommen.

»Wir haben Gäste. Sag schön guten Tag«, sagte ich zu ihm, und er verbeugte sich artig und begrüßte die beiden.

»Du bist ein guter Junge«, lächelten sie.

Ich nutzte die Gelegenheit.

»Sein Vater ist gefallen, und da sind die beiden alten Frauen. Ich habe es wirklich schwer. Mein Leben ist auch nicht leichter als Ihres.«

Ich schenkte ihnen die Reiskräcker und die Süßigkeiten, die ich vor kurzem von Kasuga-*san* (der Sandwich-Frau) bekommen hatte. Sie schienen auch Kinder zu haben, denn sie nahmen sie an, bedankten sich und gingen.

Während ich die Fußspuren in der Küche aufwischte, ärgerte ich mich nachträglich sehr und weinte. Zum Glück hatten sich die Männer heute zurückgezogen, aber es würden andere kommen, und wir würden alle wieder zittern müssen. Ich hätte am liebsten alles hingeschmissen. Meine Mutter und meine Großmutter ängstigten sich fürchterlich und wollten fortziehen.

Aber mir widerstrebte es, die Flucht zu ergreifen und mich geschlagen zu geben, obwohl ich ja gar nichts getan hatte.

Als meine Mutter am nächsten Tag den Kleinen vom Kindergarten abgeholt hatte und mit ihm zusammen zurückkam, lungerten nicht mehr die Männer vom Abend bei uns herum, sondern andere, die widerliche Fragen stellten.

»Das ist doch bestimmt K.s Kind?« oder

»Wie oft kommt K. zu Besuch?«

Die Fragen waren wirklich lächerlich. Meiner Mutter standen Tränen in den Augen, und sie benahm sich, als wäre ich an allem schuld.

»Macht dir das denn gar nichts aus?« fragte sie wütend.

Natürlich ärgerte ich mich, aber was hätte ich denn tun können? Die Gewerkschaftszentrale in Hokkaidô aufzusuchen hätte nichts genützt. Auch vor der Polizei hatten die Gewerkschaften damals keinen Respekt. Die Kommunistische Partei war sogar mit Plakaten, auf denen stand »Hauptsache der Kaiser hat zu fressen«, in den Palast eingedrungen und hatte randaliert. Kein Mensch würde sich für eine wehrlose Frau wie mich einsetzen.

Da meine Nachbarn die Sachlage nicht kannten, hielten sie die verdächtigen Personen, die den ganzen Tag mein

Geschäft beobachteten und mich verfolgten, für Polizeispitzel. Sie kamen gar nicht auf die Idee, daß es sich um Gewerkschaftler handelte.

»Gibt es einen Grund, daß die Polizei hinter Ihrer Tochter her ist?« fragten sie meine Mutter. Das war für uns sehr unangenehm.

So schikanierte man mich, wie man eben die Schwachen schikaniert, und das ging Tag für Tag so weiter, doch ich wußte nicht, bei wem ich mich beschweren sollte. K. und ich sahen uns kaum noch, und wenn wir telefonierten, bemühte ich mich, ihn nicht mit solchen unangenehmen Dingen zu belasten. Außerdem hätte er sowieso nichts tun können, und so schwieg ich.

Jeder Tag war von Kummer und Angst erfüllt, und ich steuerte auf eine Nervenkrise zu. Das Geschäft ging jedoch weiterhin gut, und der Junge entwickelte sich prächtig.

Es gab einen, der mich unaufdringlich tröstete und versuchte, mich in eine etwas bessere Stimmung zu versetzen.

Sonntags ging er mit dem Jungen in den Toshimaen- oder den Kôrakuen-Vergnügungspark und unternahm verschiedene andere Dinge mit ihm.

Dieser Jemand war der Fotograf N.

Er war zehn Jahre jünger als ich. Heute ist es durchaus üblich, daß Frauen jüngere Männer heiraten, aber vor fünfunddreißig Jahren gab es kaum einen Mann, der den Mut aufbrachte, eine zehn Jahre ältere Frau mit Kind zu ehelichen.

Dazu kam, daß er erst fünfundzwanzig und noch ledig war und eine vielversprechende Zukunft vor sich hatte. Er hätte jedes hübsche Mädchen haben können.

Mein Sohn war ganz vernarrt in seinen »großen Bruder« und klebte an ihm wie eine Klette. An den Tagen, an denen N. nicht kam, war er bedrückt und freute sich unheimlich, wenn er ihn wiedersah. Wenn ich, wie man es heute nennt »deprimiert« war, munterte N. mich wieder auf, daher wartete ich insgeheim immer auf seine Besuche.

Doch da ich zehn Jahre älter war als er, kam ich gar nicht auf die Idee, daß er mehr als nur Mitleid für mich empfand, sondern glaubte, er interessiere sich für die beiden jungen Mädchen Aiko und Yoshiko.

Obwohl die Leute vom *Romanze*-Verlag sich lautstark über uns lustig machten, konnte ich es nicht glauben.

Nicht einmal im Traum hätte ich daran gedacht, daß er in mich verliebt sein könnte ...

Ich erzählte ihm von meiner erbärmlichen Lage. Keinem anderen hatte ich davon vorgejammert, aber ihm beichtete ich meine alltäglichen Sorgen.

»Laß uns heiraten«, sagte er sofort. »Dann hast du nie wieder Unannehmlichkeiten.«

Da er wußte, wie sehr mich die Sache mit K. mitnahm, dachte ich, er wolle mir nur helfen.

»Ich mag nicht aus Mitleid geheiratet werden«, erwiderte ich.

»Bis jetzt habe ich geschwiegen, aber ich liebe dich. Den Kleinen habe ich auch lieb. Ich wäre sehr glücklich, wenn wir beide heiraten würden, auch wegen des Jungen.«

Da konnte ich meine Tränen nicht zurückhalten.

Ich machte reinen Tisch und erzählte ihm alles, aber danach wollte er mich immer noch heiraten.

Wahrscheinlich würden N.s Eltern und Geschwister Schwierigkeiten machen, vermutete ich, aber er konnte sie überzeugen. Mutter und Großmutter waren ziemlich verärgert über die Sache mit K. und ganz begeistert davon, daß ich mich von ihm trennen wollte. Mein Vorhaben, einen um zehn Jahre jüngeren, unbekannten Fotografen zu heiraten, fanden sie jedoch unmöglich und waren sehr dagegen.

Da mein Großvater ein Lebemann gewesen war, hatte meine Großmutter seit ihrem achtundzwanzigsten Lebensjahr so gut wie kein Eheleben mit ihm geführt und sich als Inbegriff des Ideals der guten Ehefrau und Mutter nur um den Haushalt und sogar noch um seine Konkubinen gekümmert.

Auch mein Vater war für meine Mutter adoptiert worden, und sie hatte, seit sie sechsundzwanzig war, von ihm getrennt gelebt. Sie war ganz im Sinne der »Hohen Schule für Frauen«[14] der Auffassung, daß eine Frau sich um Haushalt und Kinder zu kümmern hatte, ohne dabei an Männer zu denken. Daher nahmen Mutter und Großmutter an, daß ich vielleicht nicht ganz richtig im Kopf sei, weil ich ein Verhältnis mit K. hatte, mich dann von N. »überrumpeln« ließ (wie sie sich ausdrückten) und ihn heiraten wollte.

Es war für die beiden ein unvorstellbarer Wahnsinn, daß ich jetzt auch noch einen zehn Jahre jüngeren Mann ehelichen wollte.

Ich war seit meiner Jugend an der Liebe zu Männern gereift und von ihr geleitet worden. Von ihnen habe ich auch gelernt, wie man sein Leben genießt. (Darüber habe ich schon im ersten Teil ausführlich berichtet. Wie sehr mich doch die Liebe dieser Männer geprägt hat! Ohne diesen Antrieb hätte ich nicht leben können. Das hat sich bis heute nicht geändert.)

Meine Mutter und meine Großmutter blieben stur.

»Wir brauchen keine Männer. Seit unserem zwanzigsten Lebensjahr besteht unsere Aufgabe darin, Kinder großzuziehen. Du hast einen wunderbaren Sohn. Es ist die Pflicht und das größte Glück einer Frau, ihr ganzes Leben der Erziehung ihres Kindes zu widmen. Wir begreifen nicht, warum du immer wieder mit einem Mann zusammenleben willst. Am schönsten ist es doch, wenn nur wir vier zusammen sind – so gemütlich. Du kannst uns doch zum Glück durch deine Arbeit ernähren. Damit könnten wir doch zu viert gut leben. Warum willst du, daß hier noch ein Mann einzieht?«

Was ist so schön daran, mit zwei Omas und einem Kind zusammenzuleben und für sie zu arbeiten? Und wieso ist es das größte Glück, mit der Kinderaufzucht als einzigem Lebensziel zu vertrocknen? Die beiden würden mich nie verstehen. Wieviel wir auch diskutierten, sie sprachen immer von meiner »Wahnsinnstat«. Da hörte der Spaß auf. Sollten von nun an diese beiden erleuchteten Alten und die Erziehung des Kindes mein einziger Lebensinhalt sein? Dann wäre ich wirklich verrückt ... Wir redeten jedenfalls völlig aneinander vorbei.

Ich beschloß, N. auf jeden Fall zu heiraten.

K. erklärte ich, daß er, wenn wir jetzt auseinandergingen, eine schöne Erinnerung für mich bleiben würde, doch daß unser gegenseitiges Verlangen und die zärtliche Liebe zwischen uns erlöschen würden. Wir würden uns, wenn es so weiterginge, unter dem Druck von außen eines Tages bestimmt hassen. Das sei meine Angst. Im Moment könnten wir uns noch mit Anstand trennen, aber wenn ich so weiterlitt, würde es später unweigerlich zu einer Schlammschlacht kommen. Jetzt sei die Gelegenheit, sich zu trennen. Ich würde mich wieder verheiraten und meinen Sohn mit in diese Ehe bringen.

K.s Kinder wurden auch allmählich größer, und er schien meine Meinung zu teilen, daß nun der rechte Zeitpunkt für eine Trennung gekommen war (sich zu trennen, wenn man sich noch liebt, ist zwar schwer, aber am besten, finde ich).

Ich verkaufte also das Geschäft und baute uns ein kleines Haus in Sangenya-chô in Azabu.

In diesem Zusammenhang muß ich den Zimmermann Takahashi erwähnen. Er war ein grundehrlicher Mann, und sein Bruder und er waren sehr freundlich zu mir, obwohl ich kein Geld hatte. Sie errichteten ein sehr solides und geschmackvolles Haus, trotzdem verlangten sie nur die Materialkosten.

Obwohl N. noch so jung war, hatte er Geschmack an japanischer Tradition. Vor dem Haus, das sich hinter einer schwarzgestrichenen Holzwand verbarg, hatten wir eine Weide gepflanzt, die von außen sichtbar war. Es lag auf derselben Straßenseite wie der Arisugawa-Park und war klein, aber sehr stilvoll.

Wir hätten unsere Hochzeit gerne unter uns und in aller Stille gefeiert, doch für meinen Mann war es ja die erste Hochzeit. Ich war zwar eine Braut mit Kind, aber er war ein fünfundzwanzigjähriger Mann, der seinen Eltern und Geschwistern eine offizielle Hochzeitsfeier schuldig war. Und wenn wir ein Kind bekommen würden und ihm später kein Hochzeitsfofo von uns zeigen könnten, wäre das auch nicht schön. Also veranstalteten wir eine Hochzeitsfeier in der Meiji-Gedenkhalle.

Ich heiratete ganz offiziell im weißen Hochzeitskimono, und da es nach dem buddhistischen Kalender ein glückverheißender Sonntag war, wurden die frischgebackenen Ehepaare ganz prosaisch eines nach dem anderen wie am Fließband produziert. Das überraschte mich.

Da wir die teuerste Hochzeit inklusive *Gagaku*-Musik[15] bestellt hatten, ertönten laut die höfischen Klänge der Shô, eine Art Panflöte aus Bambus, und der *Hichiriki,* die mit einer Blockflöte verglichen werden kann. Unsere amerikanischen Gäste waren begeistert.

Ich war ein Einzelkind und hatte keine Verwandten. Außerdem hatten sich meine Mutter und Großmutter geweigert zu kommen. Da es nicht besonders gut aussieht, wenn von der Seite der Braut niemand anwesend ist, hatte ich amerikanische Freunde eingeladen: die Eltern von Oberst Schirra, der als erster die amerikanische Flagge auf dem Mond aufstellen würde[16] (und die mich und meinen Sohn sehr mochten), außerdem die Rektorin und den Konrektor von Washington Heights und einen Rechtsanwalt mit seiner Frau.

Die Tochter meiner alten Freundin Koeiryô aus Shimbashi, die Yanagiya Kingorô geheiratet hatte, kam auch. Misako war damals noch ein Teenager. Unter anderen waren auch der inzwischen verstorbene Meister Sekisekitei Momotarô, seine Frau, die Magierin Shôkyokusai Kiyoko und der Bauchredner Hanashima Saburô meine Hochzeitsgäste. Da es ein schöner Tag war, fand die Hochzeitsfeier im Garten statt. Sie war ein großer Erfolg, weil die anwesenden Künstler ihre jeweiligen Spezialitäten zum besten gaben. Das einzig Peinliche war, daß meine Zofe Fumi, als ich gerade von der Kosmetikerin der Meiji-Gedenkhalle zurechtgemacht wurde, mit dem Finger auf eine Dame im westlichen Brautkleid zeigte und lauf rief:

»So waren Sie letztes Mal angezogen, stimmt's?«

Ich hatte ab und zu das Album mit den Fotos von der Hochzeit mit meinem ersten Mann gezeigt, auf denen ich ein westliches Brautkleid trug. Daran hatte sich Fumi erinnert.

Auf N.s Seite hatten sich, wie es sich gehört, Eltern, Geschwister und Verwandte vollzählig versammelt, während zu mir nur die Amerikaner und Künstler gekommen waren, was auf den ersten Blick zwar bunt und exotisch wirkte, doch in mir ein Gefühl von Einsamkeit erweckte.

Im Gegensatz zu Hochzeitsfeiern, bei denen alle steif herumsitzen, lange Reden gehalten werden und alle sich langweilen, herrschte bei uns eine sehr gelöste Atmosphäre, wie sie eher bei Hochzeiten im amerikanischen Stil üblich ist.

Eigentlich hatte ich meinen Sohn mitbringen wollen, aber meine Mutter und Großmutter waren dagegen, so daß ich ihn schließlich doch nicht mitnahm.

Nach der Hochzeitsfeier bezogen wir unser neues Heim. Das Kinderzimmer hatten wir direkt neben unserem Schlafzimmer eingerichtet. Zur Begeisterung meines Sohnes hatte N. den Schrank, den Schreibtisch und den Stuhl auf die Größe des Jungen abgestimmt anfertigen lassen.

Meinem Sohn war es besonders lästig gewesen, im alten Haus jede Nacht bei seiner Großmutter schlafen zu müssen. Doch jetzt hatte er ein Kinderzimmer. Mutter und Großmutter waren immer strikt gegen ein Kinderzimmer gewesen, in dem er alleine schlief.

Mit ziemlichem Aufwand richteten wir eine Dunkelkammer ein, und auch ich rührte Entwicklungslösung an und lieferte die fertigen Fotos aus. N. war sehr froh über den jungen, fleißigen Yamada Kazuo, der als Gehilfe bei ihm arbeitete.

Mein Sohn war der Glücklichste von uns allen. Er lief seinem Papa ständig nach und imitierte ihn in allem. Aus dem großen Bruder war ein Papa geworden.

N. war ein richtiger Familienmensch, und wir gingen immer zu dritt zum Schwimmen oder machten Wänderungen. Wenn es schneite, stapften wir drei durch den Shiba-Park, um den Schnee zu betrachten, und zu Neujahr machten wir den traditionellen Besuch im Meiji-Schrein.

Wenn der Kleine etwas angestellt hatte, bekam er ohne Umschweife eins hinten drauf. Danach gingen die beiden zusammen ins Bad, als ob nichts gewesen wäre, und schrubbten sich gegenseitig ab. Damals hatten der Junge und ich unsere glücklichste Zeit.

Im Laufe der Zeit drangen Mutter und Großmutter in unser harmonisches Leben zu dritt ein.

Wir bauten ihnen ein kleines Haus gleich hinter unserem, engagierten ein Hausmädchen für uns alle, damit es ihnen an nichts mangelte (zwei ältere Frauen haben sowieso keinen großen Haushalt) und stellten ihnen monatlich eine bestimmte Summe zur Verfügung, so daß sie möglichst zufrieden leben konnten.

Aber meine Mutter und Großmutter konnten es nicht ertragen, daß der Junge sich jeden Morgen seine Kleider für die Schule selbst zusammensuchte, zu Hause für sich in seinem Zimmer lernte und nachts auch allein in seinem Zimmer schlief.

Ich habe bis zur sechsten Klasse noch bei meiner Großmutter geschlafen, und da sie damals schon, wenn wir Fisch aßen, für mich die Gräten mit der Pinzette entfernt hatte, wollte sie das jetzt auch bei dem Jungen tun. Es störte meine Großmutter sehr, daß wir drei so gut miteinander auskamen. Am liebsten hätte sie es wohl gehabt, wenn der Junge zu ihr gekommen wäre und geweint hätte: »Oma, der Papa und die Mama wollen mich nicht dabei haben«. Sie hatte an allem, was die Erziehung meines Sohnes betraf, etwas auszusetzen.

Da unser Haus günstig gelegen war, eröffnete ich einen kleinen Schönheitssalon.

Ich wollte Mutter und Großmutter nicht zu sparsam unterhalten. Außerdem hatte sich N. ein Auto gewünscht, und ich hatte einen gebrauchten Ford gekauft. Damals war es die Ausnahme, daß ein Fotograf ein eigenes Auto besaß.

Mittlerweile begann er, mit seinen Arbeiten Erfolg zu haben. Zusammen mit Sakaguchi Ango[17] bereiste er für *Chûôkôron* ganz Japan. Sakaguchi schrieb jeden Monat ein Essay, und N. machte die Fotos dazu. Die Serie war erfolgreich, und N. wurde nach und nach bekannt.

Er liebte Rosen und hatte in unserem Garten verschiedene Sorten angepflanzt, die wir täglich mit Hingabe pflegten.

Mein kleiner Salon florierte, und da die zwanzigjährige Tokue, die vierundzwanzigjährige Kiyohara und die hübschen Lehrmädchen Omo und Peko (beide sechzehn) alle auch dort wohnten und arbeiteten, ging es immer sehr lebhaft und lustig zu.

Wir gingen alle zusammen schwimmen, machten Ausflüge im Auto und amüsierten uns überhaupt prächtig.

Wie ich eingangs schon erzählt habe, hatte eine Freundin meiner Großmutter aus Numazu uns sehr geholfen, als wir evakuiert waren. Ihre Enkelin wollte auf eine Modeschule in Tôkyô gehen. Doch war es damals undenkbar, daß ein Mädchen aus gutbürgerlichem Hause allein nach Tôkyô ging, und sie durfte nur unter der Bedingung kommen, daß wir sie unter unsere Fittiche nehmen würden. Daß unverheiratete junge Mädchen sich ein Apartment nahmen oder zur Untermiete wohnten, war nicht gern gesehen.

Natürlich hatte N. nichts dagegen, und wir nahmen sie mit Freuden bei uns auf. Es lebten schon andere junge Leute bei uns, und sie konnte unter unserer Obhut studieren.

Kinue war siebzehn Jahre alt, hellhäutig, hübsch und gerade aus der Schule gekommen. Heute, fünfunddreißig Jahre später, ist sie mit einem hervorragenden Arzt verheiratet und Mutter von vier Kindern. Sie hat das Glück, einen wunderbaren Mann zu haben, der Leiter eines großes Krankenhauses ist. Ihre beiden ältesten Töchter sind ebenfalls angehende Ärztinnen ...

Auch heute steht mir Kinue noch sehr nahe. Mein Sohn war richtig eifersüchtig, weil meine Zuneigung zu ihr so stark war.

Kinue mußte also jeden Tag zu ihrer Modeschule in Meguro fahren. In der Nachkriegszeit waren die Bahnen im Berufsverkehr immer noch mörderisch voll und die Leute rücksichtslos, so daß ich mir um die Kleine, die Tôkyô ja nicht kannte, Sorgen machte. Die Rückfahrt konnte sie mit einer Freundin zusammen machen, doch die Fahrt am Vormittag beunruhigte mich, und ich wollte sie nicht alleine losschicken. N. schlug vor, sie jeden Morgen auf seinem Weg zur Arbeit bis vor die Tür der Modeschule zu begleiten. Ich war äußerst erleichtert und bat ihn inständig, sie morgens im Auto mitzunehmen. An ihre Eltern schrieb ich, daß sie beruhigt sein konnten.

Auch Kinue freundete sich mit ihrem »Onkel« an, und es herrschte eine harmonische, überaus fröhliche Atmosphäre in unserem Haus, denn wir nahmen auch unsere Mahlzeiten gemeinsam ein.

Eines Morgens riefen mich meine Mutter und Großmutter zu sich, da es etwas Dringendes zu besprechen gäbe. Überrascht ging ich zu ihnen hinüber und erfuhr, daß eine Nachbarsfrau bei ihnen gewesen war und sie gewarnt hatte. Alle Nachbarn klatschten über mich, die bedauernswerte ältere Ehefrau. Ich wußte weder, was geredet wurde, noch von wem, noch über wen.

Der zehn Jahre jüngere Ehemann fuhr jeden Morgen mit einem jungen Mädchen weg. Da die Ehefrau eine sehr anständige Person sei, erdulde sie diesen Zustand klaglos, und die Nachbarn hätten großes Mitleid mit ihr.

Sie könnten gar nicht mitansehen, welches Unrecht dieser älteren Ehefrau angetan würde.

Zuerst hatte ich keine Ahnung, wovon sie überhaupt redeten.

Endlich ging mir ein Licht auf. Die Nachbarn zerrissen sich das Maul darüber, daß N. das Mädchen Kinue jeden Morgen mit dem Auto zur Schule brachte.

Diese argwöhnische Mentalität der Japaner hat sich auch in den vergangenen fünfunddreißig Jahren kaum geändert. Immer wenn ich von New York nach Japan komme, fällt mir das auf. Natürlich regte ich mich damals unheimlich auf. Ich selbst hatte N. doch darum gebeten und war ihm vielmehr dankbar, daß er sie mitnahm ...

Ich fühlte mich von meiner Mutter und Großmutter verraten, die mich eigens zu sich bestellten, um solche Peinlichkeiten vor mir auszubreiten.

Mir waren in Osaka sowie in Tôkyô vor und nach dem Krieg diese Neugier und Klatschsucht, diese Mietskasernenatmosphäre, schon zutiefst zuwider gewesen. Das Leben in Japan wurde mir immer unangenehmer.

Geschichten aus Shimbashi

JE MEHR ZEIT nach dem Krieg verging, desto tiefer drang die traurige Tatsache dieser ersten japanischen Niederlage ins Bewußtsein des Volkes ein.

Jeder konnte das Leid der anderen nachempfinden, doch außer gegenseitiger Anteilnahme vermochten wir wenig füreinander zu tun, denn wir alle waren meist damit beschäftigt, dem eigenen Lebensunterhalt nachzujagen.

Meine Kollegin K. zum Beispiel hatte vor dem Krieg einen Gönner, einen Grafen, den sie sehr liebte, und ich habe das glückliche Paar häufig in Atami und Hakone gesehen. Die zierliche K. trippelte immer glücksstrahlend hinter ihrem hochgewachsenen Gönner her.

Bald nach dem Krieg erkrankte der Graf. Die Adligen, die vor dem Krieg sehr weltentrückt gelebt hatten, konnten sich den veränderten Lebensumständen nicht anpassen.

K. hatte als junge Tänzerin Erfolg und verausgabte sich vollkommen. Da sie fürchtete, es sei unhöflich, dem Grafen Bargeld zu schenken, ließ sie ihm häufig Reis, Holzkohle, Zucker und ähnliches in seine Villa bringen. Sie hatte wirklich den »Geist einer Shimbashi-Geisha«. Wie sehr muß sich die ganze Familie des Grafen über die großzügigen Geschenke der jungen, hübschen K. gefreut haben!

Ich erinnere mich an viele bedauernswerte Frauen. Eines Tages sprach mich eine Bekannte, die Gattin eines

Kapitäns, an. »Es handelt sich um die Frau eines gefallenen Marineoffiziers. Sie hat zwei Söhne, die die Mittelschule besuchen, und möchte unbedingt arbeiten. Könnten Sie ihr nicht irgendwo eine Stelle verschaffen?«

Der Witwe sah man überhaupt nicht an, daß sie schon zwei Söhne in der Mittelschule hatte. Wie es damals üblich war, trug sie kein Make-up und ein selbstgeschneidertes Kleid. Sie sah nicht älter aus als fünfundzwanzig und war sehr hübsch.

Als Büroangestellte konnte man nicht genug verdienen, um zwei halbwüchsige Schüler zu ernähren und zu kleiden. Deshalb wollte sie in einem Teehaus arbeiten. Sie hatte nicht nur die Kinder, sondern auch noch den Vater ihres Mannes zu versorgen. Aus eigener Erfahrung konnte ich mir vorstellen, daß sie in Schwierigkeiten war, aber wo sollte diese Dame, die so gewählt sprach, arbeiten? Ein gewöhnliches Teehaus paßte nicht zu ihr.

Damals gab es ein vornehmes und berühmtes Restaurant in Yotsuya. Ich sprach bei der *Okami-San* vor.

»Schicken Sie sie doch mal vorbei. In unserem Restaurant verkehren viele vornehme Kunden. Eine elegante Dame könnten wir gut gebrauchen.«

Die Witwe – sie hieß Yoshiko – hatte weder Kimono noch *Obi*, da alles verbrannt war. Ich lieh ihr alles, die Kimono-Unterwäsche, einen Unterkimono, einen Untergürtel und eine *Obi*-Kordel, und begleitete sie zum Restaurant. Zu ihrer großen Freude wurde sie dort eingestellt.

Fünf Tage später kam sie zu mir und sagte, sie sei der Arbeit nicht gewachsen. Das überraschte mich sehr, und ich suchte eilig das Restaurant auf.

»Sie ist zwar elegant und nett«, erklärte mir die *Okami-San* lachend, »aber sie ist den Umgang mit Menschen nicht gewöhnt.«

Wie ich es verstand, hatte Yoshiko, wenn ein Gast ihr

auf dem Höhepunkt weinseliger Stimmung die Hand auf die Schulter legte und so etwas wie »Na, meine Hübsche, Sie sind wohl neu hier« säuselte, ihm direkt ins Gesicht gesagt, er solle die Unverschämtheiten unterlassen. Diese scharfen Zurückweisungen waren für die Gäste peinlich und verdarben die Stimmung, was wiederum für die *Okami-San* problematisch war.

Das kam natürlich daher, daß Yoshiko mit einem Marineoffizier verheiratet gewesen war. Damals waren die bürgerlichen Gattinnen nicht an den Umgang mit Männern gewöhnt und fühlten sich beschmutzt, wenn ein Mann, der nicht der ihre war, ihnen die Hand auf die Schulter legte. Bei dieser Gelegenheit ging mir zum erstenmal richtig auf, daß für diese Arbeit einige mehr und andere weniger geeignet sind.

Was wohl aus dieser Dame geworden ist?

Sie hatte am Anfang selbst gesagt, daß sie mit Büroarbeit nicht genug verdienen könnte, um ihre Familie zu ernähren. Auch jetzt noch nach über dreißig Jahren denke ich manchmal an sie.

Ich hätte nie für möglich gehalten, daß sich Shimbashi nach dem Krieg so verändern würde. Allein dort hatte es 1200 Geishas gegeben, und nur ein Zehntel davon war übriggeblieben. Viele waren an ihrem Evakuierungsort geblieben oder gesundheitlich in schlechter Verfassung, andere waren ausgebombt und hatten alles verloren und somit keinen Antrieb mehr zu arbeiten. Für eine ganze Weile gab es keine Gelegenheiten, wie früher mit japanischer Frisur und bodenlangem Kimono aufzutreten.

Die einstmals über sechzig *Hakoya* waren in alle Winde verstreut, und nach dem Krieg dauerte es eine Zeit, bis sie einer nach dem anderen wieder eingetrudelt waren. Sie arbeiteten dann häufig am Empfang der wiedereröffneten Teehäuser.

Als ich nach Shimbashi zurückkam, gab es zum Glück einige Teehäuser, die nicht abgebrannt waren oder provisorisch den Betrieb wieder aufgenommen hatten. Da der *Hakoya* Han-*chan,* der vor dem Krieg immer für mich gearbeitet hatte, im Yukimura am Empfang stand und auch dort wohnte, fühlte ich mich dort geborgen.

Bis 1948 hatten sich auch die Musiker (*Shamisen*-Spieler, Sänger und Chorleute) und Tänzerinnen allmählich wieder eingefunden. Im Shimbashi-Tanztheater sollten die *Azuma*-Tänze wieder stattfinden. Wie kurz nach dem Krieg gab es auch jetzt Bestrebungen, die Geisha-Revue zu verbieten, und ebenso wie damals, als die Teehäuser von einer Schließung bedroht waren, sprachen wir beim GHQ vor und erreichten durch die Fürsprache hochgestellter Persönlichkeiten, daß die Tänze aufgeführt werden konnten. Im März 1948 fanden erstmals nach dem Krieg wieder die *Azuma*-Tänze statt, wenn auch nur für acht Tage.

Jedenfalls durften sich die Teehäuser, Geishahäuser und überhaupt alle, die nicht ausgebombt waren, glücklich schätzen. Es herrschte großer Tatendrang, doch es sollte noch eine Weile dauern, bis es wieder feste Häuser und richtige Kleidung gab. Als ich 1956 nach Amerika ging, war der Wiederaufbau eigentlich vollzogen.

Dort hörte ich, daß der Tsukiji-Fluß zugeschüttet worden war und man eine Schnellstraße darüber gebaut hatte. Vor dem Krieg waren wir immer mit dem Boot bis Kototoi gefahren, und ich habe noch die Klänge von Meister Fukuda Randôs *Shakuhachi* in den Vollmondnächten an der Shinagawa-Festung im Ohr. In New York fragte ich mich beunruhigt, wie es dort wohl aussehen würde, jetzt wo der Fluß zugeschüttet war. Bei meiner Rückkehr, neunundzwanzig Jahre später, sah die Gegend dann auch genauso trostlos aus, wie ich befürchtet hatte.

Als ich nach Amerika ging, war das Radio groß im Kommen, und meine Mutter und Großmutter lauschten entrückt Quizsendungen wie »Die zwanzig Türen« oder »Born des Wissens«. Auf dem Platz vor dem Shimbashi-Bahnhof konnte man fernsehen, und alle gingen hin. Doch für mich lag der Platz ungünstig, und außerdem hatte ich keine Zeit. So bin ich nicht ein einziges Mal dort gewesen. Damals war das Fernsehen natürlich noch schwarzweiß.

Im Mai 1957 bin ich in Atlanta/Georgia zum erstenmal selbst im Fernsehen aufgetreten und war ganz erstaunt, wie wunderhübsch das helle Blau meines Kimono auf dem Bildschirm leuchtete. Ich freute mich, als wenig später auch die japanischen Farbfernseher den amerikanischen in ihrer Qualität um nichts nachstanden.

Unmittelbar nach 1945 gab es noch viel traditionelle Unterhaltung. Ich mußte häufig amerikanische Gäste ins *Kabuki* führen. Wenn ich die Stücke gut kannte, war es kein Problem, aber ein Stück wie »Die Geschichte der acht Hunde aus dem Haus Satomi in Nansô« *(Nansô Satomi Hakkenden)*, das seit siebenunddreißig Jahren zum erstenmal wieder aufgeführt wurde, kannte ich nicht, da ich erst dreiunddreißig war. In solchen Fällen ließ ich mir zuvor jeden Akt ausführlich von Ichikawa Danshirô erläutern. So erwarb ich Selbstvertrauen als *Kabuki*-Übersetzerin. *Utsubo* und »Das Spendenbuch« *(Kanjinchô)* brachten die Amerikaner zum Weinen.

Damals waren Stücke, die als »reaktionär« und »kriegslüstern« galten, sowie die, in denen *Harakiri* und Blutrache vorkamen, vom GHQ untersagt. Aus diesem Grunde konnte das Kabuki-Theater nicht regelmäßig stattfinden, und wir sprachen häufig beim GHQ vor. Ein *Kabuki*-Experte im GHQ, der dieses Theater liebte, hat uns dabei sehr geholfen.

Kiharu als Helferin in Not

Als N. und ich in Azabu lebten, arbeitete bei uns Kiyohara-*san*. Sie stammte aus einem Fischerdorf in der Nähe von Shimoda und war grundehrlich und verschwiegen. Ihre Anwesenheit trug entscheidend dazu bei, daß ich beruhigt meiner Arbeit nachgehen konnte.

Es war an einem heißen Tag im August.

»Meine Kusine und ihr Mann kommen morgen nach Tôkyô und möchten unbedingt mal guten Tag sagen«, hatte Kiyohara-*san* am Vortag angekündigt und wartete den ganzen Morgen aufgeregt auf ihre Kusine vom Land.

Gegen Mittag erschien ein junges Ehepaar, das zwei große Kästen schleppte. In einem der Kästen waren frische Muscheln vom Meer und in dem anderen Gemüse. Sie waren sehr schwer. Obwohl es so heiß war, trug die junge Frau ihr Baby auf dem Rücken. Das Ehepaar war klatschnaß geschwitzt.

»Setzen Sie doch das Baby ab, und nehmen Sie im Bad eine Dusche. Omo, bring schnell etwas Kühles zu trinken.« Ich nahm ihr das Baby ab. Trotz der hochsommerlichen Mittagshitze – es war August – war das Kleine in ein Cape gehüllt. Nur seine niedlichen Kulleraugen schauten heraus. Seine Haut war fast durchsichtig weiß.

»So eine Hitze. Trinken Sie rasch etwas Kaltes.«

Das Baby hieß Michiko und war sieben Monate alt. Als ich die Kleine nahm und ihr das Cape ausziehen wollte, riß die junge Mutter es an sich und wollte ihr das Cape wieder umhängen. Ich wunderte mich. Das junge Ehepaar tauschte einen traurigen Blick. Irgend etwas stimmte nicht.

»Eigentlich sind sie nach Tôkyô gekommen, um die Kleine ins Krankenhaus zu bringen. Heute zum dritten Mal«, erklärte mir Kiyohara-*san*.

Auf meine Frage, was der Kleinen denn fehle, streifte die Mutter wortlos das Cape herunter. Das Baby hatte keine Lippen. Unterhalb der Nase war kein Fleisch, und darunter klaffte wie eine Höhle ein Loch. Unwillkürlich entfuhr mir ein Aufschrei.

Es hatte niedliche Augen, war aber so arm dran, daß es zum Weinen war. Das Baby hatte die schlimmste Form der Hasenscharte. Bei der harmloseren Form ist nur die Oberlippe gespalten, aber bei ihr war auch der Oberkiefer gespalten, und sie konnte natürlich keine Milch saugen.

Auf dem Dorf kursierten boshafte Gerüchte. Also versteckte die junge Frau das Baby im Haus und ging gar nicht mit ihm nach draußen. Das Baby war in den sieben Monaten seit seiner Geburt nicht an der frischen Luft gewesen, deswegen war seine Haut so weiß.

Vor Mitleid wußte ich nicht, was ich sagen sollte, und schwieg eine Weile. Zuerst hatten sie den Arzt im Dorf aufgesucht, der sie zum Arzt nach Numazu schickte. Doch er konnte auch nichts tun und hatte sie an ein Krankenhaus in Tôkyô verwiesen. Damals war es von dem Fischerdorf, in dem das junge Ehepaar lebte, fast eine Weltreise bis Tôkyô. Von ihrem Haus bis zur Anlegestelle der Fähre mußten sie mit einem Pferdewagen oder mit dem Bus fahren. Von dort setzten sie mit der Fähre nach Numazu über und nahmen dann einen Zug nach Tôkyô. 1950 war es eine Tortur, mit einem Baby auf der Fähre oder im Zug zu reisen.

Allein die Vorstellung, wie das junge Ehepaar, das sich in Tôkyô nicht auskannte, mit Müh' und Not und völlig abgehetzt im Krankenhaus ankam, ließ mich vor Mitleid aufseufzen.

In dem Krankenhaus hatte man sie an ein anderes, größeres Krankenhaus verwiesen, und sie mußten am nächsten Tag einen zweiten Anlauf nehmen. Da der junge Vater Fischer war, konnte er nicht so lange freinehmen. Höchstens zwei oder drei Tage. Im Krankenhaus mußten sie warten und wußten daher nicht, mit welchem Zug sie zurückfahren konnten. Schließlich hatten sie sich eine Unterkunft in der Nähe des Krankenhauses gesucht, dort übernachtet und am nächsten Morgen die Tagesreise zurück in ihr Dorf gemacht.

Nun waren sie zum drittenmal in Tôkyô und hatten am Vortag das große Krankenhaus aufgesucht. Glücklicherweise hatten sie mit dem Facharzt sprechen können, aber für die erforderliche Operation war kein Bett frei, und sie mußten unverrichteter Dinge in ihr Dorf zurückfahren und dort warten.

»Im Moment können wir Ihnen nicht sagen, wann, aber sobald ein Bett frei wird, werden wir Sie benachrichtigen«, hatte man ihnen gesagt. Enttäuscht hatten die beiden in einem Gasthaus übernachtet und waren dann zu uns gekommen.

Am Nachmittag wollten sie mit dem Zug nach Numazu fahren, dort auf die Fähre gehen und dann mit dem Pferdewagen irgendwann am nächsten Morgen in ihrem Dorf eintreffen, wo der junge Mann seine Arbeit wieder aufnehmen würde. Diese Reisen nach Tôkyô kosteten die Familie viel Zeit und Geld.

Ich überlegte fieberhaft, was ich für sie tun konnte. Das junge Ehepaar sah sich verzweifelt an, und Kiyohara-*san* hatte angefangen zu weinen.

»Einen Moment.« Wie eine göttliche Eingebung erschien der Name »Dr. Kawashima« vor meinem inneren Auge.

»Wartet mal, mir fällt etwas ein.« Ich sprang auf und rannte nach draußen. Wenn man von unserem Haus ein Stück geradeaus ging, traf man auf der linken Seite auf das Aiiku-Krankenhaus. Dorthin eilte ich und erzählte Dr. Kawashima die traurige Geschichte des kleinen Mädchens. Der Doktor erklärte sich bereit, das Kind sofort zu untersuchen. Ich flog mehr, als ich ging, und holte das Ehepaar mit dem Baby.

Das war ein großes Glück.

Dank Dr. Kawashimas besonderem Einsatz wurde die kleine Michiko sofort ins Krankenhaus aufgenommen, zur großen Erleichterung der jungen Eltern.

Damals mußte man ins Krankenhaus *Futon*, Laken, Dekken und alles andere selbst mitbringen, und ich schaffte die Sachen von zu Hause herbei. Der junge Vater trat wegen seiner Arbeit sofort den Heimweg an. Aber die Mutter blieb drei Tage bei uns und sah zu den Besuchszeiten nach ihrem Baby. Dann fuhr sie auch nach Hause, und ich vertrat sie.

Jeden Tag besuchte ich die kleine Michiko. Nach einigen Tagen wurde die Operation vorgenommen. Da wir in der Nähe wohnten und Kiyohara-*san* und die Mädchen großen Anteil nahmen, besuchten Tokue, Omo, Peko und auch mein Sohn täglich abwechselnd das Krankenhaus. Alle Familienmitglieder kümmerten sich um die kleine Michiko.

Während des vierwöchigen Krankenhausaufenthaltes hatten die Eltern mir erleichtert ihr Töchterchen anvertraut. Als Operationsnarbe war unter der Nase eine rote Linie zurückgeblieben, ansonsten war der Eingriff hervorragend geglückt.

Am Tag der Entlassung reiste das junge Paar an. Jetzt brauchten sie ihr nicht mehr das Cape über den Kopf zu ziehen. Die niedliche Michiko hatte gesunde rosa Bäckchen bekommen und trat nun, auf dem Rücken ihrer Mama thronend, von allen beglückwünscht die Heimreise an.

Am meisten freute mich, daß Tokue, Omo, Peko und mein Sohn von ihrem Taschengeld Spielsachen und Lätzchen für Michiko gekauft hatten.

Unverzüglich suchte ich Dr. Kawashima auf und bedankte mich von ganzem Herzen bei ihm dafür, daß er nicht nur das Baby vor einem traurigen Schicksal bewahrt, sondern damit auch viele andere Menschen glücklich gemacht hatte.

Danach bekamen wir jeden Monat eine große Holzkiste geliefert. Sie enthielt jedesmal eine üppige Ladung frischen Fisch und große Seeschnecken, die uns der junge Vater aus Dankbarkeit schickte. Alle freuten sich darüber immer sehr, und wir gaben auch den Nachbarn davon ab.

Inzwischen muß die kleine Michiko schon über dreißig sein. Wahrscheinlich ist sie verheiratet und hat Kinder. Ich habe gehört, daß es jetzt sehr einfach geworden ist, von Numazu mit der Fähre nach M. überzusetzen und habe vor, wenn ich das nächste Mal nach Japan komme, Michiko, ihre Eltern und Kiyohara-*san* zu besuchen.

Bald nachdem ich den Salon in Azabu eröffnet hatte, besuchte ich an einem freien Tag meine alte Freundin Koeiryô. Sie hatte, wie schon gesagt, Yanagiya Kingorô geheiratet und wohnte in Kagurazaka, wo ich sie oft besuchte.

Ich blieb immer sehr lange bei ihnen, weil es so lustig war. Doch diesmal tollten zwei kleine Jungen bei ihr herum, die ich nicht kannte. Der größere war etwa fünf Jahre alt, der kleine drei. Es war ganz anders als sonst, da die Kinder natürlich im Übungsraum herumtobten und den Tee für die Gäste umwarfen.

Zur Familie Kingorôs gehörten der älteste Sohn Kei (später gründete er zusammen mit Mickey Curtiz und Hirao Masaaki eine Rockabilly-Band), der in der letzten Klasse der Mittelschule war, und die schon erwachsene Tochter Misako. Die jüngere hieß Satoko und war mit acht Jahren etwas älter als mein Sohn. Deshalb wunderte ich mich etwas, wer die beiden kleinen Jungen sein konnten.

Koeiryô erzählte mir gleich, daß sie in Schwierigkeiten sei. Es ging um eine junge Witwe, mit der sie bekannt war.

Deren Mann hatte im Krieg eine Schußverletzung erlitten, war lange bettlägerig gewesen und vor drei Monaten gestorben. Ihre Söhne waren fünf und drei Jahre alt, sie konnte die Familie nicht mehr ernähren, fand aber auch keine Stelle, wo sie mit den Kindern hätte wohnen und arbeiten können. Sie ging zum Wohlfahrts- und Jugendamt, wurde jedoch abgewiesen, da diese Stellen nur für Waisenkinder zuständig waren. Ihr Geld wurde immer weniger und ihre Lage immer verzweifelter.

Diese Fujiko hatte weder Eltern noch Verwandte, und auf der Seite ihres Mannes nur eine alte Mutter, die sich mit Müh' und Not selbst ernähren konnte. Am Ende ihrer Kräfte angelangt, hatte sie eine Menge Nudeln für die beiden Kinder gekauft, damit sie sich noch ein letztes Mal satt essen konnten, und sich dann mit ihnen im Sumida ertränken wollen. Just in diesem Augenblick war Koeiryô vorbeigekommen. »Sie sind doch noch jung, und sterben können Sie immer noch. Denken Sie an das Leben. Wir wollen zusammen überlegen«, hatte sie gesagt und die junge Frau mit zu sich genommen.

Und jetzt tobten die beiden Jungen bei ihr herum. Der kleinere heulte besonders laut und oft auch grundlos.

Kingorô schrieb alle seine Stücke selber und stellte sie jeden Monat in seiner *Rakugo*-Gruppe den jungen Kollegen vor. Diese Anspannung machte ihn äußerst reizbar.

»Weinende, herumtobende kleine Kinder sind ihm äußerst zuwider«, sagte Koeiryô mit unglücklichem Gesicht. »Aber wenn ich sie jetzt rausschmeiße, wird sie wieder alle Hoffnung verlieren und Selbstmord begehen.«

Fujiko, die erst sechsundzwanzig war und ein hübsches, blasses Gesicht hatte, half in der Küche.

»Sag du's ihr. Ich habe sie zwar aufgenommen, aber es geht nicht so weiter.«

Also sprach ich mit der jungen Fujiko.

»Wenn du sterben willst, ist es deine Entscheidung,

aber die beiden Kinder darfst du nicht mitnehmen. Man weiß nicht, welche Aufgabe den Jungen in der Zukunft der Welt zukommen wird. Was würde dein verstorbener Mann dazu sagen, wenn du sie umbringst?«

»Ja, als ich in den Fluß springen wollte, hat mein Ältester gesagt: ›Mama, ich will nicht sterben‹ und hat sich losgerissen. Den Kleinen hatte ich auf dem Rücken, und er schlief fest, müde vom Nudelessen. So konnte er nichts sagen, aber ...«

Fujiko weinte hemmungslos.

»Aber mit den beiden Kindern kann ich nicht arbeiten. Überall weist man mich ab. Ich weiß keinen Ausweg ... Wir drei müssen verhungern. Dann ist es doch besser, wenn wir meinem Mann folgen ...«, schluchzte Fujiko weiter.

»Ich habe sie zwar aufgenommen, aber mein Mann ist so gereizt, und meine Kinder sehen es auch nicht gerne. Aber wo soll sie denn hin?« Koeiryô war völlig ratlos.

»Dann kommen die drei eben zu uns«, entschied ich. Wir waren ja sowieso schon so viele, da kam es auf zwei Kinder mehr oder weniger auch nicht an. Wenn sie irgendwo eine Arbeit fände und dort wohnen könnte, würden wir uns der Kinder annehmen, und sie brauchte keinen sinnlosen Selbstmord zu begehen. So zog Fujiko mit ihren beiden Kindern noch am selben Tag zu uns.

Da sie glücklicherweise eine liebe, sympathische Frau war, fand sie Arbeit und Unterkunft im Teehaus Tokiwa, dessen Besitzer ich kannte. Ich schenkte ihr einen vollständigen Satz gebrauchter Kleidung, bestehend aus einem Sommer- und einem Winter-Kimono und den entsprechenden *Obi*. Sie war jung und hübsch, und so hatten auch ihre Arbeitgeber einen guten Fang gemacht.

Nun zu den beiden Knaben.

Ich betrieb einen Schönheitssalon, in den ja Kunden kamen. Daher war es sehr lästig, daß die zwei dort den ganzen Tag herumtobten. Am Fuße des Hügels, auf dem mein Haus stand, befand sich eine Kinderkrippe. Dorthin brachte ich sie von morgens neun bis fünf Uhr nachmittags. Sie aßen und badeten bei uns und schliefen in meinem Zimmer im ersten Stock.

Doch der Kleinere weinte andauernd. Er hieß Minoru, aber weil er immer heulte, nannten wir ihn Heul-Mino. Er sprach niemals normal, nur mit weinerlicher Stimme.

Mit Takashi, dem älteren, hatten wir keine Probleme, aber Heul-Mino machte zudem jede Nacht ins Bett. Da er ja kein Baby mehr war, fabrizierte er ziemlich große Seen. Peko und Omo ärgerten sich jeden Morgen, und er machte sich sehr unbeliebt. Ich fühlte mich schuldig und wusch die durchnäßte Bettwäsche selbst.

Mein Sohn ärgerte sich auch und fürchtete, die Nachbarschaft würde ihn verdächtigen. Zwar trocknete ich meine *Futon* jeden Morgen, dennoch waren sie voller Flekken. Ich probierte verschiedene Methoden aus, ließ Mino beispielweise abends nichts mehr trinken oder nachts einmal zur Toilette gehen, aber es half alles nichts. Doch am Ende passierte es nur noch alle drei oder vier Tage ... Ich hatte ihn nun einmal aufgenommen, also mußte ich auch die Folgen tragen. Da mein Mann ein sehr warmherziger Mensch war, zog er nie ein saures Gesicht, und ich war gerührt, daß er, wenn er meinem Sohn etwas kaufte, das Gleiche auch für Takashi und Minoru mitbrachte.

Wie vorauszusehen war, schimpften Mutter und Großmutter über die drei ungebetenen Gäste.

»Du bist wirklich sonderbar, es ist nicht zu fassen, was du für verschrobene Vorlieben hast«, zeterten sie. Ihrer Meinung nach war ich völlig wahnsinnig geworden.

Doch wenn ich daran dachte, wie ich, als es mir selbst so schlecht ging, mit dem Kind auf dem Rücken und einem Beutel Reis unter Lebensgefahr an der Plattform des Zuges hing und dann so freundlich von den Iidas aufgenommen wurde, konnte ich einfach nicht so tun, als gingen mich die anderen nichts an. Mir tat Fujiko, die mit ihren beiden Kindern sterben wollte, furchtbar leid, und ich konnte Takashi, der gesagt hatte »Mama, ich will nicht sterben« und Minoru, der zum erstenmal im Leben etwas Leckeres zu essen bekommen hatte – nämlich die Nudeln, die seine Henkersmahlzeit sein sollten –, nicht einfach hinauswerfen und so tun, als wäre nichts gewesen.

Mein Sohn kümmerte sich wie ein großer Bruder um sie, aber Heul-Mino war auch ihm eine Last. Wenn er ein Spielzeug nicht fand, weinte er, wenn die anderen Kinder nicht mit ihm spielen wollten, weinte er, wenn mein Sohn und Takashi sich gut vertrugen, weinte er. Dieses Kind lebte eigentlich nur, um zu weinen.

Auch die Kindergärtnerinnen wunderten sich, daß er dauernd weinte. Er war die geborene Heulsuse.

Sein älterer Bruder Takashi war ein blitzgescheites Kind und konnte schon sehr schwierige Sachverhalte ohne Hilfe ausdrücken. Wenn ich morgens vor dem Hausaltar das heilige Licht anzündete und betete, stellte er sich neben mir auf und faltete seine kleinen Hände.

»Liebe Götter, der Onkel und die Tante haben uns gerettet. Wenn wir groß sind, werden wir es ihnen vergelten. Bitte, liebe Götter, bezeugt auch ihr dem Onkel und der Tante euren Dank«, betete er.

»Sehr raffiniert für fünf Jahre«, fand N. Obwohl ihm das niemand beigebracht hatte, sprach Takashi manchmal wie ein Kind aus einem Theaterstück, was mich ganz schön verwunderte.

Glücklicherweise lernte Fujiko bald einen netten Mann kennen, der damit einverstanden war, auch die Kinder zu sich zu nehmen, und die beiden heirateten. Was wohl aus Takashi, der beinahe bühnenreif sprach und wußte, was Erwachsene hören wollten, und Minoru, der immer heulte und ins Bett machte, geworden ist? Sie sind nun wohl schon Herren mittleren Alters ...

Nach Amerika

ICH WAR WÜTEND auf die Nachbarin, die darüber geklatscht hatte, daß N. Kinue jeden Morgen zur Schule brachte. Noch wütender war ich auf Mutter und Großmutter. Ich begriff nicht, wie zwei so betagte, erfahrene Damen eine so belanglose Sache ernst nehmen und sie mir ständig vorhalten konnten.

Warum konnten sie über so etwas nicht einfach hinweggehen? Zwei gestandene alte Damen ... Ich ärgerte mich maßlos.

Solche Zwischenfalle häuften sich, und wir vertrugen uns gar nicht mehr. Zudem liebte mein Sohn seinen Papa abgöttisch. Papa konnte besonders gut Lokomotive und Ball spielen, und wenn wir neben der Arbeit etwas Zeit abzwacken konnten, zogen wir drei zusammen los. Mutter und Großmutter schienen das höchst unerfreulich zu finden.

Bei ihren gelegentlichen Besuchen ignorierte mein Sohn sie weitgehend und heftete sich wie immer an die Fersen von Papa. Manchmal boten sie ihm an, seine Lieblingsspeise zu kochen, aber auch dann lehnte er ungerührt ab. Er wolle lieber mit Papa im Garten zu Abend essen.

Der Garten war zwar klein, dennoch stellten wir oft einen Tisch hinaus und veranstalteten eine Art Barbecue, was meinen Sohn völlig entzückte. Ich wußte sehr wohl, daß Mutter und Großmutter sich ärgerten, weil mein Sohn nicht mehr bei ihnen war. Doch ich ließ ihnen genügend Geld zukommen, und sie konnten meine Haushälterin in

Anspruch nehmen. Deshalb war ich mir keiner Schuld bewußt.

Zu dieser Zeit übernachtete Fukuzawa Yukio, der beste Freund meines Sohnes, samstags öfter bei uns. Yukios Vater war der Enkel von Fukuzawa Yukichi[18], des Gründers der Keiô-Universität. Seine Mutter war eine Europäerin, die in Griechenland geboren und in Frankreich aufgewachsen war.

Ich arbeitete unermüdlich, um die Lebenshaltungskosten für zwei Häuser zu bestreiten. Mein Mann begann gerade, sich einen Namen zu machen. Wenn er etwas verdiente, ging es gleich für Benzin und Werbekosten drauf. Ich hatte die Einkünfte aus dem Schönheitssalon, dann das Gehalt von der Washington Heights Elementary School und das relativ hohe Honorar für die Moderation von Modenschauen. Nebenbei gab ich noch Privatstunden in englischer Konversation, arbeitete also wie eine Füchsin mit neun Schwänzen, wie es bei uns heißt. Die Washington-Heights-Schule bezahlte mich in Dollars, die damals einen Gegenwert von etwa 36.000 Yen hatten. Das entsprach in etwa dem Gehalt eines leitenden Firmenangestellten.

Ich mußte unglaublich viel arbeiten, um die beiden Häuser zu unterhalten. Wer wie ich in der Welt der Blumen und Weiden groß geworden ist, dem ist Knauserigkeit äußerst zuwider.

Als wir unser Haus in Azabu bauten, hatten wir geplant, es auch als Fotostudio zu nutzen. Das Studio war so geräumig, daß man beim Fotografieren die Kamera in verschiedene Positionen schieben konnte. Viele Schauspieler und Mannequins kamen zu Porträtaufnahmen zu uns. Ich schenkte ihnen auch manchmal einen von meinen Kimonos und kaufte vorsorglich für sie Accessoires und Schals. Mein einziger Wunsch war, daß mein Mann berühmt wurde.

Am 1. Mai 1952 fuhr mein Mann zu einer Kundgebung

vor dem Palast, um aktuelle Fotos zu machen. Als wir im Radio hörten, daß amerikanische Wagen umgeworfen und angezündet wurden, ein großes Chaos herrschte und es viele Verletzte gab, machten wir uns alle große Sorgen um meinen Mann.

Gegen abend kam er mit zerfetztem Hemd und Abschürfungen am Ellbogen und am Kopf, aber ansonsten unversehrt nach Hause. Es war schlimm gewesen. Er erzählte etwas ganz Erstaunliches über eine amerikanische Fotografin.

Sie hieß Margaret Bourke-White. Unerschütterlich hatte sie unter dem Hagel der herniederprasselnden Steine auf einem Last wagen gestanden. Obwohl ihr blonder Kopf blutüberströmt war, ließ sie sich nicht beirren. Stehend fotografierte sie immer weiter. Sie duckte sich nur, um den Film zu wechseln. Danach erhob sie sich sofort wieder und begann von neuem zu fotografieren. Mein Mann sagte, daß er angesichts dieser Frau als Mann doch nicht die Flucht ergreifen konnte. Da habe er begriffen, was Professionalität bedeute.

In Amerika besuchte ich dann später eine Ausstellung von Margaret Bourke-White. Dort waren phantastische Aufnahmen ausgestellt, von Geiern, die am Ganges an den Leichen herumpickten, und von Menschen, die zwischen den Flammen der brennenden Autos auf dem Platz vor dem Kaiserpalast durcheinanderliefen, als mein Mann auch dort war. Diese Fotos waren von der damals Vierzigjährigen aufgenommen worden. Ich bewundere diese großartige Frau außerordentlich.

Dieser blutige Erste Mai hatte meinen Mann stark beeindruckt, und dieser Einfluß wurde auch in seiner Arbeit mit Sakaguchi Ango für die Zeitschrift *Chûôkôron* spürbar. Heute zählen seine Fotografien von Frauen zu den besten der Welt. Obwohl es vielleicht seltsam klingt, so etwas über den eigenen Ex-Mann zu sagen, bin ich auch heute noch der ehrlichen Überzeugung, daß er von allen meinen Männern der beste war.

Unsere Ehe war harmonisch, der Junge glücklich, und die anderen Personen, die mir halfen und die für mich arbeiteten, waren auch immer vergnügt. Als einzige unzufrieden waren Mutter und Großmutter. Unsere Ansichten waren völlig verschieden, eine Einigung unmöglich. Auch meinem Mann jammerten sie unaufhörlich die Ohren voll.

»Wir werden sowieso ins Altersheim abgeschoben. Damit haben wir uns schon abgefunden«, ging es ununterbrochen.

Heute wäre das nichts Außergewöhnliches, aber vor fünfunddreißig Jahren galt es als unannehmbar grausam, seine Eltern in ein Altersheim zu stecken. Eine solche Undankbarkeit galt als häßlich und äußerst beschämend.

Ich schuftete weiter wie ein Pferd, arbeitete auf Modenschauen, gab Englischunterricht, bediente die Kunden im Schönheitssalon und unterrichtete noch an der Washington-Heights-Schule. Jeden Tag wünschte ich mir, wenigstens ein einziges Mal ausschlafen zu können. Ausruhen kam jedoch nicht in Frage, ich konnte mich ja nicht einmal entspannen. Auf keinen Fall wollte ich Mutter und Großmutter etwas vorjammern. War ich wegen der Modenschauen in Kyôto, Kôbe oder Osaka nicht zu Hause, kamen sie jeden Tag vorbei und beklagten »das arme Kind«. In meiner Abwesenheit konnten sie nach Herzenslust sticheln und sarkastische Bemerkungen machen.

Ich konnte nicht immer als Blitzableiter daneben stehen. Oft bekam dann N. alles ab. Sie waren zwar meine Mutter und Großmutter, dennoch war es nicht zum Aushalten. Es ist unerträglich, wenn alte Leute so spitz und voller Altersbosheit sind, und dann auch noch zwei von dieser Sorte! Es betrübte mich ernstlich, daß meine patente Großmutter und meine Mutter, die als eine der ersten intellektuellen Frauen der Taishô-Zeit galt, zu spießigen alten Frauen und hundertprozentigen Gewitterhexen geworden waren.

N.s Eltern und Geschwister in Yokohama waren auch nicht besser. Eine ältere Frau mit Kind aus dem Geisha-Gewerbe ... die schlechteste Partie, die er machen konnte. Bestimmt lagen ihm seine Geschwister damit in den Ohren. Jedenfalls fing er an, jeden Abend auszugehen und zu trinken.

Er hatte offenbar Probleme, mit denen er als junger Mann allein nicht fertig wurde. Ich wurde immer unsicherer und unglücklicher.

Mein Leben schien unter dem Motto »Anfang gut, Ende schlecht« zu stehen. Ich hatte doch gar nichts Schlimmes getan, und meine Gefühle hatten sich auch nicht geändert ... Ich mühte mich ständig ab, trotzdem bedrängte mich meine Umgebung, und ich fühlte mich stark unter Druck gesetzt. Also versuchte ich immer wieder, einen Ausweg aus dieser Lage zu finden.

Wenn ich zurückblicke, muß ich jedoch feststellen, daß alle traurigen Erfahrungen sich letztlich zum Guten wendeten. Eigentlich habe ich die Leben von fünf Frauen gelebt ... Doch das alles ging mir erst auf, nachdem ich schon dreißig Jahre in Amerika lebte.

Mir sind Schlammschlachten, Haß- und Rachegefühle bei Trennungen zuwider. Also sagte ich folgendes zu N.: »Wenn das so weitergeht, stürzen wir uns gegenseitig ins Unglück. Wir sollten uns trennen, gerade weil wir uns lieben.«

Doch N. war jung und stur und nicht so leicht zu überzeugen. Ich war selbst nicht so entschlossen, wie ich vorgab. Schließlich fand ich es besser, die Sache erst einmal ruhen zu lassen.

1956 wurde in New York eine Internationale Messe eröffnet. Es war die große International Trade Fair, die alle drei Jahre für ungefähr zwei Wochen stattfand. Im neuen

Coliseum wurden verschiedenste Waren aus aller Welt ausgestellt.

Ich beschloß, hinzufahren und meine Puppen zu zeigen. Heute leben fünfzigtausend Japaner in New York, doch damals waren es nur knapp fünfzig, und eine Demonstration der Herstellung japanischer Puppen war etwas äußerst Ungewöhnliches.

»Laßt mich für einen Monat hinfahren«, bat ich N., Mutter und Großmutter. Meine Mutter zeterte wie üblich, daß ich zwei alte Frauen und ein Kind doch nicht im Stich lassen könne.

»Fahr nur«, meinte meine Großmutter überraschenderweise. »Es ist besser, eine Auslandsreise zu machen, solange man noch jung ist. Beschränke dich nicht nur auf einen Monat, sondern schau dir alles gut an. Wir kommen schon zurecht.« Das ließ ich mir nicht zweimal sagen.

Ich verkaufte das Haus in Azabu und kaufte dafür eines in Ebisu. Den kleinen Anbau vermietete ich an ein ausländisches Ehepaar. Ich arrangierte es so, daß Mutter und Großmutter von diesem Geld leben konnten und reiste ab. N. hatte woanders ein Studio gefunden, so war meine Abreise in dieser Hinsicht zumindest kein Problem für ihn.

Damals gab es noch keine Düsenjets. Ich flog mit der Vier-Propeller-Maschine der Northwestern Oriental Airlines vom Flughafen in Haneda ab. Der Flug nach New York dauerte sechsunddreißig Stunden.

Es war ein ungewöhnlich kalter Tag. Da ich es nicht mag, wenn Leute mich verabschieden, wollte ich allein zum Flughafen fahren. Aber da Frau Ozawa, die Puppenmeisterin, von ihren Schülerinnen im Bus begleitet wurde, ging es doch sehr lebhaft zu. Eine Menge junger Mädchen mit glockenhellen Stimmen begleitete uns, und während es allmählich dunkel wurde, stiegen wir die Treppe zum Flugzeug hinauf. Damals hätte ich nie gedacht, daß ich zwanzig Jahre lang nicht nach Japan zurückkehren sollte. Als ich ins Flugzeug stieg, wünschte ich mir inbrünstig, daß N. nicht leiden und mein Herz nicht brechen würde.

Nachwort zum zweiten Teil

DER ERSTE TEIL meiner Memoiren endet vor dem Krieg. Doch ich wollte unbedingt die schweren Zeiten im und nach dem Krieg schildern. So ist diese Fortsetzung entstanden. Ich würde gern noch mehr schreiben, aber momentan macht mir Japan Angst, denn zu meiner Überraschung mußte ich feststellen, daß es Dinge gibt, die man dort nicht sagen und auch nicht schreiben darf. Einiges hätte ich gern deutlicher geschildert, doch die Wahrheit über manche Dinge wäre gewiß der Zensur zum Opfer gefallen. Das hätte dem Verlag Unannehmlichkeiten bereitet, daher ist manches etwas vage geblieben und nicht ganz auf den Punkt gebracht ... Aber ich habe dennoch versucht, meine traurigen und auch meine glücklichen Zeiten so lebendig wie möglich zu beschreiben. Gewiß haben viele Frauen meiner Generation ähnliche Schwierigkeiten durchgemacht.

Als ich die in Japan herrschende Bosheit und Engstirnigkeit nicht mehr ertragen konnte, ging ich Anfang 1956 nach Amerika. Das ist der Schluß dieses Buches.

Der erste Band wird 1985 zu Neujahr von NHK als Spielfilm gesendet. Die Kiharu wird von Oginome Keiko gespielt. Ich freue mich sehr darauf, weil er die junge, ehrgeizige und lebenslustige Kiharu ab ihrem sechzehnten Lebensjahr darstellt. Auch wenn ich in Wirklichkeit keine so liebenswürdige Schönheit war ...

Ich bitte Sie, auch mein nächstes Buch über die Zeit in Amerika mit Wohlwollen zu lesen.

Herrn Kitani von Sôshisha bin ich sehr dankbar für die gute Zusammenarbeit. Auch Herrn Käse, Herrn Kobayashi und Frau Masuda schulde ich größten Dank.

New York, 1. Juni 1984

Kiharu

DRITTER TEIL

In Amerika

IMMER WENN ICH nach Japan komme, höre ich neue Hiobsbotschaften: Entweder ist von zunehmendem *Mobbing* in den Firmen oder der steigenden Selbstmordrate bei jüngeren Schülern die Rede. Der Mensch ist ein seltsames Tier. Die Aggressoren sind zum großen Teil gebildet und gesellschaftlich wie materiell so gut gestellt, daß man gar nicht auf den Gedanken käme, sie hätten es nötig, andere bis aufs Blut zu quälen. Auch unter Erwachsenen, wohlgemerkt, ich spreche nicht von Kindern, gibt es den Typ, der andere grundlos haßt und sogar Menschen mit angeborenen Gebrechen hänselt.

Ich war selbst oft genug Zielscheibe solcher Leute und begriff meist gar nicht, aus welchem Grund sie mich schlecht behandelten. Sogar gebildete und gutsituierte Hausfrauen sehen auf mich herab. Sie scheinen mich, die ehemalige Geisha, zu verachten. Beispielsweise hatte ich in dem Büro, in dem ich während meiner Anfangszeit in Amerika arbeitete, besonders unter der Gattin des Direktors zu leiden.

Aber ich hatte zum Glück viele amerikanische Freunde, die mir zur Seite standen, und so erholte ich mich sehr schnell wieder.

Wäre ich schüchtern und täglich in einer fremden Umgebung diesen Quälereien ausgesetzt gewesen, hätte ich mir gewiß den Tod gewünscht. In Japan verspotten viele Kinder ihre Mitschüler wegen einer platten Nase, vorstehender Zähne, herabhängender Augenwinkel oder eines

Körpergeruchs. Auf eine Person herabzusehen, weil sie einmal Geisha war, ist ebenso absurd.

Die Vergangenheit eines Menschen läßt sich nicht ausradieren; man sollte sie nicht leugnen oder sich ihrer schämen müssen. Dennoch sind diese Vorurteile heute noch sehr lebendig.

Ich möchte in diesem dritten Teil meiner Erinnerungen versuchen, diese schlechte japanische Angewohnheit und auch verschiedene andere Unterschiede zwischen Amerikanern und Japanern näher zu beschreiben.

Wenn ein japanisches Kind in eine amerikanische Grundschule kommt und kein Englisch kann, dann helfen ihm seine Klassenkameraden. Auch gegen ein oder zwei Quälgeister in der Klasse nehmen die anderen es meist in Schutz. Daß wie in Japan kollektive Schikane geübt wird und daran unbeteiligte Kinder den Kopf wegdrehen, kommt sehr selten vor.

Ich habe da meine eigenen Erfahrungen gemacht. Es geschah in der New Yorker U-Bahn. Neben mich setzte sich ein etwa fünfzigjähriger Schwarzer, obwohl noch mehrere andere Plätze frei waren. Er roch nach Alkohol und wirkte ärmlich.

Er sprach mich an und sagte, er sei 1948, während der Besatzungszeit, in Sagamihara gewesen und fragte, woher ich käme. Ich sei aus Tôkyô, hatte ich ihm geantwortet. Ob ich eine Kimiko kenne. In Tôkyô gibt es Tausende von Kimikos, erwiderte ich lachend. Gegenüber von uns erhoben sich zwei junge Schwarze.

»Belästige die Dame nicht. Laß sie gefälligst in Ruhe«, schimpften sie. Tatsächlich hatte ich begonnen, mich etwas unwohl zu fühlen, sagte aber zu seiner Verteidigung:

»Er war in Japan und hat mich deshalb angesprochen.«

Dennoch zogen die beiden jungen Männer den älteren von seinem Sitz und schoben ihn an der nächsten Station aus der Bahn.

Wird eine Frau belästigt, kommt ihr hier in Amerika stets jemand zu Hilfe. In meinem Fall hat es vielleicht auch damit zu tun, daß ich immer einen Kimono trage und daher sehr auffalle. Geriet ich auf der Straße, im Bus oder in der U-Bahn in Schwierigkeiten, bin ich bis jetzt immer gerettet worden.

In Tôkyô ist das ganz anders.

Als der erste Teil meiner Geschichte im Shimbashi-Tanztheater als Stück aufgeführt wurde, hatte ich gerade eine Operation wegen eines Knochenbruchs hinter mir. Ich brauchte zwei Minuten, um mit einer Krücke vom Ocean Hotel zum Theater zu gelangen. Bei schönem Wetter war das ganz in Ordnung, aber wenn es regnete, humpelte ich mühsam mit meiner Krücke, dem Schirm und der Handtasche beladen zum Theater, und das täglich bis zum letzten Spieltag. In den Pausen verkaufte ich im Foyer das Buch zum Theaterstück.

Ins Theater führten drei Stufen hinauf. Schon diese drei Stufen zu erklimmen war an Regentagen besonders beschwerlich. Ich konnte weder die Krücke noch den Schirm oder die Handtasche ablegen. In Amerika wäre mir sogleich ein Kind zu Hilfe gesprungen. Vor dem Theater warteten zahlreiche Menschen auf den Einlaß. Sie schauten ungerührt zu, wie ich mich abmühte. In Amerika hätte es einen solchen Andrang von willigen Helfern gegeben, daß es mir vermutlich peinlich geworden wäre.

Während eines Aufenthalts in Tôkyô stieg ich in Asakusa in die Tôbu-Linie ein. Neben mir saß ein Arbeiter, der aussah wie eine heruntergekommene Ausgabe von Tora-*san* aus Shibamata[1]. Er war ziemlich bezecht, lallte und schwankte. Eigentlich hätte ich lieber den Platz gewechselt, aber da ich sehr bepackt war, ging das nicht so einfach.

Der Zug fuhr ab. Allmählich verlor er alle Hemmungen und legte seine Hand abwechselnd auf mein Knie oder meine Schulter. Als ich es nicht mehr aushallen konnte, stellte ich mich mit meinem ganzen Gepäck an die Tür. Der Betrunkene stand auf und grölte: »Warum stehen Sie denn auf– ich hab' doch gar nichts gemacht.«

Endlich lief der Zug in Narihirabashi ein. Ich sprang hinaus. Die Tür schloß sich zu meiner Erleichterung sofort wieder. Der Trunkenbold schrie mir etwas durch die Tür nach. Niemand kümmerte sich darum. In Amerika hätte bestimmt jemand etwas unternommen, bevor ich aufstand.

Woran liegt das wohl?

Wenn ich in Japan so etwas sage oder schreibe, erwidern mir die Japaner, das käme nur daher, daß ich seit dreißig Jahren in New York lebe, und man, dem japanischen Sprichwort gemäß, seinen Wohnort immer zu seiner Hauptstadt erkläre. Nur aus diesem Grunde fände ich in Amerika alles besser. Doch das trifft auf mich nicht zu, denn es gefiel mir von Anfang an, und ich lebe eben deshalb schon dreißig Jahre hier. In Amerika gibt es weniger Vorurteile, und der äußere Schein spielt keine so große Rolle wie in Japan. Deshalb blieb ich lieber in Amerika. Mein Amerikabild habe ich mir nicht zurechtgemacht, weil ich seit dreißig Jahren dort lebe. Es ist umgekehrt. Das können Japaner nicht verstehen.

Schreibe ich, was ich wirklich denke, wirft man mir vor, ich sei »Amerika-hörig«. Dabei bin ich gar keine Amerika-Fanatikerin, sondern gehöre eher zum alten Schlag der Japaner ...

Als Modell an der Kunstakademie

»CHANGE POSE!« BEFAHL der Professor. Ich drehte mich einmal und hielt den geöffneten Fächer, den ich bis dahin in die Luft gestreckt hatte, vor meine Brust, *»Beautiful, beautiful«*, rief er begeistert, und von seiten der Studenten war ein Raunen zu hören.

Ich mußte alle fünf Minuten die Pose wechseln. Wir befinden uns in der School of Visual Arts, einer Kunstakademie, in der 23. Straße von Manhattan.

An ihr unterrichteten viele bekannte Lehrer, und außer einigen Chinesen gab es keine asiatischen Studenten, also auch keine Japaner.

Ich arbeitete dort als Modell.

Während des Kurses für Porträtzeichnen mußte ich fünfzehn Minuten regungslos in der gleichen Stellung verharren, dann durfte ich fünf Minuten Pause machen. Im Skizzierunterricht hingegen mußte ich meine Pose alle fünf Minuten ändern. Meine Stärke waren die japanischen Tanzposen. Amerikanische Modelle beschränkten sich auf stehende, sitzende und liegende Posen, auf Profil- und Rückenansichten. Wenn man alle fünf Minuten die Stellung ändern muß, ist jedoch das Repertoire schnell aufgebraucht. Daher brauchten die Lehrer und auch die Schüler jeden Tag ein anderes Modell.

Aber ich konnte eine neue Pose nach der anderen in unendlicher Folge präsentieren. Schon allein ein Kimono-Ärmel kann zu den verschiedensten Posen dienen, auch setzte ich Fächer oder einen Sonnenschirm ein.

Da ich viel Lob bekam und auch der Verdienst für die damalige Zeit ganz erheblich war, konnte ich mir keine bessere Einnahmequelle wünschen. Es war übrigens ein reiner Zufall, daß ich diese Tätigkeit für mich entdeckt hatte.

Im Nachbarhaus wohnte die unverheiratete junge Nancy. Als typische Amerikanerin hatte sie sich von Anfang an unbefangen mir gegenüber verhalten. Sie schloß sich mir an, begleitete mich beim Einkaufen und weihte mich in vieles ein.

Diese Nancy arbeitete im Büro der Kunstakademie. Eines Tages hatte sie mich in ein italienisches Restaurant in der Nähe der Schule eingeladen.

Ich fand mich kurz vor zwölf im Foyer der Schule ein und wartete auf Nancy. Da ging die Eingangstür auf, und ein großer Mann kam heraus.

Er war nicht nur groß, sondern auch dick mit einem rötlichen Gesicht und sah wie ein Lastwagenfahrer oder ein Ringer aus. Abrupt blieb er stehen und starrte mich an. Natürlich hatte er Japanerinnen schon auf Bildern oder im Film gesehen, aber er sah zum erstenmal eine lebendige Japanerin im Kimono.

Er kam auf mich zu und betrachtete mich bewundernd. Das war ungefähr vor dreißig Jahren, und ich war bestimmt noch sehr attraktiv. Ich murmelte, daß ich mit Nancy zum Essen verabredet sei, da kam sie auch schon heraus.

Sie stellte mich ihm vor, und ich erfuhr, daß er der Leiter der Kunstschule war. Er war so beeindruckt, daß er den Studenten Gelegenheit geben wollte, mich zu zeichnen.

Seltsamerweise sah er gar nicht wie ein Künstler aus. Als wir uns zum Abschied die Hände gaben, bemerkte ich, daß die seinen das Ausmaß von Baseball-Handschuhen hatten. Später besuchte ich das Museum in Brooklyn, in dem seine Bilder ausgestellt waren. Es waren freundliche Bilder mit Blumen, Kindern und Landschaften in sanften, schönen Farben, die gar nicht zu ihrem Schöpfer zu passen schienen.

Aber er hatte überaus sanfte Augen und später, als ich ihm täglich begegnete, wurde mir bewußt, daß er eine sehr warmherzige Persönlichkeit hatte und äußerst beliebt bei den Schülern war.

Ich bekam vier Dollar die Stunde. Eine U-Bahnfahrt kostete damals fünfzehn Cent (im Vergleich zu einem Dollar heute). Universitätsprofessoren bekamen für eine einstündige Vorlesung fünf Dollar. Ich war sehr dankbar, daß ich als einfältiges japanisches Ding vier Dollar pro Stunde verdiente.

Durch die Vermittlung des Professors wurde ich den Lehrern verschiedener Kunstschulen vorgestellt. Angefangen von der *Student League* in der 57. Straße arbeitete ich in allen möglichen Schulen und Instituten, wie z.B. am Fachbereich Kunst der Universität New York.

Besonders dankbar war ich für diese Arbeit, weil ich ja Großmutter, Mutter und Sohn jeden Monat Geld schicken mußte.

Ich hatte ein Zimmer in einer Wohnung im West End gemietet, die einer Witwe namens Mrs. Diamond gehörte. Sie wohnte dort allein mit ihrer halbwüchsigen Tochter Dina und war eine äußerst intelligente und hilfsbereite Dame. Als mein Visum abgelaufen war, ging sie mit mir zur Einwanderungsbehörde und stellte sich als Bürgin zur Verfügung. So konnte mein Visum problemlos um ein halbes Jahr verlängert werden.

Damals war ein Gang zur Einwanderungsbehörde allen Japanern verhaßt, denn da bei den Amerikanern immer noch etwas vom Bewußtsein, den Krieg gewonnen zu haben, übriggeblieben war, gaben sich viele überheblich und eingebildet.

Ich hatte den großen Vorteil, daß Mrs. Diamond mich zum Schalter begleitete und ich kein einziges Mal mit Grausen zur Einwanderungsbehörde gehen mußte wie die anderen Japaner. Das Glück, von dem ich schon in den beiden anderen Teilen meiner Lebensgeschichte berichtet habe, hat mich nie verlassen.

New York

WENN MAN MITTE der Fünfziger von Japan nach Amerika reisen wollte, benötigte man ein Einladungsschreiben von einer Person, die dort lebte, sonst bekam man keinen Reisepaß. Es kursierte das Gerücht, daß ein solcher Brief zwischen 500.000 und 700.000 Yen kosten konnte.

Zum Glück erhielt ich zusammen mit der Puppenlehrerin Frau Ozawa, für die ein halbstaatlicher Verein bürgte, als sogenannte Kulturbotschafterin einen Paß. Die Reisekosten trug ich natürlich selbst. Unser Ziel war es, die Herstellung japanischer Puppen auf der New Yorker International Trade Fair im Coliseum zu demonstrieren. Wir waren ungefähr achtunddreißig Stunden mit einer Vierpropeller-Maschine der Northwestern Oriental Airlines unterwegs. Heute, wo Direktflüge von Tôkyô nach New York nur zwölf Stunden dauern, erscheint mir meine erste Flugreise wie ein Traum.

Frau Ozawa und ich machten also in New York zusammen die Vorführungen, wobei ich übersetzte. Da sie in Japan Mann und Kinder hatte, flog sie anschließend sofort zurück, während ich beschloß, allein in New York zu bleiben.

Ich war in Japan immer noch mit N. verheiratet, und man hatte bis zu meiner Abreise von allen Seiten auf mir herumgehackt. Heute gibt es viele Ehefrauen, die älter als ihr Mann sind, aber vor dreißig Jahren galt so etwas in der Gesellschaft und sogar innerhalb der Familie als Skandal.

Also hatte ich beschlossen, selbständig in Amerika zu leben und Großmutter, Mutter und Sohn Geld für ihren Unterhalt zu schicken.

Meine Reise nach New York war eigentlich eine Flucht gewesen, und meine Ankunft dort bedeutete, ehrlich gesagt, eine ungeheuere psychische Erleichterung für mich.

Bevor ich nach Amerika abreiste, hatte ich alles so arrangiert, daß Großmutter und Mutter ohne Schwierigkeiten leben konnten. Ich hatte unser Haus noch ausgebaut und diesen neuen Teil an ein junges amerikanisches Ehepaar vermietet, so daß Mutter und Großmutter von den Mieteinnahmen leben konnten. Die Eheleute hatten beide ein Fulbright-Stipendium und studierten an der Universität von Tôkyô. Da sie trotz ihrer Jugend sehr verständig und nett waren, glaubte ich, daß alle gebildeten Leute in Amerika so seien. Auch Mutter und Großmutter waren sehr angetan von ihnen.

Doch leider erkrankte der Vater des jungen Mannes, und sie mußten überstürzt die Heimreise antreten, nachdem ich schon nach Amerika abgeflogen war.

Nach ihnen zog das Ehepaar Dickson ein, das uns von der Washington-Heights-Schule, an der ich den Kultur- und Landeskundeunterricht erteilt hatte, vermittelt worden war. Er war Mittelschul- und sie Grundschullehrerin.

Das Ehepaar Dickson zog ein und zahlte keinen Pfennig Miete. Da ich mich in Amerika befand, konnte ich nichts unternehmen. Nachdem Großmutter und Mutter drei Monate geschwiegen hatten, baten sie eine Bürokraft aus der Schule, die etwas Englisch konnte, das Ehepaar zu mahnen. Daraufhin boten diese meiner Mutter zwei alte, schmutzige, gebrauchte *Futon* als Zahlungsmittel an.

»Sie haben in etwa den Wert von drei Monatsmieten, und wir geben sie Ihnen statt der Miete«, sagten sie.

»Sie mögen schon teuer gewesen sein, als Sie sie gekauft

haben, aber so schmutzige *Futon* können wir nicht in Zahlung nehmen«, erwiderte meine Großmutter.

»Ihr Land wurde von Amerika besiegt, und Sie sollten dankbar sein und nicht auch noch Miete verlangen«, soll Frau Dickson gesagt haben. Großmutter und Mutter fühlten sich erbärmlich. Alles Bitten half nichts – sie bekamen keinen Cent. Das Ehepaar blieb acht Monate und zahlte keine Miete.

Auch solche Amerikaner gibt es.

Wir hätten, als die Leute einzogen, lieber einen Vertrag nach amerikanischer Art machen sollen, doch da sich das junge Studentenehepaar immer so nett um uns bemüht hatte, dem Jungen Süßigkeiten, meiner Großmutter Blumen und mir Kosmetika geschenkt hatte, hatten wir einfach nicht damit gerechnet, daß es auch unter gebildeten Amerikanern gräßliche Leute gibt.

Ich bekam jede Woche einen Bettelbrief von zu Hause. Die beiden alten Frauen schrieben jedesmal, wie knapp das Geld sei. Das Bargeld, das ich ihnen für den Übergang zurückgelassen hatte, erwähnten sie überhaupt nicht und ermahnten mich ständig, entweder Geld zu schicken oder aber unverzüglich nach Hause zu kommen. Zurückkommen war leicht gesagt, doch ich hatte das Geld für die Rückreise nicht, und wenn ich Schulden machte, würde ich wieder im Chaos landen.

Dazu hätte ich Tag und Nacht wieder die Klagen von Mutter und Großmutter ertragen müssen, ihr Jammern und die Neugier der Nachbarn. Mein Mann und ich hatten als Ehepaar mit dem Kind glücklich zusammengelebt, doch seltsamerweiser war der Gegendruck der Umgebung immer stärker geworden, je besser wir uns verstanden hatten.

Ich beneidete die anderen Japaner in New York (Auslandsstudenten und angehende Ärzte) immer, wenn sie *Nori* oder Tee von ihren Eltern geschickt bekamen.

Wenn ich einen Brief erhielt, so bestand er nur aus Unzufriedenheit und Klagen. Allmählich grauste es mir fast vor meiner Post aus Japan.

In Japan herrscht das unerträgliche Prinzip des schönen Scheins. Ich war nach Amerika gegangen, weil ich von der Doppelzüngigkeit, der Angeberei, der Schnüffelei, der Verleumdung zu Hause gründlich die Nase voll gehabt hatte.

Meine erste Auslandreise hatte mich also nach New York geführt, und ich hatte mir die erste Nacht im Hotel und alles, was dazu gehört, wie im Film vorgestellt und war mit klopfenden Herzen angekommen. Unser Sponsor hatte für uns Zimmer im Martha Washington Hotel reserviert, das nur Rentnerinnen beherbergte. Im Aufzug wie im Speisesaal begegneten wir ausschließlich alten Damen.

Vom Kultusministerium geforderte Professorinnen und weibliche Abgeordnete bestanden immer auf Hotels, die »nur für Damen« waren. So hatte man selbstverständlich angenommen, daß zwei Puppenherstellerinnen sich ein ebensolches Hotel »nur für Damen« wünschten.

Am nächsten Morgen brachen wir zum Büro unserer Organisation auf, das ganz in der Nähe lag, und während wir die 5th Avenue entlanggingen, konnte ich zum erstenmal das Empire State Building (das ich schon aus dem Film *King Kong* kannte) bestaunen. Da die Passanten (natürlich!) alle Amerikaner waren, betrachtete ich sie wie eine Touristin mit neugierigen Blicken. Dann betraten wir das Büro.

Unter der Schirmherrschaft dieser Organisation sollten wir die Herstellung japanischer Puppen in ihren Ausstellungsräumen auf der 5th Avenue und während der International Trade Fair im Coliseum demonstrieren.

An diesem Morgen erwarteten uns der Direktor, sein Stellvertreter und der Werbeleiter im Büro. Der Direktor erkundigte sich, wie uns das Hotel gefalle. Sehr gut gefalle es uns. Es sei schön ruhig, antwortete Frau Ozawa bescheiden.

»Und Ihnen, Frau Nakamura?« fragte mich der Werbechef Y.

»Ach, da wimmelt es ja von alten Frauen. Zu langweilig für mich«, sagte ich, ohne zu überlegen, und alle brachen in Gelächter aus.

»Sie sind wenigstens ehrlich. Wie schön. Das wollen wir weiter so halten.«

Später nahm mich der Werbeleiter Y immer in Schutz. Ich war ihm dafür dankbar, denn ich war ja ganz allein auf mich gestellt und kannte niemanden in New York.

Ich möchte noch ein bißchen von meiner Ankunft und meinen ersten Schritten in New York erzählen.

Am Anfang überraschte es mich, daß jeder Passant eine andere Haarfarbe hatte. Ich hatte mir vorgestellt, alle Amerikaner wären blond und hätten lange Nasen, aber das traf nur auf etwa einen von zwanzig zu. Manche hatten braunes Haar, manche graues und andere noch schwärzeres Haar als Japaner. (Später erfuhr ich, daß Hispano-Amerikaner pechschwarze Haare haben und auch Italienerinnen häufig dunkel sind.) Damals hatte sich noch keine der großen japanischen Exportfirmen mit ihren Hunderten von Angestellten hier niedergelassen.

Auch wunderte mich, daß in unserer Sponsorenorganisation keiner – weder der Direktor noch sein Stellvertreter, noch der Werbeleiter – eine Sekretärin hatte. Natürlich gab es auch keine Telefonzentrale. Die insgesamt sechs Angestellten mußten schwer arbeiten. Die fünfziger Jahre waren für Japaner (aus allen Bereichen) eine harte und mühevolle Zeit. Man durfte nicht mehr als fünfhundert Dollar aus Japan ausführen, und das Gehalt betrug auch nur ungefähr ein Zehntel dessen, was heute üblich ist.

Es heißt, heute gäbe es in New York fünfzigtausend japanische Geschäftsleute. So hat natürlich jede Firma mehrere hundert Angestellte, die Büros sind ausgesprochen elegant, und viele beschäftigen amerikanische Sekretärinnen.

Aber vor dreißig Jahren haben die Leute, die zum Beispiel bei Marubeni Karriere gemacht haben, sich persönlich mit großen Musterkoffern nach Texas aufgemacht, das damals fast nur aus Baumwollfeldern bestand. Ein Angestellter von Marubeni hat mir einmal erzählt, daß sich um den Flughafen der heutigen Metropole Dallas, so weit das Auge reichte, Baumwollfelder erstreckten und ein Vertreter, um Erfolg zu haben, bis in die kleinsten Läden vordringen und Nerven wie Drahtseile haben mußte.

Ich glaube, unsere jetzige wirtschaftliche Erfolgsbilanz – und damit den Wohlstand Japans – haben wir der Pionierarbeit der japanischen Geschäftsleute von damals zu verdanken.

Ich war zu Ostern nach Amerika gekommen.

Nach Ostern beginnt in New York erst richtig der Frühling. Kaum blühen die leuchtend gelben Forsythien, folgen auch schon die Kirschblüten, die Pfingstrosen und der Flieder, alles auf einmal. Ab dem Tag nach Ostern dürfen Männer wie Frauen weiße Schuhe tragen (aber daß ältere Herren wie heute in Turnschuhen herumlaufen, war früher nicht üblich).

Manchmal schneit es zu Ostern auch noch, und die New Yorker werden von wechselhaftem Wetter überrascht. Aber auch dann fallen auf den Partys die weißen Schuhe auf, obwohl man draußen im Schnee natürlich Stiefel trägt.

Zu Ostern findet auf der 5th Avenue die Easter Parade statt, und die Damen beteiligen sich jedes Jahr an einem Wettbewerb, welche den ausgefallensten und reizendsten

Hut trägt. In dem Jahr meiner Ankunft in New York gewann ein hübscher, smaragdgrüner Satinhut den ersten Preis, auf dem ein Vogelkäfig mit zwei kleinen echten, zwitschernden Vögeln (ich glaube, es waren Edelsittiche) befestigt war. Die Dame trug ein passendes smaragdgrünes Nachmittagskleid aus Taft und war eine große blonde Schönheit.

Auf der Easter Parade spazierten viele Menschen mit verschiedenen Haarfarben und bunten Hüten herum. Hellblau, tiefrosa und grellrosa ... die 5th Avenue war zu einem einzigen Laufsteg geworden. Es erinnerte mich an den Film *Easter Parade* mit Judy Garland, den ich um 1950 gesehen hatte. Das Titellied »Easter Parade« paßte sehr gut zu New York und war bei der japanischen Jugend sehr beliebt gewesen. Nun sah ich zum erstenmal in meinem Leben die echte Parade und blieb wie eine Landpomeranze stundenlang auf der 5th Avenue stehen und starrte.

Die Organisation, die mich unterstützte, war, wie gesagt, halb staatlich. Die eine Hälfte der Angestellten bestand deshalb aus Beamten, während die andere sich aus der privaten Wirtschaft rekrutierte. So kam der Direktor aus einem privaten Unternehmen, und sein Stellvertreter war Beamter. Der damalige Direktor war sehr sympathisch und bei seinen Mitarbeitern beliebt, während ich seinen Stellvertreter vom Charakter her als typischen Beamten einschätzte. Mir schien, daß die beiden in fast allen Dingen unterschiedlicher Meinung waren.

Übrigens war damals ein grundehrlicher Schwarzer namens Bill dort als Hausmeister beschäftigt, der seit Bestehen des Büros dort arbeitete. Wollte ich ihm ein Trinkgeld geben, weil er mir etwas Schweres getragen hatte, wies er es entschieden zurück.

»Ich bekomme genug Gehalt und brauche es nicht«, pflegte er zu sagen und weigerte sich, das Geld anzunehmen. Er machte alles – putzte den Boden und die Fenster, trug das Gepäck, holte die Gäste ab und brachte sie wieder zurück.

Zuerst erschreckte mich der große schwarze Mann ein wenig. Ich hatte noch nie einen Schwarzen aus nächster Nähe gesehen. Natürlich waren Nat King Cole und Louis Armstrong in Japan gewesen, aber sie hatten schließlich auf der Bühne gestanden. In Tôkyô hatte man vereinzelt schwarze Soldaten zu Gesicht bekommen, aber ich hatte sie möglichst nicht direkt angeschaut. Bill war der erste Schwarze, den ich persönlich kennenlernte.

Wenn der große Bill lachte, dann wirkte sein grobes Gesicht mit den weißen Zähnen fast kindlich. Er war wirklich ein sympathischer Mensch und bei Japanern und Amerikanern gleichermaßen beliebt.

Da er keine Trinkgelder annahm, ging ich in den einzigen japanischen Souvenirladen von New York – er hieß *Katagiri* – und kaufte Reiskräcker und Erdnüsse für ihn.

»Sie passen sehr gut zum Bier, das wir zu Hause trinken. Meiner Frau schmecken sie auch«, sagte er. Ich stellte mir gern vor, wie dieser große Schwarze und seine Frau Bier tranken und dazu japanische Reiskräcker knabberten. Deshalb fragte ich ihn ab und zu, ob er noch genügend Reiskräcker habe. Wenn nicht, brachte ich ihm welche mit. Jedenfalls freute sich seine Frau auch immer sehr darüber.

In den Räumlichkeiten der Organisation befand sich das Direktorzimmer ganz am Ende, davor war ein großer Raum, in dem die anderen Angestellten die Büroarbeiten ausführten, und davor das Zimmer des Stellvertreters. Zu diesen Räumen führte ein Gang, und an der Vorderseite (zur 5th Avenue) lag der Vorführraum. Der Direktor saß allein in seinem Zimmer, und sein Stellvertreter auch.

Diese Organisation hatte mir nicht nur durch die Bürgschaft geholfen, nach Amerika zu kommen, sondern ihr

Werbeleiter vermittelte mir, nachdem ich mich eingelebt hatte, verschiedene Tätigkeiten in Fernseh- und Rundfunksendungen. Ich war ihm sehr dankbar und wollte mich irgendwie revanchieren. Also beschloß ich, im Vorführraum, im Direktorzimmer und im Büro des Stellvertreters Blumengestecke aufzustellen. Damals kostete eine schöne Schwertlilie, eine Tulpe oder eine Gerbera zehn Cent das Stück. Eine Blumenschale stellte ich im Vorführraum auf, eine kleine Blumenvase im Direktorzimmer und eine im Büro des Stellvertreters. Bei zehn Cent pro Stück würde eine Blume pro Woche mein mageres Portemonnaie nicht zu stark belasten. Ins Direktorzimmer kamen häufig Kunden, und schon eine einzige Schwertlilie würde die Atmosphäre freundlicher machen, fand ich.

Dabei fiel mir etwas Merkwürdiges auf.

Wenn ich die Blume in das Büro des Stellvertreters trug, hatte dieser stets den Telefonhörer am Ohr und lauschte, wenn der Direktor telefonierte. Der Stellvertreter hörte tatsächlich die Telefonate des Direktors mit. Da es keine Telefonzentrale und keine Sekretärin gab, konnte man auf Knopfdruck von den Gesprächen des Direktors soviel mithören, wie man wollte.

Nachdem ich das bemerkt hatte, fühlte ich mich sehr unbehaglich. So etwas konnte ich doch niemandem erzählen. Ich behielt den Vorfall für mich, aber er bedrückte mich sehr, und ich war ungemein erleichtert, als der Stellvertreter wenig später versetzt wurde.

Anscheinend konnten meine Landsleute solches Zeug nicht einmal in Amerika unterlassen ... Ich war sehr betrübt darüber, daß die schlechten Eigenschaften der Japaner auch hier in New York zu Tage traten.

Im Vorführraum waren zahlreiche japanische Waren ausgestellt. *Nô*-Masken, japanische Puppen, Lackarbeiten, Seto-Keramik, Cloisonné, traditionelle Neujahrsschläger, Teegeschirr usw. Eine Japanerin, deren Familie schon vor zwei Generationen eingewandert war, erläuterte den amerikanischen Kunden alles.

Das junge Mädchen sprach unsicheres Japanisch. Englisch war natürlich ihre Muttersprache, und sie sprach es, wie ich Japanisch spreche.

Eine Suppenschale mit Wajima-Lackmalerei bezeichnete sie als »Plastikschüssel«, und eine wunderschöne Puppe, die die Prinzessin Yaegaki darstellte, nannte sie abschätzig »*Geisha girl*«, was ich etwas peinlich fand.

Doch ich war keine Angestellte und schrieb nur unentgeltlich japanische Erläuterungen zu den Waren. Zu Stoßzeiten half ich in der Werbeabteilung beim Adressenschreiben aus. Daher wollte ich mich nicht in den Vordergrund drängen. Dennoch konnte ich es nicht zulassen, daß Wajima-Lack als Plastik und eine Prinzessin Yaegaki als »*Geisha girl*« bezeichnet wurden.

Um die Gefühle des Mädchens nicht zu verletzen, begann ich, etwas über japanischen Tanz zu erzählen. Ich erklärte ihr, daß die Geschichte der Prinzessin Yaegaki die gleiche war wie die von Shakespeares *Romeo und Julia*. Mit Eifer beschrieb ich ihr, daß man die Gefäße für Lackarbeiten aus Paulownienholz (das es in Amerika nicht gibt) herstellt und den Lack Schicht für Schicht in zwanzig Lagen aufträgt. Darauf werden die Muster in Gold appliziert. Es ist unmöglich, sie in Massenproduktion herzustellen wie Plastik. Ein Handwerker vermag in einem Monat nur wenige Stücke dieser komplizierten Arbeit anzufertigen.

Amerikanische Kunden, die bis jetzt von dem Mädchen mit Plastik und »*Geisha girl*« abgespeist worden waren, kamen später mit Bekannten, und das Mädchen begann, zu mir zu kommen und mir Fragen zu stellen.

Eines Tages sprach mich der Direktor an.

»Frau Nakamura, wenn Sie vorhaben, noch eine Weile in New York zu bleiben, arbeiten Sie doch bei uns. Zwar kann ich Ihnen nicht viel zahlen, aber wir haben niemanden, der so gut erklärt wie Sie.«

Ich war überglücklich. Natürlich hatte ich meine Jobs als Modell und auf Messen, aber diese bedeuteten kein regelmäßiges Einkommen für mich. Da ich den beiden alten Frauen und meinem Sohn Geld schicken mußte, war ein festes Einkommen, wie gering auch immer, höchst willkommen. Samstags und sonntags hatte ich ohnehin Zeit. Die Arbeit im Verein würde bis fünf Uhr nachmittags dauern, und wenn ich mich beeilte, könnte ich danach noch fünf Stunden auf einer Messe arbeiten, denn Messen oder Blumenschauen blieben meist bis nach zehn Uhr geöffnet ...

»Ich werde es nächste Woche bei der Konferenz zur Sprache bringen«, sagte der Direktor, den ich dafür hätte anbeten können, so freute ich mich.

Aber ganz wie in Japan beanstandete gleich eine führende Persönlichkeit vom Ministerium für Handel und Industrie, daß ich eine ehemalige Geisha war. Ein Beamter, der sich noch von Gesellschaften, die das Ministerium in Japan gegeben hatte, an mich erinnerte, war der Meinung, daß eine ehemalige Geisha ihren Chef letztendlich in Schwierigkeiten bringen würde. Dagegen hatte der Direktor keine Argumente.

»Es hat nicht geklappt, Frau Nakamura«, bedauerte er.

»So etwas habe ich in Japan schon mehrmals erlebt und bin also daran gewöhnt. Bitte machen Sie sich keine Gedanken«, erwiderte ich. Mir wurde bewußt, daß ich auch in Amerika immer wieder mit diesen japanischen Widerwärtigkeiten konfrontiert sein würde. Ich war natürlich enttäuscht. Auf der Straße lief ich dem Beamten, der meine Einstellung verhindert hatte, zufällig in die Arme.

»Was machen Sie denn? So im Kimono durch die Straßen von New York zu laufen ... Sie werden noch umgebracht«, zeterte er. Warum sollte man umgebracht werden, wenn man einen Kimono trug? Ich war ihm wirklich ein Dorn im Auge, und er hatte anscheinend irgendeine Abneigung gegen mich. Als hochgestellte Persönlichkeit wurde er auch zu den Veranstaltungen, z.B. Blumenschauen, auf denen ich arbeitete, eingeladen. Schon bei der Begrüßung wurde er oft unverschämt.

»Oho, Sie sind aber hübsch geworden. Das macht wohl das gute Essen.«

Später hatte ich viel Glück und war froh, von dem Verein abgelehnt worden zu sein. Doch damals ärgerte ich mich, daß aus einer Stelle, die ich fast gehabt hätte, durch seine Schuld nichts geworden war. »Die Beschäftigung einer ehemaligen Geisha trägt einem Chef nur Schwierigkeiten ein.« Wie konnte jemand so etwas sagen! Ich kochte vor Wut.

Damals waren Japanerinnen, die ihren Kimono korrekt trugen und dazu noch ordentliches Englisch sprachen, eine Seltenheit. Als die International Trade Fair, auf der wir die Puppen gezeigt hatten, zu Ende war, gab es noch verschiedene andere Ausstellungen und Messen im Coliseum und im Hilton – Seidenmessen, Bootsausstellungen, Film- und Fotomessen, Automobil- und Blumenausstellungen, auf denen ich jeweils für eine Woche oder zehn Tage Arbeit fand. Am liebsten mochte ich die Blumenausstellungen im Coliseum.

Sie wurden von Blumenhändlern, Gartenbauarchitekten und Gärtnern, die aus New York und den angrenzenden Bundesstaaten kamen, veranstaltet, und man war, kaum daß man die Halle betreten hatte, von betäubendem Blumenduft umhüllt. Die Gartenbaumeister aus den einzelnen Staaten brachten seltene Bäume und Pflanzen mit und stellten originelle Gärten vor. Es gab einen Wettbewerb. Am dritten Tag wurden der erste, zweite und dritte Platz verliehen. Als Modell im Kimono mit ausladenden Ärmeln, Sonnenschirm und Fächer war ich sehr gefragt.

Auf der Fotomesse wurde ein neuer japanischer Fotoapparat vorgestellt, der sich sehr gut verkaufte.

Ein amerikanischer Profi-Fotograf mit mehreren Fotoapparaten machte unzählige Aufnahmen von mir. Da ich das einzige Modell im Kimono war, war ich immer von Menschen umringt. Ich stand, ich saß, drehte mich hierhin und dorthin, war glücklich und etwas verlegen. Damals begannen Canon und Yashica gerade die Märkte zu erobern.

Der amerikanische Werbefachmann Herr Nussbaum vom japanischen Foto-Center kümmerte sich reizend um mich und brachte mir Cola oder Eiskrem. Ich war den ganzen Tag immer von Fotoapparaten umgeben und hatte keine Zeit, etwas zu essen. »So geht das aber nicht. Dreißig Minuten Pause!« polterte Herr Nussbaum und begleitete mich hinter einen Vorhang.

Als jemand sagte: »Ich möchte fotografieren, wie die Japanerin Cola trinkt«, verweigerte er dies und stellte sich schützend vor mich, wobei es fast zum Streit kam.

Wir hatten großen Erfolg, und ich arbeitete mehrere Jahre auf diesen Ausstellungen.

Auf der Automobilausstellung stellte Daihatsu seinen hübschen Minilaster »Daihatsu Midget« vor (der auf 65 Meilen nur etwa vier Liter verbrauchte) und sich als Lieferwagen bei Blumenhändlern, Apothekern und Süßwarenläden gut verkaufte.

Es war meine Aufgabe, die englischen Prospekte an die Kunden zu verteilen und die einzelnen Vorteile der Produkte auf Englisch zu erklären.

Unterdessen fand ich auch Arbeit beim Rundfunk und Fernsehen, was ich ebenfalls dem Werbeleiter zu verdanken hatte. Ich trat damals in Shows mit guten Einschaltquoten wie der »Jack Power Show«, der »Ed Sullivan Show« und der »Will Rogers Show« auf.

In der »Jack Power Show« demonstrierte ich eine Teezeremonie mit einer herrlichen Shino-Teeschale. Jack Power nahm sie in die Hand.

»Wunderbar. Diese Schale gefällt mir sehr. Welches Glück, daraus morgens Kaffee trinken zu können.«

Sofort rief ein Japaner beim Sender an. Jack solle sich sofort entschuldigen, da er den japanischen Weg des Tees beleidigt habe. Jack wollte doch nur die Schönheit der Teeschale loben! Kaffee aus einer Teeschale zu trinken ist allerdings für Japaner unmöglich.

Einmal trat ich in einer Talk-Show auf und hatte ein kleines, eigentlich für die Teezeremonie bestimmtes Tuch in meinen *Obi* gesteckt und es beim Reden herausgezogen. Sofort rief eine Japanerin an. Es sei unerhört, mit so einem Tuch in der Hand zu reden, das beleidige den Teeweg. Wieder sollten wir uns entschuldigen.

Auch in Amerika gebärden sich die Japaner eben übergenau und kleinlich. Jack zeigte sich auch erstaunt.

»Sind Japaner immer so empfindlich?«

Es gab einen Grund dafür, daß ich beim Reden mit dem Tüchlein gespielt hatte. Mit zehn Jahren hatte ich von Meister Nishikawa Sensô in Shitaya Ni-chôme das Tanzstück *Rokudan* gelernt. Es wurde zu *Koto*-Musik mit einem Teetüchlein in der Hand getanzt. Daher dachte ich mir nichts dabei, mit dem Tüchlein in der Hand die Interviewfragen zu beantworten. Als man mir vorwarf, den Teeweg beleidigt zu haben, war mir das sehr peinlich.

Doch eigentlich kam ich in den Shows immer gut an. Sie ermöglichten es mir, meiner Familie Geld zu schicken und das kleine Zimmer im West End zu bezahlen. Ich bekam allmählich das Gefühl, mich ganz gut in Amerika einzuleben.

Mit meiner Vermieterin Mrs. Diamond sprach ich von morgens bis abends nur Englisch, wovon ich sehr profitierte. Da Mrs. Diamond und ihre Tochter kein Wort Japanisch konnten, mußten wir uns, so gut es ging, auf Englisch verständigen, und ich lernte ungeheuer viel.

Mrs. Diamond war Engländerin, ihr verstorbener Mann war Jude gewesen. Er hatte nicht darauf bestanden, daß sie zum Judentum übertrat, und so war sie Christin geblieben. Von ihr lernte ich vieles über die amerikanischen Sitten und Gebräuche, wie sie bei Taufen, Hochzeiten und Beerdigungen üblich sind.

Da es in Amerika viele verschiedene religiöse Richtungen gibt, unterscheiden sich manche Zeremonien sogar von Familie zu Familie. Für Japaner sind alle Christen gleich, aber in Amerika wurde mir klar, daß Katholiken, Protestanten, Methodisten oder Juden unterschiedliche Bräuche haben.

Viele Japaner waren noch nie auf einer amerikanischen Hochzeit, einer Beerdigung oder einer Totenwache, obwohl sie schon zehn oder fünfzehn Jahre in Amerika leben. Ich besuchte möglichst viele Hochzeiten und Beerdigungen. Jede Familie feierte je nach ihrer Religion ganz anders. Die vielen Dinge, die ich dabei gelernt habe, verdanke ich Mrs. Diamond.

Ich arbeitete ununterbrochen. Rückblickend staune ich darüber, daß ich so einfach eine lohnende Tätigkeit nach der anderen fand. Daß ich Kimonos trage und ordentliches Englisch sprechen kann, verdanke ich der Tatsache, daß ich einmal Geisha war. Auf Messen und Partys hob ich mich von den bürgerlichen Ehefrauen und Töchtern ab und war beliebt, denn ich habe ein Talent für Wortspiele und Witze, die alle Amerikaner zum Lachen bringen.

Ich war gerade dabei, mein glückliches New Yorker Leben zu genießen, als mich das Unglück einholte. Der Direktor der japanischen Organisation, der mich immer gefördert hatte, war nach Japan zurückgegangen, und ein neuer war eingetroffen. Dieser Direktor T. war in Kansai ein hohes Tier in Wirtschaftskreisen.

Auch er war ein sehr netter Mensch, klein, galant und vertrauenerweckend. Aber seine Frau! Sie sah aus wie Mitte fünfzig, ihre Haare waren fast weiß. Aus irgendeinem Grund haßte sie mich, obwohl sie immer in Kansai gelebt hatte und wir uns nie begegnet waren.

Auf der Begrüßungsparty für den neuen Direktor sprach sie mich plötzlich laut an.

»Ihr Kimono ist ja wunderbar. Ein erlesener Geschmack. Haben Sie den auch auf Ihren Engagements als Geisha getragen?«

Ich war sehr überrascht, denn wir kannten uns ja gar nicht, und ich stellte mich beflissen der weißhaarigen Dame vor.

»Ah, Sie sind die Gattin unseres Direktors. Ich habe ihn erst vor kurzem kennengelernt und hoffe, wir werden gut zusammenarbeiten. Sehr erfreut.« Aber das machte alles nur noch schlimmer.

»Es ist sehr mutig von Ihnen, im japanischen Kimono auf der 5th Avenue herumzulaufen.«

»Als Japanerin besitze ich keine westliche Kleidung«, gab ich zurück.

Von diesem Tag an schikanierte sie mich. Es gab nur wenige Japanerinnen in New York, und ich begegnete ihr ständig auf allen möglichen Partys. Sie war natürlich zu den Abschlußpartys der Messen, auf denen ich arbeitete, auch eingeladen.

»Sie war einmal Geisha und spricht sehr gut Englisch. Vielleicht hat sie das von einem amerikanischen Freund gelernt?« sagte sie laut.

Vermutlich sagte sie diese Dinge, weil sie mich unbedingt blamieren wollte. Ich fand es unnötig zu verbergen, daß ich einmal Geisha gewesen war. Aber die Äußerung, daß ich mein Englisch wohl von einem amerikanischen

Boyfriend gelernt hätte, war mehr, als ich ertragen konnte. Ich hatte nicht geschlafen, wenn andere schliefen, damit ich lernen konnte. Und dann ein Amiflittchen genannt zu werden – das machte mich schrecklich wütend. Aber sie war immerhin eine hochgestellte Dame. Ich konnte nicht begreifen, warum eine Person, die ich bis dahin überhaupt nicht gekannt hatte, mich als Feindin betrachtete. Trotz meines Ärgers fehlte mir jede Möglichkeit, mich zu rächen.

Am Tag nach der Party sagte der Werbeleiter mitfühlend zu mir:

»Frau T. hat Sie ja ganz schön in die Mangel genommen.«

Die anderen Angestellten standen auch dabei und lächelten mir zu, und ich spürte, daß alle es mitbekommen hatten und eigentlich gerne etwas dazu gesagt hätten.

»Ich verstehe nicht, warum sie den anderen sagen mußte, daß ich einmal Geisha war, obwohl sie mich gar nicht kannte. Manchmal gibt sie unerträgliche Dinge von sich. Warum nur?« fragte ich.

»Machen Sie sich nichts draus, Kiharu. Sie ist für ihre Bosheit berüchtigt«, sagte Herr K. Der Werbeleiter und die anderen Angestellten erzählten mir lachend, was mit der Dame los war.

Direkt nach seiner Ankunft hatte der Direktor auf einer internen Begrüßungsfeier etwas angetrunken und in guter Stimmung aus dem Stegreif mit schöner Stimme ein Liedchen vorgetragen.

Darauf war seine Frau ganz blaß geworden.

»Woher kennst du so ein Lied? Das hast du bestimmt von einer Geisha gelernt. Woher und von wem hast du das?« soll sie ihn verärgert zur Rede gestellt haben.

Damit war die Stimmung verdorben und die Party zu Ende gewesen – »nur wegen dieses Drachen«.

»Als der Direktor noch in Osaka gewohnt hat, war er

bestimmt Stammgast in Kita no Shinchi[2]. Gegen die Folgen kann man nichts machen«, erklärten die Herren. Der Direktor war ein charmanter Mann und deshalb sicher ausgesprochen beliebt gewesen. Und seine Frau bekam wahrscheinlich schon bei der bloßen Erwähnung des Wortes Geisha eine Gänsehaut vor Grausen. Das Sprichwort »Was einem in Edo angetan wird, rächt man in Nagasaki« ließ sich in diesem Fall leicht in »Was einem in Osaka angetan wird, rächt man in New York« umwandeln.

Eines Morgens fragte mich der Direktor, ob ich am nächsten Morgen gegen neun frei sei. Ich bejahte.

»Meine beiden Töchter treten in Kimonos im Fernsehen auf. Könnten Sie ihnen vielleicht beim Ankleiden helfen?« bat er mich.

»Gern«, erwiderte ich. Ich hatte ja schon früher Bräute angekleidet. Meine Familie hatte lange davon gelebt, daß ich Bräute schminkte und ankleidete. Natürlich gab es damals in New York noch keinen japanischen Schönheitssalon. Es kam mir sehr gelegen, daß er mich bat, seine Töchter anzukleiden.

»Also, ich hole Sie dann morgen um acht mit dem Auto ab. Die Kimonos bringe ich mit ins Büro«, sagte er, und ich gab ihm meine Adresse. Ich bat ihn, eine Strohmatte aus dem Vorführraum im Direktorzimmer ausbreiten und einen großen Spiegel aufstellen zu lassen.

»Sehr gut, sehr gut. Meine Töchter werden sich freuen.« Er hatte mir immer vorteilhafte Tätigkeiten vermittelt, und ich freute mich von Herzen, mich einmal revanchieren zu können.

Abends um halb sieben klingelte das Telefon. Es war die Frau des Direktors.

»Frau Nakamura, *ich* bin die Mutter. Warum werde ich als Mutter übergangen, und Sie kleiden meine Töchter an?« Ihre Stimme überschlug sich.

Hilflos stotterte ich irgend etwas von ihrem Mann.

»Als mein Mann Sie darum bat, hätten Sie ablehnen müssen. Ich, die Mutter, bin ja da. Warum sollte also eine wildfremde Frau meine Töchter ankleiden? Wo ist da der gesunde Menschenverstand? Mischen Sie sich gefälligst nicht mehr in meine Angelegenheiten. Jedenfalls kommt es gar nicht in Frage, daß Sie meine Töchter anziehen. In Zukunft hören Sie nicht auf meinen Mann!« Damit knallte sie den Hörer auf. Ich fand es höchst ärgerlich, mich beschimpfen lassen zu müssen, als ob das Ankleiden der Töchter allein mein Vorschlag gewesen sei. Vor Wut und Verzweiflung fing ich an zu weinen.

Einige Tage danach fand ein Treffen der japanischen Gattinnen statt, bei dem ich anwesend sein mußte. Im Gegensatz zu heute, wo Zehntausende japanischer Frauen in New York leben, waren es damals höchstens zwanzig, die einen japanischen Paß besaßen, wenn man einmal von den Japanerinnen absieht, die im Krieg Amerikaner geheiratet hatten oder in Amerika geboren waren. Im altehrwürdigen Plaza Hotel hatten sich etwa zwanzig Damen versammelt. Sie waren die Ehefrauen höherer Diplomaten und leitender Angestellten großer Exportfirmen (lediglich sieben hatten damals Filialen in New York eröffnet) oder aber Angehörige des Kultusministeriums.

Aus irgendeinem Grund hatte man mich auch eingeladen.

Als ich ankam, sammelte Frau T. an der Rezeption die Beiträge ein und wies die Plätze an. Zwischen all diesen bedeutenden Damen fühlte ich mich fehl am Platz und wünschte, ich wäre nicht gekommen, aber nun war es nicht mehr zu ändern, und ich setzte mich mit unbehaglichem Gefühl auf meinen sehr am hinteren Ende gelegenen, schlechten Platz.

Ich war die einzige, die einen Kimono trug.

»Es sind Damen anwesend, die schon lange im Ausland leben, doch einige von ihnen sind zum erstenmal in Übersee, und deshalb wollen wir ab jetzt von Zeit zu Zeit ein solches Treffen abhalten, damit wir uns gegenseitig helfen können«, erklärte Frau T. gewandt.

»Als erstes sollten wir uns miteinander bekanntmachen. Bitte erzählen Sie uns zunächst, wo Sie studiert haben.« Sodann begannen die Damen auf den besseren Plätzen, sich vorzustellen. Alle hatten eine hervorragende Ausbildung genossen.

Mir brach der Schweiß aus, da mir nichts anderes übrigbleiben würde, als die Wahrheit zu sagen. Schließlich war ich an der Reihe. Als ich zögerte, sprach mich Frau T. von weit weg an: »Frau Nakamura, Sie sind dran!« Und zu den anderen gewandt, sagte sie: »Frau Nakamura ist eine sehr mutige Dame. Sie geht jeden Tag im Kimono durch New York. Außerdem spricht sie ausgezeichnet Englisch. Sie haben gewiß Englisch studiert? Welche Missionsschule haben Sie besucht?« Obwohl Frau T. genau über mich Bescheid wußte, sprach sie zielstrebig meinen wundesten Punkt an. So mußte sich eine Maus fühlen, mit der die Katze spielt. Ich hob den Kopf und schaute Frau T. direkt an.

»Von einer Missionsschule kann nicht die Rede sein. Ich bin nach der Grundschule abgegangen und habe mit sechzehn angefangen, in Shimbashi Geisha zu lernen. Man könnte meine Ausbildung als ›Shimbashi-Geisha-Diplom‹ bezeichnen.« Aber Frau T. ließ nicht locker.

»Wie? Sie waren auf einer Geisha-Schule? Was lernt man denn da?« fragte sie.

Jetzt war ich bereit, zum Angriff überzugehen und faßte Mut.

»Natürlich musische Künste wie *Shamisen,* Tanz und Gesang, aber auch gewandtes Sprechen und gutes Benehmen, und wie man den Kunden, die Ihre werten Ehegatten einladen, einen entspannten, vergnügten Abend bereiten kann. So etwas lernt man in unserer Schule.« Frau T. befahl dem Boy, das Essen zu bringen, während sie mich böse anstarrte.

Meine Tischnachbarin war eine sehr nette Dame. Sie war hübsch und sprach schönes Japanisch und gutes Englisch. Sie gab sich große Mühe, Frau T.s Unverschämtheit wettzumachen. Auch sie hatte die Bösartigkeiten von Frau T. bemerkt und bewunderte meine Geduld.

Kurze Zeit darauf hatte ich eine schöne gelbe Narzisse ins Chefzimmer gestellt.

»Wunderschön«, sagte er. »Amerikanische Narzissen sind doch auch sehr elegant.« Dann zögerte er kurz und sagte noch:

»Ach, Frau Nakamura, bitte stellen Sie keine Blumen mehr in mein Zimmer.« Und als er mein verdutztes Gesicht sah:

»Wegen meiner Frau. Sie wissen schon.« Darauf stellte ich die Blume ins Vorführzimmer.

Bis heute verstehe ich überhaupt nicht, was Frau T. gegen mich hatte. Vielleicht war unter den Geishas von Osaka eine gewesen, die ihren Mann völlig bezaubert hatte, oder eine Geisha war in ihn verliebt gewesen? Es war jedenfalls wie in dem Sprichwort »Haßt man den Mönch, haßt man auch sein Gewand«. Es war mein Pech, daß ich damals in New York zu ihrem Sündenbock wurde, und ich erinnere mich sehr ungern daran.

Nakamura's Gift Shop

UNMITTELBAR NACH MEINER Ankunft in New York hatte ich mit den Puppen-Demonstrationen im Vorführraum der Organisation begonnen. Während der Mittagszeit, gegen zwölf, kamen besonders viele Zuschauer. Immerhin befanden wir uns mitten auf der 5th Avenue. Damals war an einen Japan-Boom wie heute noch nicht zu denken, und der Vorführraum war zum Platzen voll von Neugierigen, die die seltene Gelegenheit nutzten.

Wir machten die Demonstration zweimal, zur Mittagspause und um drei Uhr. Am ersten Tag stellte uns der Werbeleiter einen Amerikaner vor: »Das ist mein Freund Robert. Sein Büro liegt direkt gegenüber. Er liebt Japan.«

Der Freund war Möbeldesigner. Wir kamen uns sehr nahe, und er hat mir in diesen vergangenen dreißig Jahren viel geholfen. (Eine Zeitlang war ich mit ihm verheiratet, doch davon berichte ich später.)

Robert war damals dreiunddreißig Jahre alt. Er war es, der mich zum erstenmal in ein vornehmes Restaurant führte und zu einer Show auf dem Broadway mitnahm.

Auf den Rat des Werbeleiters hin ließ ich mich bei einer Modellagentur registrieren und gab mich als Siebenundzwanzigjährige aus. Damals verdiente ein erstklassiges Modell 100 Dollar die Stunde, die anderen 75. Als Asiatin gehörte ich zur zweiten Gruppe und bekam 75 Dollar als Kimono-Modell. Meine Agentur vermittelte Werbeaufnahmen (hauptsächlich für Zeitschriften, Poster und fürs

Fernsehen). Ich hatte nicht mehr als zwei bis dreimal im Monat Arbeit. Das Posieren an der Kunstakademie stand nicht in Beziehung zu dieser Agentur, und ich konnte diesen Verdienst ganz für mich behalten, da ich diese Tätigkeit selbst organisierte.

Ich bekam einen guten Job nach dem anderen, weshalb ich auch das Geld für zu Hause leichter aufbringen und sogar nach und nach noch etwas zurücklegen konnte. So waren die Kränkungen von Frau T. bald vergessen.

Ein japanischer Intellektueller, Absolvent der Tôdai-Universität, wollte ein Geschenkartikelgeschäft eröffnen. Er bot mir an, Geschäftsführerin zu werden und dafür im Gegenzug etwas Kapital einzubringen. Damals gab es in New York kaum Geschäfte, die japanische Waren führten.

Ich wollte schon von der Renovierung an mit ihm zusammenarbeiten. Also griff ich auf meine kärglichen Ersparnisse zurück. (Aus Nostalgie bewahre ich die von meinem ersten Geschäftspartner unterzeichneten Papiere immer noch auf. Sie sind ein Meilenstein und der erste Schritt auf meinem Weg ins amerikanische Geschäftsleben.) Ich half also, die Löcher in den Wänden zuzugipsen und beim Ausmalen der Räume. Als ich mit meinem Pinsel und hochgebundenen Kimonoärmeln auf einer großen Leiter stand und strich, mußte ich vor mich hin kichern. Ich kam mir sehr komisch vor, so wie die Oshichi auf dem Feuerturm in der Legende. Aber natürlich wußte hier niemand, wer die »Oshichi auf dem Feuerturm« war ...

Das Geschäft lief sofort sehr gut. Dank seiner günstigen Lage waren viele Künstler aus der Unterhaltungsbranche Kunden bei uns. Eddie Albert, Paul Newman, Will Rogers Jr., Rosemary Clooney und Mitzi Gaynor schauten herein.

Auch berühmte Japaner wie Hasegawa Kazuo, Mishima Yukio und Uno Chiyo, die keine Unterhaltungskünstler waren, kamen zu uns. Frau Uno gab damals die Modezeitschrift *Style* heraus. Sie war in Begleitung ihres Sekretärs Jôjô, und die beiden hängten ein Schild ins Schaufenster mit der Aufschrift »*Style*. Zweigstelle New York« und fotografierten es.

Eines Tages kam mir die Idee, selbst ein Geschäft zu eröffnen. Es müßte kein besonders großes Unternehmen sein – ein kleiner Laden, der es mir ermöglichte, monatlich ausreichend Geld nach Hause zu schicken, würde genügen.

Zum Glück hatte ich gute Beziehungen zu den Großhändlern. Es war damals noch sehr ungewöhnlich, daß eine junge Japanerin persönlich bei amerikanischen Großhändlern Waren bestellte. Mit Wehmut erinnere ich mich an den Mann von New York Merchandise, an Tom und Mr. Growsky von Pacific Trading. Mr. Growsky war schon etwa Mitte siebzig. Er war als großer Geizkragen bekannt und verschenkte nichts, aber aus irgendeinem Grund gab er mir Rabatt und erwies sich auch später immer als hilfsbereit.

In Manhattan hatten inzwischen einige japanische Geschäfte eröffnet, auch Juden und Chinesen betrieben dort Läden mit japanischen Produkten. Ihre Konkurrenz wollte ich meiden und hielt deshalb in Brooklyn Ausschau nach einem Lokal.

Damals war Brooklyn noch sehr schön. Es gab das Brooklyn-College, an der Ecke der Church Avenue das renommierte Erasmus-Gymnasium und ein vornehmes Wohnviertel. Ich machte einen Eckladen an der großen Flatbush Avenue ausfindig. Es war ein kleiner Laden von höchstens 26 Quadratmetern, und da er zu beiden Seiten Schaufenster hatte, erhielt er später den Spitznamen »Goldfischglas«. So entstand »Nakamura's Gift Shop«.

Im gleichen Gebäude befand sich auch das Kino Rialto, zu dem das »Goldfischglas« günstigerweise gehörte. Robert übernahm die Renovierung, was seine Stärke war. Der Besitzer des Rialto wurde mein Vermieter.

Mein Geschäft lag links vom Eingang des Kinos. Rechts vom Eingang befand sich ein Imbiß, an dem es Sandwiches, Hamburger und Hot Dogs gab. Als Getränke servierte man nur Cola, Seven up und Säfte. Hinter der Theke arbeitete ein Ehepaar mittleren Alters, dessen niedliche dreijährige Tochter Cindy wie ein Püppchen aussah. Wenn ich morgens mein Geschäft öffnete, kam sie zu mir herein und wollte helfen. Manchmal krabbelte sie sogar ins Schaufenster. Sie ließ sich durch nichts abweisen und weinte jämmerlich, wenn ich ihr sagte, daß ich keine Hilfe brauchte.

Dagegen war ich machtlos und kletterte mit ihr zusammen in der Auslage herum. Es genügte schon, sie mit einem Putzlappen auszustatten, und sie fühlte sich wie eine Erwachsene. Manchmal ging sie mir auch ganz schön auf die Nerven, aber sie war so niedlich, daß ich ihr nicht widerstehen konnte. Meine Bekannten warfen mir vor, daß ich zu nachgiebig sei, aber ich freute mich doch jeden Tag darauf, sie zu sehen. Morgens wartete sie schon sehnsüchtig, rannte dann auf mich zu und fiel mir um den Hals. Sie schien mehr Zutrauen zu mir als zu ihrer Mutter zu haben, die immer sehr beschäftigt mit ihrer Arbeit war.

Da sie zu Hause nur von Erwachsenen umgeben war, sprach Cindy, obwohl sie noch nicht einmal vier war, ebenfalls wie eine Erwachsene. Es ist natürlich sehr süß, wenn so ein kleines Mädchen wie eine erwachsene Dame spricht.

Wie schon erwähnt, befand sich in unmittelbarer Nähe das Gymnasium, und nach Schulschluß füllte sich mein Geschäft mit Teenagern. Sie kamen rein, faßten alles an und kauften nichts.

Doch ich hatte einen kleinen Aufpasser. Wenn die Teenager aus der Schule kamen und überall herumguckten, reckte hinter den Regalen unerwartet ein kleines Mädchen seinen Hals hervor und sagte »Ja, bitte?«. Allein die Tätsache, daß die Kleine so plötzlich auftauchte, nach ihren Wünschen und nach ihrem Geld fragte, war eine Überraschung für die Schüler.

»Möchtet ihr etwas kaufen?« fragte Cindy. Wenn sie verneinten, befahl die Kleine streng: »Dann auch nichts anfassen«, und schlug den Schülern mit ihrer kleinen Hand auf die Finger. Dann schimpften die und nannten sie eine »gräßliche Göre«. Meine Nachbarinnen fanden, daß ich die Kleine gut dressiert hätte. Doch solange Cindy da war, hatte ich keine Ladendiebstähle zu verzeichnen, wie sie andere Geschäfte oft erlitten, denn ihre laute Frage nach dem Geld der Kunden wirkte abschreckend.

Als Cindy vier wurde, ging sie vormittags in den Kindergarten. Doch kurz nach dem Mittagessen kam sie zurück und trat bei mir an, um zu helfen. Ihre Eltern entschuldigten sich oft dafür, daß ich den »Babysitter« spielen mußte, und revanchierten sich immer mit Geschenken, aber ich fand Cindy einfach süß.

Im Herbst veranstaltete ihr Kindergarten ein Fest, bei dem Cindy als Trapezkünstlerin auftrat. Natürlich trappelte sie nur auf der Bühne hin und her und schlug in der Mitte einen Purzelbaum, was unwiderstehlich niedlich war. Als sie so in ihrem lila Tüllkleidchen und mit einer großen Schleife im Haar herumturnte, fand ich, daß sie von den vielen Kindergartenkindern das hübscheste war. Daß sie so klein war und wie eine ältere Dame sprach, machte sie noch putziger.

Übrigens waren die Leiterin und die zuständige Erzieherin des Kindergartens etwas verblüfft, als sie mich kennenlernten, denn Cindy hatte ihren Freunden und den Erzieherinnen immer erzählt, sie habe eine kleine japanische Freundin. »Ich spiele jeden Tag mit ihr. Sie ist sehr hübsch und so alt wie ich, glaube ich«, hatte sie gesagt.

Deshalb hatten die Kindergärtnerinnen und die Kinder ein vierjähriges japanisches Mädchen erwartet. Als mich

Cindys Mutter vorstellte, staunten die Erzieherinnen und die Leiterin:

»Ach, Sie sind Cindys Freundin!« Wir brachen in lautes Gelächter aus.

In meinem hübschen kleinen Laden gab es angefangen von japanischen Teeschalen und Geschirr fast alles. Er war klein, aber fein. Ich stellte Baby-Kimonos, Kimono-Jacken und Kimonos aus. Damals gab es Morgenmäntel aus dünnem Rayon mit maschinengestickten Tigern, Fujiyamas und Kirschblüten auf dem Rücken, die man »Kimono« nannte. So verkauften sich japanische *Yukata* und Kimono-Jacken sehr gut.

Die immer hilfsbereite Iida Miyuki schickte mir Kimono-Stoffe. Es waren bebilderte oder kleingemusterte Stoffe, die ich während meiner Arbeit auf den Messen und als Modell gut tragen konnte.

Damals wohnten in Brooklyn mehrere junge Japanerinnen, die mit amerikanischen Soldaten verheiratet waren, und noch zwei Mädchen, die am Brooklyn-College studierten. Sie alle verkehrten häufig bei mir. Da sie sich nach dem Klang der japanischen Sprache sehnten, kam jede von ihnen einmal pro Tag in mein Geschäft, das sich zu ihrem Treffpunkt entwickelt hatte.

Im Frühling machten sich alle mit ihren Familien auf, um die Blüten zu betrachten. Der japanische Teil im Botanischen Garten von Brooklyn war klein, hatte aber einen von Kirschbaumzweigen beschatteten Weg. Wunderhübsch. Auch heute noch veranstaltet der Verein der Japaner in Amerika dort ein Kirschblütenfest. Im Herbst besuchten wir das herrliche Motel on the Mountain, das ein japanischer Architekt im Pfahlbaustil entworfen hatte, um von dort das bunte Herbstlaub zu betrachten. Robert hatte einen großen Kombi gekauft, und es machte uns viel Spaß, damit zum Picknicken zu fahren.

Als ich das Geschäft eröffnen wollte, hatte es sich übrigens als problematisch erwiesen, daß ich keine amerikanische Staatsbürgerschaft hatte. Ich löste das Problem, indem ich eine Ehe auf dem Papier mit Robert einging.

Jetzt kann ich die Wahrheit sagen, da wir ja beide nicht mehr jung sind. Er war in der amerikanischen Marine und war nach Italien versetzt worden. Auf seinem Flugzeugträger, der von den Deutschen versenkt wurde, kamen zweihundert Soldaten um. Robert hatte zwar überlebt, aber seine Männlichkeit verloren.

Das störte mich nicht. Denn in Japan hatte ich erfahren, was leidenschaftliche und verzweifelte Liebe ist. So hatte ich keinerlei Interesse mehr an schwierigen zwischengeschlechtlichen Beziehungen. Ich wünschte mir nur noch seelische Unterstützung. Wenn ich Robert nicht geheiratet hätte, hätte ich, um das Geschäft eröffnen zu können, den Namen eines amerikanischen Staatsbürgers kaufen müssen. So war ich sehr dankbar, daß ein vertrauenswürdiger, ehrlicher Mann sich dazu bereit fand, mit mir ein Leben zu führen, aus dem die übliche Liebesbeziehung ausgeklammert war. Außerdem nahm er alles, von der Inneneinrichtung bis zum Ladenschild, in die Hand. Er war meine Rettung.

»Ihr Mann ist zwar Amerikaner, aber er benimmt sich so zurückhaltend wie ein Japaner«, wunderten sich viele. Doch ich empfand es als unnötig, Einzelheiten zu erklären. Natürlich war er zurückhaltend, denn wir waren kein echtes Ehepaar.

Mein Geschäft florierte, gleichzeitig wurde ich für immer mehr Messen engagiert, so daß jeder Tag ein reines Vergnügen für mich war.

Zuweilen wurde ich gebeten, noch zwei Japanerinnen mitzubringen. Dann lieh ich den japanischen Studentinnen oder Ehefrauen Kimonos und *Obi* von mir, frisierte sie und nahm sie mit.

Deshalb bekam ich immer mehr Angebote, denn wenn

man mich fragte, konnte man damit rechnen, daß ich noch vier oder fünf Mädchen in hübschen Kimonos auftreiben würde.

Ich demonstrierte *Ikebana,* führte Teezeremonien vor und machte Werbeverkäufe. Wenn wir zu dritt oder zu fünft waren, waren unsere Arbeitgeber besonders zufrieden.

Meine Begleiterinnen waren überglücklich, anstatt zu Hause Wäsche zu waschen, Essen zu kochen und Windeln zu wechseln, ab und zu in hübschen Kimonos auf einer eleganten Messe arbeiten zu können. Für sie war es herrlich, drei Dollar fünfzig die Stunde zu verdienen und noch Mittag- und Abendessen zu bekommen. Die Frauen, die Schwiegermütter hatten, freuten sich, diesen nun etwas von ihrem eigenen Geld fürs Babysitten geben zu können. Außerdem bekamen wir auch manchmal Werbegeschenke.

Zu den Frauen, die mit mir arbeiteten, gehörte auch die bildhübsche Barbara Nagai. Ihr Vater war Japaner, die Mutter eine Schwedin, die einmal den fünften Platz bei den Wahlen zur Miss America gewonnen hatte. Barbara hatte ebenmäßige Züge und schien von beiden Eltern das Beste geerbt zu haben. (Ich finde, daß Mischlinge in der Regel sehr hübsch sind, selbst wenn ihre Eltern nicht besonders schön waren.)

Als mich Barbara zum erstenmal zu einer Messe für Geschenkartikel begleitete, hatte ich ihr einen blauen Kimono mit Kirschblütenmuster angezogen. Darin sah sie unsagbar exotisch und attraktiv aus. Sie war so hübsch, daß sich alle Besucher nach ihr umdrehten. Ihr Gesicht war japanisch geschnitten, doch ihre Haut war sehr hell und ihre Haare braun.

Als sie auf der Geschenkartikelmesse arbeitete, wurde sie von einem mir bekannten Großhändler eingestellt und von ihm in das In- und Exportgeschäft eingeführt. Heute besitzt sie mit ihrem englischen Mann die große Handelsfirma »Graham Trading«, in der sie die Chefin ist. Sie sagt immer, den Erfolg, den sie im Leben hatte, verdanke sie mir. Ihre Tochter Kim übertrifft ihre Mutter sogar noch an Schönheit. Zu dritt verwalten sie ihr großes Büro, in dem dreißig Angestellte beschäftigt sind.

Dank der Messen erlebte ich viele interessante Dinge und konnte immer mehr in Amerika herumreisen. Anfangs arbeitete ich direkt in New York. Später wurde ich zu einer Geschenkartikelmesse in Atlantic City (New Jersey), und zu Messen in Cincinnati (Ohio) oder in Dallas (Texas) engagiert. Ich kam bis nach Winnipeg in Kanada.

Für mein Geschäft stellte ich eine jüdische Dame ein, die zwar Geld, aber Langeweile hatte, und in den Sommerferien halfen Oberschülerinnen aus, während ich emsig zwischen Messen und Modellstehen hin- und hereilte.

Ich hatte nur eine große Sehnsucht: Meinen Sohn nach Amerika zu holen, ihn in eine amerikanische Oberschule zu schicken und dann auf eine amerikanische Universität. Großmutter und Mutter wurden immer älter, und meinen Sohn unter allen Umständen nach Amerika zu bringen war mein einziger Gedanke. Aus diesem Grund arbeitete ich wie besessen.

Die Seidenmesse in Cincinnati war ein weiterer wichtiger Meilenstein in meiner Karriere. Ein amerikanischer Seidenfabrikant hatte mich engagiert. Im Hilton waren über dreihundert Stände von Seidenhändlern aus allen möglichen Staaten aufgebaut. Es wurden nicht nur Stoffe, sondern auch Garne ausgestellt.

Mein Stand gehörte der amerikanischen Firma Advanced Silk, diese Firma stellte Garne her, mit denen Lederschuhe und -taschen genäht wurden. Der Direktor, Mr. Philipp, hatte mich angeworben, um den Stand zu entwerfen. In der linken Ecke hatte ich einen kleinen Steingarten angelegt, rechts waren Kirschblütenzweige, auf einigen

Kästen mit schwarz-weißem Schachbrettmuster hatte ich Garne, fertige Schuhe und Handtaschen arrangiert und an den Kirschzweigen Zettelchen befestigt, auf denen der Name der Firma stand. Zwischen den 311 Ständen fand ein Wettbewerb statt, und meiner gewann den ersten Preis. Danach engagierte Advanced Silk mich immer, wenn die Firma irgendwo ausstellte.

Am fünften Tag der Messe, nach Feierabend (wir arbeiteten von zehn Uhr morgens bis zehn Uhr abends), lud Mr. Philipp alle Angestellten zum Essen ein. Wir übernachteten im *Hilton*, wo die Messe stattfand. Das Hotel war überaus angenehm, aber weil wir jeden Mittag und jeden Abend in seinem Speisesaal unsere Mahlzeiten einnahmen, hatten mittlerweile alle Lust, einmal woanders hinzugehen, und unser Chef, der schon oft in Cincinnati gewesen war und sich gut auskannte, wollte uns ausführen. Mit dem Chef, seinem Sohn, einem Aufsichtsratsmitglied, dem Verkaufsleiter und ihren Gattinnen, sowie den jungen Angestellten und mir waren wir etwa zwanzig Personen. Wir gingen in den großen Nachtclub *Beverly Hills*, der nicht in Ohio lag. Man mußte eine Brücke ins benachbarte Kentukky überqueren. Der Club war sehr beliebt, denn in seinen Dinner-Shows traten berühmte Künstler auf.

Auf fünf Wagen verteilt fuhren wir los. Alle Herren waren im Smoking, die Damen trugen Abendkleider. Ich saß im lavendelfarbenen Ausgehkimono mit Schmetterlingsmuster zwischen Mr. und Mrs. Phillip.

Ich fand es ungeheuer beneidenswert, daß in Amerika die Ehefrauen ihre Männer auf solche Veranstaltungen begleiten. Bei japanischen Firmen ist es ganz und gar unüblich, daß die Frauen dabei sind. Selbst heute (1987) nehmen die Gattinnen nicht an Firmenveranstaltungen teil. Bei Botschaftern und Konsuln sind die Damen oft eingeladen, aber bei Handelsfirmen ist das bis heute nicht üblich.

Nachdem wir im Club Platz genommen hatten, brachte

der Kellner die Speisekarte. Alle tranken alkoholische Getränke außer mir. Ich bin zwar seit meinem sechzehnten Lebensjahr Geisha, habe Alkohol jedoch immer gemieden.

Es war mir zum Prinzip geworden, nicht zu rauchen und zu trinken. Außerdem ist eine betrunkene Geisha den Gästen zuwider. Unter Alkohol können einem Mißgeschicke passieren, z.B. kann einem etwas rausrutschen, das man nicht sagen wollte. Viele Leute sind der Ansicht, eine Geisha müsse trinken, aber Geishas, die trinken, gleichen damit oft einen Mangel an Gesprächsstoff und künstlerischen Fähigkeiten aus.

Bei Bardamen und Hostessen ist es etwas anderes. Sie essen und trinken, um den Umsatz zu steigern ... Für Geishas war und ist es ungehörig und ein Tabu, vor den Gästen zu essen oder zu trinken. Bis heute rauche und trinke ich nie. Ich scheine körperlich auch nicht dazu geeignet zu sein.

Jedenfalls verflog unsere Müdigkeit bei einem Cocktail, und das Essen kam. Auf der Speisekarte hatte »Hühnchen mit Reis« gestanden. Außerdem viele Steaks und französische Gerichte.

Mrs. Philipp schlug vor, wir sollten »Hühnchen mit Reis« bestellen. Mit Salat kostete das Gericht 25 Dollar, was mich ziemlich verwunderte, denn damals waren 25 Dollar für einen Teller Hühnchenreis ein Wucherpreis. Später erfuhr ich jedoch, daß in diesem Preis die Auftritte berühmter Unterhaltungskünstler enthalten waren, aber es war immerhin noch zu der Zeit, als eine U-Bahn-Fahrt fünfzehn Cent kostete.

Dann begann der Auftritt des Komikers Jimmy Durante. Er war schon siebzig und hatte eine Glatze (wie Kingorô in Japan). Obwohl die Platte sein Markenzeichen war, trug er an diesem Abend eine pechschwarze, wallende Perücke, und die Zuschauer lachten sich fast kaputt. Er wurde von zahlreichen hübschen Tänzerinnen umringt, sang ein lustiges Lied und steppte. Es war eine gelungene Nummer.

Als nächster kam der erst sechzehn oder siebzehn Jahre alte Wayne Newton und sang mit Mädchenstimme. Heute ist er in mittleren Jahren und hat einen sehr männlichen, herben Bariton. Die Kombination von einem siebzigjährigen älteren Mann, einem sechzehnjährigen Jungstar und hübschen Mädchen war sehr unterhaltsam, und wir amüsierten uns herrlich während dieser Show.

Danach suchte ich den Waschraum auf. Alles war aus Marmor, wie in einem Palast. Die Wasserhähne glänzten golden, und das Wasser strömte aus Fischköpfen. Eine Mexikanerin reichte mir das Handtuch. Nachdem man sich die Hände abgetrocknet hatte, gab man ihr fünfundzwanzig oder fünfzig Cent. Heute stehen in den New Yorker Hotels schwarze Frauen, damals waren es blondgefärbte Spanierinnen oder Mexikanerinnen.

Als ich die Toilette verließ und zufällig nach rechts schaute, sah ich einen schweren, roten Samtvorhang. Ein Mann im Smoking und zwei Damen im Abendkleid verschwanden dahinter.

Die Neugier packte mich.

Als ich den Vorhang durchschritt, kam ich an eine Treppe, die nach unten führte. Die drei stiegen die Treppe hinunter, und ich folgte ihnen. Sodann stießen wir auf eine große, schwarze, glänzende Tür. Der Mann klopfte dreimal in einem besonderen Rhythmus an diese Tür. Sofort wurde sie von innen geöffnet, und die drei glitten hinein. Da ich auch hineinwollte, klopfte ich im gleichen Rhythmus wie vorher der Mann. Die Tür ging auf, und ich huschte ebenfalls hinein.

Vor Überraschung blieb mir fast der Mund offenstehen.

Ein riesiger Saal erstreckte sich vor mir – ein großes Spielcasino. Er war so groß wie die *Sumô*-Halle in Tôkyô. An vier Stellen befanden sich Aufsichtstürme, auf denen jeweils zwei Beobachter Wache hielten. Später habe ich gehört, daß Betrügereien von oben am besten zu entdekken seien.

Am Anfang war ich sehr eingeschüchtert, aber dann stellte ich mich zögernd an einen Tisch, denn die jungen Männer, die die Karten gaben, sahen ausgesprochen gut aus und lächelten.

Ein Tisch war so groß wie vier *Mah-jongg*-Tische zusammen, und davon gab es vielleicht vierzig. Ein blonder, attraktiver junger Mann fragte mich, ob ich es nicht einmal versuchen wolle.

Man warf 25 Cent in einen kleinen Korb und drückte eine Zahl. Alsdann drehte sich der Korb, und die Münze verschwand oder verdreifachte sich. Animiert durch das freundliche Lächeln des gutaussehenden jungen Mannes, war ich zögernd 25 Cent in den Korb und drückte die Nummer 7. Der Korb drehte sich und vier 25-Centstücke klimperten darin. Beim nächstenmal setzte ich zwei Geldstükke, wieder auf die 7, und gewann diesmal zwei Dollar.

Am nächsten Tisch spielte man Karten. Es war ein sehr primitives Spiel. Wenn die Karte, die man nannte, höher war als die, die der Geber darauf zog, gewann man das Vierrache seines Einsatzes. Auch dieser junge Mann forderte mich lächelnd zu einem Versuch auf. Ich nahm eine Ein-Dollar-Note heraus. Übrigens war der skandinavische Typ bei den jungen Männern weniger vertreten als der italienische. Daher waren fast alle dunkelhaarige Beaus, aber einige hatten blondes Haar und blaue Augen wie französische Puppen und fielen sehr auf.

Beim Kartenspiel machte ich aus einem Dollar vier; meine Spiellust war geweckt, und ich schlenderte von Tisch zu Tisch, bis am Ende aus meinen 25 Cent 42 Dollar geworden waren. Kaum zu glauben, ich hielt die 42 Dollar, die ich inzwischen in Scheine gewechselt hatte, tatsächlich in der Hand. Dabei war höchstens eine halbe Stunde vergangen.

Ich war immer noch dabei, mich über meine 42 Dollar zu

wundern, als ein Hüne von einem Mann, der wie ein Boxer aussah, eine entsetzliche Narbe auf der Backe und Blumenkohlohren hatte, mich ansprach. *»Hi.«* Er lächelte mit großen weißen Zähnen.

»Der Geschäftsführer möchte Sie kennenlernen«, sagte er.

Ich erschrak, denn ich fürchtete, man wolle mich wegen Betruges überprüfen, weil ich als Japanerin mit einem Startkapital von nur 25 Cent 42 Dollar gewonnen hatte. Das Narbengesicht nahm meinen Arm und ging mit mir nach hinten.

»Hier entlang«, sagte er. Als wir durch eine Tür hinter dem letzten Roulette-Tisch traten, kamen wir in einen in Blau gehaltenen, wunderschönen Salon. Der Geschäftsführer, ein Herr um die Vierzig im Smoking, sah Lawrence Harvey ähnlich. Er erhob sich und begrüßte mich.

»Ah, unser japanischer Gast!«

In der Erwartung, er würde sich jetzt wegen der 42 Dollar beschweren, sagte ich sofort:

»Ich habe mit 2 Cent angefangen. Dann ging ich zu den Karten. Und dann ...« Ich legte alle Münzen und Scheine auf den Tisch.

»Auf einmal waren es 42 Dollar ... Entschuldigen Sie bitte. Ich verstehe nichts davon.« Ich geriet ins Stottern.

»Schon gut, schon gut«, sagte der Geschäftsführer mit seinem schönsten Lächeln. »Sie hatten eine Glückssträhne. Aber ich habe eine Bitte. Das hier ist heute morgen aus Japan eingetroffen. Aus Nagoya.« Er zeigte auf einen *Pachinko*-Automaten. Er wollte ein Foto von mir neben dem Automaten aufnehmen lassen.

Da kam auch schon der Fotograf. Er machte vier oder fünf Aufnahmen vom Geschäftsführer und mir oder mir alleine vor dem Automaten. Er bedankte sich, überreichte mir eine große Schachtel Pralinen und begleitete mich hinaus.

Das Ehepaar Philipp und alle anderen waren schon in

hellster Aufregung. Ich hatte nur zur Toilette gehen wollen, war aber nicht zurückgekehrt. Mrs. Philipp hatte angenommen, mir sei schlecht geworden, und sie war in den Waschraum geeilt, um nach mir zu sehen, aber dort fand sie mich natürlich nicht. Ich war spurlos verschwunden. Der Sohn des Chefs hatte die Vermutung geäußert, daß mich möglicherweise die hier stark vertretene Mafia entführt haben könnte, worauf alle sich sehr geängstigt hatten. Daher waren sie ungeheuer erleichtert und erfreut, als ich lächelnd, am Arm des charmanten Geschäftsführers, mit einer großen Bonbonniere unter dem Arm wieder auftauchte.

»Ich wollte nur ein paar Fotos von dieser reizenden japanischen Dame vor einem japanischen Spielautomaten, den wir heute bekommen haben, machen lassen. Vielen Dank«, sagte der Geschäftsführer und küßte mir zum Abschied die Hand.

»Bitte bestellen Sie sich, was Sie wünschen.« Er gab dem Kellner ein Zeichen. Und als die nächste Show begann, hatten wir alle ein Getränk auf Kosten des Hauses vor uns und waren bester Stimmung.

»Was haben Sie denn da bekommen?« fragte Mr. Phillip, und ich zeigte ihm die riesige Bonbonniere. Ich präsentierte auch die 42 Dollar, die ich mit meinen 25 Cent gewonnen hatte.

Unter der roten Schleife, die die Bonbonniere schmückte, war mit Klebestreifen ein Umschlag befestigt, in dem sich eine Fünfzig-Dollar-Note befand.

»Für Fotos von einem Modell aus New York vor einem *Pachinko*-Automaten sind fünfzig Dollar sehr wenig. Sie sollten noch einmal fünfzig verlangen«, fand Mr. Phillip. Alle lachten.

Ein Jahr später brannte der Nachtclub Beverly Hills, an den ich so viele Erinnerungen habe, vollständig ab. Zuweilen frage ich mich, was wohl aus dem netten, gutaussehenden Geschäftsführer geworden ist?

Eheanbahnungsinstitut, Hauptstelle New York

Mit einigen der Japaner und Amerikaner, die meinen Laden frequentierten, schloß ich im Laufe der Zeit enge Freundschaft.

Da mein Eckädchen am Rialto von draußen sehr leicht einsehbar war (weshalb es ja auch den Spitznamen »Goldfischglas« erhalten hatte), kamen viele Leute, nicht nur Japaner, aus Neugier auch mal zufällig herein.

Viele junge Bankangestellte, angehende Ärzte und frischgebackene Anwälte waren unsere Kunden. Sonntags aßen wir oft vergnügt gemeinsam bei mir zu Hause.

Damals gab es nur drei japanische Restaurants in New York, die sehr teuer waren und die die jungen Leute sich nicht leisten konnten. Also lud ich sie zu hausgemachtem Essen ein, das ihnen auch sehr schmeckte.

Zur »Familie Nakamura« gehörten Chieko (die am Brooklyn-College Anglistik studierte), Fujie (die mit einem deutschstämmigen Amerikaner verheiratet war und einen vierjährigen Sohn hatte), Sumi (Frau eines Italo-Amerikaners), Hideko (sie arbeitete in der New Yorker Filiale einer großen japanischen Bank), Fumiko (ihr Mann war Norweger) und Kayo (die es als geschiedene Frau mit einer Tochter ziemlich schwer hatte). Diese junge Frau neigte zu Depressionen, und wir versuchten, sie mit unserer guten Laune anzustecken. Zu diesem Kreis gehörte auch Frau Sudô.

Sie war *Ikebana*-Lehrerin und nicht verheiratet. Als wir erfuhren, daß sie schon vierzig war, waren wir sehr überrascht, denn wir hatten sie alle für Ende Zwanzig gehalten. Sie war eine freundliche Person mit gelassenen Bewegungen und ruhiger Sprechweise, dennoch hörten die jungen Leute sehr auf sie.

Alle anderen waren erst zwischen zwanzig und vierundzwanzig. Obwohl sie ausländische Ehemänner hatten, sprach Fuji Shikoku-Dialekt, Sumi im Kyûshû-Dialekt, Fumiko im Dialekt der Tôkyôter Unterstadt und Kayo Osaka-Dialekt.

Sie nutzten meinen Laden als Treffpunkt, weil sie sich gerne auf Japanisch unterhalten wollten. Bei unseren lebhaften Gesprächen gerieten die Geschäfte manchmal in Vergessenheit.

Doktor Ishii, ein junger Arzt, leistete uns auch oft Gesellschaft. Von den Ärzten, die in dem Ärztewohnheim in unserer Nähe lebten, schaute er am häufigsten bei mir herein. Beim Betreten des Geschäfts pflegte Dr. Ishii »Mutter!« zu rufen, und für mich war er »mein Sohn, der Doktor«.

Vor ihm hatte ich schon mehrere junge japanische Bank- und Firmenangestellte kennengelernt, aber keinen von ihnen hatte ich so ins Herz geschlossen wie diesen Arzt.

Die Mädchen nannten den jungen Dr. Ishii alle zutraulich »großer Bruder«.

Er war nicht besonders gutaussehend, aber sehr kräftig gebaut und männlich, ein vertrauenerweckender Mann, auf den ich große Stücke hielt.

Heute, dreißig Jahre später, ist er Herzspezialist und Professor an einer amerikanischen Universität. Manchmal besuche ich ihn und seine Frau, oder die beiden kommen zu mir. Wie früher nennt er mich dann trotz seines Alters zärtlich »Mutter«. Das freut mich mehr als alles andere ...

Da der »große Bruder« Arzt war, hatten alle das Gefühl,

sehr behütet zu sein und jederzeit krank werden zu dürfen. Dennoch wurde nur eine von uns krank.

Eines Tages sagte Frau Sudô, wie immer sehr ruhig, daß sie sich schlecht fühle. Wir sprachen sofort mit dem Doktor, und er brachte sie in sein Krankenhaus.

Die behandelnden Ärzte im Krankenhaus waren Amerikaner, aber Frau Sudô sprach kein Englisch. Doch Doktor Ishiis Anwesenheit beruhigte sie, so daß sie sich ohne Widerrede einweisen ließ. Sie hatte Gebärmuttermyome, kleine Geschwulste in der Gebärmutter. Aber da der Doktor versicherte, sie müsse sich keine Sorgen machen, denn es sei eine leichte Operation, waren auch wir anderen schließlich beruhigt.

Frau Sudô war nun also in seinem Krankenhaus. Glücklicherweise lag es in der Nähe, so daß wir sie alle ohne größere Umstände besuchen konnten. Ich ging manchmal morgens, manchmal mittags oder auch abends hin. Natürlich gab es festgelegte Besuchszeiten. Doch da es ein verhältnismäßig kleines Krankenhaus nach europäischer Art war, durfte ich als »Mutter« des Doktors ziemlich frei ein- und ausgehen.

Mir fiel auf, daß der Doktor immer, wenn ich kam, an Frau Sudôs Bett saß. Das beruhigte mich, und ich schätzte ihn als sehr aufmerksamen Arzt.

Als Frau Sudô schließlich entlassen wurde, mußte sie sich eine Weile schonen, und wir kochten abwechselnd Essen für sie.

Etwa zehn Tage später rief der Doktor mich an und bat mich um eine Unterredung.

»Gut, komm gleich vorbei«, sagte ich.

»Du bist die einzige, mit der ich darüber sprechen kann.«

Es war sehr ungewöhnlich, daß er sich zehn Tage lang nicht hatte blicken lassen; wahrscheinlich war er in Geldschwierigkeiten. Wollte er mit mir vielleicht über die dänische Krankenschwester reden, die ihm nachstellte? Oder hatte er sich doch für eines meiner jungen Mädchen entschlossen?

Als »Mutter« machte ich mir natürlich Sorgen um den so begehrten Sohn.

In einer Ecke des Cafés, in dem wir uns verabredet hatten, wartete er schon auf mich.

»Ich möchte gern heiraten, Mutter.« Erst jetzt begriff ich, warum er nicht im Laden mit mir sprechen wollte, wo alle herumschwirrten und immer etwas los war.

Als ich ihn fragte, wen er gewählt habe, sagte er, es sei Frau Sudô.

Mir entfuhr ein ungläubiger Ausruf. Er war achtundzwanzig und Frau Sudô vierzig. Das kam unerwartet und überraschte mich. Aber wir waren ja hier in Amerika und nicht in Japan.

Ich selbst hatte ja einen zehn Jahre jüngeren Fotografen geheiratet, und meine Verwandten und die Gesellschaft hatten mich behandelt, als ob ich ein Verbrechen begangen hätte. Es war eine schwere Zeit, und seelisch zerrüttet war ich nach Amerika geflüchtet. Unsere Ehe war der Neugier und dem üblen Gerede unserer Umgebung zum Opfer gefallen. In dieser Hinsicht ist Amerika ganz anders als Japan. Daß die Leute eine Ehe zerstören, obwohl die Betroffenen glücklich sind, kommt nicht vor.

»Hast du dir diese Entscheidung gut überlegt?« fragte ich.

»Ich werde niemals eine Frau finden, die so sanft und weiblich ist wie sie. Ich will keine andere.«

Noch eins mußte ich ihm sagen.

»Ich habe eine Bitte an dich. Bleibt in Amerika, geht nicht nach Japan zurück.«

»Du hast recht. Ich weiß, daß eine Rückkehr nach Japan sehr schlecht wäre. Ich will in Amerika begraben werden«, erwiderte er entschlossen.

Wenn mein Mann und ich uns in New York kennengelernt und hier gelebt hätten, wären wir bestimmt nicht auseinandergegangen ...

Am folgenden Tag rief mich Frau Sudô an. Sie schien sehr verlegen und sprach mit kaum hörbarer Stimme.

»Ich habe mich mit Doktor Ishii verlobt.«

»Herzlichen Glückwunsch. Bitte unterstützen Sie ihn nach Kräften. Er wird bestimmt in Amerika Erfolg haben und braucht Ihre Hilfe. Er ist ein aufrichtiger Mann«, gratulierte ich ihr.

Als ich es am nächsten Tag den Mädchen erzählte, staunten alle.

Bald darauf fuhren wir schon in Roberts Wagen zum Standesamt und feierten die Hochzeit. Robert und ich waren die Trauzeugen der Braut, und ein befreundetes Ehepaar die des Bräutigams. Wir feierten nach der Hochzeit in einem italienischen Restaurant. Meine Mädchen waren begeistert, und alle wünschten dem jungen Paar Glück.

Für ihre zukünftigen Kinder wäre es eine Enttäuschung, kein Hochzeitsfoto ihrer Eltern anschauen zu können. Also fotografierten wir den Doktor in seinem Wappen-Kimono (er sah übrigens sehr gut aus in Kimono-Jacke und -Hose) mit Frau Sudô, die einen weißen Braut-Kimono aus amerikanischem Brokat trug.

Heute, dreißig Jahre später, hängt dieses Bild als Gemälde im Salon ihres schönen Hauses in Massachusetts. Der Doktor wirkt inzwischen sehr stattlich und ist der Inbegriff eines erfolgreichen Wissenschaftlers in den besten Jahren, während seine Frau kaum gealtert ist (ganz erstaunlich). Alle halten sie nun für die Jüngere. Ein beneidenswertes Paar. Die beiden wurden mit einem Sohn gesegnet. Dieser Junior ist ebenfalls angehender Arzt.

Nach diesen beiden lernten sich noch mehrere gut zueinander passende Paare durch mich kennen, wenn es auch einige ungleiche gab. Weil sich nach und nach immer mehr Paare fanden, nannte ich mich schon »Eheanbahnungsinstitut, Hauptstelle New York«. Mittlerweile sind dreißig Jahre vergangen, in denen viele dieser Paare ein glückliches Leben geführt haben.

Das fünfundvierzigjährige Jubiläum des Botanischen Gartens in Brooklyn war ein bedeutendes lokales Ereignis, anläßlich dessen meine Mädchen und ich zu sechst oder siebt im Kimono auftraten. Fujie stand kurz vor der Entbindung, der Geburtstermin sollte in ein paar Tagen sein. Dennoch wollte sie unbedingt mitmachen.

Alle waren besorgt, daß die Wehen vorzeitig einsetzen könnten. Aber sie ließ es sich nicht nehmen, mit ihrem dikken Bauch, den sie hinter ihren Kimono-Ärmeln zu verbergen versuchte, auf die Bühne zu steigen.

»Die Setzlinge, die vor fünfzig Jahren aus Japan hierher geschickt wurden, sind nun schon so groß geworden ... Die Kirschblüten in Washington D.C. sind ebenso schön wie die in unserem Botanischen Garten«, begann ich auf englisch. Wir sechs Japanerinnen im Kimono promenierten mit aufgespannten Sonnenschirmen auf der Bühne und führten ein kleines Stück vor. Der frühere Bürgermeister von Tôkyô, Ozaki Yukio, hatte die Kirschbäume als Setzlinge der Stadt Washington und dem Botanischen Garten in Brooklyn geschenkt. Wie immer wurden wir von zahlreichen Besuchern geknipst. Mit den Kirschblüten im Hintergrund wirkten alle sehr hübsch. Fujie unternahm alles mögliche, um ihren Bauch hinter dem Sonnenschirm zu verbergen. Alle standen, und sie saß als einzige. Ständig neckten die anderen sie: »Laß dir ja nicht einfallen, hier dein Kind zu kriegen«. Ich war innerlich wirklich sehr unruhig, aber unser Auftritt ging erfolgreich und glatt über die Bühne.

Drei Tage später bekam sie ein Mädchen. Danach fuhren wir öfter zum Picknick und kümmerten uns gemeinsam um das Baby, als ob es unser aller Töchterchen wäre. Die kleine Fujiko studiert jetzt Jura und will Anwältin werden ...

Mein Laden und auch mein Haus wurden immer mehr ein Treffpunkt für junge Japaner. Natürlich fehlten ihnen die Eltern, denn sie lebten in einem fernen, fremden Land. Diejenigen, die mit Amerikanern verheiratet waren, sehnten sich besonders danach, Japanisch zu sprechen. Sonntags besuchten mich alle, und obwohl ich nur einfache Gerichte wie *Oden, Tonkasu* und Curryreis kochte, schmeckte es ihnen hervorragend. Zwar sind mittlerweile dreißig Jahre vergangen, und eine andere Generation ist geboren, doch auch jetzt noch ist meine Wohnung ein Treffpunkt für junge Leute. Heutzutage gibt es an jeder Ecke ein japanisches Restaurant, aber die Preise sind keine Studentenpreise. Bei mir kann man japanisch schwatzen und essen, was alle sehr mögen. Jeden Sonntag habe ich das Haus voller junger Leute. Indem ich mich mit jungen Leute umgebe, bewahre ich mir meine Jugend, wie man mir sagt.

Doch am Anfang stelle ich immer etwas klar.

»Ich koche sehr gern, aber Abwaschen hasse ich bis auf den Tod, deshalb müßt ihr bitte nachher abspülen.« Also quetschen sich die jungen Leute in meine enge Küche und machen den Abwasch.

Da die japanischen Studenten manchmal ihre Kommilitonen mitbringen, wird in vielen verschiedenen Sprachen gesprochen: Japanisch, Chinesisch, Philippinisch, Englisch und Spanisch. Ungelenk hantieren manche mit den Stäbchen herum (außer den Japanern und Chinesen). In ihrer Gesellschaft fühle ich mich wohl.

»Vielleicht bekommt mal einer von euch den Nobelpreis«, sagte ich oft. Alle, die vor dreißig Jahren bei mir Curryreis und Eintopf gegessen haben, sind heute erfolgreiche Persönlichkeiten. Sie sind Aufsichtsräte, Direktoren ... und auch die, die damals erst angehende Ärzte waren, sind jetzt Professoren.

Wenn ich in Japan bin, treffen sie sich immer mit mir. Letztes Mal (im Juni 1986) suchten mich viele Eltern dieser jungen Leute und selbst zu Ansehen gelangte ehemalige Studenten eigens im Shimbashi-Revuetheater auf, wo mein Buch als Stück aufgeführt wurde.

Das freute mich über alle Maßen.

New York hat sich inzwischen sehr verändert. Damals konnte ich, wenn ich nach der Arbeit auf einer Blumenschau oder Automobilmesse noch um halb elf mit den Sponsoren oder Kollegen essen gegangen war, gefahrlos um Mitternacht oder ein Uhr durch die Straßen von Manhattan und Brooklyn gehen. Auch junge Frauen konnten gefahrlos mit der U-Bahn fahren.

Vor dreißig Jahren existierte im schönen New York fast keine Kriminalität. Wo ist das New York geblieben, in dem Kinder und Frauen bei Tag und bei Nacht sicher spazierengehen konnten? Es war so schön und friedlich, wie man es sich heute gar nicht mehr vorstellen kann. Ich sehne mich nach diesen Zeiten zurück.

Mein Sohn kommt nach New York

ENDLICH WAR ES soweit.

Ich konnte meinen Sohn Masao aus Japan zu mir holen. Es war ein unglaublich kompliziertes Verfahren.

Wir brauchten einen amerikanischen Staatsbürger als Bürgen und Papiere, die über seine Vermögensverhältnisse, seine gegenwärtige Tätigkeit und seine monatlichen Einkünfte Aufschluß gaben. Diese mußten wir bei der Einwanderungsbehörde vorlegen. Zudem waren viele Papiere nach Japan zu schicken, wo wiederum zahlreiche Papiere gesammelt und bei der amerikanischen Botschaft eingereicht werden mußten, die sich daraufhin mit der hiesigen Einwanderungsbehörde in Verbindung setzte. Der Betroffene mußte bei der Botschaft in Japan vorsprechen und seinen Aufenthalt genehmigen lassen. Ich schickte Masao ein Flugticket, und er konnte endlich ins Flugzeug steigen.

Die ganze Prozedur war für mich, die sowieso keine Ahnung von diesen Dingen hatte, und Robert, der zwar Bürge war, sich aber auch nicht auskannte, eine gänzlich neue Erfahrung. Da kam unerwartet freundliche Hilfe in Gestalt von Stanley Okada, dem Leiter eines Reisebüros.

Es ging ja nicht nur um New York. Meinem Sohn in Tôkyô schickte er einen Freund aus Kamakura zu Hilfe, der den ganzen japanischen Papierkram für ihn erledigte, ihn zu seinem Interview bei der Botschaft begleitete und ihn ins Flugzeug setzte.

In puncto Formalitäten kann man von einem Sechzehnjährigen nicht viel erwarten, aber dank der Fürsorge Stanley Okadas schaffte er es schließlich, nach New York zu fliegen. Ich war Herrn Okada wirklich dankbar, daß er sich für die kleinen Gebühren, die das Reisebüro verlangte, um alles kümmerte. Seine Hilfsbereitschaft werde ich mein ganzes Leben lang nicht vergessen.

Als mein Sohn noch in der Mittelschule war, starben Großmutter und Mutter kurz nacheinander. Ich wäre gern nach Hause geflogen, doch damit hätte ich meine sämtlichen Bemühungen zunichte gemacht. (Mein Antrag auf unbefristeten Aufenthalt lief damals gerade.) Ich wollte unter allen Umständen in Amerika bleiben. Da ich nur Telegramme mit der Todesnachricht erhielt, hätte eine Rückkehr sowieso nichts mehr bewirkt. Außerdem waren sie, um der Wahrheit die Ehre zu geben, wirklich kalte, hartherzige Mütter, unter denen ich vor dem Krieg, während des Krieges und auch danach sehr zu leiden gehabt hatte. Nach einer Rückkehr nach Japan wäre es außerdem fast unmöglich für mich gewesen, noch einmal nach Amerika zu gehen. Lieber wollte ich hart bleiben und arbeiten, damit ich meinen Sohn möglichst bald herüberkommen lassen konnte.

Nun endlich hatte ich es geschafft. Ich, Robert, Roberts Mutter, Chieko und Frau Sudô fuhren in Roberts großem Kombi zum Flughafen, um ihn abzuholen. Masao war sehr groß und erwachsen geworden. Als ich neben ihm stand und er mich überragte, kamen mir die Tränen.

Es war nicht einfach gewesen, jeden Monat den Lebensunterhalt für mein Kind nach Japan zu schicken und daneben noch Geld für seine Reise zu sparen. Da Roberts Mutter eine große Wohnung hatte, hatten wir dort für uns und für meinen Sohn zwei Zimmer eingerichtet. Es hatte mir großen Spaß gemacht, Masaos Zimmer neu zu tapezieren, einen Teppich hineinzulegen und ein neues Bett und Bettzeug zu kaufen.

Ich hatte schon lange vorgehabt, ihn zu mir zu holen und ihm eine amerikanische Ausbildung zuteil werden zu lassen. Allein dafür hatte ich gearbeitet. Niemand kann, glaube ich, nachempfinden, wie glücklich ich war, auf dem Flughafen endlich das Gesicht meines Sohnes zu sehen.

Doch er schien gar nicht glücklich und schwieg mürrisch. Er begrüßte weder Robert noch seine Mutter, noch Chieko oder Frau Sudô. Im Wagen saßen Masao und ich auf dem Beifahrersitz.

»Alle haben sich, obwohl sie zu tun haben, die Zeit genommen, dich abzuholen. Jetzt sag mal guten Tag.«

»Ich wollte ja sowieso nicht kommen«, erwiderte er.

»Warum bist du dann gekommen?«

»Um mich an dir zu rächen«, sagte er.

»Rächen? Wofür?«

»Bis heute hast du mich allein gelassen. Vor allem kann ich dir nicht verzeihen, daß du Geisha warst. Außerdem widert es mich an, daß du einen Ausländer geheiratet hast.«

Er wollte sich tatsächlich an mir rächen.

Als ich ihm zu erklären versuchte, daß er ohne einen amerikanischen Bürgen nicht hätte herkommen können, daß ich die Eröffnung meines Geschäftes Robert verdankte und die Einwanderungsbestimmungen in Amerika streng waren, sagte er:

»Sei still. Ich werde mich an meiner schmutzigen Mutter rächen.«

Robert und seine Mutter, die kein Japanisch konnten, hatten als Amerikaner wahrscheinlich damit gerechnet, daß mein Sohn mich glückstrahlend umarmen würde. Eine betretene Stimmung breitete sich aus, und die beiden sagten kein Wort. Die beiden Japanerinnen Chieko und Frau Sudô schwiegen verunsichert. Ich konnte mich nur entschuldigen, wo sie doch extra mitgekommen waren, und schämte mich entsetzlich.

Zu Hause zeigte ich Masao das Zimmer, das ich so liebevoll für ihn eingerichtet hatte. »Was soll denn das sein? Ich wußte nicht, daß wir mit Ausländern zusammenwohnen«, sagte er vorwurfsvoll.

Am nächsten Tag nahm ich ihn mit in den Laden. Chieko, Frau Sudô, Fujie, Aiko, Shizuko, alle hießen ihn herzlich willkommen. »Und was für ein schönes Japanisch er spricht!«

Als Mutter freute mich das natürlich. Die Sprache und das Benehmen, die er von seinen beiden Großmüttern gelernt hatte, waren tadellos. So stellte ich ihn allen vor, und er beantwortete an diesem Tag alle Fragen, Gott sei Dank, verhältnismäßig willig ...

Doch von nun an war jeder Tag für mich die Hölle. Wenn wir zusammen auf der Straße gingen, weigerte er sich, neben mir zu gehen, und lief auf der anderen Straßenseite.

»Eine Geisha zur Mutter zu haben ist eine Schande. Und dann auch noch mit einem Ausländer verheiratet.« Schöne Worte gebrauchte er nur vor anderen. Zu mir war er scheußlich.

Wenn amerikanische Kunden ins Geschäft kamen und ich ihnen die Waren erklärte (wie es mein Beruf war), beschwerte er sich. »Pfui, wie kann man nur mit Amerikanern anbändeln!«

Zu meinem Modell-Agenten sagte er aus Gemeinheit in seinem Mittelschulenglisch: *»She is forty-five. She is liar.«*

Nur weil ich mich als Dreißigjährige führen ließ, bekam ich Aufträge. Es wäre nicht nötig gewesen, mich eine Lügnerin zu nennen und mein Alter zu verraten. Das war schlecht fürs Geschäft. Wie tief mich das verletzt hat, kann niemand ermessen. Er war tatsächlich gekommen, um Rache an mir zu nehmen. Dieses Ziel hat er voll und ganz erreicht.

»Ich wäre sehr froh, wenn du in Amerika bleiben würdest«, sagte ich zu ihm.

»Soll ich etwa in dem kleinen Souvenirladen hier vor Amerikanern buckeln?« gab er dann zurück.

»Ich meine nicht, daß du hier im Geschäft arbeiten sollst. Der Laden ist zwar klein, aber ich führe ihn, damit ich für deinen Unterhalt sorgen kann. Ich wünsche mir, daß du eine amerikanische Universität besuchst.«

»Ich bin nur hier, um mich zu rächen«, war seine Antwort.

Er fühlte sich als Erwachsener, aber er war ja erst sechzehn. Ich konnte ihm auch nicht erklären, daß Robert und ich kein echtes Ehepaar waren. Was ich auch sagte, er hörte mich nicht an.

Meinem Sohn war es zuwider, in den Laden zu kommen, überhaupt war ihm alles zuwider. Er tat nichts, außer zu schmollen und den ganzen Tag zu vertrödeln. Ich wollte ihn auf eine Schule in der Nähe schicken und rannte mir wegen der Anmeldung die Hacken ab.

Ich konnte ja mein Geschäft nicht schließen, weil mein Sohn nach Amerika gekommen war. Ab zehn Uhr morgens arbeitete ich im Geschäft. Wegen des Kinos hatten wir auch abends noch viel Kundschaft und konnten deshalb nicht, wie die anderen Geschäfte, schon um fünf oder sechs schließen. Zum Glück machte Roberts Mutter das Essen für den Jungen, und ich hatte diese Sorge los. Wenn ich abends total erschöpft nach Hause kam, fing er an, mich zu quälen. Er wiederholte ständig dasselbe.

»Was kann schlimmer sein, als von einer Geisha geboren worden zu sein. Und außerdem noch schuldig geschieden. Und mit einem Ami verheiratet. Das kann ich nicht verzeihen.«

So ging es die ganze Zeit.

Wie ich schon geschrieben habe, trinke ich auch heute noch keinen Alkohol und rauche nicht. Außerdem hat mein Sohn mit meiner Mutter und Großmutter zeitweise getrennt von mir gewohnt und mich kein einziges Mal als

Geisha gesehen. Ich hatte stets an seinen Elternabenden teilgenommen und war zu allen Schul- und Sportfesten pflichtbewußt erschienen ...

Meine Freundin, die Geisha Yoshiyakko, trank hingegen, und wenn sie völlig betrunken von einem Engagement zurückkam, nahm ihr Sohn, der so alt war wie Masao, sie in Schutz.

»Oma, schimpf nicht mit Mama, weil sie betrunken ist. Sie arbeitet, damit sie uns ernähren kann.«

Ich muß oft an Yoshiyakko denken. Bis zur Ankunft meines Sohnes in Amerika hatte ich mich ehrlich durchs Leben geschlagen und viel gelernt. Trotzdem mußte ich mich allabendlich von meinem eigenen Sohn als schmutzige Geisha beschimpfen lassen. Es war zum Heulen.

Die Quälereien meines Sohnes eskalierten. Er hatte den ganzen Tag nichts zu tun (weil er kaum Englisch konnte, verließ er das Haus nicht) und lag bloß herum. Wenn ich dann ganz erschlagen nach Hause kam, ging die Meckerei los: »In Japan habe ich gesehen, wie du dich von einem Amerikaner hast küssen lassen. Ich fand das sehr schmutzig und verabscheue dich seither.«

In Amerika küssen sich Männer und Frauen, die sich nahestehen, zur Begrüßung auf die Wangen, die Stirn oder den Mund. Letztes Jahr hat Edith Hanson in einem Gespräch zu mir gesagt: »Ein Kuß ist für die Amerikaner das, was eine Verbeugung für die Japaner ist.« Das wollte Misao nicht begreifen.

»Du läßt dich gern von Amerikanern küssen. Ich hab's in Japan genau gesehen.« Ich war so verzweifelt, daß ich nichts erwidern konnte.

Außerdem las er, während ich im Laden war, in meinem Notizbuch. Als er die Eintragungen »Hilton 13 Uhr«, »Hotel Pierre 18 Uhr«, »Plaza 15 Uhr« sah, behauptete er, genau zu wissen, daß ich mich dort mit amerikanischen Männern träfe.

Damals gab es auch in Japan schon Modenschauen, doch sie fanden nicht in Hotels statt, sondern beispielsweise in der *Yomiuri*-Halle oder der *Hibiya*-Stadthalle. Auch wenn ich Masao zu erklären versuchte, daß in Amerika die Messen in Hotels stattfanden und ich dort an den Ständen die Waren auf Englisch erläuterte und verkaufte, beharrte er darauf, alles ganz genau zu wissen. Er wurde auch gewalttätig. Dann starrte er mich mit furchterregendem Gesicht an, nahm ein dickes Buch aus dem Regal und warf es nach mir oder schlug mich mit einem Ledergürtel auf die Schulter. Auch wenn es mir weh tat, schrie ich nicht. Ich wollte nicht, daß Robert und seine Mutter etwas davon mitbekamen. Wenn ich ihn bat, mich doch schlafen zu lassen, da ich müde sei, sagte er: »Ich bin aus Rache gekommen, ich lasse dich nicht schlafen.«

Heute, 1987, wird in Japan viel von Gewalt in der Familie gesprochen, aber das gab es schon vor dreißig Jahren. Mein Sohn war ein Pionier auf diesem Gebiet.

Jede Nacht beschimpfte er mich bis zum Morgengrauen, ich entschuldigte mich und weinte. Ich hatte wirklich Angst vor ihm. »Verzeih mir, verzeih mir. Ich muß doch morgen früh ins Geschäft, laß mich bitte schlafen.« Grundlos entschuldigte ich mich und flehte ihn an, mich in Ruhe zu lassen.

Manchmal verließ er unvermittelt das Haus. Ein japanischer Junge, der kein Englisch kann und sich nicht auskennt, wird natürlich, wenn er mitten in der Nacht herumstromert, von der Polizei aufgegriffen. In meinem eigenen Haus wäre mir das egal gewesen, aber wir wohnten doch zur Miete ... Ich war ungeheuer angespannt. Dann suchte ich ihn und schleppte ihn mit Gewalt nach Hause zurück, oder aber ich wartete bis zur Morgendämmerung vor der Türe auf ihn.

Da ich keine Nacht richtig schlafen konnte und tagsüber arbeiten mußte, wurde ich immer dünner. Meine Wangen waren eingefallen, und vor meinen abgehärmten Zügen grauste es mir selbst.

In dieser Zeit kam Iida Miyuki nach New York. Wir fuhren sie in Roberts Auto herum, und ich erzählte ihr, daß mein Sohn auch da war. Dann nahmen wir ihn auch einmal mit. Sie wollte ihn gern sehen, und ich glaubte, Misao würde sich auch freuen.

Aber er machte den Mund nicht auf, blieb während der Besichtigungen im Auto sitzen und gab keine Antwort, wenn er angesprochen wurde.

Auch Robert bemühte sich nach Kräften, ihn bei Laune zu halten, aber er ging überhaupt nicht darauf ein. Ich selbst hätte ja alles über mich ergehen lassen, aber ich schämte mich sehr vor den anderen und wäre am liebsten im Erdboden versunken.

Natürlich fragte mich Frau Iida, was denn mit meinem Sohn los sei. Ich redete mich damit heraus, daß er wegen seiner mangelnden Englischkenntnisse fast neurotisch geworden sei.

Inzwischen ging er auf die John-J.-High-School. Trotz seiner sprachlichen Schwierigkeiten bekam Masao gute Noten. Sein Name erschien ganz vorne in der Schülerzeitung. Dieses Glück währte zwar nicht lange, aber es war trotz seines ewigen Meckerns ein vielversprechender Anfang ...

»Es ärgert mich, wenn Schüler und Schülerinnen sich auf dem Gang umarmen und küssen«, erboste er sich beispielsweise. Dafür konnte ich ja nichts ...

Das Ziel, für das ich so schwer gearbeitet hatte, nämlich meinen Sohn nach Amerika zu holen, erwies sich schließlich als völliger Fehlschlag. Ich hatte seine Zukunft im Auge gehabt, aber nicht damit gerechnet, daß er mich so sehr hassen würde. Der bedeutendste Grund für seinen Haß war offenbar meine Weigerung, nach dem Tod von Mutter und Großmutter nach Japan zurückzukehren.

Etwas werde ich jedoch nie begreifen. Ich habe im zweiten Teil, der von der Nachkriegszeit handelt, schon davon berichtet. Es betrifft den Vater des Jungen. Während des Krieges habe ich sechs Jahre keinen Pfennig von ihm erhalten und für Mutter, Großmutter und den Jungen gesorgt. Ich habe nicht einfach Selbstmord mit dem Kind begangen, sondern schwer gearbeitet. Ich habe treusorgend auf die Rückkehr meines Mannes gewartet, doch als er schließlich kam, war er verheiratet und hatte zwei kleine Töchter etwa im Alter unseres Sohnes. Aber mein Sohn grollt diesem Vater überhaupt nicht, der durch sein verantwortungsloses Verhalten der eigentliche Urheber unseres Unglücks war.

Er ist nie auf das Verhalten seines Vaters eingegangen und brüstet sich sogar heute noch damit, daß sein Vater Rektor einer Universität ist und einen Orden erhalfen hat. Das Traurige dabei ist, daß sein Vater, obwohl Masao schon mehrmals bei ihm war, ihn aus Rücksicht auf seine jetzige Frau nicht sehen will. Er hat ihn nie auch nur im geringsten unterstützt.

Warum werden solche entsetzlichen Dinge bei Männern toleriert? Wie ist es möglich, daß eine Frau von ihrem eigenen Kind so gekränkt wird? Der Egoismus japanischer Männer hatte sich anscheinend schon bei diesem Sechzehnjährigen festgesetzt.

Doch zurück zum Thema. Der erbärmliche Zustand dauerte an, und obwohl ich mich nachts immer ruhig verhielt, merkten es die anderen irgendwann doch.

Roberts Mutter fand, daß Masao psychisch gestört sei, und schlug vor, ihn in eine Nervenklinik zu bringen.

Die Amerikaner gehen bei jeder Krise sofort zum Psychiater. Für sie ist es natürlich, wenn etwas nicht stimmt, sofort den Arzt aufzusuchen. Aber ich bat, damit noch zu warten, und entschuldigte Masaos seelische Verunsicherung wieder mit seiner Unkenntnis der englischen Sprache.

In meiner Not suchte ich Beistand bei dem japanischen

Vorsteher des buddhistischen Tempels und bei einem christlichen Pater. Doch beide erklärten, mein Sohn müsse selbst kommen, wogegen er sich natürlich entschieden zu Wehr setzte. Ich fühlte mich immer elender.

Dann geschah noch etwas Unangenehmes. Eines Tages betrat eine sehr korpulente deutsche Dame den Laden – Fujies Schwiegermutter. Fujie und ihr Mann lebten mit dessen Eltern zusammen (die Eltern waren Ärzte aus Deutschland). Seine Mutter kam also in den Laden. Sie habe mit mir zu reden. Ich schloß das Geschäft, und wir gingen in ein Café um die Ecke. Masao dürfe nicht mehr zu ihnen kommen, denn ihr Sohn sei nicht gut auf ihn zu sprechen.

Wenn Masao ins Geschäft kam, scherzte und lachte er mit den Mädchen. Dann war ich ungeheuer froh, daß er lächelte und sich amüsierte. Mit mir sprach er ja überhaupt nicht, von Lächeln ganz zu schweigen. Fujie hatte ihn oft aufgefordert, mit ihr zu kommen, und sie waren zusammen fortgegangen. Da ich im Geschäft zu tun hatte, konnte ich unmöglich weg. Ich war sogar erleichtert und hoffte, er würde sich allmählich doch eingewöhnen. Fujies Schwiegermutter beklagte sich nun, daß Fujie und Masao immer im Schlafzimmer verschwänden und gar nicht mehr herauskämen.

Das war japanische Naivität. Amerikaner gehen bei anderen Leuten nicht ins Schlafzimmer, man unterhält sich im Wohnzimmer. Fujie hatte ihn hineingebeten, und ihre Schwiegermutter hatte gesehen, wie er arglos das Schlafzimmer betrat.

Diese Sache bereitete mir Kopfschmerzen. Ich wußte nicht, wie er reagieren würde, wenn ich ihm sagte, er müsse sich von Fujie fernhalten. Außerdem fürchtete ich, er würde erfahren, daß Roberts Mutter ihn in eine Nervenklinik schicken wollte. In dieser Situation faßte ich einen Entschluß.

Da er immer wieder betonte, nach Japan zurückkehren zu wollen, verzichtete ich auf mein Vorhaben, ihn auf eine amerikanische Universität zu schicken. Meinen Egoismus, beim Tod von Mutter und Großmutter nicht nach Japan zurückzukehren, hatte er ausgiebig gerächt. Wenn ich sein Verhalten noch länger tolerierte, wäre ich erledigt. Es reichte.

Also ging mein Sohn acht Monate nach seiner Ankunft nach Japan zurück. Glücklicherweise erklärte sich ein Bekannter bereit, mit seiner Frau in mein Haus in Japan zu ziehen und sich um meinen Sohn zu kümmern. Sie hatten auch einen Sohn, der ein bißchen jünger war als Masao. Ich würde weiter Geld für seinen Unterhalt schikken.

Mein Sohn hat die Universität abgeschlossen, ist Staatsbeamter geworden, hat eine sehr gute Frau und ist mit zwei wohlgeratenen Kindern gesegnet, denen er ein liebevoller Vater ist. Daß aus meinem flegelhaften Sohn ein nützliches Mitglied der Gesellschaft geworden ist, ist einzig und allein seiner eigenen Willenskraft zu verdanken. Ich kann nur dankbar sein, daß aus ihm so ein guter Familienvater geworden ist.

Es gibt viele Mütter, die darunter leiden, einen Sohn zu haben, der sich während der Pubertät gegen sie auflehnt, aber wenn sein Wille stark genug ist, kann er bestimmt den für ihn selbst richtigen Weg gehen. Das muß auch einmal gesagt werden.

Mr. Blanche und Toshie, die Geisha

MR. PHILLIP (EIN anderer Phillip als der aus Cincinnati) war Herausgeber einer medizinisch-pharmazeutischen Fachzeitschrift. Ärzte, Pharmazeuten, Apotheker, aber auch Musiker, Maler, Töpfer, Schauspieler usw. trafen sich bei ihm. Auf diesen Partys lernte ich viel Neues und genoß sie sehr.

Mr. Phillip war mit seinen vierundfünfzig Jahren und den graumelierten Haaren der Prototyp eines Wissenschaftlers. Seine Frau war überaus liebenswürdig. Sie trug einen aschblonden Knoten, benutzte keinerlei Make-up und war stets schlicht gekleidet. Sie war Töpferin und hatte schon viele Ausstellungen gehabt. Ich schätzte sie damals auf etwa fünfzig.

Ihre siebzehnjährige Tochter Cleo hatte langes blondes Haar und spielte Harfe. Sohn Leo war fünfzehn und spielte Flöte. Wenn sich der Höhepunkt einer Gesellschaft näherte, gaben sie ein kleines Hauskonzert – der Vater spielte Geige, die Mutter Klavier, Cleo Harfe und ihr Bruder auf der Flöte. Sie hätten ein Orchester sein können.

In Japan spielen die Töchter häufig Klavier und die Söhne Geige, und die Gäste müssen sie loben, auch wenn sie die reinste Katzenmusik fabrizieren. Doch die musikalischen Abende bei den Phillips waren vollkommen und besonders die Harfensolos von Cleo ein vollendeter Ohrenschmaus.

Wenn ich mir die Damen der amerikanischen Mittelklasse und aufwärts, und nicht nur Mrs. Phillip, so ansah, fand ich, daß sie sich kaum von uns Geishas unterschieden.

In Amerika ist es nicht Sitte, Gäste ins Restaurant einzuladen, sondern man bewirtet sie zu Hause. Dabei tut die Hausfrau ihr Bestes. Gelegentlich engagiert sie einen Koch und eine Serviererin. Hausfrauen, die auf ihre Kochkunst stolz sind, verwöhnen ihre Gäste bis hin zum Nachtisch mit eigenen Rezepten.

Auch wenn man Koch und Serviererin hat, muß man sich um die Farbe der Tischdecke, die Servietten, die Blumen und vor allem um die Sitzordnung kümmern (man sollte vermeiden, daß Leute, die sich nicht mögen, nebeneinander sitzen). Die Kunst, jeden einzelnen Gast individuell zu begrüßen, ist ziemlich schwierig. Für Politiker, Künstler, Journalisten, Maler und Musiker jeweils das passende Wort zu finden erfordert viel Übung.

In meiner Jugend gehörte das zu den besonderen Schwierigkeiten der Geisha-Ausbildung. Es konnte beispielsweise vorkommen, daß eine junge Geisha auf der Gesellschaft eines Zeitungsverlegers eifrig die *Asahi*-Zeitung lobte, sich dann aber herausstellte, daß die *Nichinichi* (die heutige *Mainichi*) die Party gab. Oder sie pries auf einer Gesellschaft mit Politikern aus Versehen die Demokratische Partei vor den Mitgliedern des Vereins *Freunde der Politiker*, der eine andere Richtung vertrat. Das war alles recht kompliziert.

Hut ab vor den amerikanischen Ehefrauen. Die Gastgeberin muß wie ein Schmetterling von einem Gast zum anderen flattern, damit niemand sich langweilt. Wenn ihre Partys als langweilig gelten, gefährdet das nämlich den Erfolg ihres Ehemannes. Eine versierte Gastgeberin unterscheidet sich nicht wesentlich von einer beliebten Geisha.

Bei den Phillips saß ein etwa siebzigjähriger eleganter älterer Herr allein in einer Ecke. Er schien vergessen zu haben, daß er sich auf einer Party befand. Ich ging zu ihm und sprach ihn an. Schließlich hob er den Kopf und reagierte.

Bei solchen Anlässen kümmern sich Amerikaner in der Regel nicht um melancholische Gäste. Alle unterhielten sich mittlerweile angeregt, nur dieser ältere Herr saß abseits.

Da ihn niemand ansprach, war er froh, daß ich es tat. Es gehört etwas Mut dazu, auf so einer Party einen schweigsamen Gast in ein Gespräch zu verwickeln.

Nachdem wir zwei, drei Worte gewechselt hatten, gesellte sich Mrs. Phillip zu uns. Sie stellte mir den älteren Herrn offiziell vor. Er hieß Mr. Blanche und war Botaniker. Vor vier Monaten war nach dreißigjähriger Ehe seine Frau gestorben, was ihn in tiefste Verzweiflung gestürzt hatte.

In den zwanziger Jahren war die Tänzerin Isadora Duncan in aller Munde gewesen. Von ihren Schülerinnen hatte sie vier besonders begabte kleine Tänzerinnen im Alter von etwa zehn Jahren adoptiert und ausgebildet. Der junge Mr. Blanche hatte sich in eine von ihnen verliebt.

Noch während ihrer Tanzausbildung hatte der Botanikstudent sie geheiratet und am Rande New Yorks ein Haus gebaut. Gegen den erbitterten Widerstand Isadora Duncans gab die junge Frau das Tanzen völlig auf. Fortan kochte sie jeden Tag für Mr. Blanche das Essen, wusch Wäsche, bügelte, schmückte die Wohnung und pflanzte seltene Blumen und verschiedene Bäume auf dem großen Grundstück für die Studien ihres Mannes. Daß diese schöne, hingebungsvolle Frau einmal Tänzerin gewesen und am glitzernden Broadway aufgetreten war, konnte sich zehn Jahre später kaum noch jemand vorstellen. Sie war eine ideale Hausfrau geworden. Die beiden hatten zwar keine Kinder, waren aber dennoch sehr glücklich miteinander. Doch plötzlich wurden sie von einem unerwarten Schicksalsschlag getroffen.

Die junge Frau bekam einen Hirntumor. Nach der ersten Operation blieb nach ihrer Entlassung aus dem Krankenhaus ihr Gleichgewichtssinn gestört. Sie konnte nicht mehr laufen, und Mr. Blanche mußte eine Krankenschwester engagieren.

In vierzehn Jahren wurde sie neunmal operiert. Während dieser Zeit pflegte er sie Tag und Nacht. Mrs. Phillip erzählte schluchzend, daß Mr. Blanches Pflege so hingebungsvoll gewesen war, daß man sogar im Krankenhaus davon gesprochen hatte. Neben seinem Unterricht widmete er sich fast ausschließlich seiner Frau.

Als sie starb, sagte er erleichtert, daß sie nun endlich erlöst sei. Er hatte es nicht mitansehen können und sich oft gewünscht, ihre Schmerzen auf sich nehmen zu dürfen. Seine schöne Frau, die ehemalige Tänzerin, war nach langen Jahren des Leidens gestorben.

Nach ihrem Tod erinnerte ihn vom Wandbehang bis zum Kissen alles im Haus an sie. Es war schwer für ihn, diese Dinge täglich vor Augen haben zu müssen. In den vier Monaten seit ihrem Tod war er zu nichts mehr fähig gewesen, er atmete nur noch. Er erzählte traurig, daß er das Grundstück mit dem Haus verkaufen, sich ein Zimmer in einem Hotel oder Motel nehmen und dort alleine leben wolle. (In Japan sind Motels eher Absteigen, in Amerika sind sie anständige kleine Hotels.)

Ob ich die gestrige Zeitung gelesen habe, fragte mich Mr. Blanche. Folgendes habe darin gestanden. In einem kleinen Hotel in New Jersey war ein bewohntes Zimmer mehrere Tage lang verschlossen geblieben. Als der Geschäftsführer es mit dem Hauptschlüssel öffnete, fand man einen siebzigjährigen Mann, der an einem Herzinfarkt gestorben war. Da große Hitze herrschte, war er schon ganz verwest. Nachdem Mr. Blanche das gelesen hatte, seien ihm vor Kummer die Tränen gekommen, weil er fürchtete, daß sein Schicksal ähnlich sein würde. Er hatte große Angst vor der Einsamkeit, aber es war ihm unmöglich, in dem Haus wohnen zu bleiben, in dem ihn alles an seine Frau erinnerte ...

Als ich sah, daß seine Augen voller Tränen standen, beschloß ich zu handeln. In meiner Jugend hatten mich alle »Kummerkasten-Kiharu« genannt, denn wenn jemand Kummer hatte, mußte ich mich einfach um ihn kümmern.

»Wenn Sie Ihr Haus verkaufen, aber nicht ins Hotel ziehen wollen, warum kommen Sie nicht zu uns?« bot ich ihm an. In meiner Wohnung lebten Robert und die Kunststudentinnen Nahe und Kino, außerdem besuchten uns an den Wochenenden viele japanische Studenten. Es könnte ihm vielleicht etwas zu lebhaft sein, aber er würde sich auf keinen Fall einsam fühlen. Ich würde mit den anderen sprechen, sei aber jetzt schon sicher, daß Mr. Blanche höchst willkommen wäre und keiner Einwände hätte.

Mr. Blanches Gesicht leuchtete auf, als er dieses unerwartete Angebot erhielt.

»Wirklich? Wäre das wirklich möglich?«

Ich erklärte Mrs. Phillip, daß wir ein Zimmer frei hätten, unsere gemeinsamen Mahlzeiten sich sehr fröhlich gestalteten und die Mädchen, die bei mir wohnten, sehr liebenswürdig seien. Robert habe ein Auto und würde ihm deshalb beim Umzug helfen können.

Die Phillips freuten sich, denn diese Lösung bedeutete für sie eine große Beruhigung.

Drei Wochen später hatte Mr. Blanche einen Käufer für sein Grundstück und sein Haus gefunden. Robert holte ihn ab, und er zog mit drei großen Koffern bei uns ein. Sumiko, Nahe, Kino und andere Neugierige kamen vorbei, und wir feierten Mr. Blanches Einzug am Abend mit *Sukiyaki*.

Seine Augen wurden wieder feucht, und er bedankte sich ständig. Dann verkündete er, daß er sofort Japanisch lernen müsse.

Wenn wir morgens am Frühstückstisch saßen, wurde er

mit *ohayô gozaimasu,* »Guten Morgen«, begrüßt und bekam Kaffee, Toast und Obst. Er sagte dann auch artig *ohayô gozaimasu,* und überhaupt schnappte er immer mehr Japanisch auf. Für alles bedankte er sich freudig mit arigatô gozaimasu – »vielen Dank«.

Am Anfang hatte ich ihn für siebzig gehalten, aber er war in Wirklichkeit erst dreiundsechzig. Zusehends sah er besser aus und verlor alles Greisenhafte.

Als ein befreundetes junges ungarisches Paar heiratete, waren Mr. Blanche und Nahe die Trauzeugen des Bräutigams, während Robert und ich als Trauzeugen der Braut fungierten. Anschließend luden sie uns zu ihrer Hochzeitsfeier ein. Außerdem nahm ich ihn möglichst oft zu Partys bei meinen Bekannten mit, wobei er unter junge Leute kam. Ansonsten plapperten die Mädchen dauernd gleichzeitig auf ihn ein und zogen ihn mit seinem Japanisch auf. Auch er scherzte mit den Mädchen, und immer ging es hoch her.

So verging ein halbes Jahr. Mr. Blanches Gesicht hatte seine Düsterkeit verloren; er sah gut aus und wirkte zehn Jahre jünger.

Eines Tages bat er mich um ein Gespräch unter vier Augen.

»Ich habe meine Frau sehr geliebt, aber ihre Pflege in den letzten zwanzig Jahren hat mich erschöpft. Eigentlich habe ich geglaubt, ich würde vor ihr sterben. Es war so schwer, jeden Tag ihre Qualen mitansehen zu müssen. Ich war körperlich am Ende. Oft glaubte ich, ich würde den nächsten Tag nicht mehr erleben. Als meine Frau starb, war ich trotz aller Trauer erleichtert.

Jetzt habe ich Zeit zum Nachdenken. Fast die ganzen letzten zwanzig Jahre habe ich mit der Pflege meiner Frau verbracht. Nun bin ich an der Reihe. Für die kurze Zeit, die mir noch im Leben bleibt, möchte ich, daß sich jemand um mich kümmert. Darüber denke ich in letzter Zeit häufig nach. Ich würde sehr gern eine Japanerin heiraten«, erklärte er zu meiner Überraschung mit großem Ernst.

»Ich habe eine Bitte. Es soll aber keine von den Japanerinnen sein, die uns hier öfter besuchen.«

Uns besuchten oft Mädchen, die in zweiter oder dritter Generation in Amerika geboren waren. Sie sahen zwar aus wie Japanerinnen, sprachen aber nur Englisch. Ich fand eigentlich, daß gerade ein in Amerika geborenes Mädchen geeignet wäre, da die beiden dann keine Sprachprobleme hätten.

»Wenn ich noch einen Wunsch äußern darf – es wäre schön, wenn sie, wie Sie, eine Geisha-Ausbildung hätte.«

»Warum denn das?« fragte ich.

»Sie soll mir jeden Wunsch von den Augen ablesen, bevor ich ihn ausspreche, und sich sehr anmutig bewegen. Auf jeden Fall würde ich gerne eine Geisha heiraten. Aber keine junge Frau wie Sie. Eine Frau zwischen fünfundvierzig und fünfundfünfzig wäre gut. Ich möchte, daß Sie eine ältere Geisha für mich finden.«

Auch jetzt noch mogle ich um zwanzig Jahre und gebe mich in Amerika für dreiundfünfzig aus. Damals dachten alle, ich wäre um die dreißig.

Er wollte eine Frau zwischen fünfundvierzig und fünfundfünfzig, das bedeutete meine Eheanbahnungsmaßnahmen würden ein bißchen anders aussehen als sonst. Da der Bräutigam schon dreiundsechzig war und sich eine ältere Geisha zur Frau wünschte, lag der Fall ganz anders als bei den bisherigen Paaren, die ich mit Picknickkörben in den Zoo geschickt hatte, damit sie sich verliebten.

Es ist eine große Verantwortung, eine Ehe zu stiften, und ich dachte ernsthaft nach.

Wer kam in Frage? Ich ließ meine älteren Kolleginnen um die fünfzig vor meinem inneren Auge Revue passieren.

Die eine trank zuviel ... Die nächste sah nicht gut genug aus. Wieder eine andere war zwar hübsch, aber etwas frivol, und hätte Schwierigkeiten, das Leben einer bürgerlichen Ehefrau zu führen.

Nach längerem Nachdenken fiel mir plötzlich jemand ein.

Es war Toshie, die beste *Utazawa*-Sängerin von Shimbashi.

Sie hatte in Japan gegenüber von uns gewohnt und wirkte gar nicht wie eine Frau aus dem Geisha-Gewerbe. Sie war eine ruhige, feine Dame.

Mutter und Großmutter hatten Toshie immer als sehr anständige Person mit gewählter Ausdrucksweise gepriesen. Sie hatte eine herrliche Stimme, und ihre Soloeinlagen waren unschlagbar, wenn sie bei den *Azuma*-Tänzen mit ihrer sinnlichen, volltönenden Stimme *Utazawa* sang.

Ich war zwar überzeugt, daß sie die Richtige war, doch hatte ich sie schon lange nicht mehr gesehen und wußte daher nicht, was für ein Leben sie jetzt führte. Ich wußte nur, daß ihr langjähriger Gönner in der Zeit, als ich nach Amerika ging, gestorben war.

Jetzt schrieb ich ihr einen ganz vorsichtigen Brief.

»Entschuldige bitte, wenn dieser Brief Dich in irgendeiner Weise beleidigt.«

Ein mir bekannter amerikanischer Botanik-Professor wolle unbedingt eine Shimbashi-Geisha zur Frau nehmen, die nicht zu jung, das hieß um die fünfzig, sein sollte. Sie sei genau die Richtige.

»Ich halte Dich für perfekt geeignet, aber das ist meine persönliche Meinung, die ich mir, ohne Dich zu fragen und nachdem wir uns so lange nicht gesehen haben, gebildet habe. Da ich also nicht allein zu entscheiden habe, lies bitte diesen Brief und empfiehl mir, falls die Sache für Dich nicht in Frage kommt, eine Freundin, die in Deinem Alter und aus Shimbashi ist. Und sei mir bitte nicht böse wegen meines gewagten Vorschlags.«

Nach etwa einer Woche kam schon die Antwort. (Wenn ich jetzt daran denke, kommt es mir wie Schicksal vor.)

»Vielen Dank für Deinen Vorschlag. Nach dem Tode meines Gönners bin ich immer einsam gewesen. Wie Du weißt, sind nur junge Geishas gefragt, und Kunden, die unsere Künste zu würdigen wissen, sind rar geworden. Geishas in meinem Alter werden kaum noch engagiert. Meine Tochter, die ich schon als kleines Mädchen adoptiert habe, ist natürlich eine unpassende Liebschaft eingegangen und hat mich verlassen. Da ich ein sehr einsames und trostloses Leben führe, würde ich ihn gern kennenlernen, wenn jemand wie ich überhaupt in Frage kommt.«

Sie hatte zwei Aufnahmen von sich im hellvioletten Kimono vor dem Schwertlilienteich im Meiji-Schrein mitgeschickt.

Mr. Blanche freute sich wie ein Kind, aber da er ein einfühlsamer Mann war, überlegte er ernsthaft.

»Auch wenn sie mir gefällt, kann es sein, daß sie mich nicht mag. Für diesen Fall muß ich mir etwas überlegen. Ich lade sie zur Weltausstellung ein und schicke ihr ein Hin- und Rückflugticket. Wenn ich ihr nicht gefalle, besichtigen wir nur die Ausstellung und sie fliegt anschließend nach Japan zurück. So wird niemand verletzt. Ich will ihr möglichst viel von Amerika zeigen.«

Er schickte ihr sofort eine Einladung und das Flugtikket. Nach Nahes Meinung wäre es unfair gewesen, ihr kein Foto zu schicken, da sie selbst zwei von sich in den Brief gelegt hatte. Also riefen wir schnell einen mit Robert befreundeten Fotografen und ließen eine Aufnahme von Mr. Blanche machen. Ich riet ihm, den indigoblauen Kimono anzuziehen, den ich ihm zu Weihnachten genäht hatte. Wir hatten viele Zuschauer. Drei Mädchen halfen bei der Beleuchtung.

»Seine Glatze glänzt zu sehr«, oder:

»Er muß den Kimono fester schließen«, tönte es aus den hinteren Reihen.

Aber die Hauptperson ließ voller Begeisterung eine Menge Fotos von sich machen. Darauf schickten wir die Tickets, die Einladung und die Fotos nach Tôkyô. (Das Reisebüro des freundlichen Stanley Okada erledigte wie damals bei meinem Sohn die Formalitäten.)

Endlich kam der große Tag.

Wir, allen voran Mr. Blanche, waren sehr aufgeregt, als wir Toshie abends am Flughafen abholten. Alle wollten dabei sein und sie möglichst schnell zu Gesicht bekommen. Es war typisch für die Nakamura-Familie, daß die hinteren Ränge sich in den Vordergrund drängen wollten.

In Roberts Auto saßen der herausgeputzte Mr. Blanche, ich und unser Freund Herr Makino. Er war promovierter Ingenieur und von Japan aus in ein Forschungslabor in unserer Nähe geschickt worden. Im Laufe der Zeit hatte er große Sympathie für Mr. Blanche entwickelt und war sein Freund geworden. Von den anderen durfte keine mitkommen (denn durfte eine, wollten alle). So machten wir uns auf den Weg.

Als wir am Flughafen ankamen, erfuhren wir, daß das Flugzeug eine längere Verspätung haben würde. Während wir warteten, wurde es Nacht.

Als ich Toshie sah, die in einem hellblauen Kimono mit feinem Muster und einer beigen Jacke aus dem Flugzeug stieg, war ich ungemein dankbar für ihr Kommen. Ich bewunderte von ganzem Herzen ihren Mut, ganz alleine und ohne ein Wort Englisch zu können, nach New York zu reisen. Mr. Blanche geleitete sie nonchalant zum Auto, so als ob er es schon jahrelang getan hätte.

Zu Hause angekommen, hatten wir uns unheimlich viel zu erzählen. Aber da Toshie an diesem Abend sehr müde war, verschoben wir es auf den nächsten Morgen, und alle zogen sich allmählich in ihre Schlafzimmer zurück.

Am nächsten Morgen um halb acht stand Mr. Blanche schon unter der Dusche. Da am Abend zuvor alle so müde gewesen waren, hatten sie weder miteinander sprechen noch sich gegenseitig betrachten können. Als ich aufstand, saß Toshie schon fein herausgeputzt bereit.

Dann kam Mr. Blanche, der vom Duschen eine frische Gesichtsfarbe hatte, im *Yukata* die Treppe herunter. Toshie schaute zufallig hoch, und ihr Blick fiel sofort auf ihn.

»Ach, er ist ja Ichimura wie aus dem Gesicht geschnitten.«

Zu unserer Zeit galt der Schauspieler Ichimura Uzaemon XV. besonders in der Welt der Blumen und Weiden als der schönste Mann Japans.

Da dachte ich bei mir, daß es mit den beiden klappen könnte. Dieser Vergleich war das größte Kompliment für einen Mann.

»*Ohayô gozaimasu* – guten Morgen«, sagte Mr. Blanche und lächelte. »*Tsukaremashita ka?* – Sind Sie sehr erschöpft?«

Die Morgensonne schien herein, und Toshie sah in ihrem graublauen Kreppseiden-Kimono sehr hübsch aus.

Mr. Blanche wollte sich die Nägel schneiden und bat mich um einen Nagelknipser.

Als ich ihm den Nagelknipser gab, fragte Toshie, ob sie ihm nicht die Nägel schneiden solle, und nahm ihr Sieben-Sachen-Etui aus dem *Obi*.

Eine Geisha trägt immer dieses Etui bei sich. Das ist ein kleines, kreppseidenes Täschchen, mit sieben zierlichen Werkzeugen – eine kleine Schere, ein Nagelknipser, ein Ohrenreiniger, eine kleine Gabel, ein Messerchen, eine Pinzette und eine Nagelfeile (siebenjährige Mädchen tragen bei dem Sieben-Fünf-Drei-Fest, Bräute bei der Hochzeit so ein Etui im Kimonoausschnitt.)

Dann nahm sie neben Mr. Blanche Platz und schnitt

ihm die Nägel. Es war eine unbeschreibliche Szene – voller Harmonie, wie auf einem japanischen Bild.

Am dritten Tag verkündeten die beiden, daß sie heiraten wollten. Es war Liebe auf den ersten Blick gewesen.

Vor kurzem waren Mr. Blanche und wir Trauzeugen bei der Hochzeit der Ungarin Janette gewesen. Nun fungierten Janette und ihr Mann als Trauzeugen des Bräutigams, während Robert und ich die Braut vertraten. Sie heirateten kirchlich.

»In guten und in schlechten Zeiten, bis daß der Tod euch scheidet.« Der Priester sprach die üblichen Worte, auf die das Brautpaar mit »ja« antworten muß. Da Toshie kein Englisch verstand, würde sie nicht wissen, wann sie mit »ja« antworten mußte. Janette sollte hinter ihr stehen und sie am Kimonoärmel zupfen, wenn der Priester sie fragen würde »Geloben Sie das?«. Das übten wir einige Male.

Am Hochzeitstag verlief alles ohne Zwischenfälle, und Braut und Bräutigam brachen zu ihrer Hochzeitsreise an die Niagara-Fälle auf. Obwohl die Braut älter war als ich, war ich so erleichtert, als hätte meine eigene Tochter geheiratet. Die beiden fuhren frohgemut zum traditionellen Flitterwochenziel der New Yorker ab, und auch ich war glücklich.

Nach ihrer Rückkehr von der Hochzeitsreise bezog das Paar ein kleines Zweizimmerapartment als neues Heim, das sich natürlich von einer japanischen Zweizimmerwohnung unterschied.

Hier in Amerika sind die Zimmer wesentlich größer. Es gab eine große Wohnküche und ein blaugekacheltes, schönes Bad, in etwa wie in einer gehobenen japanischen Eigentumswohnung.

Da Toshie eine äußerst saubere Person war, blinkte und blitzte die Küche stets. Jeden Morgen bereitete sie dort den Proviant zum Mitnehmen für ihren Mann. Die Frühstücksdose war aus Wajima-Lack, eine von denen, wie man sie in Japan auf Ausflüge anläßlich der Kirschblüte mitnimmt. Toshie arrangierte den Inhalt nach Farben abgestimmt. Sie wurde als *Japanese Lunchbox* von Mr. Blanche berühmt.

Mr. Blanche zeigte seine schöne Lunchbox jeden Tag den anderen Professoren und Kollegen, die meist nur einen Hamburger oder ein Hot dog in einer schmucklosen braunen Tüte dabei hatten und Cola aus der Dose tranken. Zwar hatten einige auch selbstgemachte Sandwiches, aber dazu brachten sie Brot, Käse und Schinken mit und machten sie dann erst. Daher bereitete die hübsche Lunchbox von Mr. Blanche den anderen täglich eine Freude.

»Alle wollen meine Lunchbox sehen und Toshiko kennenlernen«, sagte Mr. Blanche.

Toshiko war Toshies bürgerlicher Name.

»Nächsten Samstag werde ich ihnen Toshiko vorstellen.«

Also lud Mr. Blanche seine Freunde zu einem von Toshiko zubereiteten Essen ein und veranstaltete eine kleine Party. Wir feierten auch mit ... Toshiko meisterte alles bravourös. Eine bürgerliche Tochter oder Hausfrau hätte das nicht fertiggebracht. Auch wenn sie die Sprache nicht verstand, kümmerte sich Toshiko wie eine echte Shimbashi-Geisha sehr fürsorglich um ihre Gäste. Es leuchtet ein, daß die Ehefrauen fast aller bedeutenden Politiker der Meiji-Zeit, wie Itô Hirobumi, Inoue Kaoru, Mori Arinori, Mutsu Munemitsu, Kuroda Kiyotaka und Okuma Shigenobu, Geishas waren.

Jedenfalls wurden die beiden nicht müde, voneinander zu schwärmen. Zunächst Mr. Blanche.

»Toshiko begleitet mich jeden Morgen hinaus, sagt *Itterasshai* – komm bald zurück – und winkt mir solange nach, bis ich nicht mehr zu sehen bin. Ich bin der glücklichste Mann Amerikas. Ich glaube, es gibt keinen einzigen Ehemann in ganz Amerika, dessen Frau ihn jeden Morgen zum Auto bringt, mit ›Komm bald zurück‹ verabschiedet und ihm nachsieht, bis er verschwunden ist. Wenn ich nach Hause komme, eilt sie mir im Flur entgegen und sagt ›Willkommen zu Hause‹. Auch wenn man ganz Amerika absucht, findet man bestimmt keinen Mann, dem seine Frau an allen Tagen eine solche Liebe entgegenbringt.«

Natürlich benutzen alle Japaner diese Worte, aber wenn man sie ins Englische überträgt, erhalten sie eine etwas andere Nuance. Schön, daß Mr. Blanche sie als Zeichen der Liebe deutete.

Jetzt kommen Toshikos Lobpreisungen.

»Am Samstag waren wir bei seiner Mutter.«

Seine rüstige 85jährige Mutter lebte mit der Familie des ältesten und des dritten Bruders zusammen ganz im Norden des Staates New York.

»Ich habe seine Brüder und Cousins kennengelernt, aber mein Mann sieht am besten aus. Dieses blaue Hemd habe ich ihm gestern gekauft. Die Farbe steht ihm wegen seiner blauen Augen bestimmt gut.«

»Ja, ja. Ihr Mann ist der schönste«, sagte Kino.

»Blaue Augen und Glatze«, ergänzte Naho.

Diese Neckereien klangen ein bißchen neidisch. Doch Toshiko hörte nicht auf zu schwärmen.

»Er ist so nett. Wenn ich müde bin, kümmert er sich um mich. Und macht selbst Spaghetti, die sehr gut schmekken. Kein Vergleich zu irgendeinem Restaurant. Außerdem wäscht er jeden Abend nach dem Essen ab. Er ist so fürsorglich.«

»Ja, ja, wir wissen es«, sagten alle ergeben. Wenn sie nach draußen gingen, benahm sich Mr. Blanche gegenüber der zierlichen Toshiko, als behüte er einen Schatz.

Inzwischen sind schon fünfundzwanzig Jahre vergangen, und sie lieben sich immer noch sehr. Nach diesem großen Erfolg konnte ich mein »Eheanbahnungsinstitut« auf keinen Fall aufgeben.

Eine Geisha in Texas

GANZ ZUFÄLLIG LERNTE ich eines Tages das ungewöhnliche englische Ehepaar James kennen.

Mr. James war Fotograf und seine Frau Fotomodell. Beide hatten die fünfzig schon überschritten. Mrs. James war eine hochgewachsene, elegante Schönheit, mit schlicht nach hinten gebundenem langen, graumelierten Haar. Sie arbeitete immer noch als Mannequin.

Als Pelzmodelle sind Damen um die fünfzig im Unterschied zu Japan hier besonders gefragt. In Japan bevorzugt man junge Mannequins, während in Amerika auch weit über siebzigjährige Damen häufig Werbung für Nerzmäntel machen.

Was mir an diesem Ehepaar besonders gefiel, war ihre Reiselust. Natürlich war er ein weltbekannter Fotograf, und auch sie hatte sich als Mannequin einen Namen gemacht. Ihre Lebensweise war ganz einzigartig und ganz unvorstellbar für Japaner.

Sie lebten in einem großen Haus in London. Doch London alleine genügte ihnen nicht. Vor zwanzig Jahren hatten sie ihr Leben als Reisende begonnen. Wenn sie irgendwo im Ausland lebten, war ihnen ein Jahr zu kurz, wohingegen ihnen fünf Jahre an einem Ort wiederum zu lang erschienen. So hatten sie fast überall auf der Welt drei Jahre gelebt. Es gibt viele Menschen, die die Welt bereisen, aber wenige, die sie *bewohnen.* Sie wollten *wohnen.* Sie hatten drei Jahre in Rom, drei Jahre in Venedig, drei Jahre in der Schweiz (in Luzern), in Paris, in Madrid und in Mexico City gelebt und waren jetzt nach Amerika gekommen.

Sie hatten das betriebsame New York gewählt, das bekanntermaßen Schmelztiegel der unterschiedlichsten Nationalitäten ist, die dort unermüdlich durcheinanderwimmeln, was ihm die Möglichkeit zu vielen interessanten Fotos bot. Anschließend wollten sie nach Colorado aufs Land gehen. In den darauffolgenden drei Jahren planten sie, die Seidenstraße entlangzureisen, und in zehn Jahren würden sie nach Japan gehen. Wenn ich den Erzählungen der beiden lauschte, konnte ich gar nicht mehr ruhig sitzen.

Seit ich von meinem Sohn so schlecht behandelt worden war, war ich sehr niedergeschlagen. Meine Gespräche mit diesem Ehepaar ließen mich wieder aufleben.

Ganz recht, es hatte keinen Sinn, in New York Trübsal zu blasen. Wohin es mich auch verschlagen würde, die Sonne würde scheinen. Arbeiten konnte man überall. Jetzt war ich schon in ein so großes Land gekommen und kannte doch nur New York. Was hatte ich nur bis jetzt gemacht? Ich kam mir sehr klein vor.

Genau, ich würde woanders hingehen und arbeiten.

Kurzentschlossen verkaufte ich mein Geschäft.

Ich beschloß, als erstes nach Texas zu gehen. Damals galt Texas als der reichste Staat Amerikas.

Dort gab es Öl, und die Texaner nannten ihren Staat die Nummer Eins in Amerika. Kein Wunder, daß es mich dorthin zog.

Außerdem hatte Akiko, eine junge Frau, die ich sehr mochte und mit der ich gerne auf Veranstaltungen zusammengearbeitet hatte, einen chinesischen Pastor geheiratet und war mit ihm nach Texas gezogen. Vielleicht war es sogar der Brief, in dem sie mich einlud, sie doch zu besuchen, der mein Reisefieber entfachte.

Vor kurzem war Präsident Kennedy ermordet worden,

und die Welt begann sich allmählich zu verändern. Vor meinem Laden saßen ständig betrunkene Schwarze (würde ich diese Zustände deutlicher beschreiben, käme ich nicht durch die Zensur), und die weißen Kunden trauten sich kaum noch in mein Geschäft. Kaum beschwerte ich mich ein bißchen, schüchterten die Schwarzen mich ein. »Sie haben wohl vergessen, daß wir gleiche Rechte haben?« Inzwischen ist die Gegend von Brooklyn, in der mein Geschäft war, ausschließlich von Schwarzen bewohnt. Nachdem ich meine Geschäft verkauft hatte, fuhr ich also zu Akiko und ihrem Pastor. Als ich sie besuchte, lebten sie in einem kleinen Wohnwagen.

In Japan hatte ich so etwas noch nie gesehen. So ein Wohnwagen war äußerst praktisch ausgestattet. Im Prinzip konnte man damit überall hinziehen, wo es die Wohnwagensiedlungen gab. In der Regel verfügt ein Wagen über drei Räume. Alles ist geschickt eingebaut – die Betten, die Schränke, der Kühlschrank, das Bad und die Kücheneinrichtung. Da jeder Wohnwagen ein eigenes freistehendes Haus ist, haben seine Bewohner keinen Streit mit den Nachbarn und können, wenn ihre Kinder größer werden, einfach in einen geräumigeren Wohnwagen umziehen. Da zu der Wohnwagenparzelle ein kleines Stück Land gehört, pflanzen einige Leute dort hübsche Blumen oder Gurken und Tomaten. Das Auto parkt man natürlich direkt hinter dem Wohnwagen. Die Raten sind auch nicht höher als die Miete für eine Wohnung. Ich fand das System äußerst beneidenswert. Gäbe es so etwas in Tôkyô, wären alt und jung restlos begeistert.

In Akikos neuem Heim waren Küche und Bad in der Mitte, links davon lagen das Wohnzimmer und das Schlafzimmer des Ehepaares, auf der rechten Seite gab es noch ein Zimmer, in dem ich übernachtete.

Damals besichtigte ich auch die Wohnwagen einiger Nachbarn. Die meisten Besitzer waren junge Leute. Es gab übrigens auch preiswertere Modelle mit zwei Zimmern, z.B. für ältere Frauen, deren Männer gestorben waren und die nun von einer kleinen Rente lebten.

Jedenfalls hatte man mehr Privatsphäre als in einer Wohnung in der Stadt. In New Jersey, in Florida, in Michigan, überall in Amerika gibt es diese Wohnwagensiedlungen.

Die Bewohner leben in gutem nachbarschaftlichem Einvernehmen zusammen. Die jüngeren Ehepaare machen für die älteren Einkäufe, und abends, wenn die jungen Leute ausgehen, beaufsichtigen die alten die Kinder, obwohl sie einander ursprünglich wildfremd gewesen waren. In Japan undenkbar.

In Amerika leben viele unterschiedliche Rassen zusammen, folglich ist es ganz normal, daß alle sich helfen.

Akiko und ihr Mann sprachen nur Englisch miteinander, sie mit japanischem Akzent und er mit chinesischem. Die beiden gaben ein entzückendes Paar ab. Sie führten mich überall herum, und ich hatte den Wunsch, in diesem Staat zu arbeiten.

Schließlich knüpfte ich Beziehungen zur Southern Methodist University (SMU). Auf einer Party hatte ich einen phantastischen Bildhauer italienischer Abstammung kennengelernt. Er unterrichtete an der SMU, und durch seine Vermittlung konnte ich dort einmal in der Woche eine Vorlesung über asiatische Philosophie halten. Professor Vincent sah Yul Brynner sehr ähnlich, war jedoch attraktiver.

An den Tagen, an denen ich die Vorlesung zu halten hatte, holte er mich immer mit seinem Auto ab. Er hatte ein ausgesprochen schönes Profil, das ich vom Beifahrersitz aus unermüdlich und hingerissen betrachtete. Immer wenn eine Party stattfand, nahm er mich mit. Professor Vincent unterrichtete am Fachbereich Kunst. Meine Vorlesung fand im ziemlich weit davon entfernten Philosophiesaal statt, dennoch gingen wir in der Mittagspause stets zusammen in die Cafeteria.

Damals empfand ich einmal mehr, was für ein wunderbares Land Amerika ist. In Japan hätten alle sofort angefangen zu klatschen, wohingegen man in Amerika, wenn man will, zusammen essen gehen und sich abholen lassen kann. Niemand nimmt daran Anstoß.

In Japan geht so etwas nicht. Warum nur?

Dank Professor Vincents Vermittlung unterrichtete ich nun auch einmal in der Woche an der Texas State University, aber von diesen Einkünften hätte ich kein Geld nach Japan schicken können. Es gab ein florierendes japanisches Restaurant in Dallas, in dem ich eine Stelle als Geschäftsführerin annahm.

Es war ein sehr großes Restaurant mit mehr als zehn Kellnerinnen. Die Angestellten gehörten alle einer buddhistischen Sekte an und redeten sich auch vor den Kunden mit ihren besonderen religiösen Titeln an. Außerdem sprachen sie ganz laut und ungeniert in Anwesenheit der Gäste von ihren Versammlungen. Ihr Umgangston war sehr salopp und auch mir gegenüber ziemlich unhöflich. Alle waren Kriegsbräute. Diese sogenannten Kriegsbräute sind wohl zu Zehntausenden nach Amerika gekommen.

Die Frauen, die heute über sechzig sind, sind Bräute aus dem Zweiten Weltkrieg, die heute Fünfzigjährigen aus dem Koreakrieg, und die heute Vierzigjährigen kamen nach dem Vietnamkrieg herüber. Sie sind eine lebendige Illustration der Kriegsgeschichte Amerikas.

Die ersten Kriegsbräute hatten Englisch nur vom Hören gelernt. Doch die Frauen, die den Mut aufbrachten, Amerikaner zu heiraten und nach Amerika zu gehen, mußten Englisch lernen. Einige lernten grammatikalisch korrekt zu sprechen, aber da die meisten nur durch Zuhören gelernt hatten, sprachen die Frauen von Texanern mit texanischem Akzent, die, die italienischstämmige Männer geheiratet hatten, mit italienischem und die Frauen von spanischen Männern mit spanischem Akzent. Ich fand das sehr erheiternd.

»Last night me go to movie with husband« oder *»Tencommenden, bery goo movie«*, sagte eine. *»Bery goo«*, verstand ich, aber um welchen Film es sich bei *»Tencommenden«* handelte, war mir unklar. Dem Klang nach konnte es vielleicht ein mexikanischer Film sein. Ich ließ mir das Programm zeigen und erfuhr, daß es sich um *The Ten Commandments* gehandelt hatte.

Wenn die Gäste *Sukiyaki* bestellten, das am Tisch zubereitet wurde, riefen sie laut nach *»Ekistenschen Kor«*. Die Angesprochene gab dann zur Antwort, daß die *»Ekistenschen Kor«* in der und der Nische lag. Damit meinten sie *extension cord*, die Verlängerungsschnur, die man benötigte, um *Sukiyaki* am Tisch zuzubereiten ...

Das ungehobelte Benehmen der Kellnerinnen ärgerte mich ein wenig. Ich pflegte die *Tokonoma* immer mit einem Rollbild und einem *Ikebana*-Gesteck zu schmücken, aber sie stellten die *Sukiyaki*-Kocher in der Nische ab und knallten die Teller über die Köpfe der Gäste hinweg auf den Tisch. Als einer Frau, die sehr streng in der Welt der Blumen und Weiden ausgebildet wurde, ist es mir unerträglich mitanzusehen, wie Gästen das Essen im Stehen über den Kopf vorgesetzt wird.

Keine war von meinem Vorschlag, beim Servieren niederzuknien, sonderlich begeistert. Da der elegante Raum mit *Tatami*, kreppseidenen Sitzkissen, Papierschiebetüren und Schnitzbildern eigens von einem japanischen Zimmermann gestaltet worden war, kam mir diese rüde Bedienung, die vielleicht zu einer Cafeteria gepaßt hätte, äußerst unangemessen vor. Die Preise waren immerhin fast dreimal so hoch wie in einem amerikanischen Restaurant. Der Besitzer bestand darauf, daß alle Kellnerinnen ihre Kimonos korrekt mit einem *Obi* banden. Wenn sie den Mund hielten, wirkten sie auch sehr stilvoll und sahen richtig japanisch aus. Sie waren ausnahmslos mit GIs verheiratet, und ihre Familien bestanden natürlich aus Amerikanern, also wollten auch sie sich möglichst amerikanisch geben. Doch so sehr sie sich auch bemühten, hatten sie doch Probleme mit der Sprache und den anderen Sitten. Ich hingegen irritierte die Frauen, weil ich sowohl gutes Englisch als auch korrektes Japanisch sprach und mich zu benehmen wußte.

Die Besitzer des Restaurants gehörten zur zweiten Generation eingewanderter Japaner.

In Steinbecks *Früchte des Zorns* versammeln sich in der Erntezeit oder auch beim Bau eines Dammes Hunderte von Tagelöhnern, deren Essen mit Lastwagen zu den Unterkünften geschafft wird. Frauen und Kinder des Lagers helfen dabei, das Essen zu verteilen. Auf eine ähnliche Weise hatten auch die Besitzer des Restaurants Aufträge über große Mengen von Essen bekommen und mußten immer schon mitten in der Nacht anfangen zu arbeiten. Aber dadurch hatten sie viel Geld verdient und waren Millionäre geworden.

Von allen Japanern der zweiten Generation, die ich in Amerika kennengelernt habe, waren sie die tüchtigsten.

Sie hatten in Houston sowie in drei anderen texanischen Städten Filialen. Jeweils eines ihrer Kinder leitete eine Filiale. Sie waren sehr vorausschauend, denn sie betrieben damals – lange vor dem Japanboom – die ersten japanischen Restaurants.

Bedauerlich für mich war es, daß Professor Vincent nach Mexiko ging. Er lud mich ein, ihn zu begleiten, aber in diesem Fall hätte ich bestimmt nicht mehr zurückgekonnt. Meine Überlegung war, daß ich, wenn ich jetzt mit ihm nach Mexiko ginge, ihn gewiß eines Tages heiraten würde, doch ich liebte Amerika, und es gab noch so vieles, was ich tun wollte ... Also gab es keine andere Möglichkeit, als sich zu trennen.

Am Tag vor seiner Abreise veranstalteten Studenten und Lehrkräfte eine Abschiedsparty für ihn, und ich schenkte ihm ein Tuch, in das ein Holzschnittmotiv – er liebte japanische Holzschnitte – eingefärbt war (er konnte es rahmen und als Wandschmuck verwenden), und einen japanischen Tänzfächer. Es rührte mich, daß seine grüngrauen Augen sich mit Tränen füllten ...

Drei Jahre später starb er in Mexiko an einem Hirntumor. Ich habe ihn als faszinierenden, intelligenten und dazu noch gutaussehenden Mann in Erinnerung behalten.

Doch zurück zu meiner Arbeit. Meine Tätigkeit als Geschäftsführerin in dem japanischen Restaurant war nicht meine Hauptbeschäftigung. Meine Hauptbeschäftigung waren die Vorlesungen an der Universität. Da ich über keinen Doktortitel verfüge, konnte ich nur als Gastdozentin arbeiten. Ich sprach zum Beispiel über die *Haiku* von Kagano Chiyo:

Ich erhebe mich
ich lege mich nieder
ruhelos – zu groß das Moskitonetz

Dieses Haiku hat sie bekanntlich gedichtet, nachdem sie Witwe geworden war. Zuerst zeichnete ich ein japanisches Moskitonetz an die Tafel, da es in Amerika diese Art der Netze nicht gab. Als wir in Indien waren, haben wir natürlich Moskitonetze benutzt, die das Bett bedeckten, anders als japanische Moskitonetze. In Japan verwendete man früher ein etwa vier *Tatami* großes Netz, das im Prinzip für das ganze Schlafzimmer gedacht war.

Für zwei Personen hatte das Netz die richtige Größe,

aber nachdem ihr Mann gestorben war, lag die Frau alleine darunter. Sie wälzt sich die ganze Nacht herum und fragt sich, warum ihr das Netz so groß erscheint. Als ich erklärte, wie sich in dem Gedicht die Trauer der Ehefrau ausdrücke, mußten einige Studentinnen weinen.

Auch das bekannte Haiku:

Die Trichterwinde
umrankt den Zugbrunnen
ich muß woanders Wasser holen.

handelt von der Empfindsamkeit einer Frau. In Amerika weiß niemand, was ein Zugbrunnen ist, daher machte ich wieder eine Zeichnung an die Tafel.

Ich nahm auch *Waka*-Gedichte durch, wie das folgende von Ono no Komachi[5]:

Im leichten Schlaf/sah ich/den Geliebten
seit ich ihn sah/glaube ich an Träume.

So etwas können nur Frauen nachempfinden.

Ich unterrichtete auch Musik. An einem anderen Fachbereich wurden Opernsänger, Dirigenten und Opernregisseure ausgebildet. Dort hielt ich eine Vorlesung über *Madame-Butterfly*. Als Puccini seine japanische Oper vor fünfundneunzig Jahren begann und die Rollen bestimmte, hatte er noch nie japanische Musik gehört. Es gab zwar viele Chinesen in Italien, aber es lebten kaum Japaner dort.

Ein Freund hatte ihm geraten, bei der japanischen Botschaft in Rom nachzufragen, also machte sich Puccini von einer Mailänder Vorstadt auf den Weg nach Rom. Als er dem Gesandten Oyama Jôsuke die Sachlage erklärte, rief der Gesandte seine Gattin und bat sie, dem Komponisten japanische Musik vorzuspielen.

Hisako, seine Frau, holte ihr *Shamisen* und spielte ihm vor. Puccini war begeistert, blieb die ganze Nacht in der Gesandtschaft und schrieb sich die Noten der Stücke auf. Glücklicherweise war die Gattin des Gesandten auch eine Geisha.

Aus diesem Grund brachte ich mein *Shamisen* zu dieser Vorlesung über *Madame Butterfly* mit. Meine Erläuterungen zum Ursprung der Musik von *Madame Butterfly* unterstrich ich mit meinem Spiel.

Im 1. Akt betritt Madame Butterfly die Bühne und berichtet Linkerton und Sharpless ihr Leben nach der Melodie von *Echigo Jishi* (Löwentanz von Echigo). Außerdem verarbeitete Puccini an Stellen, an denen man es nicht erwartet, mehrere *Shamisen*-Stücke, beispielsweise in der Szene nach der Hochzeit *O-Edo Nihombashi* (Die Nihon-Brücke von Edo), im zweiten Akt *Sakura* (Kirschblüten) und *Miyasan Miyasan* (Prinz, Prinz) und im dritten Akt *Kappore* (Hopplahopp).

Da ich meine Erläuterungen ergänzte, indem ich die Stücke auf dem *Shamisen* vorspielte, waren nicht nur die Opernsänger, sondern auch die angehenden Regisseure und Dirigenten begeistert.

Aus der Sicht der Universität war ich eine sehr flexible und vielseitige Lehrerin.

Es kamen häufig vom Kultusministerium entsandte, ausgebildete Lehrerinnen und hochrangige Wissenschaftlerinnen nach Amerika, um Vorlesungen zu halten. Meist waren das gewichtige, würdevolle Damen in mittleren Jahren mit Brillen so dick wie der Boden von Milchflaschen und dunkelblauen Kostümen. Ich vertrat dagegen einen ganz anderen Geschmack, denn ich trug einen zartrosa Festkimono, steckte mir die Haare hoch und verwendete Haarschmuck. Amerikaner haben Sinn für Schönes. Daher war ich als japanische Dozentin an allen Universitäten gern gesehen.

Im Gegensatz zu Japan wird in Amerika die akademische Ausbildung einer Person nicht überbewertet, und die individuelle Leistung steht im Vordergrund.

Ob ich nun an einer Frauen-Universität englische Literatur studiert oder das »Shimbashi-Geisha-Examen« abgelegt hatte – Hauptsache war, daß ich interessante und lehrreiche Vorlesungen hielt.

Doch meine Lehrtätigkeit beschränkte sich nicht auf Hochschulen. Ich unterrichtete auch an Schulen.

An der Grundschule lehrte ich *Origami* und an der Mittelschule die Herstellung von Puppen (wir fertigten Puppen aus amerikanischen Wäscheklammern und Papier). Meine besondere Stärke war der Umgang mit geistig behinderten Kindern. Darüber staunten alle. Daß diese Kinder solches Vertrauen zu mir faßten, wunderte mich selbst. In allen Einrichtungen, in denen ich als Freiwillige arbeitete, war man der Meinung, daß noch keine Lehrerin je so beliebt bei den Kindern gewesen war, und man fragte mich häufig, was denn mein Geheimnis sei. Das machte mich sehr froh.

Teppanyaki in Georgia

NACH PROFESSOR VINCENTS Abreise nach Mexiko fühlte ich mich sehr einsam.

Wohin sollte ich mich als nächstes wenden? Mein Ziel war Georgia. In Atlanta, der größten Stadt in Georgia, lebten sehr interessante Freunde von mir – ein Ehepaar. Er war Maler und stammte aus Italien, seine Frau war Amerikanerin. Ich hatte die beiden kurz nach meiner Ankunft in Amerika auf einer Japanmesse in Winnipeg kennengelernt, wo ich japanischen Tanz vorgeführt und auf dem *Shamisen* gespielt hatte. Diese Veranstaltung war damals vom Kaufhauskonzern Hudson Bay gefördert worden, um den Kanadiern, die zu der Zeit noch keinerlei Interesse an Japan hatten, etwas japanische Kultur vorzustellen. Die Schirmherrschaft hatte das japanische Generalkonsulat übernommen. Ich war dem Ehepaar nur einmal begegnet, doch wir hatten Fotos ausgetauscht, und sie hatten mir aus Atlanta geschrieben. Mit warmen Worten luden sie mich ein, sie dort zu besuchen, falls sich einmal die Gelegenheit ergäbe. Diese Worte hatte ich jahrelang im Herzen bewahrt.

Auch in dieser Hinsicht besteht ein Unterschied zwischen Amerika und Japan.

In Japan gibt es die Redewendung »*Ochazuke* aus der alten Hauptstadt« (entschuldigen Sie, liebe Kyôtoer), die sich auf diplomatische, nicht ernstgemeinte Einladungen bezieht.

Jemandem ist aus Versehen der Satz »Wenn Sie in

Kyôto sind, besuchen Sie uns unbedingt« herausgerutscht. Kommt der Eingeladene dann wirklich, stöhnen die Gastgeber und fühlen sich gestört.

Will der Besucher sich verabschieden, heißt es: »Was, Sie wollen schon gehen? Essen Sie doch noch etwas *Ochazuke.*« Im übertragenen Sinne bedeutet das, er soll noch mit der Familie essen, doch wenn der Gast sich nun einbildet, er müsse noch bleiben, hat er sich getäuscht.

»Unverschämtheit. Jetzt ist er doch tatsächlich noch zum Essen geblieben«, lacht man hinter seinem Rücken. In ganz Japan herrscht diese Unsitte.

In Amerika wird man nur eingeladen, wenn die Gastgeber es auch ernst meinen und sich mit der entsprechenden Person anfreunden wollen. Daß jemand aus purer Höflichkeit eine Einladung ausspricht, gibt es nicht.

Bei diesem Ehepaar war ich jedenfalls von Herzen willkommen. Er war als Maler berühmt (er malte ausschließlich Vögel), und die beiden lebten in einem wunderschönen Tal. In letzter Zeit sind in der Gegend viele Häuser entstanden, und sie wirkt auf den ersten Blick sehr städtisch. Aber bis vor zehn Jahren waren Randgebiete von Atlanta noch ganz ländlich.

Das Haus des Ehepaars war ein graues Gebäude, und rechts vom Flur befand sich eine vergitterte Terrasse, in der Vögel aus aller Welt herumflogen. Da sie viel Platz hatten, konnten sie ungehindert herumflattern. Die Fasanenvögel aus Malaysia und die indischen Pfauen waren besonders schön. Der Maler hatte viele Gebäude in Atlanta – Banken, Universität, Museen – mit Wasservögeln, die auf einem herrlichen See schwammen, oder mit an einem blauen Himmel schwebenden Vögeln bemalt, alles in zauberhaften Farben. Aus seiner Hand erhielten die Vögel, Pflanzen, Wiesen, das Wasser und der Himmel einen zartromantischen Schimmer.

Als ich die Mutter des Malers, eine 85jährige alte Dame,

mit »*Cara, cara mamma mia*«, den einzigen italienischen Worten, die ich konnte, ansprach, umarmte und küßte sie mich.

So durfte ich einige Zeit in dem Haus im stillen Tal übernachten. Das Ehepaar half mir, an der University of Georgia einen Lehrauftrag für eine Vorlesung wöchentlich zu bekommen.

Außerdem gelang es mir, Arbeit in einem Blumengeschäft im Erdgeschoß des Regency Hotel zu finden. Der Besitzer fand Gefallen an mir, und ich lernte dort, wie man Blumenbouquets und Brautsträuße bindet. Außer ihm arbeitete dort noch ein freundlicher alter Herr als Florist, der mir beibrachte, wie man den Blumenschmuck für Kirchen oder Tischblumenarrangements anfertigte.

Außer an der University of Georgia arbeitete ich noch am Ivy College.

Da das Blumengeschäft im Hotel an Sonn- und Samstagen besonders viele Aufträge hatte, arbeitete ich auch am Wochenende. Bis dahin war ich nur mit den Regeln der *Koryû-Ikebana*-Schule vertraut gewesen, doch jetzt lernte ich zum erstenmal allerlei über den Gebrauch von grünem Klebeband und Draht oder Spitze und Schleifen beim Binden von Bouquets, was eine ausgesprochene Bereicherung meines Repertoires war. Diese Kenntnisse leisten mir auch heute noch gute Dienste.

Ich sage häufig, daß mein Leben Ähnlichkeit mit einem Schneeball hat. Je länger und weiter er rollt, desto mehr Schnee bleibt an ihm haften und schützt das Innere. Jede Schicht hat ihren speziellen Nutzen. Wohin ich auch gehe, ich habe immer Glück.

Eines Tages begegnete ich Mrs. Chao, einer Chinesin, die genau gegenüber von unserem Blumengeschäft ein *Teppanyaki*-Restaurant führte. Am Anfang ging ich manchmal mit meinem Arbeitgeber dort essen, und die chinesische Dame schien mich sehr sympathisch zu finden. Dazu trug auch bei, daß mein Chef mich ihr gegenüber gelobt hatte.

Mrs. Chao hatte an der University of California Philosophie studiert. Sie und ihr Mann waren fünfzehn Jahre getrennt gewesen. Er hatte in Beijing und sie in Hongkong gelebt. Damals konnte man das kommunistische China nicht verlassen, und Mrs. Chao war immer sehr in Sorge um ihren Mann gewesen. Außerdem hatte Mr. Chaos Mutter niemanden mehr, deshalb versorgte Mrs. Chao sie. Als das Ehepaar wieder zusammenkam, flüchteten sie unter Lebensgefahr nach Amerika. Das Ehepaar Chao (einschließlich der Mutter) schuftete bis zum Umfallen, bis sie das *Teppanyaki*-Restaurant eröffnen konnten, mit dem sie viel Erfolg hatten. Alle sieben Kellnerinnen waren Amerikanerinnen. Mrs. Chao wollte unbedingt, daß ich bei ihnen anfing. Mein Unterricht an der Universität fand nur einmal in der Woche statt. An den anderen Tagen arbeitete ich im Blumengeschäft, und da ich ab fünf Uhr frei hatte, beschloß ich, danach noch in Mrs. Chaos Restaurant auszuhelfen.

Ein *Teppanyaki*-Messer schneidet gut, und es ist, wenn man daran gewöhnt ist, nicht schwer, damit umzugehen. Ich wurde bekannt dafür, daß ich meine Kimonoärmel mit einer rosa Kordel hochband, während ich *Teppanyaki* zubereitete. Das texanische Rindfleisch war genauso zart und wohlschmeckend wie Kobe-Beef, und mein Tisch war der gefragteste im ganzen Restaurant.

Die Garnelen beträufelte ich mit Zitronensaft, und während die anderen Bedienungen die Paprika in grobe Streifen schnitten, schnitt ich sie in zarte Ringe und garnierte mit Karotten in Kirschblütenform. Ich hatte alle möglichen Ideen. Deshalb hatte ich auch die meisten Gäste, und immer mehr Gäste wollten an meinen Tisch, obwohl man oft zwei Stunden warten mußte. Die Chaos waren begeistert. An Sonntagen massierte ich die *Taitai* (Mr. Chaos Mutter).

Da es eigentlich zu weit war, vom Haus im Tal in die Stadt zu pendeln, nahm mich Mrs. Chao in ihrer Wohnung auf. Ich hatte ein schönes, sechs *Tatami* großes Zimmer mit einem Bett und Möbeln im chinesischen Stil, und die Chaos nahmen keine Miete von mir. Mrs. Chao brachte mich sogar mit dem Wagen zur Universität. Das Blumengeschäft lag ja praktischerweise gleich gegenüber.

Damals verdiente ich ziemlich viel Geld, von dem ich später ein kleines Haus in New Jersey kaufen und nach Japan reisen konnte. Außerdem genoß ich die warmherzige Freundschaft, von der ich dort immer umgeben war.

Nachdem ich bereits eine Zeitlang in diesem Restaurant beschäftigt war, fragte ein elegantes älteres Ehepaar dort nach mir. Es hatte etwas über mich in einer Zeitung gelesen.

Der Artikel handelte davon, daß Mrs. Ferguson mich der Theaterschule von Dallas empfohlen hatte. Ich hatte doch in Dallas an der SMU unterrichtet. Auf einer Party bei Professor Vincent war ich dem Ehepaar Ferguson – er war der größte Bauunternehmer in Texas – vorgestellt worden. Mrs. Ferguson war eigentlich die berühmte englische Filmschauspielerin Greer Garson.

Das Stück *Der Traum der Nachtigall* (ein Musical für Kinder, das ich betreut hatte) hatte im Dallas-Amphitheater großen Erfolg gehabt. Das Ehepaar Harris (er war Rektor der Universität von Miami) hatte den Artikel über dieses Stück sorgfaltig aufbewahrt. Die beiden hatten nach Kriegsende drei Jahre in Kyoto gelebt, und wir unterhielten uns gleich ganz ungezwungen über unsere Erinnerungen an die alte Kaiserstadt. Sie luden mich ein, an der Universität von Miami zu unterrichten.

Schon seit längerem hatte ich eine Art Sehnsucht nach Florida verspürt und sagte deshalb sofort zu.

So gelangte ich mit Hilfe des Ehepaars Harris nach Miami.

Shamiko, die Katze

FLORIDA KENNT KEINEN Winter.

Deshalb besitzen viele reiche Leute aus kälteren Regionen wie New York, Washington und Boston, Ferienhäuser in Florida. Ältere Menschen sparen sich etwas Geld für diesen Lebenstraum und ziehen, nachdem sie im Ruhestand sind, mit ihren Ersparnissen und der staatlichen Rente nach Florida. Dort fahren sie jeden Tag Boot, angeln oder spielen Golf. Fast alle Leute in mittleren Jahren haben diese Wunschvorstellung. Da ich aus Japan stamme, wo es vier deutlich voneinander abgegrenzte Jahreszeiten gibt, gefiel mir der Gedanke, in einer Region zu leben, in der es das ganze Jahr warm bleibt.

Miami Beach unterscheidet sich kaum von dem japanischen Badeort Atami, es ist nur viel größer. Jedenfalls reihen sich am Strand Hunderte von teuren Hotels aneinander.

Dahinter befinden sich noch einmal Hunderte von kleinen Hotels. Wenn man denkt, man hätte schon das Ende erreicht, stößt man an der nächsten Ecke auf noch mehr Hotels. Es ist unvorstellbar. Alle großen Hotels haben einen Privatstrand (der nur von den Gästen betreten werden darf). Zwischen den Hotels drängen sich Restaurants, Boutiquen und Cocktail Bars.

Im Parrot Jungle wimmelte es von Papageien, die tolle Kunststücke vorführten. Außerdem gab es noch den Monkey Jungle und eine Schlangenfarm. Am interessantesten fand ich jedoch das Aquarium, in dem drei Wale ihre

Kunststücke zeigten. Die Delphine gaben ihrer hübschen Trainerin sogar Küßchen.

Wenn ich als Erwachsene schon so begeistert war, wie sehr mußte das erst auf Kinder wirken! Am liebsten hätte ich alle japanischen Kinder einmal hierher eingeladen. Auch der Papageiengarten war wirklich wunderbar. Der Star unter den Papageien konnte sogar Rollschuh- und Fahrradfahren ...

Ich hatte im ruhigen Universitätsviertel ein Haus gekauft, von dem aus man die Universität zu Fuß erreichen konnte. Auf diese Weise hatte ich monatlich weniger zu zahlen, als mich eine Mietwohnung gekostet hätte. Die Ratenzahlungen gingen über dreißig Jahre, was sehr günstig war.

Ich nahm mehrere japanische Studentinnen bei mir auf. Ganz allein in dem Haus mit großem Garten hätte ich mich zu einsam gefühlt. Bei mir treffen sich immer junge Leute, und ich lasse lieber mittellose japanische Studenten bei mir einziehen, als daß ich alleine wohne. So hat jeder etwas davon. Heute wäre das Haus fünf- oder sechsmal so teuer, aber damals (1970) brauchte ich nur eine Anzahlung von fünftausend Dollar zu leisten.

Das Haus hatte einen großen Garten mit Mango- und Limonenbäumen, vier Zimmer, und eine Sonnenterrasse, die man als »*Florida Room*« bezeichnete. Sie war von einem stabilen Fliegengitter umgeben, und nachts konnte man auf ihr schlafen und den Himmel sehen. Das war herrlich. Überhaupt gefiel mir das Haus sehr, ich fühlte mich wie im Himmel.

Wenn ich die Mangos aus dem Garten im Kühlschrank deponierte, schmeckten sie besonders gut. Köstlich, wie Kakis mit dem Duft von Räucherstäbchen! In Hühner- oder Kabeljaueintopf drückte ich immer Limonensaft, was auch sehr schmackhaft war. Da Florida von allen Seiten vom Meer umgeben ist, gab es stets frischen und preiswerten Fisch, besonders Thunfisch und Bonito. Anscheinend wurden auch viele Kugelfische gefangen, doch man hält sie hier nicht für eßbar.

Am dritten Morgen nach meinem Einzug geschah etwas Sonderbares. Wie in heißen Gegenden üblich, war die Eingangstür eine sogenannte Sturmtür aus Glas, die aber aussah wie eine breite Jalousie.

Als ich ungefähr um sechs erwachte, zeichnete sich hinter dem Glas der Sturmtür der Schatten einer Katze ab. Durch einen Spalt konnte ich erkennen, daß sie ganz allein draußen auf der Plattform vor der Tür saß.

Wem sie wohl gehören mochte? Ließ man eine Katze einmal ins Haus, wurde man sie nicht mehr los. Deshalb sagte ich zu Tetsuko, die bei mir wohnte, sie solle die Katze unter keinen Umständen hereinholen.

Aber die Katze rührte sich nicht vom Fleck. Wo kam sie bloß her? Auf jeden Fall war sie keine streunende Katze, denn sie war sehr hübsch und wirkte irgendwie vornehm. Ihr Fell war weiß, mausgrau und schwarz, und sie hatte klare Augen. Unsere Essensreste, wie *Tempura,* gekochten Spinat, Schwarzwurzeln mit Sojasauce usw. verschlang sie gierig. Obwohl wir sie nicht hereinließen, rührte sie sich Tag und Nacht nicht von ihrem Platz vor der Sturmtür weg. Offenbar schlief sie auch dort.

Wir wohnten in der 76. Straße. In der 77. Straße lebte ein dänisches Ehepaar mit zwei Kindern, die auf der Mittelschule waren. Die Großmutter wohnte auch bei ihnen. Diese Familie liebte Katzen und hielt sich fünf davon. Die Katze, die nicht mehr von unserer Schwelle wich, gehörte ihnen.

Ich forderte die Katze jeden Tag dazu auf, endlich nach Hause zu gehen, wo ich ihr leckeres Katzenfutter in Aussicht stellte.

»Wenn du hierbleibst, bekommst du nichts anderes als

übriggebliebene Schwarzwurzeln und *Tempura*. Lauf schnell heim!«

Doch die Katze schaute gleichgültig drein und rührte sich nicht.

Am vierten Tag war sie immer noch da.

»Du bist ja eine unverständige Katze. Wenn du nicht hören willst, werde ich ein *Shamisen* aus dir machen«, schimpfte ich. (Die Bespannung eines *Shamisen* ist aus Katzenhaut.)

Seit dieser Zeit nannten die Studenten, die bei mir wohnten, und auch meine Nachbarn die Katze »Shamiko«, weil aus ihr beinahe ein *Shamisen* geworden wäre.

Shamiko war wirklich eine sonderbare Katze, denn sie schien selbst nicht zu wissen, daß sie eine Katze war. Eines Morgens ging ich in den Supermarkt, der etwa 300 Meter entfernt von meinem Haus lag. Immer wenn ich das Haus verließ, saß Shamiko an ihrem Stammplatz, sah zu mir auf und miaute. Wenn ich mich in Bewegung setzte sprang sie hinter mir her. Tetsuko, die mich begleitete, staunte, daß Shamiko mit uns kam.

»Sie geht gleich wieder zurück«, sagte ich, und wir betraten eilig den Supermarkt, um unsere Einkäufe zu erledigen.

»Huch, Shamiko ist ja noch da«, sagte Tetsuko plötzlich.

Shamiko saß vor dem Eingang und wartete.

Ich mag zwar keine Katzen, aber das fand ich doch süß.

Auf dem Nachhauseweg begegneten wir der dänischen Dame, die lachend und winkend auf uns zugerannt kam.

»Sie heißt Pinkie, aber sie reagiert nicht mehr darauf. Sie frißt auch kein Katzenfutter aus der Dose mehr. Sie muß eine japanische Katze geworden sein«, amüsierte sie sich.

Das Katzenfutter, das sie bei der dänischen Familie bekam, war sehr teuer. Obwohl vieles lecker war – mit Fleischgeschmack, mit Fischgeschmack oder Spaghetti mit Käse – mochte sie unsere Reste offenbar lieber ...

Die japanischen Studenten – fünf junge Männer und fünf junge Frauen – die regelmäßig bei mir wohnten, studierten an der Universität Miami und an einem der dortigen Colleges. Da es in der Umgebung von Miami schöne Strände gab, machten alle, wenn sie frei hatten, Ausflüge mit dem Bus oder dem eigenen Auto. Blieben sie über Nacht, schickten sie Postkarten, auf denen sie auch immer Shamiko grüßen ließen.

So wurde unsere Shamiko nicht nur bei Amerikanern, sondern auch bei Japanern sehr berühmt.

Als ich schließlich das Haus verkaufte, bat ich meinen Nachfolger, sich um Shamiko zu kümmern, aber es kann sein, daß sie, nachdem ich weggezogen war, zu ihren ursprünglichen Besitzern zurückging.

Die Feste der Studenten an der Universität machten großen Spaß. Wir eröffneten einen Stand mit Hähnchenspießen – *Yakitori* –, und Tetsuko und drei Mädchen verkauften in Kimonos, deren Ärmel sie mit roten Bändern hochgebunden hatten, und in roten Kimonoschürzen außerdem *Tempura* und *Sukiyaki* auf Papptellern zu fünfzig Cent. Ein Hähnchenspieß kostete 25 Cent.

Alle Studenten verkauften Spezialitäten ihres jeweiligen Landes – die iranischen Studenten eine Art fettiges Barbecue, die thailändischen Studenten Thai-Gerichte, die kubanischen Studenten Paella, bei der Reis mit Muscheln darüber ganz heiß serviert wird, und die chinesischen Studenten bereiteten Nudeln zu.

Am japanischen Stand zog der Duft der Hähnchenspieße viele Menschen an. Die Studenten trugen Kimono-Jakken, und alle taten ihr Bestes. Die Einnahmen wurden der Universität gespendet. Der japanische Stand hatte den meisten Umsatz. Ich richtete die Speisen an und warb Gäste.

»*Japanese food, very delicious*«, dröhnte der junge Kirihara, dessen kräftiger Körper in einer Kimono-Jacke steckte.

»*Twenty five cents, twenty five cents*«, rief Yoshii, der die Hähnchenspieße verkaufte.

Drei Nächte lang war ich damit beschäftigt gewesen, die Kimonojacken für die Jungen und die roten Schürzen und Bänder für die Mädchen zu nähen. Die Mädchen trugen alle Kimonos von mir. Wir amüsierten uns köstlich.

Ich war auf den Geschmack gekommen und beteiligte mich auch am Studentenfest des College. In aller Eile studierte ich mit Tetsuko und Mitsue einen Tanz zu dem Lied *Gion Kouta* ein, und ich selbst tanzte die Okichi[6]. Zwei Studenten aus Osaka demonstrierten verschiedene Jûdô-Griffe.

Die Universitätsfeste in Miami waren sehr aufwendig und wurden auch von der Stadt gefördert. Man hatte auf dem Campus auch eine große Achterbahn installiert, so groß wie die im Kôrakuen[7]. Außerdem gab es ein Karussell und andere Attraktionen, die man auf Rummelplätzen findet. Es kam auch viel Publikum von außen.

Daher verkauften sich unsere Speisen ausgezeichnet.

Damals ereignete sich eine nette Geschichte.

Nobuko war eine sehr hübsche Studentin. Auch sie hatte ihre Ärmel hochgebunden und fritierte ununterbrochen *Tempura*. Dabei wird man natürlich müde, also wechselten wir uns alle dreißig Minuten ab.

Die Jungen waren zum thailändischen Essen und zum iranischen Barbecue-Stand gegangen. Ich bewachte unseren Stand, während Tetsuko und Mitsue mit der Achterbahn fuhren. Sie kamen voller Begeisterung zurück. Nobuko wollte nun auch Achterbahn fahren, aber die einen waren schon gefahren und die anderen hatten gerade gegessen. Also fand sie keine Mitstreiter.

»Fahr doch alleine«, schlug Tetsuko vor, aber das wollte Nobuko nicht.

»Jemand sollte Nobuko begleiten. Es kostet doch nur 25 Cent«, rief ich.

»Ich habe auch Lust, also fahren wir zusammen«, sagte ein junger Mann und kam näher.

Es war ein Junge, der die Universität abgeschlossen hatte und jetzt bei einer Firma in Miami arbeitete. Er war zwar ein Angestellter, doch da er ganz frisch dort arbeitete, hätte man ihn noch für einen Studenten halten können.

»Ach, Nobuko hat niemanden, der mit ihr Achterbahn fährt. Würden Sie sie begleiten? Hier sind zweimal 25 Cent«, sagte ich.

»Natürlich, keine Sorge. Ich habe das Geld selbst und werde gut auf sie aufpassen.«

Ich war erleichtert.

Später heirateten die beiden in einer Kirche in Miami. Ich hatte ihr einen weißen Brautkimono geschneidert, in dem sie zauberhaft aussah. Wie Sie sehen, war ich auch in Miami als Ehestifterin erfolgreich.

Doch kehren wir zu Shamiko zurück.

Ihre Besitzerin hatte mir erklärt, daß die Katze nach menschlichen Maßstäben etwa fünfundzwanzig Jahre zähle und sich damit auf dem Höhepunkt ihrer Weiblichkeit befinde. Im übrigen sei sie eine große Schönheit. Mir gegenüber wohnte ein älteres Ehepaar mit einem großen Kater namens Casey, schneeweiß und als Folge von Überfütterung sehr fett. Dieser Casey schien ein Auge auf Shamiko geworfen zu haben.

Meine Nachbarn zur Rechten waren eine fünfundachtzig Jahre alte Frau, deren Sohn und seine Frau. Weil die alte Mutter immer von ihrem »Baby« sprach, fragte ich mich, wer denn nun das Baby sein könnte. Es war ihr sechzigjähriger Sohn, der schon eine Glatze hatte. Ein sonderbares »Baby«, aber sie meinte es ganz ernst. Wenn sie mit der »Frau meines Babys« prahlte, meinte sie ihre fünfzigjährige Schwiegertochter. Das kahlköpfige Baby war Vertreter für pharmazeutische Produkte, und Babys Frau arbeitete als Krankenschwester.

Auch sie hatten einen großen, hellbraunen Kater, der Tom hieß. Tom schien ebenfalls in unsere Shamiko verliebt zu sein.

Es war in einer Nacht im Frühling. Im Garten rumorten und maunzten mehrere Katzen. Auf einmal ertönte ein Geschrei, als würde jemand umgebracht, denn wenn Tom oder Casey Shamiko zu nahe kamen, biß sie nach ihnen, um sich vor ihnen zu schützen. Es fand ein schrecklicher Kampf statt, währenddessen Casey und Tom ein Geheul anstimmten, das durch Mark und Bein ging.

Als es hell wurde, ging ich nach draußen und fand überall im Garten verstreut braune und weiße Katzenhaare. Shamiko machte ein unbeteiligtes Gesicht und miaute zärtlich, als sie mich sah. Shamiko war eben sehr keusch. Dem armen Casey hatte sie das Ohr so zerbissen, daß die eine Hälfte herunterhing, Tom hatte sie ganze Fellstücke aus dem Gesicht gerupft, so daß das rohe Fleisch hervorschaute.

Das erinnert mich an eine andere Geschichte. Meine gute Freundin Michiko hatte eine Katze namens Suzy. Suzy war sehr amourös veranlagt und bekam alle vier Monate drei oder vier Junge.

Jedesmal brachte Michiko die Kätzchen in den Park und verschenkte sie an Interessenten. Hatte sie endlich alle Kätzchen untergebracht, bekam Suzy schon wieder neue. Das bereitete Michiko Kopfzerbrechen.

Als ich ihr von Shamikos Kampf gegen die Kater erzählte, wollte sie unbedingt wissen, wie ich das Shamiko beigebracht hatte, doch ich hatte es ihr ja gar nicht beigebracht. Kater waren ihr einfach ein Greuel. Ein amerikanischer Freund sagte mir einmal, Shamiko sei abnormal. Eine Katze, die das Männchen kratze und beiße, um sich zu verteidigen, sei gestört. Und ich sei naiv. Bei mir scheine doch auch irgend etwas nicht zu stimmen. Kann sein.

Hunde und Katzen müssen sich natürlich zu bestimmten Zeiten paaren, aber Shamiko wirkte »rein, anständig und schön«[8].

Und Casey und Tom, die Verschmähten, konnten nur herübersehen und kläglich miauen.

Etwas Unangenehmes passierte eines Tages, während ich in Orlando unterrichtete. In mein Haus wurde eingebrochen, und wäre ich zu Hause gewesen, hätte ich bestimmt furchtbare Angst ausgestanden.

Zu den jungen Leuten, mit denen ich befreundet war, gehörte auch der junge Herr Yamaguchi. Er nennt mich heute noch Mutter, hat eine reizende Frau und ein niedliches Töchterchen. Dieser Herr Yamaguchi wohnte damals bei mir. Tetsuko, die lange meine Mitbewohnerin gewesen war, hatte einen amerikanischen Chirurgen geheiratet. So hatte Herr Yamaguchi ihren Platz in meinem Haus eingenommen. Er war zur Zeit des Einbruchs nicht da und fand, als er um elf Uhr abends zurückkam, zu seiner Überraschung die Haustür offen und die Zimmer durchwühlt. Noch verwunderter war wahrscheinlich der Einbrecher selbst.

Mein Haus war japanisch eingerichtet, also gab es nichts zu stehlen. Amerikanische Familien haben Antiquitäten, einen Schmuckkasten im Schlafzimmer und verschiedene andere Dinge, die man stehlen kann. Mein Haus war mit *Tatami* ausgelegt, der einzige Schmuck waren Rollbilder und Blumen. Ich hatte zwei Kommoden, in deren Schubladen sich nur Kimonos und *Obi* befanden. Diese waren zwar Zehntausende Dollars wert, aber ein amerikanischer Dieb hätte keine Verwendung dafür gehabt. Wenn der Einbrecher sie mitgenommen hätte, wäre er sofort erwischt worden. Er hatte alle Schubladen durchwühlt und war nur auf unverständliche, groteske Dinge gestoßen wie Untergürtel, *Obi*-Kordeln, zum *Obi* gehörige Rückenpolster, *Tabi* und Kimono-Unterwäsche, sowie eine große Anzahl anderer Schnüre und Gürtel. Irgendwann hatte der amerikanische Dieb es wohl satt gehabt und war verschwunden, ohne etwas mitzunehmen.

Vielleicht war es sein erster Tag als Dieb gewesen, und sein Chef hatte ihn gescholten.

»Aber es gab doch nichts, das sich gelohnt hätte«, hatte er vielleicht gesagt und verzweifelt die merkwürdigen Schnüre und Stoffe, die endlos aus den Schubladen hervorgequollen waren, beschrieben. Möglicherweise hatte ihn sein Chef darauf grollend aufgefordert, seinen Beruf zu wechseln. Eigentlich machte ich mir eher Sorgen um den Einbrecher als um mich.

»Hat er uns vielleicht etwas dagelassen?« fragte ich sogar.

Auch in Herrn Yamaguchis Zimmer fehlte nichts. Sein Fotoapparat lag zwar auf dem Bett, aber der Einbrecher hatte ihn wohl übersehen. Er schien gar keinen räuberischen Instinkt gehabt zu haben.

Das Leben in Miami war wirklich sehr ereignisreich.

Alltag einer Hauslehrerin

ICH HATTE VIELE interessante Freunde in Miami. Ein sympathischer russisch-orthodoxer Priester beispielsweise sprach fließend Japanisch und konnte *Hiragana* und *Kanji*[9] schreiben.

»Ich war an der Nikolaikirche in Kanda tätig. Jeden Abend bin ich dort durch die Antiquariate gebummelt. Ich war in der Gegend sehr bekannt«, erzählte er mir. Der Pater rauchte und trank Alkohol ohne Bedenken. Er war etwa fünfundvierzig und sah gut aus. Die schwarze Robe stand ihm ausgezeichnet, so daß Frauen in seiner Gegenwart ganz nervös wurden.

»Pater, Sie kommen gut an bei Frauen«, neckte ich ihn.

»Ja, ich bin Jesus Christ Superstar«, antwortete er schlagfertig.

Seiner Vermittlung hatte ich eine schöne Stelle als Hauslehrerin bei einer Familie in Coconut Grove zu verdanken.

Von der Wohnung dieser Familie im elften Stock aus konnte man in der Ferne Key Biscayne (die Insel, auf der Nixon sein Wochenendhaus mit dem Spitznamen »Weißes Haus von Miami« hatte) und Miami Beach sehen. Direkt vor dem Haus lag der Jachthafen. Morgens, abends und nachts war er wunderschön, aber ganz besonders herrlich bei Sturm. Wenn Blitze den Himmel zerrissen, fand ich, daß der Preis für dieses Apartment sich schon allein wegen der Aussicht lohnte.

Ich war die Hauslehrerin zweier Mädchen, von denen

eines die erste Klasse und das andere die zweite besuchte. Deshalb würden meine Englischkenntnisse noch zwei oder drei Jahre ausreichen, hatte ich mir ausgerechnet, doch wenn sie in die sechste Klasse kamen, mußte ich wahrscheinlich aufgeben ... Chemie und Mathematik (und das auch noch auf Englisch) waren nicht meine Welt ...

Die beiden hatten noch einen jüngeren Bruder von zweieinhalb, den ich wie mein eigenes Kind liebte. Nachts schlief er nicht ein, wenn ich ihn nicht in den Schlaf wiegte. Eigentlich war ich für die beiden Mädchen eingestellt worden, aber ich übernahm auch die Betreuung des Kleinen. Er begleitete mich sogar bis zur Toilette, und ich hatte überhaupt keine Privatsphäre bis zum Schlafengehen.

Ich hatte ein sehr schönes Zimmer mit Klimaanlage, Fernseher und Bad. Wenn ich morgens gemütlich bei Toast und englischem Tee mit Milch aufs Meer und die sich auftürmenden Gewitterwolken schaute, war es mir fast peinlich, daß ich auch noch ein Gehalt bekam. Eigentlich hätte ich bezahlen müssen, da ich nur ab und zu mit den Mädchen lernte, ins Schwimmbad ging oder Leckereien mit ihnen aß.

Die Hausherrin sah aus wie eine jüngere Ausgabe von Deborah Kerr. Am Telefon gab sie vor ihren Freunden und Verwandten mit mir an.

»Unsere japanische Hauslehrerin ist wunderbar gewissenhaft. Die Kinder hängen mehr an ihr als an mir. Es war wirklich ein Gottesgeschenk, daß wir ihr begegnet sind.« Durch diese Lobpreisungen angelockt, sprach der Hausverwalter bei mir vor.

»Wir haben auch drei Kinder. Haben Sie nicht eine japanische Freundin, die Privatlehrerin ist?«

Ohne es zu beabsichtigen, hatte ich Japans Ansehen gefördert. Kann das nicht jemand dem Kultusminister berichten?

Mein Kimono trug auch zu meiner Beliebtheit bei. Da

die Amerikaner an resolute deutsche oder englische Erzieherinnen in tristen Kostümen gewöhnt waren, erregte eine lächelnde junge Japanerin (niemand wußte, wie alt ich wirklich war) im hübschen Kimono Aufmerksamkeit. Die meisten Erzieherinnen schlagen die Kinder und schreien sie an, aber ich entwickelte meine eigene Methode, mit Kindern umzugehen.

Ich wußte zwar, daß ich Männer um den Finger wickeln konnte, aber daß ich so gut mit Kindern zurechtkam, hat mich selbst überrascht. Meine wahre Stunde kam jedoch am Abend, wenn ich als Solovorstellung japanische Märchen vorspielte. Der Kleine konnte nicht schlafen, wenn er nicht die Geschichte von den Geistern, die aus dem Kleiderkorb kamen, gehört hatte. *Die drei kleinen Schweinchen, Pinocchio* und *Cinderella* fand er gar nicht so aufregend. Ihm gefielen meine Geschichten besser. Manchmal kamen auch die beiden Mädchen und legten sich zu ihm aufs Bett.

»Wo bleibt das erste Schildkrötchen?« drängelten sie dann, und alle drei lauschten meiner Aufführung. Manchmal schliefen wir alle vier auf dem Bett ein.

Eines Morgens begegnete ich im Aufzug einer eleganten, weißhaarigen alten Dame. Als ich sie grüßte, sagte sie: »Aha, Sie sind die vielgerühmte japanische Erzieherin. Ich würde gerne eine Minute in der Lobby mit Ihnen reden.« Wir fuhren zusammen hinunter. »Meine Tochter hat ein großes Haus in Miami Beach. Die Familie hat ein Boot, einen Campingwagen, eine Haushälterin und eine Köchin. Was verdienen Sie augenblicklich?« fragte sie mich.

Ich lächelte.

»Ich hätte gern jemanden wie Sie für meine drei Enkel und würde Ihnen das Doppelte Ihres jetzigen Gehaltes zahlen.«

Anscheinend war es schon so weit, daß japanische Hauslehrerinnen wie Baseballprofis abgeworben wurden.

»Da ich mit Mrs. Miriam befreundet bin, arbeite ich nicht für Geld«, lehnte ich ab. Ich hing auch sehr an dem zweieinhalbjährigen Kleinen und hatte kein Interesse an einer anderen Stelle.

Als ich Mrs. Miriam von der Sache erzählte, war sie sehr gerührt. »Eine Amerikanerin hätte das Angebot sofort angenommen. Sie sind mir wirklich von Gott gesandt worden.«

Bei so einem Lob konnte ich doch nicht woanders hingehen, auch nicht für das doppelte Gehalt.

Mit dem Auto durch Amerika

UNTERDESSEN BEKAM ICH allmählich das Gefühl, daß es mir an Anregung fehlte. Gut essen, faulenzen, ab und zu mit dem Kleinen Kindersprache plappern und mit den Mädchen auf dem Niveau von »*This is a pen*« zu lernen, brachte mich nicht weiter.

Natürlich gab es in Miami auch ein wunderbares Theater, wo man New Yorker Musicals aufführte. Aber die Besetzung war bescheiden. Zum Beispiel trat in *Der König und ich* kein Yul Brynner und in *Anatevka* kein Zero Mostel auf. Die Rollen wurden nur von *Kiyai-no-o*-Leuten gespielt.

Der Begriff des *Kiyai-no-o* muß erklärt werden. Im *Kabuki* sitzen auf der Bühne mehrere Zofen in einfarbigen rosa Kimonos mit schwarzem Satin-*Obi*, die hinten schräg gebunden sind. Jede von ihnen übernimmt ein Wort in einem bestimmten Satz.

Erste Zofe: *Mo sotto* (»ein bißchen«)

Zweite Zofe: *kochi e* (»hierher«)

Dritte Zofe: *kiya* (»komm«)

Vierte Zofe: *i-no-o* (»bitte«).

Als zusammenhängender Satz gesprochen, heißt das in etwa »Kommen Sie doch ein bißchen näher«. Doch die vier Zofen sprechen die Worte getrennt voneinander. Sie sind keine Stars, sondern noch Anfängerinnen.

Die meisten der Tourneeveranstaltungen in Miami – bis zu siebzig Prozent – wurden mit solchen *Kiyai-no-o* besetzt (es gab natürlich Ausnahmen wie Carol Baker und

Charles Bronson). Diese Leute, die am Broadway Komparsen waren und im Hintergrund der Bühne auf- und abgingen, durften einmal im Jahr in Miami auftreten. Natürlich waren einige von ihnen sehr begabt und bekamen in der nächsten Saison größere Rollen. Tatsächlich spielen in den amerikanischen Musicals, die nach Japan kommen, auch viele *Kiyai-no-o*. Die Japaner wissen es nur nicht.

Ich sehnte mich jedenfalls nach brandheißen Neuigkeiten aus New York und war nach Konzerten und guten Theaterstücken förmlich ausgehungert. Außerdem wollte ich meine Freunde wiedersehen. Ich war seit vier Jahren in Miami, und es fing an, mir langweilig zu werden.

Nachdem ich beschlossen hatte, nach New York zurückzukehren, hatte ich es eilig. Da ich ein Haus gekauft hatte, mußte ich es verkaufen und meine Sachen mitnehmen. Als erstes rief ich die Immobilienfirma an, die beim Kauf meines Hauses alles erledigt hatte. Ich hatte Glück, denn das Maklerehepaar war sehr nett, und unser Verhältnis nicht nur ein geschäftliches, sondern ein freundschaftliches. Alles ging reibungslos vonstatten, und ich verkaufte das Haus fast zum doppelten Preis.

Bei einer Speditionsfirma erkundigte ich mich nach den Kosten eines Umzugs. Alle Unkosten mit eingerechnet würde er mich etwa zehntausend Dollar kosten. Dafür würde das ganze Geld vom Verkauf des Hauses draufgehen.

Also rief ich Robert an, der in New Jersey lebte, und schilderte ihm mein Problem. Er wollte gleich einen Flug nach Miami buchen und bat mich, bis zu seiner Ankunft nichts zu unternehmen.

Robert kam nach Miami. Wir mieteten einen großen Container, den wir mit Möbeln und Hausrat gefüllt an meinen schrottreifen Buick hängen und nach New York bringen wollten. Wir verpackten alles gut und verschenkten die übriggebliebenen Sachen an die Studenten (ich staunte, wie mein Hausrat sich vermehrt hatte). Auf der Fahrt nach New York muß man acht Staaten durchqueren und braucht mindestens drei oder vier Tage. Da zum Glück noch zwei junge amerikanische Dozenten ebenfalls nach New York wollten, konnten wir uns zu viert beim Fahren abwechseln. Außerdem würde mit drei jungen Männern das Aufladen schneller vonstatten gehen. Es war also beschlossene Sache. Ich war traurig, daß ich mich von Shamiko trennen mußte und legte sie dem jungen Ehepaar, das nach mir einzog, besonders ans Herz. Dann brachen Robert, Clint und Raymond, die beiden Dozenten, und ich auf. Im Auto gab es eine tragbare Kühlbox, die ich mit Obst, Saft, Schinken und Käse vollgepackt hatte.

Vergnüglich an dieser Reise war, daß wir unsere drei Mahlzeiten nicht im Hotel oder im Restaurant einnahmen, sondern picknicken konnten, wo es uns gefiel. Wir frühstückten in den Bergen unter grünen Bäumen und lauschten dem Gesang der Vögel; zum Mittagessen saßen wir am Meeresstrand, wo die Wellen sich brachen, und die drei Nächte verbrachten wir in Motels. In Japan ist ein Motel eine Absteige, doch die Motels an amerikanischen Autobahnen sind eine saubere Angelegenheit und haben Swimmingpools und Restaurants. Da man in diesem Land weite Strecken mit dem Auto zurücklegt, übernachten in Motels Großeltern, Eltern und Babys.

Eines Morgens saßen wir zum Frühstück im Sprühnebel eines Wasserfalls, und Clint und Raymond nahmen ein Bad in seinem Gewässer. Solche schönen Erlebnisse hatten wir oft. Es war ganz anders als eine Reise mit dem Flugzeug, bei der man gar nichts von der Landschaft hat.

Von Miami aus führte die Straße uns durch Georgia, South und North Carolina, Virginia, Maryland, Delaware und New Jersey nach New York. Erst durch diesen Umzug habe ich richtig begriffen, wie riesig Amerika ist.

Etwa dreißig Meilen hinter Miami begannen sich zu beiden Seiten endlose Orangenplantagen zu erstrecken. Die kalifornischen Sunkist-Orangen sind in Japan sehr berühmt, aber auch Orangen aus Florida sind saftig und wohlschmeckend. Übrigens werden hier auch viele Grapefruits angebaut.

Da wir sehr früh am Morgen aufgebrochen waren, war ich natürlich schläfrig. In der Nacht zuvor hatten wir bis halb drei den Container beladen und waren von dieser Anstrengung noch völlig erschöpft. Ich brüste mich zwar immer mit meinem Durchhaltevermögen, aber diesmal mußte ich doch ein Nickerchen machen. Während ich die schönen Orangenbäume betrachtete, die voller reifer Früchte hingen, schlief ich ein. Ich saß auf dem Beifahrersitz, die Klimaanlage sorgte für gerade die richtige Temperatur, aus dem Autoradio erklang sanfte Musik. Ich schlief sanft und selig.

Raymond weckte mich zum Mittagessen, und ich schlug die Augen auf. Als ich auf die Uhr sah, war es schon halb zwei.

Ich schaute mich um und hatte den Eindruck, wir hätten uns verfahren, denn nach den vier Stunden fuhren wir immer noch durch Orangenplantagen. Wieder einmal wurde mir die Weite Amerikas bewußt.

Wir kamen zu einem Rastplatz. Hier hatte der Staat Holzbänke und Tische aufgestellt, an denen wir picknickten. Wir plauderten und aßen Brot, Schinken, Salami, Tomaten, die wir im Auto hatten, die Gurke aßen wir auf japanische Art mit *Miso*. Ein köstliches Mahl.

Da alle drei Männer mit Kunst zu tun hatten, unterhielten wir uns die ganze Zeit über Malerei – von Gauguin bis Utamaro. Bis zur Grenze von Georgia – noch etwa zwei Stunden – setzten sich die Orangenplantagen fort und die Landschaft blieb die gleiche. Zu beiden Seiten der Autobahn, die die beiden Staaten verband, hatte man »Tankstellen« für Orangensaft eingerichtet. Der frischgepreßte, eisgekühlte Saft wurde in großen Pappbechern serviert, als lokale Spezialität sogar umsonst. Dafür waren die Reisenden, die schon Tausende von Meilen zurückgelegt hatten, natürlich dankbar. Einige bekamen auch ihre Wasserkanister gefüllt.

Als wir nach Georgia hineinfuhren, änderte sich die Landschaft schlagartig. Man erkennt sofort den Unterschied zwischen einem reichen und einem armen Staat (ich entschuldige mich bei den Georgiern). In Georgia verwandelte sich der gepflegte schöne Seitenstreifen von Florida abrupt in einen mit Hirtentäschel bewachsenen Schotterweg. Natürlich war der Highway wie in jedem Staat tadellos, nur der Zustand der Seitenstreifen war anders. In Florida steht manchmal eine Art weißer Reiher mit einem langen Hals regungslos auf dem Rasen, und an der Autobahn blühen zartlila Blumen. Kommt man nach Georgia, wird es ziemlich trist, und die Landschaft wirkt steinig. An den Staatsgrenzen steht jeweils ein Schild mit der Aufschrift *Welcome to Georgia* oder *Welcome to South Carolina.*

Der Highway in South und North Carolina war gerade so in Ordnung. In Virginia, Maryland und Delaware waren dann die Seitenstreifen allmählich wieder besser gepflegt, und auf dem Rasen spielten wilde Kaninchen. In Georgia und South Carolina bekommt man keinen einzigen Vogel zu Gesicht.

Vielleicht hängen diese Dinge weniger davon ab, ob ein Staat arm oder reich ist, als von der unterschiedlichen Verwaltung der staatlichen Mittel.

Wir fuhren gemächlich, und da wir uns abwechselten, wurden wir überhaupt nicht müde. So kamen wir ohne Zwischenfälle voran. In einem Motel in South Carolina traten die Geschwister Mary und Jimmy Osmond auf. Wenn wir nicht mitten in einem Umzug und besser angezogen gewesen wären (wir trugen T-Shirts, Bluejeans und abgetragene Turnschuhe), hätten wir sie uns angesehen. Aber unsere Aufmachung war höchst unpassend für eine Dinner Show. (Wenn es sich allerdings um Peter Sellers gehandelt hätte, wäre ich in den Container gekrochen und hätte einen Kimono herausgezogen.)

In Virginia gibt es eine große Bucht, die Chesapeake Bay, die von einer Brücke überspannt wird. Die Brücke setzt sich aus mehreren Brücken hintereinander zusammen, und wenn man eine überquert hat und denkt, man hätte es geschafft, kommt gleich die nächste. Von der ersten bis zur letzten Brücke waren es 2.2 Meilen. Zu beiden Seiten lag der Ozean, auf dem Schiffe und Boote von Anglern schwammen. Auch Motorboote knatterten herum.

Anschließend fuhren wir durch Maryland, Delaware und New Jersey. In Delaware hat die berühmte Firma Dupont ihren Sitz (Dupont stellt alles her, von riesigen Atommeilern bis zu Schuhen aus Kunststoff, Feuerzeugen und Tüten). Als nächstes erreichten wir New Jersey ... Dort säen die Bauern mit Hilfe von Flugzeugen!

Nach der Durchquerung dieser acht Staaten erreichten wir schließlich New York. Robert hatte ein kleines, aber hübsches Zweizimmerapartment, in dem wir alle übernachteten.

Mit den Autobahngebühren, den Übernachtungen im Motel (mit Pferdeschwanz, Jeans und Turnschuhen gab ich mich als ausländische Studentin aus, und wir bezahlten nur ganz wenig. Zudem nahmen wir immer zu viert ein Doppelzimmer, in das zwei Feldbetten gestellt wurden, wodurch es noch billiger wurde) und den Mahlzeiten, die ich für alle bezahlte, hatte ich weniger als 700 Dollar ausgegeben. Es war doch gut, daß ich alles einem Einheimischen, Robert, überlassen hatte.

Sayônara, Andrew

INZWISCHEN (1987) BIN ich Beraterin an der Oper. Da die meisten Opern auf Italienisch aufgeführt werden, habe ich im vergangenen Jahr angefangen, Italienisch zu lernen. Man muß ein bißchen davon können, sonst kann man sich auf der Bühne nicht verständigen, das heißt den Darstellern die entsprechenden Zeichen geben.

Doch wie kam es dazu, daß ich in die Welt der Oper eintrat?

Ich arbeitete in Heimen für körperlich und geistig behinderte Kinder. Überall schenkten mir die Kinder aller möglichen Nationalitäten (wir waren ja in New York) ihre Zuneigung, und ich fand jedes Kind auf seine Weise liebenswert.

Dort begegnete mir auch die kleine Italienerin Mia. Sie war mongoloid und winzig. Ich hatte sie für acht gehalten, aber sie war schon vierzehn. Sie hatte niedliche Kulleraugen, und wenn sie wie ein Baby auf meinen Schoß kletterte, umarmte ich sie unwillkürlich (dann wurden die anderen Kinder eifersüchtig und krabbelten um die Wette auf meinen Schoß).

Ich lernte Mias Mutter kennen und fing an, die Familie zu Hause zu besuchen. Mias Vater, Antonio Galbano, war ein damals bekannter Opernregisseur, und ihre Mutter war bis zu Mias Geburt Sopranistin gewesen. Die beiden hatten anscheinend sehr spät geheiratet. Er schien um die Sechzig, sie um die Fünfzig zu sein.

Eines Tages hatte ich für Mia eine Puppe aus Papier gebastelt. Weil ich gehört hatte, daß der Vater an diesem

Abend aus Italien zurückkommen sollte, wollte ich mich vorher verabschieden, aber sie drängten mich, mit ihnen zu Abend zu essen. Also aßen wir alle – das Ehepaar, Mia, die Großmutter und ich – zusammen zu Abend, original italienische Küche (übrigens meine Lieblingsküche). Die Herstellung einer Spaghettisauce mit Fleisch dauert drei Tage, und die hausgemachten Spaghetti waren der ganze Stolz der Großmutter.

Beim Essen erzählte Frau Galbano ihrem Mann, daß Mia mich besonders gern habe, sehr an mir hänge und sich gar nicht von mir trennen könne.

Danach unterhielten wir uns über Opern.

Wenn man vor dem Krieg in Japan von der Oper sprach, meinte man im allgemeinen *Madame Butterfly, La Bohème, Mitternachtsommertraum, La Traviata, Aida* oder *Carmen.* Ich hatte mich immer für eine Opernkennerin gehalten.

»Hatten Sie in Ihrem Land die Gelegenheit, europäische Opern zu sehen?« fragte mich Mias Vater während des Essens.

»Ja, auch bei uns gibt es Opernensembles, und ich liebe die Oper sehr«, antwortete ich und erzählte, welche Opern ich in Japan gesehen hatte.

Ich berichtete, daß es in Japan auch verschiedene Opernsänger gab, die in japanischer Übersetzung sangen (vor dem Krieg war alles auf Japanisch gesungen worden). Zum Schluß fragte ich ihn, wieviel europäische Opern es denn gäbe.

»Die ganz alten werden kaum auf die Bühne gebracht, und die ganz neuen sind nicht nach meinem Geschmack. Doch im allgemeinen nennt man etwa 250«, sagte er gleichmütig.

Ich war niedergeschmettert. Ich, die ich mir soviel auf meine Kenntnisse einbildete, kannte nur vierzehn oder fünfzehn. Ich war ein Brunnenfrosch.[10]

»Wenn Sie etwas über die Oper lernen wollen, gehen Sie doch am besten gleich morgen in eine Bibliothek. Ich habe auch gute Fachliteratur hier, die Sie lesen können. Hätten Sie vielleicht Lust, an der Oper zu arbeiten?« fragte mich Herr Galbano.

Herr Galbano war ja Opernregisseur, und führte unter dem Namen seiner Frau noch ein Geschäft für Opernkostüme. Ich war hingerissen.

Am nächsten Tag fing ich an, wie Herr Galbano mir geraten hatte, die Bibliothek zu besuchen.

Zu meinem großen Erstaunen stellte ich fest, daß der berühmte Puccini (der Komponist von *Madame Butterfly*) kein einziges Mal in Japan gewesen war. Ich habe das schon einmal erwähnt, will aber noch einmal darauf zurückkommen. Es heißt, daß er nach Rom fuhr und die japanische Gesandtschaft aufsuchte, um sich bei dem Gesandten Oyama Jôsuke über japanische Musik zu erkundigen.

Hätte er Koreaner und Chinesen aufgesucht, wäre *Madame Butterfly* bestimmt ganz anders ausgefallen, und sie würde chinesische oder koreanische Weisen singen.

An der Oper stört mich, daß Suzuki vor einem buddhistischen Altar *Izanami* und *Izanagi*[11] anruft und Madame Butterflys Onkel, ein buddhistischer Mönch, die Worte eines Shintô-Priesters spricht. Das kommt eben daher, daß Puccini nie in Japan war. Wäre er dort gewesen, hätte er diese Fehler wahrscheinlich nicht begangen ... Doch die Musik ist so schön, und diese Schnitzer scheinen niemandem aufzufallen. Bin ich etwa die einzige, der das jedesmal Kopfschmerzen bereitet?

In der Bibliothek, in die mich Herr Galbano geschickt hatte, sah ich viele Fotos von Aufführungen. In Kopenhagen trug Madame Butterny einen abgetragenen *Yukata*. Auch die Aufführung in der New City Opera war katastrophal. Bei einer Schulaufführung hätte man die fürchterlichen Kostüme mit geringem Budget entschuldigen können, aber in der City Opera kostet eine Eintrittskarte fünfzig oder sechzig Dollar, dennoch trugen die Mutter und die Tante von Madame Butterfly Pumphosen und Strohhüte. Das Ding, das die Hochzeitshaube darstellen sollte, hatte man der Braut auf die Stirn geklebt, und es sah aus wie das Papphäubchen einer Krankenschwester ...

Es war so unerträglich, daß ich den Fundus der City Opera aufsuchte.

Ich wollte den Produzenten sprechen und ihn bitten, wenigstens einige Details zu ändern, denn in Japan geht man nicht im Aufzug eines vietnamesischen Flüchtlings zur Hochzeit einer Verwandten, und eine japanische Hochzeitshaube sieht auch ganz anders aus. Doch ich durfte nur den Friseur und den Kostümdesigner sprechen.

»Wir machen das in diesem Haus schon seit vierzehn Jahren so und können es nicht plötzlich ändern. *Mind your own business*«, erklärte man mir.

Ich konnte sagen, was ich wollte, es zeigte nicht mehr Wirkung als das Zähneknirschen junger Sardinen. Sehr bedauerlich.

Aus diesem Grund stellte ich schließlich während meiner Beratertätigkeit alle Requisiten selbst. Ich mußte den weißen Hochzeitskimono, den Überkimono, die Hochzeitshaube, das *Sake*-Geschirr für den rituellen Hochzeitstrunk des Brautpaares, den buddhistischen Hausaltar, die Glocke, die Totentafel, natürlich die schwarzen Kimonos für Madame Butterflys Mutter und ihre Verwandten, *Haori* und *Hakama* für die Männer, außerdem ein Rauchbesteck, ein Teekännchen, alles bis zu den Untersetzern für japanische Teetassen mitbringen.

Viele Zeitungen äußerten sich lobend.

»Es war das erste Mal, daß wir hier eine echt japanische *Madame Butterfly* zu sehen bekamen«, oder:

»Heute habe ich zum erstenmal ohne Unbehagen die *Madame Butterfly* gesehen«, oder:

»Die Qualität der Beratung macht einen großen Unterschied. Hut ab vor dem Produzenten, der so klug war, eine Japanerin zu Rate zu ziehen«.

Ich freute mich sehr, aber auch Herr Galbano, der mich in diese Welt eingeführt hatte, schien ausgesprochen stolz auf mich zu sein.

In den Spielpausen füllte mich meine Arbeit in dem Heim für behinderte Kinder und eine Aushilfetätigkeit in einem Altersheim ganz aus. Die Arbeit hielt mich auf Trab, trotzdem konnte ich auch noch meinen eigenen Interessen nachgehen. Da ich außerdem sehr gerne stricke und nähe, nutzte ich im großen und ganzen meine freie Zeit im Sommer gut aus.

In dieser Zeit legte mir der Himmel ein wunderbares Geschenk in den Schoß. Es geschah am 2. Juni 1974.

Die erste Probe der *Madame Butterfly* fand in der großen katholischen Kirche im italienischen Viertel von Brooklyn statt, und ich fuhr mit dem Regisseur Franco Gentilesca in seinem Wagen dorthin. Der Pfarrer stand am Eingang, und da alle ihn begrüßten, sagte ich auf Italienisch »*Buon giorno, padre*«. Der Pater war ganz gerührt, daß eine Japanerin im Kimono Italienisch mit ihm sprach. Ich erzählte ihm in gebrochenem Italienisch, daß ich die choreographische Beraterin für *Madame Butterfly* sei.

Der Pater war selbst schon in Japan gewesen und ein Japanfreund. Wir gingen durch das Innere der Kirche. Auf der Rückseite befand sich ein Patio und dahinter ein Freizeitraum mit einer wunderbaren Bühne. Der Pianist war schon da, alle wichtigen Darsteller hatten die Bühne bestiegen und hielten eine Vorbesprechung ab. In dieser Aufführung sang eine Sopranistin, die ich schon einmal eingewiesen hatte, die *Madame Butterfly*.

Man hatte einige Klappstühle aufgereiht, und ich wartete auf Gentilescas Zeichen. Es war Frühsommer, und daher trug ich einen hellblauen Sommer-*Haori* aus dünner Seide. Da mir etwas zu warm war, hatte ich den *Haori* ausgezogen und ihn, ohne mir dabei etwas zu denken, gefaltet auf den Stuhl neben mir gelegt.

Auf der Bühne begann die Probe. Ein vierzigjähriger beleibter Mann sang in einem ziemlich durchdringenden Tenor. Neben ihm stand ein junger, großer, gutaussehender Bariton, der ab und zu einstimmte.

Der dicke Vierziger hieß Gaetano und sang den Linkerton, der junge, attraktive Bariton den amerikanischen Generalkonsul Sharpless. Doch jeder, der sie nebeneinander sah, hätte den Dicken für Sharpless und den jungen Gutaussehenden für Linkerton gehalten.

Nach einer gewissen Zeit gab es eine Pause.

»Sie müßten weißes Haar haben, und der Bart müßte möglichst auch weiß sein. Machen Sie sich möglichst alt«, sagte der Regisseur zu dem jungen Mann. Während ich zur Bühne hinaufschaute, wunderte ich mich, warum der Dicke den Liebhaber spielte, wohingegen der junge Adonis die Rolle des Alten übernehmen mußte.

Kurz nach der Vorbesprechung machten wir eine Kaffeepause. Der junge gutaussehende Mann stieg von der Bühne und schien auf den Klappstühlen nach etwas zu suchen. Er hatte wirklich ein bezauberndes Profil.

Als er neben mir war, fragte ich ihn, was er denn suche.

»Meine Noten. Ich habe sie hier irgendwo abgelegt, kann sie aber nicht mehr finden«, erwiderte er. Da fiel mir etwas ein. Als ich meinen *Haori* auf den Stuhl gelegt hatte, hatte ich damit grüngebundene Noten, eine Art dickes Album, zugedeckt.

»Ach, verzeihen Sie vielmals.« Ich hob meinen *Haori* hoch, nahm die gesuchten Noten und entschuldigte mich nochmals überschwenglich.

»Schon gut, schon gut.« Er lächelte, weil ich so zerknirscht war.

»Mein Name ist Andrew. Ich bin der Bariton.«

Auch ich stellte mich vor.

»Ach, Sie sind Miss Nakamura. Ich habe schon viel von Ihnen gehört. Sie sind eine ausgezeichnete Beraterin. Gestern erst hat die Sopranistin Maria Sie gelobt.«

Es freute mich, daß er meinen Namen kannte. Ich hängte meinen *Haori* über die Rückenlehne, er nahm seine Noten, und wir setzten uns ganz natürlich nebeneinander.

Mit seinem dichten braunen Haar und den tiefgrünen Augen sah er phantastisch aus. Wir plauderten ein wenig, und er erzählte mir, daß er fünfundzwanzig Jahre alt sei und weder Eltern noch Geschwister habe. Ich sagte ihm, daß auch ich weder Eltern noch Geschwister hätte.

Wenig später trafen auch Maria (Madame Butterfly), Cindy (Suzuki) und die Leute vom Chor ein. Die Probe des ersten Aktes unter der kompetenten Leitung von Gentilesca war zu Ende. Ich bestieg die Bühne und erklärte dem Chor, wie man einen Sonnenschirm zumachte und die Ärmel hielt, zeigte, wie man sich verbeugt und einen Fächer handhabt.

»Wir proben noch einmal von Anfang an, aber vorher machen wir noch eine Viertelstunde Pause«, bestimmte Gentilesca, worauf alle die Bühne verließen. Der Pater hatte eine Kaffeemaschine gebracht und versorgte alle mit Kaffee.

»Miss Nakamura, möchten Sie Milch und Zucker?« Andrew brachte mir eine Tasse. Zusammen tranken wir unseren Kaffee. Kurz vor dem Wiederbeginn der Probe fragte mich Andrew, ob ich am Mittag des nächsten Tages Zeit hätte.

Ich konnte es kaum fassen – er wollte mit mir zu Mittag essen! Vor Glück hätte ich hochspringen können.

»Wenn Sie Zeit haben, treffen wir uns um halb eins im Fontana di Trevi vor der Carnegie Hall.«

Am nächsten Tag fiel leichter Nieselregen. Unter einem glyzinienfarbenen Regenmantel trug ich einen violetten Kimono mit Flußmuster. Dazu hatte ich einen lila japanischen »Schlangenaugen«-Schirm[12] aufgespannt.

Als ich das Fontana di Trevi betrat, das direkt gegenüber der Carnegie Hall lag, war Andrew schon da. Mein lila Schirm und mein glyzinienfarbener Regenmantel schienen ihm sehr zu gefallen.

Er hatte eine Kamera dabei und bat, mich fotografieren zu dürfen. Wir gingen noch einmal hinaus, und er machte zahlreiche Aufnahmen vor dem Restaurant. Wir ließen auch ein paar Fotos von uns beiden vom Geschäftsführer des Restaurants machen. Da Andrew über 1,80 m groß war, reichte ich ihm kaum bis zur Schulter.

Die Empfangsdame geleitete uns zu einem Tisch im hinteren Teil des Restaurants, wo wir ganz ungestört waren. Auf dem Tisch stand eine einzelne blutrote Rosenknospe mit einer rosa Schleife.

Dieser Regentag war der 3. Juni.

Seither begingen wir den 3. Juni immer als unseren Jahrestag.

Abgesehen von unseren Reisen gelang es uns stets, uns wenigstens zweimal die Woche zu treffen. Auf Partys bei meinen Freunden, bei seinen Freunden oder auf Partys von der Oper oder bei unseren gemeinsamen Freunden. Die New Yorker lieben nämlich Partys über alles.

Wir waren ständig zusammen. Weihnachten, natürlich Ostern, an Thanksgiving, auf Geburtstagsfeiern von Freunden und auf Wohlfahrtsveranstaltungen der Operngilde. Wenn ich irgendwo alleine hinkam, wurde ich sofort gefragt, wo denn Andrew sei. Tauchte er ohne mich auf, fragte man ihn sogleich nach mir.

Er stellte mein tägliches Leben völlig auf den Kopf. Er

rief mich jeden Abend an, und wenn ich einen neuen Kimono hatte, wollte ich ihn immer als erstes Andrew zeigen. Ich bekam die Stoffe aus Japan und da ich selbst nähte, konnte ich den neuen Kimono auch stets zuerst von ihm begutachten lassen. Auch wenn wir irgendwo unterwegs waren, riefen wir uns gegenseitig an. Ich begleitete ihn auf seinen Tourneen nach Europa und innerhalb Amerikas.

Es war am 14. April des folgenden Jahres. Wir waren zur Geburtstagsparty unseres Freundes Carl eingeladen, der deutscher Abstammung und ein berühmter Kostümdesigner war. Er entwarf die Kostüme für Barischnikow, der mittlerweile auch in Japan sehr bekannt ist. Carl wurde zweiundvierzig, und Andrew und ich waren natürlich eingeladen.

Ich trug einen festlichen hellblauen Kimono mit schwingenden Ärmeln und Kirschblütenmuster. Die Kirschbäume standen in vollster Blüte (in Washington hatte das Kirschblütenfest begonnen). Mein Kirschblüten-Kimono erregte viel Aufsehen, und ich wurde häufig fotografiert.

Als ich verkündete, daß ich auch Geburtstag hatte, trank Franco auf meinen und Carls zweiundvierzigsten Geburtstag, und gab es allen bekannt. Er schien »gleicher Tag« als »gleiches Alter« mißverstanden zu haben. Wahrscheinlich sah ich in meinem jugendlichen Festkimono besonders frisch aus (ich war damals sechzig). Natürlich stieß auch Andrew auf meinen zweiundvierzigsten Geburtstag an.

Seit damals veranstalten Carl und ich jedes Jahr eine gemeinsame Geburtstagsparty. Alle unsere Freunde vom Ballet, der Oper und aus der Musikbranche glauben, daß Carl und ich gleichaltrig sind. Inzwischen bin ich selbst schon fast überzeugt davon.

Durch Andrews unschätzbare Freundschaft habe ich in vieler Hinsicht sehr gewonnen. Er nahm mich in alle Opern, Filme und Musicals mit, die er für gut befand. So allgemein bekannte Stücke wir *A Chorus Line* oder *Cats* waren selbstverständlich, aber wir besuchten auch weniger großangelegte Stücke wie *Piaf*, eine wunderbare Aufführung, in der ein französischer Star das Leben der Edith Piaf nachspielte.

Er nahm mich in eine Tango-Show aus Argentinien mit und auch in viele gute Filme. Es waren keine populären Unterhaltungsfilme, sondern er wählte Filme und Shows aus, die die Kritiker interessant und geistreich fanden, und erläuterte sie mir. Dafür war ich ihm sehr dankbar. Es war für mich ein großes Geschenk, einen Lehrer zu haben, der mir Malerei, Musik und Unterhaltung in einer Weise erklären konnte, die mir lag.

Wenn ich mich in Tôkyô aufhielt, freute es mich besonders, wenn er mich morgens aus New York, Kanada, Frankreich, Spanien oder wo er sich gerade befand, anrief.

Jeden Morgen richtete ich mir nur für Andrew die Haare, schminkte mich für Andrew und zog mir für Andrew einen besonderen Kimono an. Wenn wir eine Verabredung hatten, war ich am Abend davor so aufgeregt wie ein Kind vor einem Ausflug, probierte verschiedene Kragen an und wählte zwischen diesen und jenen *Obi*-Kordeln.

Jedes Jahr fand am 22. Dezember eine Gesellschaft der Operngilde im Crystal Room des Waldorf Astoria statt. Andrew sah in seinem gutsitzenden Smoking glänzend aus. Ich trug natürlich einen Festkimono mit weiten Ärmeln. Wenn wir zusammen Walzer tanzten, hielten alle Leute inne und schauten uns zu.

Andrews Mutter war gestorben, als er sieben Jahre alt war. Danach hatte er allein mit seinem Vater und einer ältlichen deutschen Haushälterin in einer großen Villa gelebt. Sein Vater war Engländer und hatte als Anwalt in Texas gearbeitet. Er starb, als Andrew dreizehn war.

Der Junge kam in ein Schweizer Internat. Da er als Teenager sehr gut Klavier spielte, beschloß er, Pianist zu werden. Doch wegen seiner auffallend schönen Stimme riet ihm sein Musiklehrer zu Gesangsunterricht. Nach dem Abschluß der Schule kehrte Andrew nach Amerika zurück.

Er begann, Musik an der University of Texas zu studieren und besuchte danach die Juilliard School of Music in New York. Dank eines Professors, der ihn wie einen eigenen Sohn behandelte und das ihm von seinem Väter hinterlassene Vermögen verwaltete, verlief sein Studentenleben in Texas und New York erfolgreich, und er hatte nach dem Examen beruflich viele Chancen. Der Professor und seine Frau hatten ihn wirklich rührend umsorgt.

Ich begegnete diesem Ehepaar oft auf Partys. Er war fast achtzig, reiste aber jeden Monat nach Italien und London, um Opern zu dirigieren. Seine Frau war vor fünfzig Jahren eine Primadonna gewesen, doch jetzt litt sie unter so schrecklichem Rheuma, daß sie gehbehindert und eine recht schwierige Person war. Mich hat sie jedoch stets sehr freundlich behandelt.

In Japan hätten sich die Leute über Andrew und mich schon längst den Mund zerrissen, doch hier betrachteten uns alle mit Wohlwollen, so daß wir den Altersunterschied zwischen uns kein bißchen unnatürlich fanden.

Manchmal besuchte ich den Professor und seine Frau. Einmal brachte ich ihnen eine Geisha-Puppe, die sie auf das Klavier stellten, weil sie ihnen so gut gefiel.

An Andrews Unterrichtstagen holte ich ihn oft beim Professor ab.

Danach gingen wir manchmal mit dem Professor in den Central Park und aßen *Sushi,* die ich mitgebracht hatte (in einer Lunchbox, wie man sie in Japan zu Blumenschauen mitnimmt). Manchmal saßen wir am Teich oder unter den vollerblühten Kirschbäumen wie bei einem richtigen japanischen Kirschblütenausflug. Es war auch schön, unter buntem Herbstlaub oder auf einem Hügel, auf dem es Eichhörnchen gab, ein Picknick abzuhalten.

Ganz wunderbar war es auch, durch den verschneiten Central Park eine Runde in der Pferdekutsche zu drehen. Die Wagenspuren wurden vom heftig fallenden Schnee nach und nach wieder zugedeckt. Die Wagen waren alte Einspänner mit einem hohen Verdeck, und der mit einem Cape bekleidete Kutscher trug einen altmodischen Dreispitz wie Napoleon. Unter gleichmäßigem Pferdegetrappel fuhren wir gemächlich dahin. Ich hatte eine violette Stola um den Kopf gelegt (Japaner finden das altbacken), und schaute von Andrews warmer Brust, auf der ich ruhte, auf die draußen tanzenden und wirbelnden dicken Schneeflocken.

Als Andrew sechs Jahre alt gewesen war, hatte sein Vater ihn nach New York mitgenommen und war mit ihm in so einer Kutsche gefahren ...

Damals hatte der kleine Junge sich gewünscht, später als Erwachsener mit einer Geliebten im Schnee durch den Central Park zu fahren. Also warteten wir immer auf den Schnee und fuhren dann jedes Jahr mit der Kutsche durch den Park.

Ich schwebte im siebten Himmel. Wenn ich mit Andrew zusammen war, fühlte ich mich wie ein junges Mädchen. Er hat mir alles mögliche beigebracht und war wirklich ein erwachsener Mensch. Erwachsener als ich.

Wenn eine ältere Frau einen jungen Geliebten hat, ist sie immer belastet. In solchen Fällen kommt es in Japan und auch in Amerika häufig dazu, daß die ältere Frau den Geliebten aushält. Andrew hatte weit größere Einkünfte als ich, und von seinen Tourneen brachte er mir jedesmal ein Geschenk mit. Aus Spanien einen schönen Fächer und eine Haarspange, aus Italien eine Kamee (die ich als *Obi*-Brosche benutzte), aus Frankreich eine Cloisonné-Haarspange usw. Daran heftete er immer eine kleine Karte, auf der stand »Für den Menschen, an den ich immer und überall denke«. Durch Andrew war mein Leben erst lebenswert geworden. Seit unserer ersten Begegnung sind zehn Jahre vergangen, aus denen ich keine einzige unangenehme Erinnerung zurückbehalten habe. Wieviel habe ich, die Ungebildete, doch von Andrew, der trotz seiner Jugend so klug war, gelernt ...

In diesen zehn Jahren habe ich in mancherlei Hinsicht unendlich viel von ihm erfahren – über Malerei, Musik, Literatur und Theater. Er gab mir die Bücher zu lesen, die er für gut erachtete, nahm mich mit ins Theater, zu musikalischen Veranstaltungen, zu Ausstellungen und ins Kino.

Er nahm mich nur zu Veranstaltungen mit, die er selbst schon gesehen hatte und die er mir dann empfahl, daher besuchte ich kaum Stücke, Konzerte oder Filme, die langweilig waren.

Natürlich wurde ich auch in dieser Hinsicht von den neugierigen Fragen japanischer Ehefrauen belästigt.

Ich hatte drei japanische Akademikerinnen um die Vierzig im japanischen Club kennengelernt. Unsere Bekanntschaft hatte sich bisher nur auf den Austausch von Höflichkeiten beschränkt. Ich war ihnen öfter auf amerikanischen Partys begegnet. Ob ihre Männer wichtige oder unwichtige Posten bei einer Firma bekleideten, weiß ich nicht. Ich hatte jedenfalls das Gefühl, daß die drei eine Clique bildeten.

Einmal nahmen sie mich beiseite.

»Wo ist denn Andrew heute?« fragte mich die eine.

»Er hat einen Auftritt in Michigan«, antwortete ich, worauf Frau N. grinsend sagte:

»Nakamura-*san* ist immer da, wo Andrew-*san* ist.«

»Los, heute wollen wir sie fragen«, drängelte Frau O.

»Nein, das geht doch nicht, so was kann man nicht fragen«, bremste die dritte.

»Aber Sie waren doch diejenige, die es so gern wissen wollte.«

Am liebsten hätte ich sie angeschrien, daß sie mich

dann doch auch nicht fragen sollten, aber ich übte mich in Geduld und lachte: »Was denn? Fragen Sie schon.«

»Was uns am meisten interessiert ist, welche Beziehungen Sie und Andrew zueinander haben, und wie intim sie sind«, kam es da von Frau O.

Wäre ich aus Osaka, hätte ich nur »haut ab« gesagt. Meine Beziehungen zu Andrew gingen nur mich etwas an. Diese Frage hatten mir nicht einmal meine engsten amerikanischen Freunde gestellt. Was war das überhaupt für eine unverschämte Frage? Eine Frage für Schundblätter, Klatschbasen und Reihenhausbewohner.

»Glauben Sie doch, was Sie wollen«, lachte ich.

Die Klatschspalten schreiben darüber, daß ein vierzigjähriger Filmstar einen zwanzigjährigen Schauspieler liebt. Warum müssen sich Japaner ständig mit solch überflüssigem Zeug beschäftigen? Eigentlich hat man doch Besseres zu tun ...

Doch diese Frauen von Firmenangestellten hatten anscheinend überhaupt nichts zu tun, und viele von ihnen interessierten sich deshalb aus reiner Langeweile unheimlich für die Angelegenheiten fremder Leute. Welche Antwort erwarteten diese Frauen von mir, wenn sie mich auf diese Weise über Andrew ausfragten?

Zum Glück lebten Andrew und ich in New York. In Japan wären unsere schönen Gefühle bestimmt schon mit Füßen getreten worden, und die zehn Jahre wären weniger harmonisch verlaufen.

Weihnachten feierten wir wie immer auf der Party der Operngilde, und zu Silvester waren wir bei Carl eingeladen. Auf der Gesellschaft der Operngilde im Plaza Hotel machte sich eine abscheuliche dreißigjährige amerikanische Pianistin heftig an Andrew heran, war dann aber ganz irritiert, weil ich so gelassen reagierte. Jedenfalls war es ein fröhliches Jahresende und Neujahr.

Danach hatte ich etwa zehn Tage an einer Universität in Midland zu tun und kam am 2.1. Januar nach New York zurück. Als Andrew mich anrief, hatte ich gerade vier japanische Schüler bei mir, die ich in japanischem Gesang unterrichtete.

»Ich habe dich gleich angerufen, als ich zurück war, und dir auf den Anrufbeantworter gesprochen«, sagte ich.

»Ich bin jetzt noch in Connecticut, aber ich würde gerne heute abend mit dir zusammen essen«, sagte Andrew.

Meine Schüler waren von weither gekommen und hatten außerdem lange keinen Unterricht gehabt. Ich wollte sie nicht unverrichteter Dinge wieder nach Hause schikken. Ich konnte den Unterricht nicht ausfallen lassen.

Er verstand mich sofort.

»Dann essen wir eben später, wir haben uns ja immerhin zwei Wochen nicht gesehen.« Das stimmte.

An diesem Abend brachte mich eine meiner Schülerinnen mit dem Auto ins italienische Restaurant Contrapunto in der 60. Straße, wo wir verabredet waren. Er war schon da.

Ich entschuldigte mich dafür, daß ich so spät kam, und wunderte mich ein bißchen, daß ich an diesem Abend Lust hatte, so spät noch auszugehen. Gewöhnlich trafen wir uns schon um sechs oder sieben Uhr, und auch wenn wir bei ihm aßen, wurde es nie so spät. Wir mußten ja am nächsten Tag auch arbeiten, und außerdem war es einer dieser kalten Abende, die nach Schnee riechen ... Wie stets unterhielten wir uns über unsere jeweilige Arbeit und plauderten über dieses und jenes. Als er mich an diesem Abend nach Hause brachte, war es zwölf.

Wie immer schaute ich ihm nach, bis sein Wagen verschwunden war. Wir sollten uns nie wiedersehen.

Am Morgen des 25. kam er ums Leben. Bei einem Verkehrsunfall. Er war sofort tot.

Als Carl mich anrief und sagte »Andrew ist tot«, hielt ich

es für einen Scherz, und sagte nur »Aha« ... Doch als Carl mich dann mit ernster Stimme bat, sofort ins Roosevelt-Krankenhaus zu kommen, begann ich am ganzen Körper wie Espenlaub zu zittern.

Ich kann mich nicht erinnern, wie ich ins Taxi kam, zum Krankenhaus fuhr oder wie ich genauso schnell wieder zu Hause war. Als ich im Krankenhaus ankam, war er schon tot. »Nein, nein«, schrie ich und brachte es nicht fertig, ihn noch einmal zu sehen. Mit eigenen Augen zu sehen, daß Andrew tot war, hätte ich nicht ertragen. Ich schrie nur »nein, nein«, wankte nach draußen und fuhr mit dem Taxi nach Hause.

Ich konnte einfach nicht glauben, daß er tot war.

Zu Hause saß ich wie versteinert da. Ich zitterte und zitterte, in meinem Kopf herrschte vollkommene Leere. Wie lange ich wohl so gesessen habe?

Allmählich kam ich wieder zu mir. Die Götter hatten mir vom Himmel einen wertvollen Schatz gesandt und ihn mir nach zehn kurzen Jahren wieder genommen. Doch eigentlich sollte ich dankbar dafür sein, daß ich in meinem Alter noch zehn Jahre lang so glücklich sein durfte.

Ich bin froh, daß ich mir Andrews totes Gesicht nicht vorstellen kann. Zum Glück habe ich es nicht gesehen. Seine schönen Augen, sein weiches braunes Haar, den starken, muskulösen Körper – bis zu meinem Tod werde ich Andrew jung und schön in Erinnerung behalten.

Ich stellte Fotos auf, auf denen er mich freundlich anlächelte, und hielt eine einsame Totenwache. Ich verbrannte die teuersten Räucherstäbchen ... Andrew hatte sie besonders gemocht und immer gesagt, wie gut sie dufteten.

Das Ehepaar B. und Carl riefen mich spät am Abend an und teilten mir mit, wann die Trauerfeier und die Beerdigung sein würden. Ich entschuldigte mich mit Fieber und ging nicht hin. Was hätte ich während der Trauerfeier und der Beerdigung für ein Gesicht machen sollen? Ich wollte einfach nicht an Andrews Tod glauben.

Meinen Unterricht und die Vorträge sagte ich unter dem Verwand, erkältet zu sein, ab und blieb die ganze Zeit zu Hause. Ich stellte das Telefon direkt vor mich (irgendwie wartete ich immer noch auf einen Anruf von Andrew)... Allmählich wurde ich immer trauriger. Ich hatte überhaupt keine Lust aufzustehen, Essen zu machen oder zu essen.

In so einer Situation gab es nur einen Menschen, bei dem ich mich hemmungslos gehen lassen konnte – Robert. In Amerika gibt es den Ausdruck »sich an der Schulter von jemandem ausweinen«. Als ich mit leerem Blick zu ihm kam und nicht einmal weinen konnte, war es Robert, der für mich kochte und mich streichelte und tröstete, als ich dann doch weinte.

»Andrew ist tot.« Weil ich bis dahin alles unterdrückt hatte, heulte ich jetzt wie eine Verrückte. Robert sagte nichts und streichelte mir nur den Rücken. Damals war er meine Rettung. Er sprach keine überflüssigen Trostworte, sondern schwieg, und das war für mich das Beste.

Später habe ich von Carl erfahren, daß Andrew auf dem Rückweg von einem Auftritt in einer Kirche in New Jersey auf dem Zubringer, der vom Garden Parkway nach New York hineinführt, mit einem Wagen, der plötzlich von der Seite kam, in voller Fahrt zusammengestoßen war. Der Fahrer war ein sechzehnjähriger Schwarzer ohne Führerschein, der Wagen gestohlen. Anscheinend hatte der Junge das Auto gerade entwendet, war auf der Flucht gewesen und deshalb wie verrückt gerast.

Wegen der gemeinsamen Geburtstagspartys von Carl und mir hat Andrew mein richtiges Alter nicht erfahren. In diesem Jahr hatten wir am 14. April meinen dreiundfünfzigsten Geburtstag gefeiert. Daher hatte Andrew geglaubt, ich sei erst über fünfzig. Zum Glück. Dafür war ich wirklich dankbar.

Andrew stand gerade am Anfang seines Erfolges. Er ist nur fünfunddreißig Jahre alt geworden.

Wie Sie wissen, gelangen Opernsänger, besonders Baritone, meist erst ab vierzig zu Ruhm. Gerade begann sein Erfolg. Sein Tod bedeutete nicht nur für mich einen tragischen Verlust.

Als ich viereinhalb Monate später wegen eines Knochenbruchs operiert wurde und wenig später in Tôkyô die Krebsoperation hatte, betete ich nur, daß Andrew mich beschützen möge. Daher hatte ich überhaupt keine Furcht. Falls ich sterben müßte, würde ich Andrew wiedersehen. Schon deshalb ängstigte ich mich nicht.

Wenn ich durch die Straßen von New York gehe, werde ich manchmal so traurig, daß ich nicht mehr weiter kann. Auf der 5th Avenue, im Central Park, in Greenwich Village, im Lincoln Center, im Rockefeller Center – überall begegne ich Andrew.

Wir waren nur zehn Jahre zusammen. Doch für mich waren sie das größte Geschenk ...

Nachwort zum dritten Teil

NACHDEM SIE NUN auch den dritten Teil meiner Memoiren gelesen haben, möchte ich Ihnen für Ihre Ausdauer danken.

Nach dem Erscheinen der ersten beiden Teile, von denen der zweite, der die Nachkriegszeit behandelt, mit meiner Abreise nach Amerika schließt, haben mich viele Leser gebeten, noch eine Fortsetzung zu schreiben, was ich auch gern getan habe.

Ich begann die Geschichte meines Lebens mit einer Beschreibung von Shimbashi zu Anfang der Shôwa-Zeit und stellte mir die Aufgabe, obwohl ich vorher nie daran gedacht hatte zu schreiben, die Welt der Blumen und Weiden vor dem Krieg schildern.

Eigentlich habe ich einfach nur über mich geschrieben und nahm, als ich Erfolg hatte, das Buch über die Nachkriegszeit in Angriff. Mein Leben war damals wirklich ereignisreich.

Die dreißig Jahre, die ich in Amerika verbrachte, vergingen friedlich und waren im Vergleich zu meinem vorherigen Leben nicht außergewöhnlich abenteuerlich. Ich habe hier immer glücklich und zufrieden im Kreis meiner Freunde gelebt.

Daß Japaner auch im Ausland gehässig sein können, bedrückt mich sehr. Auch heute noch, dreißig Jahre später, bedeutet es viel, welche Universität jemand besucht hat. Offenbar legen Japaner den meisten Wert auf akademische Verbindungen und Abschlüsse. Dieser Zustand hat sich in den letzten Jahren schon etwas gebessert, aber die Japaner haben sich im Grunde nicht verändert. Wenn sie nach Amerika kommen, sollten sie eigentlich ihre Köpfe ein wenig zurechtrücken. Habe ich nicht recht?

Ich war dreißig Jahre lang glücklich, weil die Amerikaner so warmherzige Menschen sind. So kann es sein, daß der Abschnitt über Amerika im Vergleich zu den beiden vorhergehenden weniger interessant und nicht besonders dramatisch ausgefallen ist.

Ich wollte die klimatischen, geographischen und philosophischen Unterschiede zwischen Amerika und Japan beschreiben. In den dreißig Jahren, die ich in Amerika lebe, habe ich es stets als meine Aufgabe betrachtet, den Amerikanern etwas von der authentischen japanischen Kultur zu vermitteln.

Während meiner Tätigkeit als Opernberaterin und auch bei meinen Vorträgen an Universitäten habe ich mein Möglichstes dafür getan.

Ich hatte immer den Wunsch, die japanische Fahne hochzuhalten. Daran hat sich bis heute nichts geändert, und ich tue alles, was in meinen Kräften steht, um den Amerikanern die japanische Kultur richtig nahezubringen. Das ist mein Lebensinhalt.

In letzter Zeit gelten Leute, die Amerika schlecht machen, als fortschrittliche Intellektuelle, doch mir gefällt Amerika ohne Vorbehalte. Aus diesem Grund bin ich auch zweiunddreißig Jahre hier geblieben. Ich bin in Amerika und besonders in New York vernarrt und wollte versuchen zu schildern, warum Amerika mir so gefällt. Zu diesem Thema werde ich in Kürze ein weiteres Buch verfassen und bitte Sie, es nach seinem Erscheinen zu lesen.

Mai 1987, wieder in New York
Kiharu

Anmerkungen

Erster Teil:

[1] Die japanische Zeitrechnung folgt den Regierungszeiten der Kaiser. Das heißt, mit Regierungsantritt setzt das Jahr 1 einer Periode ein. Die Shôwa-Zeit z.B. entspricht der Herrschaft Kaiser Hirohitos von 1926-1989. Die Bezeichnung »Shôwa« bedeutet »Erleuchteter Friede« und wurde als Regierungsdevise beim Machtantritt Hirohitos gewählt.

[2] Vgl. Glossar.

[3] Die Gegend um Osaka und Kyôto.

[4] Beim *Karibi* werden mit Hilfe eines Steines und eines Metallstücks, die auf dem Hausaltar aufbewahrt werden, Funken geschlagen, um Unglück fernzuhalten und den Körper zu reinigen, bevor man zur Arbeit geht. Verläßt jemand das Haus, schickt man diese Funken hinter ihm drein.

[5] Schule des jap. Buddhismus, nach ihrem Gründer Nichiren (1222-1282) benannt, deren Hauptziel es ist, ein irdisches Buddhareich zu errichten. So hat es eine besondere Komik, wenn eine junge Geisha, Spenderin einer ganz anderen Art von irdischer Glückseligkeit, sein Wappen trägt.

[6] *Karyûkai*, poetische Bezeichnung für die Welt der Teehäuser und Geishas.

[7] Eine Koseform der höflichen Anrede *Sama*; vgl. *-chan* im Glossar.

[8] In Japan ist es üblich, daß Familien, die ausschließlich Töchter haben, einen Schwiegersohn adoptieren, um den Erhalt des Familiennamens zu sichern.

[9] Hiratsuka Raichi (1886-1971), Schriftstellerin und eine der ersten weiblichen Intellektuellen in Japan. Mitbegründerin der Zeitschrift *Blaustrumpf* und Pionierfigur der japanischen Frauenbewegung.

[10] Wenn sich eine Geisha auf einem noch nicht beendeten Engagement befindet, aber zu einer anderen Party gerufen wird, darf sie sich für etwa eine halbe Stunde entschuldigen. Das bezeichnet man als *Nakamorai* – Unterbrechung. Natürlich ist sie verpflichtet, nach Ablauf der halben Stunde wieder zu ihrem ursprünglichen Engagement zurückzukehren.

[11] Vgl. Glossar.

[12] Die Kimonos für die Shimbashi-Geishas wurden fast immer von Chitawa oder Erigiku gefärbt. Damals ließ man Muster und Farbe der Kimonos nach eigenem Geschmack einfarben.

[13] Die Geishas trugen schwarzlackierte Sandalen aus Paulownienholz, auf denen ihr Name stand. Die Riemen waren aus weißem Leder.

[14] Die japanischen Originaltitel der erwähnten Stücke

werden stets *kursiv* und in Klammern angegeben, sofern es sich nicht um Eigennamen handelt, die keiner Übersetzung bedürfen. Die deutsche Übersetzung der anderen Titel ist in Klammern wiedergegeben, da abgesehen von *Chôshingura* (*Die Rache der 47 Samurai*, Berlin 1941) wenige Übersetzungen japanischer *Kabuki*-Stükke ins Deutsche existieren. Was die Beschreibung der Rollen anbelangt, so muß hier erwähnt werden, daß im klassischen Kabukitheater alle Rollen von Männern dargestellt werden.

[15] *Jishin Katô* ist ein Gefolgsmann des Toyotomi Hideyoshi, der 1585 zum Regenten Japans wurde. Sein Aufstieg gilt als beispielhafte Erfolgsstory in Japan und hat eine Fülle von literarischem Stoff geliefert.

[16] Frau Nakamura bezieht sich hier auf die Herkunft des Toyotomi Hideyoshi, einen ehemaligen Bauernsohn, der im späten 16. Jahrhundert Japan beherrschte.

[17] Die Gründerin der Seidenblumenfirma Artflower, die in Japan immer noch sehr bekannt ist.

[18] Die Quacksalber riefen diese Worte, wenn sie Papier mit einem Schwert zerschnitten, mit dem sie sich dann selber ritzten, um die Wirksamkeit ihres Produkts zu demonstrieren.

[19] Indischer Politiker (1897-1945), vertrat im Gegensatz zu Gandhi in der Auseinandersetzung mit Großbritannien eine militante Kampfweise. 1941 aus britischer Haft entflohen, stellte er in Deutschland und in Japan aus indischen Kriegsgefangenen eine »Indische Nationalarmee« zusammen.

[20] Eine der ersten und bekanntesten japanischen »Seifenopern«, die die Geschichte von Hayashis Mutter erzählt.

[21] Togo Seiji: Maler im westlichen Stil (1897-1978), studierte von 1919 bis 1978, stark vom Kubismus der zwanziger Jahre beeinflußt.

[22] Satomi Ton (1888-1983), japanischer Romancier.

Zweiter Teil:

[1] Japanische Schwarzwurzeln sind tatsächlich schwärzlich.

[2] Nur der untere Rand des Kimono ist »wie bei einem Sonnenaufgang« in Farben getaucht, d.h. gemustert.

[3] Im Krieg fertigten Mütter oder Ehefrauen von Soldaten diese Bauchbinden an, indem sie auf der Straße von allen Passantinnen mit rotem Garn ein Knötchen darauf nähen ließen. Diese Tausend-Stiche-Gürtel sollten die Soldaten symbolisch vor Verletzungen schützen.

[4] Prototyp des einfachen Mannes – »Hinz und Kunz«. (d. Übs.)

[5] *Katakana* ist eine dem japanischen Lautsystem folgende Silbenschrift, die dazu verwendet wird, ausländische Lehnbegriffe zu umschreiben, wobei häufig ziemlich stark von der ursprünglichen Phonetik eines Wortes abgewichen werden muß. Vgl. *Sukarupuchâ Kâru* = »Sculpture Curl«.

[6] Der Name *Goya-Club* resultiert aus einem Wortspiel des japanischen Onomatopoeticums *goya goya* (sich zahl-

reich versammeln) und dem Namen des spanischen Malers Goya.

[7] Spitzname aus der japanischen Aussprache von Journalismus »Jânalism« abgeleitet.

[8] Yamano Aiko, eine der ersten und berühmtesten Coiffeusen Japans.

[9] Kitagawa Utamaro (1753-1806), berühmter Holzschnittkünstler, zentrale Figur der Theater- und Literatenwelt in Edo. Bevorzugtes Sujet waren Kurtisanen und Schauspieler. Utamaro ist einer der ersten japanischen Künstler, dessen Werke in Europa bekannt wurden, und hatte beträchtlichen Einfluß auf Toulouse-Lautrec.

[10] Katsura (1833-1877; eigentlich Kido Takayoshi) war fortschrittlicher Politiker und einer der führenden Köpfe der Meiji-Restauration. Seine Frau war die ehemalige Geisha Ikumatsu.

[11] Ein Zeichen großen Respekts für den Gast.

[12] Tange Sazen und Kushimaki Ofuji, Held und Heldin volkstümlicher Filme der dreißiger Jahre.

[13] Der heute auch im Ausland durch seine aufsehenerregenden Vorstellungen mit akrobatischen Einlagen berühmt gewordene *Kabuki*-Schauspieler Ennosuke.

[14] Das Handbuch *Onna daigaku* (Hohe Schule für Frauen) entstand Anfang des 18. Jhs. und gibt Verhaltensmaßregeln für »die ideale Ehefrau und Mutter«.

[15] *Gagaku,* traditionelle Hofmusik.

[16] Frau Nakamura hat sich hier geirrt. Armstrong betrat als erster den Mond.

[17] Sakaguchi Ango (1906-1955), Schriftsteller der Nachkriegszeit, u.a. *Daraku von* (frz. *Traité de la décadence,* in *Revue de la France,* 1986). Vertreter intellektueller Redlichkeit.

[18] FukuzawaYukichi (1835-1901), berühmter Pädagoge, Journalist und Schriftsteller. Als eine der Hauptfiguren der »japanischen Aufklärung« setzte er sich für die Einführung humanistischer Grundrechte westlicher Prägung ein.

Dritter Teil:

[1] Tora-*san,* beliebte Filmfigur in Japan vom Typ des gutmütigen und liebenswerten Versagers.

[2] Kita no Shinchi, ein bekanntes traditionelles Geisha-Viertel in Osaka.

[3] In dieser Legende wird das Mädchen Oshichi während eines Großfeuers in Edo in einem Tempel untergebracht und verliebt sich in einen Tempeldiener. Um ihn wiederzusehen, legt sie später wieder ein Feuer. Doch sie wird als Brandstifterin entlarvt und verbrannt.

[4] Eine auf die Film- und Unterhaltungsbranche spezialisierte Sensationszeitschrift, die mit der Tageszeitung *Asahi Shimbun* nichts zu tun hat.

[5] Ono no Komachi, Dichterin der Heian-Zeit (794-1185),

zählt zu den *Sechs besten Dichtern* und auch zu den *Sechsunddreißig besten Dichtern,* wie die japanische Klassifizierung lautet. Sie gilt überdies als legendäre Schönheit.

[6] Okichi (1841-1890), Geisha und die Geliebte des amerikanischen Gesandten Townsend Harris, die nach seiner Abreise ein tragisches Ende fand.

[7] Kôrakuen, Vergnügungspark in Tôkyô.

[8] »Rein, anständig und schön«, japanisches Mädchenideal der Vorkriegszeit. (d. Übs.)

[9] *Hiragana* ist wie das *Katakana* (vgl. Anm. S. 450) eine Silbenschrift, während *Kanti* ursprünglich aus China stammende Schriftzeichen, d.h. Piktogramme sind. Der Priester kann also sehr gut Japanisch.

[10] Nach einem asiatischen Sprichwort, »kann man mit Brunnenfröschen nicht über das Meer reden«.

[11] *Izanami* und *Izanagi,* shintôistisches Götterpaar, Schöpfer Japans, die mit dem Buddhismus an sich nichts zu tun haben.

[12] Japanischer Schirm aus gewachstem Papier, auf dessen Rand eine rote oder schwarze Linie gemalt ist. In der Mitte befindet sich ein dunkler großer Punkt, was insgesamt den Eindruck eines Schlangenauges hervorruft.

Glossar

Bonzai — Wörtl. »Zehntausend Jahre!«. Ein Hochruf wie »Hurra!« o.ä.

Bonsai — In Töpfen gezogene Sträucher, Laub- und Nadelbäume in Miniaturform, die durch verschiedene Techniken auf Zwergwuchs gezüchtet werden.

-chan — An einen Namen angehängte verniedlichende vertrauliche Anredeform. → -San.

Dango — Klöße oder Bällchen, häufig aus Klebreis.

Daruma — Darstellung des Bodhidharma (Begründer des Zen-Budhismus) als augenloses Männchen. Die Figur wird an bestimmten Festtagen verschenkt. Der Empfänger setzt ein Auge ein und wünscht sich etwas. Geht der Wunsch in Erfüllung, wird das zweite Auge eingesetzt.

Edo — Name für Tôkyô bis 1868. Die Bewohner von Edo gelten wie die Berliner als besonders schlagfertig und gewitzt.

Fugu — Kugelfisch, dessen Zubereitung besondere Kenntnisse erfordert, da sein Genuß andernfalls tödlich sein kann.

Futon — Mit Baumwolle gestopfte Matratze oder Schlafmatte, die auf den Boden gelegt wird.

Geta — Erhöhte hölzerne Sandalen mit abgeteilter großer Zehe.

Ginza — Hauptgeschäfts- und Flanierstraße in Tôkyô.

Haiku — Dreizeiliges Kurzgedicht (5/7/5 Silben) über einen momentanen Gefühlszustand oder Natureindruck.

Hakama — Weite, rockartige Hose für Männer.

Hakobeya — Garderobe und Aufenthaltsraum eines Geishahauses, in dem Geishas und Künstler sich auf ihre Engagements vorbereiten.

Hakoya — Hausdiener in Geishahäusern, die verschiedene Dienstleistungen für die Geishas erbringen, beim Umkleiden helfen, ihnen die Musikinstrumente tragen etc.

Hangyoku — Wörtl. »Halbedelstein«; Ausdruck für eine Geisha-Schülerin in Tôkyô. → *Maiko*.

Haori — Jacke, die über dem Kimono getragen wird.

Hibachi — Großes Kohlebecken im traditionellen japanischen Haus.

Ikebana — Kunst des Blumensteckens nach ästhetischen und philosophischen Regeln. *Ikebana*-Gestecke dienen dem Schmuck der → *Tokonoma*.

Kabuki — Bürgerliches Theater der Edo-Zeit (1600-1868) mit festgelegten Rollentypen, bestehend aus Schauspiel, Musik und Tanz. Das Kabuki-Theater hat regelrechte Schauspieler-Dynastien hervorgebracht. Sämtliche Darsteller sind Männer, → Onnagata.

Karaoke — Wörtl. »Leeres Orchester«. Eine besonders in Asien beliebte Art der Unterhaltung, bei der benannte Melodien instrumental über eine Stereoanlage abgespielt werden und die Gäste über Mikrophon den Text dazu singen. Eine Art »Schlagersänger-Spiel«.

Katsudon-Schnitzel	Gebackene Schweineschnitzel, in Stückchen geschnitten und auf Reis angerichtet.
Kiyomoto	Verbreitete Stilrichtung beim → *Shamisen*-Vortrag.
Koto	13saitiges, zitherartiges Zupfinstrument.
Mah-jjong	Chinesisches Gesellschaftsspiel.
Maiko	Wörtl. »Tanzmädchen«. Bezeichnung für Geisha-Lehrlinge in Kyôto.
Meiji-Restauration	1868. Abschaffung des *Shogunats* und Wiedereinsetzung des Kaisers in seine ursprünglichen Rechte.
Mesokko-Domburi	Ei und Hühnchen auf Reis.
Miso	Paste aus vergorenen Sojabohnen. Grundsubstanz in der japanischen Küche als Würzmittel und Eiweißspender.
Nagauta	Volksballade mit → *Shamisen*-Begleitung.
NHK	Öffentlich-rechtlicher Fernsehsender in Japan.
Obi	Breite Schärpe aus schwerem Stoff, die über dem Kimono getra-

gen und auf dem Rücken zu verschiedenen Formen gebunden wird. Vgl. Weiden-*Obi*, Trommel-*Obi* u. ä.

Obon — Buddhistisches Allerseelenfest im August.

Ochazuke — Mit Tee übergossener gekochter Reis.

Oden — Herzhaftes eintopfartiges Gericht aus Fischklößchen, Seetang, Eiern u. a.

Ohirome — Das Debüt einer Geisha, Abschluß ihrer Ausbildung.

Okame — Maske einer pausbäckigen, häßlichen Frau.

Okami-San — Chefin eines Teehauses, Geishahauses oder → *Ryokan*. Wirtin.

Omiai — Arrangierte erste Begegnung eines jungen Paares, das miteinander verheiratet werden soll.

Omochi — Durch Stampfen von gedämpftem Klebreis hergestellte, gehaltvolle Reiskuchen.

Onnagata — Darsteller von Frauenrollen im → *Kabuki*.

Origami	Kunst des Papierfaltens
Oshaku	Förmliches Einschenken durch die Geishas und Geisha-Lehrlinge, das zur Bedienung des Gastes gehört. Hat der Gast einen Schluck aus seinem Glas genommen, ist es die Pflicht der Geisha, ihm sogleich nachzuschenken.
Rakugo	Kabarettistischer Vortrag kurzer Erzählungen, bestimmt von Komik, Ironie und Satire. Auch heute noch ist das *Rakugo*, ursprünglich eine Art Brettltheater, als Radio- oder Fernsehauftritt beliebt.
Ryokan	Traditionelles japanisches Gasthaus.
-San	An japanische Namen angehängte Anredeform, entspricht in etwa unserem Herr oder Frau, wird aber auch innerhalb der Familie und unter guten Freunden verwandt. → *-chan*.
Sen	Der hundertste Teil eines Yen.
Sensei	Meister. Anrede für Lehrer, ältere oder in irgendeiner Hinsicht besonders zu respektierende Personen.
Shakuhachi	Bambusblockflöte.

Shamisen	Gitarrenartiges, dreisaitiges Instrument mit langem Hals und ohne Bünde.
Shimada	Festliche Hochfrisur.
Shinkansen	Japanischer Superexpreßzug.
Sukiyaki	Rindfleisch- und Gemüsegericht, das am Tisch zubereitet wird.
Sushi	Stückchen von rohem Fisch oder Ei auf säuerlich gewürztem Reis.
Sumô	Ehemals kultischer Ringkampf zwischen zwei riesigen Ringern. Seit der Neuzeit professionell betrieben.
Tabi	Socken aus Stoff mit abgeteilter großer Zehe.
Takarazuka	Berühmtes Revue-Theater bei Osaka, in dem ausschließlich Frauen auftreten.
Tatami	Für japanische Zimmer genormte Bodeneinbauelemente aus Naturgeflecht, meist Reisstroh, (90 x 180 cm).
Tempura	In einer leichten Teighülle fritierte Gemüse und Meeresfrüchte.
Teppanyaki	Auf einer heißen Platte vor den Au-

gen der Gäste zubereitete Fleischstücke. Teppanyaki-Restaurants haben spezielle Vorrichtungen für diese Art der Zubereitung, die aus einer erhitzbaren Metallplatte bestehen, vor der die Gäste Platz nehmen.

Tôfu — Eine Art Quark aus Sojabohnen.

Tokaidô — Wichtigste Landstraße der Edo-Zeit (1600-1868) zwischen → Edo (dem heutigen Tôkyô) und Kyôto. Die Stationen der Tokaidô waren beliebte Motive in der Holzschnittkunst.

Tokiwazu — Balladenhafte Stilrichtung der *Shamisen* Musik. → Auch im *Kabuki* verwendet.

Tokonoma — Nische in einem Raum, die mit einem Blumengesteck (→ *Ikebana)* und einem Rollbild geschmückt ist.

Tonkatsu — Kleingeschnittenes pan. Schweineschnitzel.

Ukiyoe — Holzschnitte, die die sogenannte »schwebende Welt« (Ukiyo) der Teehäuser, des → *Kabuki* und der Geishas, d.h. der urbanen Vergnügungen, illustrieren. Hochblüte der *Ukiyoe* waren das 18. und 19. Jahrhundert.

Urasenke-Schule	Eine der Teezeremonien-Schulen
Utawaza	Balladenart.
Waka	Fünfzeiliges japanisches Kurzgedicht aus 31 Silben.
Yukata	Haus- oder Bademantel aus Baumwolle.

Dies ist das mitreißende Porträt einer Frau, die bereits zu Lebzeiten ganze Völker in ihren Bann zog. Doch sosehr Elisabeth auch im Licht der Öffentlichkeit stand, für ihre Zeitgenossen blieb sie zeit ihres Lebens ein Rätsel.
Die Kaiserin von Österreich und Königin von Ungarn verzauberte die Menschen mit ihrer Schönheit und Anmut, provozierte und schockierte durch ihr eigenwilliges, mitunter brüskes Verhalten und verblüffte durch die sie umgebende Aura der Schwermut und Einsamkeit. Obwohl sie an Reichtum und Stellung alles besaß, war Elisabeth eine zutiefst einsame und unverstandene Frau, die die Pracht des Hofes als einen »goldenen Käfig« erlebte.
Johannes Thiele gewährt einen Einblick in die faszinierende Persönlichkeit der österreichischen Kaiserin, die durch einen tragischen Irrtum ums Leben kam. Er entwirft ein aufregendes Psychogramm, das Elisabeth im Spiegel ihrer seelischen Entwicklung zeigt und damit einen neuen, unkonventionellen Weg zu ihrem Verständnis eröffnet.

ISBN 3-404-61426-7

BASTEI LÜBBE

Ein spannender historischer Roman vor einer farbenprächtigen Kulisse

Südamerika in der zweiten Hälfte des 18. Jahrhunderts. Die Zuckerplantagen von Surinam, einer im Norden Südamerikas gelegenen Kolonie, haben niederländischen Kolonialherren großen Reichtum beschert. Während jedoch die weißen Grundbesitzer in Luxus schwelgen, sammeln sich in den Wäldern von Tag zu Tag mehr entflohene Sklaven und planen Raubüberfälle und brutale Racheakte.

In dieser Zeit des beginnenden Verfalls der Kolonialherrschaft wachsen die Halbschwestern Elsa und Sarith als unzertrennliche Spielgefährtinnen heran. Doch ihre Kinderfreundschaft hält dem Lauf der Zeit nicht stand. Während Elsa einen Mann heiratet, der Verständnis für die Rebellion der Ureinwohner hat, beschwört die verwöhnte und neiderfüllte Sarith eine Katastrophe herauf ...

ISBN 3-404-12891-5

BASTEI LÜBBE

Ein fesselnder Liebes- und Schicksalsroman

Beim Segeln an der Küste von Dover lernt die junge Marjorie Hardy den reichen Fabrikantensohn Robert McLaren kennen und lieben. Aber ihr gemeinsames Glück währt nur kurze Zeit. Robert, durch den Tod der beiden Brüder alleiniger Erbe des Familienunternehmens, wird nach Schottland zurückgerufen.
Die zutiefst enttäuschte Marjorie bleibt allein zurück – schwanger, wie sich bald danach herausstellt. Aber statt zu resignieren faßt sie einen ungewöhnlichen Entschluß: sie will für sich und ihr Kind eine gesellschaftliche Position erringen, die es ihr eines Tages ermöglicht, dem Mann, der ihr alles gab und alles nahm, erneut gegenüberzutreten ...

ISBN 3-404-12909-1

BASTEI LÜBBE